LANGAGE, SIGNES ET INTERPRÉTATION

PROBLÈMES ET CONTROVERSES
Directeur : Jean-François COURTINE

Günter ABEL

LANGAGE, SIGNES ET INTERPRÉTATION

traduit par
Lukas SOSOE

Ouvrage publié avec le concours du Goethe-Institut dans le cadre du programme franco-allemand de coopération avec la Maison des sciences de l'homme

PARIS
LIBRAIRIE PHILOSOPHIQUE J. VRIN
6, Place de la Sorbonne, V^e

2011

Titre original : Günter Abel, *Sprache, Zeichen, Interpretation*

Les éditions Vrin remercient Sophie Grapotte pour une collaboration impromptue et précieuse qui a contribué à l'achèvement de cette traduction dans les délais impartis.

Imprimé en France
ISSN 0249-7875
ISBN 978-2-7116-2389-1

www.vrin.fr

INTRODUCTION

Percevoir, parler, penser et agir sont des événements (*Ereignisse*) qui se produisent dans des signes et le langage. Dans leur usage couronné de succès (*erfolgreich*), les expressions linguistiques et les signes non linguistiques présentent des caractéristiques syntaxiques, sémantiques et pragmatiques. Ces expressions ont une signification, une référence, des conditions de vérité ou de satisfaction (*Wahrheits- oder Erfüllungsbedingungen*), elles sont reliées à une situation, à un temps, à un contexte et rapportées à des individus impliqués, bref, ces expressions disposent d'une faculté de présentation et de représentation ainsi que de propriétés logiques. Dès lors que les propriétés syntaxiques, sémantiques et pragmatiques sont présentes, une interprétation, plus exactement, une *praxis* de l'interprétation de ces expressions et de ces signes est toujours présupposée et impliquée. Dans la triade du titre, *Langage, Signes, Interprétation*, les processus d'interprétation ont une place particulière. Dans la philosophie générale de l'interprétation, ils forment le fil conducteur de la réflexion.

Ces caractéristiques, ou propriétés, ne sont pas au préalable insérées de manière magique dans les signes linguistiques et non linguistiques, elles ne sont pas non plus arbitraires (*beliebig*). Dès lors : d'où proviennent et comment ces caractéristiques, qui sont si importantes pour la compréhension du monde humain, d'autrui et de soi, ont-elles été introduites dans les expressions et les signes ? On peut répondre à cette question en recourant à l'horizon et à la *praxis* de l'interprétation des signes. C'est la voie que nous empruntons ici. Dans cette optique, l'interprétation acquiert le statut d'un processus fondamental. Dans ce sens, la théorie du langage et des signes, la théorie de l'action, la théorie éthique et la théorie esthétique peuvent être conçues comme les branches d'une philosophie de l'interprétation complète et générale.

Cela implique d'admettre que les rapports de la possibilité de se référer (*Bezüglichkeit*) au monde, à autrui et à soi, rapports dans lesquels nous nous trouvons toujours déjà, puissent être caractérisés comme des rapports d'interprétation. Nous explicitons la signification précise de cette affirmation principalement dans les premiers chapitres. Dans l'ensemble, il s'agit, dans le présent ouvrage, d'élaborer les fondements déterminés de l'interprétation de la communication (*Verständigung*), de la référence (*Bezug*) au monde et de l'action dans le monde vécu, dans la science, dans l'éthique et dans l'art. Puisque toutes les sciences, tous les arts et toutes les actions s'accomplissent dans des signes linguistiques et non linguistiques et puisqu'ils sont toujours, par suite, déjà rapportés aux processus d'interprétation, on peut faire appel, dans ces domaines, à l'approche de l'interprétation pour analyser les fondements et les rapports (*Zusammenhänge*) interdisciplinaires.

On peut considérer le présent ouvrage comme l'approfondissement et la précision de l'approche d'une philosophie générale de l'interprétation, que nous avons développée dans *Interpretationswelten. Gegenwartsphilosophie jenseits von Essentialismus und Relativismus* [1]. Dans *Interpretationswelten*, nous avons déterminé le caractère de l'interprétation eu égard aux aspects qui jouent un rôle important dans la compréhension humaine du monde, d'autrui et de soi. Cela concernait principalement les questions de l'identité, de la causalité, de l'objectivité, de la cohérence et de la relativité. Désormais, nous développons plus précisément cette approche dans l'objectif de décrire et d'analyser différents domaines des activités humaines, notamment : les rapports de communication, les sciences, les processus cognitifs, la logique, les arts, les actions, l'éthique et la politique.

Le volume en préparation, *Interpretationsperspektiven,* en plus d'expliciter d'autres aspects systématiques (par exemple le rapport de la philosophie de l'interprétation et de la philosophie de l'esprit actuelle), approfondira cette approche au plan historique (par exemple : la relation de la philosophie de l'interprétation avec la philosophie transcendantale et la dialectique).

L'approche que je propose a entre-temps fait l'objet de discussions. Outre quelques essais, on mentionnera surtout le *symposium* que la *Deutsche Zeitschrift für Philosophie* (vol. 44, n° 5, 1996) a consacré à l'ouvrage *Interpretationswelten*, ainsi que le débat, parallèle, exposé

1. Francfort/M., Suhrkamp, 1993 ; édité en livre de poche en 1995.

dans l'*Allgemeine Zeitschrift für philosophie* (vol. 21, 1996). Dans les deux volumes de ces revues, j'ai apporté une réponse aux questions soulevées dans les différentes contributions du symposium et lors des débats, et j'ai explicité l'approche que je propose à plusieurs points de vue. Dans le présent ouvrage, je reviens ici et là sur plusieurs des points discutés. Les traits fondamentaux de la philosophie générale de l'interprétation sont exposés dans les chapitres I et II. On devra donc constamment se référer à ces deux chapitres, même si chaque chapitre a été rédigé de sorte à pouvoir être compris séparément.

Bien que certains thèmes du livre ne soient explicitement thématisés que dans des chapitres déterminés, ils demeurent constamment pertinents. Cela vaut principalement pour le thème de l' « action » et pour celui de la « rationalité ». Le thème de l'action est développé dans le chapitre XIII, mais est déjà présent dans la figure de la « *praxis* de l'interprétation » et dans la thèse que ces aspects de l'action (*Handlungsaspeckte*) sont impliqués dans chaque usage que nous faisons des signes et du langage. Il en va de même eu égard à la rationalité de l'interprétation, traitée au chapitre IV, mais constamment présente, et ce, au-delà de la thèse développée dans ce chapitre que les principes de la cohérence de l'interprétation doivent être considérés comme des principes de la rationalité.

La triade *langage* (*Sprache*), *signes* (*Zeichen*), *interprétation* (*Interpretation*) compose le titre de ce livre. Ces trois termes fondamentaux se reflètent réciproquement. Chacun de ces trois termes entre en jeu et s'éclaire à partir des deux autres. Ainsi, par exemple, le langage peut être compris comme un système de signes, dans lequel la signification des expressions linguistiques consiste en une interprétation adéquate. Des signes, qui présentent des caractéristiques syntaxiques, sémantiques et pragmatiques, présupposent toujours une interprétation de ces signes, et les signes linguistiques se distinguent de manière caractéristique des signes non linguistiques. L'interprétation est déjà présupposée dès lors que les signes linguistiques et non linguistiques fonctionnent en tant que signes.

Cette triade peut, de surcroît, être lue aussi bien de gauche à droite que de droite à gauche. On peut même la saisir en totalité comme *un* signe. Lorsqu'on la lit de gauche à droite, on aboutit, par exemple, à une extension du mode de considération (*Betrachtungsweise*), qui, outre le langage, prend en compte les signes non linguistiques et les systèmes de symboles, et qui voit ces derniers comme situés dans une *praxis* d'interprétation des expressions linguistiques et des signes non linguistiques. Lorsqu'on lit cette triade de droite à gauche, on peut dire que la *praxis* d'interprétation se trouve déjà au fondement de chaque usage réussi des signes et de toute compréhension des signes couronnée de succès, et que le langage est un système de signes d'un genre particulier, auquel échoit un rôle particulier dans les rapports de communication entre les hommes. De plus, il convient de remarquer que les processus d'interprétation sont toujours des processus médiatisés par des signes, et que même l'exécution (*Vollzug*) du langage relève essentiellement de ces processus. Outre cet élargissement horizontal, on pourrait aussi parler d'un élargissement vertical. On pourrait expliciter cet élargissement à l'aide d'un graphique en écrivant ces trois mots les uns en dessous des autres. On pourrait alors réaliser une lecture aussi bien *top down* que *bottom up*. Parler est un processus qui s'accomplit par l'intermédiaire de signes, et tous deux (c'est-à-dire ces processus et ces signes) présupposent et recourent à une *praxis* d'interprétation. Eu égard à une lecture *bottom up*, on peut soutenir que la *praxis* d'interprétation et que l'horizon de l'interprétation délimitent les caractéristiques syntaxiques, sémantiques et pragmatiques des signes et du langage, et les fixent jusqu'à nouvel ordre. On peut également lire la triade en partant du milieu. Le mot « signe » se trouve toujours entre les mots « langage » et « interprétation » – ce qui tend à suggérer sa fonction de médiation entre les deux termes situés à chaque extrémité.

On doit également considérer les différences qui existent dans les termes signe et langage. Le signe désigne, en premier lieu, les symboles non linguistiques. À la différence des langues, les signes non linguistiques n'ont, par exemple, pas d'alphabets ni de vocabulaires au sens étroit du terme. De plus, les signes, au point de vue sémantique et pragmatique, ne sont pas structurés et coordonnés d'une manière aussi fixe que les langues. Leurs multiples possibilités sémantiques et pragmatiques s'entremêlent pour ainsi dire continuellement. Mais cela ne signifie pas cependant que leur clarté esthétique soit diminuée. Au contraire. Les signes non linguistiques sont, en règle générale, des signes plus clairs que les expressions linguistiquement distinctes, par exemple, que les expressions conceptuelles. Entre le langage et le signe, il y a une asymétrie au sens où le langage comme signe – et non pas chaque signe, par exemple, un geste corporel – peut être compris comme langage au sens étroit. La question de savoir si, et dans quel sens, la logique et la mathématique sont, ou non, des langages relève également de ce contexte. Cela ne signifie évidemment pas que le langage ne puisse pas être conçu comme un système de signes – ce qui, on le sait, a été le cas, à plusieurs reprises, dans l'histoire récente de la linguistique, à la suite surtout de Ferdinand de Saussure.

À la différence des énoncés dans une langue, les composantes conceptuelles ne peuvent pas être séparées les unes des autres, de manière sélective, dans la présentation (*Darstellung*) et la représentation (*Repräsentation*) d'un signe. Qui plus est, il résulte de l'usage des signes qui fonctionne (*funktionierend*) un amalgame et une confusion de ces composantes. Des signes réussis (*erfolgreich*) sont, dans leur présentation et dans leur représentation, à la fois intuition (*Anschauung*) et concept. Ce n'est que dans une perspective heuristique et en vue d'une description différenciée que l'on peut séparer ces aspects.

Le fait de parler de signes linguistiques et non linguistiques n'est pas limité à la linguistique et à la sémiotique. Ces deux disciplines procèdent à partir de genres et de types déterminés de signes et de processus de signes, que nous devrons étudier par la suite. Dans la philosophie de l'interprétation, en revanche, ce sont ces processus d'interprétation qui présentent un intérêt particulier, dans la mesure où ils peuvent résulter de, fonctionner comme, se modifier en, voire disparaître dans ces genres et types de signes et processus de signes. Les signes qui fonctionnent comme symboles ne sont pas là tout simplement par nature. Ils se constituent dans les processus d'interprétation, lesquels, à leur tour, se produisent au moyen de signes. On doit, en même temps, tenir compte du fait qu'il ne s'agit pas, de manière abstraite, de *systèmes* de langage, de signes et d'interprétation, mais des esprits finis en tant qu'êtres capables de langage, de signes et d'interprétation ; il s'agit donc de langage, de signe et d'interprétation à l'échelle humaine et des possibilités, qui leur sont corrélatives, d'une *praxis* humaine de la vie.

Nous expliciterons, dans les chapitres I et II, le sens dans lequel nous utiliserons, par la suite, le concept d'interprétation, et ce, en recourant au modèle de l'interprétation à trois niveaux. Il apparaîtra alors que le sens de prédicat, d'adjectif et d'adverbe des termes « interprétation » et « interprétatif » dépasse le sens sémantique-logique (*logisch-semantisch*), le sens de la logique des prédicats et de la théorie de sciences – que ce soit le sens herméneutique ou le sens analytique – d' « interprétation ». L'interprétativité est le caractère fondamental des rapports de l'homme au monde, à autrui et à soi. On peut concevoir ces rapports comme des rapports d'interprétation ; ce qui dépasse le sens logico-formel et sémantique de l'interprétation entendue comme l'attribution des expressions du langage artificiel, d'une part, et des éléments, des classes et des relations, d'autre part. Cela dépasse tout autant l'interprétation herméneutique que l'interprétation analytique entendue comme l'interprétation (*Auslegung*), réalisée selon une méthode, des textes principalement et comme l'établissement des règles méthodologiques de la formation des hypothèses et de leur examen. Dans le modèle d'interprétation à trois niveaux, ces variantes apparaissent sous le titre de l'interprétation entendue comme interprétation par appropriation (*aneignende Deutung*) et comme construction instrumentale.

La recherche peut être élargie a) au champ des modèles devenus habituels et aux schématisations au sens, par exemple, des habitudes, des conventions et des traditions, et, en outre, b) au domaine des processus qui catégorisent et organisent la réalité (*Wirklichkeit*), le sens et l'expérience. Parmi ces processus, on comptera principalement les processus de localisation des objets dans l'espace et le temps, de l'individuation des objets, de prédication des espèces, et de formulation de préférences normative et esthétique. La réflexion que la situation des êtres finis ne leur permet pas d'avoir un accès au monde, à la réalité et au sens qui serait entièrement non épistémique, partant, un accès qui serait complètement indépendant des formations d'interprétation, constitue le point de départ. Nous ne pouvons pas sentir, percevoir, parler, penser et agir sans interprétation. De surcroît, nous ne nous comprendrions pas dans un monde et une réalité qui seraient entièrement non épistémiques. Le monde qui nous est familier, notre monde, doit être en ce sens un monde d'interprétation. Ce pourquoi l'on peut considérer comme une tâche de la philosophie actuelle d'expliquer la logique, l'étique et l'esthétique des rapports humains d'interprétation .

La première partie (« *Les grands traits* ») livre, dans le chapitre I, une esquisse de la philosophie générale de l'interprétation. Outre les caractéristiques générales de cette philosophie, nous mettrons en évidence le statut particulier de la *praxis* d'interprétation du monde vécu.

Les instruments acquis seront mobilisés, dans le chapitre II, pour décrire le rapport de la réalité et de l'interprétation. Relativement au sens du terme « réalité » (« *Wirklichkeit* » et « *Realität* »), le recours aux rapports d'interprétation permet d'abandonner la dichotomie classique de l'idéalisme et du réalisme. Tout ce qui est pour nous, esprits finis, objet de l'expérience ne peut l'être que dans un horizon d'interprétation et selon les règles d'une *praxis* de l'interprétation, qui le réalise. De cette manière, la prégnance classique du problème du réalisme apparaît secondaire relativement à une critique des rapports d'interprétation. Si l'on comprend les signes et les actions directement, c'est-à-dire sans médiateur épistémique (c'est la thèse du chapitre II), on n'a plus besoin d'effectuer un pas supplémentaire pour parvenir à la réalité à partir de ces signes et de ces actions. On est, pour ainsi dire, toujours déjà là. Car les signes couronnés de succès (*erfolgreich*) sont, dans le caractère direct de leur usage et de leur compréhension, en même temps les signes qui contiennent la réalité (*Wirklichkeit* et *Realität*). La liaison entre le langage, l'esprit et l'action, d'un côté, et la réalité et d'autres personnes, de l'autre côté, ne doit pas être préalablement établie, mais est plutôt déjà présupposée dans la profondeur d'une *praxis* de l'interprétation bien rôdée. Il y a entre le langage, l'esprit, l'action et le monde une liaison interne, comparable à l'effet produit par une porte tambour, entre les fonctions, qui révèlent le monde (*welterschliessend*), du langage, des symboles, de l'action, d'une part, et la réalité qui y est formée et saisie, d'autre part.

La deuxième partie (« *Langage et signes* ») se concentre sur les rapports humains de communication. Il appert, une fois de plus, que l'interprétation n'est pas simplement une option, mais une condition de l'usage réussi des signes et de la compréhension couronnée de succès des signes. Cette caractérisation vaut pour tous les types de processus de signes.

Le chapitre III conçoit la signification des signes linguistiques et non linguistiques comme leur interprétation adéquate et explicite la référence des signes au sein du modèle à niveaux de l'interprétation. De cette façon, on peut abandonner la dichotomie relative à la fixation de la signification et de la référence, selon laquelle, en effet, cette fixation peut se produire soit « dans la tête », soit « dans le monde ». La référence couronnée de succès est alors explicitée comme l'accord des divers niveaux des rapports d'interprétation.

Le chapitre IV insiste, tout d'abord, sur le fait qu'eu égard à la compréhension des signes, ce n'est pas la mauvaise compréhension, mais la compréhension de la compréhension qui est philosophiquement fondamentale. Il s'agit ici de l'*exécution* (*Vollzug*) des signes dans les processus de communication. L'exécution d'un signe peut et doit être distinguée de l'*interprétation* (*Deutung*) d'un signe. L'exécution ou le *logos* du signe a une signification fondamentale. Le recours à la *praxis* d'interprétation permet de distinguer la « petite logique » (au sens d'une interprétation des signes et d'une conclusion suivant des prémisses) et la « grande logique » (comme la forme de l'exécution des signes qui se réalise et s'accomplit elle-même). Entre les deux, donc entre la *rationalité* de l'interprétation et le *logos* des signes, on peut introduire deux autres niveaux du logique. La compréhension directe des signes, c'est-à-dire la compréhension sans médiateur épistémique, est décrite comme l'intersection (*Ineinanderfassen*) des différents niveaux et points de vue des rapports d'interprétation.

En ce qui concerne la signification du signe, en plus des éléments de construction, on esquissera le contour de la notion d'équilibre de la compréhension (*Verstehensgleichgewicht*) et on formulera les exigences de cohérence de l'interprétation. Ces dernières limitent, il est vrai, la marge de manœuvre des interprétations, mais, en même temps, la rationalité des interprétations réside dans ces exigences. Dans ce contexte, on peut considérer les règles et les principes pertinents d'interprétation comme des principes de rationalité.

Le chapitre V conçoit les rapports humains de communication comme des rapports de traduction et ces derniers, à leur tour, comme des rapports d'interprétation. Ce chapitre souligne le caractère *interprétatif* de chaque traduction. Le problème de la traduction n'est pas conçu ici seulement comme un problème entre différentes langues. *En tant qu'*interprétation, la traduction a un caractère conditionnel pour toute compréhension humaine d'autrui et de soi, y compris pour la compréhension du monde qui y est impliquée.

La troisième partie applique la conception philosophique de l'interprétation à *la science,* à *la logique et* à *l'esthétique*. On commencera par développer (dans le chapitre VI) une conception interprétationniste de la connaissance empirique eu égard au rapport de la théorie, de l'observation et de la réalité. Est interprétatif non seulement le procédé méthodiquement formé de l'observateur, mais également la réalisation des données de l'observation, qui a derrière elle une généalogie de l'interprétation. Dans cette perspective, nous aborderons les questions de la théorie de la science qui portent sur l'indépendance et la charge théorique (*Theoriegeladenheit*) des observations, l'observation de ce qui est nouveau, ainsi que le rôle de l'intentionnalité, du savoir d'arrière-plan, de la probabilité et du temps dans l'observation.

L'imagination apparaît alors comme un genre important de l'interprétativité. Le chapitre VII souligne le rôle fondamental de l'imagination eu égard à la forme et au contenu des actes humains de sentir, percevoir, parler, penser et agir. L'imagination désigne, dans cette optique, la capacité individuelle à apporter, de manière constitutive, des composantes qui ne sont pas présentes actuellement dans des processus actuels – ce qui sera conçu comme un véritable processus d'interprétation.

À partir de ce point, le chapitre VIII formule le rapport du dire (*Sagen*) et du montrer (*Zeigen*) – qui constitue pour Wittgenstein le problème principal de la philosophie – dans la perspective de la philosophie de l'interprétation, et étend ce rapport aux systèmes de symboles non linguistiques. Dans ce chapitre, nous caractériserons le phénomène et la logique de la monstration (*Zeigen*) comme *interprétatifs* et établirons leur signification fondamentale pour les domaines de la perception, de la parole, de la pensée et de l'action. Nous établirons de manière précise que la monstration a son siège et sa fonction au niveau du *logos*-du-signe-et-de-l'interprétation.

La problématique-dire-montrer occupe le devant de la scène dans les deux prochains chapitres. Le chapitre IX développe le rapport de la logique et de l'esthétique, le chapitre X, le rapport de la science et de l'art ; le premier étant considéré comme le plus fondamental. Il s'agit ici des limites esthétiques-logiques de la formation de la réalité (*Wirklichkeit*), du monde et du sens. Le rapport de la logique et de l'esthétique, d'une part, et celui de la science et de l'art, d'autre part, sont développés sur le sol, qui leur est commun, des rapports d'interprétation – ce qui conduit au concept d'une esthétique logique-de-l'interprétation, à une conception de l'expérience comme écriture des signes esthétiques et à une compréhension plus précise du sens de l'art comme sens du monde vécu. Le chapitre X conçoit, d'un côté, la science comme un art, d'un autre côté, l'art comme une activité pertinente au point de vue cognitif, sans, par ailleurs, dissimuler leurs différences.

La Partie IV (« *Pluralité et vérité* ») thématise la question de la vérité à la lumière des découvertes faites jusque lors, et ce, dans deux perspectives. Dans le chapitre XI, nous élaborons les fondements philosophiques du langage, des signes et de l'interprétation du pluralisme théorique – ce qui nous conduira au concept d'une pluralité que l'on ne peut pas éliminer, concept d'une pluralité irréductible et conditionnelle. À partir de là, le chapitre XII implémente la problématique de l'interprétation dans la problématique magistrale de la philosophie occidentale : dans la question de la vérité. Cette question n'est en aucun cas obsolète, elle n'a pas non plus disparu, contrairement à ce que bon nombre d'éliminationnistes soutiennent, mais demeure, aujourd'hui encore, pertinente. Enfin, nous ferons la différence entre vrai et faux, comprendrons cette différence et l'emploierons avec succès. Mais la question de la vérité devra être formulée autrement. En raison surtout de son caractère interprétatif, elle échappe à la naturalisation et ne saurait être éliminée. La proposition, que nous soumettrons, développera la problématique de la vérité en recourant au modèle à niveaux (*Stufenmodell*) des rapports d'interprétation. Cette problématique sera, ce faisant, reliée à la *praxis* humaine d'interprétation et prendra la forme d'une question sur la cohérence valide. Il apparaîtra qu'il s'agit d'hypothèses-comme-si (*Als-ob-Annahme*), régulatrices, des conditions épistémiques idéales. Il s'agit, plus précisément, du rapport entre des propositions qui affirment la vérité et des propositions qui sont déjà acceptées comme vraies à l'intérieur du réseau des interprétations et de l'arrière-plan des interprétations, ce qui inclut les conditions de la validité empirique.

La partie V déploie l'approche philosophique de l'interprétation dans les champs de l'*action,* de l'*éthique et* de la *politique.* Le chapitre XIII développe ainsi les aspects d'une théorie unifiée du savoir et de l'action. L'unité et la différence du savoir et de l'action, de même que l'unité et la différence de la théorie de la connaissance et de la théorie de l'action, seront conçues sur le sol, qui leur est commun, des rapports d'interprétation. On préparera, ce faisant, un *instrumentarium*, qui offrira, en même temps que l'interprétation du savoir d'une personne, un fondement permettant d'attribuer les dispositions à l'action, et *vice-versa* ; ce qui est possible dès que l'on conçoit les rapports du monde vécu comme des rapports d'interprétation et que l'on comprend la *praxis* de la vie comme une *praxis* d'interprétation. Le savoir et l'action seront décrits comme des modes différents, mais toujours reliés l'un à l'autre, des activités d'interprétation de l'être humain.

En partant du caractère *interprétatif* des actions humaines et des contextes d'action, nous développerons, dans le chapitre XIV, les traits fondamentaux d'une *éthique* de l'interprétation. Au-delà de la fondation ultime, de la théorie de la discussion et de la postmodernité, l'éthique de l'interprétation peut traiter les questions normatives et offrir des orientations. Cela vaut surtout pour les questions portant sur les rapports entre l'éthique de l'interprétation et la reconnaissance interindividuelle, entre l'éthique de l'interprétation et l'universalisation, entre la morale et le droit. Au plan politique, l'éthique des rapports d'interprétation conduit à assumer la responsabilité d'une démocratie libérale, pluraliste et de l'État de droit en tant que forme démocratique présentant une affinité et une forme d'affinité élective avec le système politique.

J'ai eu l'occasion de présenter les premières versions de certains chapitres de ce livre lors de conférences et de colloques organisés dans les universités de Munich, Francfort/M., Bonn, Paris, Oslo, Venise, Lisbonne, Lausanne, Nancy, Dijon, Brême et Mayence. Les thèmes de ce livre ont également été présentés et discutés – dans le cadre d'un groupe de travail de la fondation Werner Reimer, qui a existé de 1993-1998, à Bad Homburg, consacré au thème « Signe et Interprétation », – lors des congrès annuels de l'Académie du Midi dans le sud de la France, – dans le groupe de recherche subventionné par le DAAD depuis 1996 sur le thème : « Le problème de l'interprétation dans la philosophie contemporaine », groupe composé de membres de l'Université de Venise autour du collègue Mario Ruggenini et des membres de l'Université Technique de Berlin, – dans le cadre du forum Einstein qui s'est tenu à Potsdam, – lors d'un colloque de la Fondation Guardini sur le thème « Réalité – Image – Concept » sous la direction d'Erwin Sedlmay, et – lors des séminaires de recherche qui se sont tenus régulièrement à l'Institut de philosophie de l'Université Technique de Berlin. À tous, j'exprime mes remerciements pour ces conversations et discussions stimulantes et souvent éclairantes à plusieurs égards. J'aimerais également remercier tout particulièrement mes collaborateurs, Madame Astrid Wagner, M.A., Monsieur Ulrich Dirks, M.A. diplômé en mathématique et en physique, et Monsieur Claudio Roller, doctorant en philosophie. Mes remerciements concernent également les travaux de rédaction. Madame Wagner et Monsieur Dirks ont, en outre, relu le manuscrit entier, y ajoutant des commentaires fort utiles. Je tiens également à remercier Monsieur Friedhelm Herboth de la maison d'édition Suhrkamp d'avoir accepté le texte dans le programme scientifique et Madame Granick, qui, au sein de la maison d'édition, m'a toujours assuré de son soutien amical.

PREMIÈRE PARTIE

CARACTÉRISTIQUES GÉNÉRALES

CHAPITRE I

PHILOSOPHIE GÉNÉRALE DE L'INTERPRÉTATION

Comme dans la philosophie critique en général, il s'agit, dans la philosophie générale de l'interprétation, de la manière adéquate de comprendre le fait que nous nous trouvons toujours déjà dans des rapports de référence au monde, à autrui et à soi. On peut concevoir ces rapports comme des rapports d'interprétation, c'est-à-dire comme des rapports perspectivistes, rapports de schématisation, de construction, de formation, de projection et d'interprétation et, en cela, comme des activités qui organisent l'expérience. L'interprétation ne désigne pas seulement une procédure supplémentaire d'explication et de connaissance, l'interprétation n'est pas simplement un « *ars interpretandi* ». Peut être avant tout caractérisée comme interprétative l'exécution des actes, humains, de percevoir, parler, savoir, penser et agir. Ce pourquoi le sens de prédicat, d'adjectif et d'adverbe d'« interprétatif » est particulièrement important pour caractériser chacun des processus. Dans cette optique, le mot « interprétation » peut être considéré comme un terme fondamental de la philosophie contemporaine.

Naturellement, il ne s'agit pas ici de définitions, mais d'expliquer les rapports mentionnés et de préciser le discours qui s'y rapporte. C'est pourquoi on ne peut ni définir ni dire définitivement *ce qu'est* l'interprétation, comme, par exemple, *ce que sont* la liberté, le temps ou la vie. Dans cette optique, les concepts fondamentaux doivent pouvoir être compris d'eux-mêmes. La question décisive est plutôt de savoir ce que signifie comprendre les rapports au monde, à l'altérité et à soi-même, et ce, à la lumière de l'interprétativité (*Interpretativität*) et de la perspectivité (*Perspektivität*).

Dans ce premier chapitre, nous commencerons par indiquer quelques caractères généraux de l'approche que nous proposons et par présenter le modèle à niveaux (*Stufenmodell*) des rapports d'interprétation. Nous expliciterons, ensuite, cette approche au regard du statut central de la *praxis* d'interprétation du monde vécu.

1. CARACTÉRISATION GÉNÉRALE

1) *Les rapports d'interprétation.* On peut caractériser comme des processus d'interprétation créatifs et constructionnels (*kreativ-konstruktionale Interpretationsprozesse*) les procédures dans lesquelles nous discriminons quelque chose *comme* une chose déterminée au plan des phénomènes, dans lesquelles nous procédons à des identifications et à des ré-identifications, dans lesquelles nous appliquons des prédicats et des signes distinctifs, dans lesquelles nous procédons à des attributions, construisons des rapports, classifions grâce à des répartitions, les procédures dans lesquelles nous avons des opinions, des croyances et une connaissance justifiée relativement aux mondes ainsi formés. Dans ces procédures, des activités interprétatives sont déjà en jeu au sens où l'usage et la compréhension de leurs signes constitutifs s'effectuent dans une perspective holiste, à partir d'un horizon-monde (*Welt-Horizon*) global et en rapport à cet horizon. À l'intérieur de cet horizon, on aboutit, sur la voie de l'interprétation, à l'adaptation mutuelle de la partie au tout et du particulier à l'universel, et à l'insertion des signes dans le contexte, le temps, la situation et la finalité.

À partir de cet arrière-plan, nos réalités peuvent être qualifiées de réalités interprétatives. Chaque conception de la réalité (*Wirklichkeit*) dépend de la grammaire et des règles du système (linguistique et non linguistique) employé et compris, qui symbolisent les signes de l'interprétation. Tout ce qui est individué et se produit spécifiquement *ainsi-et-ainsi* (*so-und-so*) se produit pour nous dans un *horizon* d'interprétation et dans une *praxis* d'interprétation, et réalise leurs règles (même si nous ne les connaissons pas ou ne les connaissons pas encore). En ce sens, les limites de notre interprétation désignent les limites de notre monde et du sens. Cette affirmation exige assurément d'effectuer des différenciations au sein du concept d'interprétation lui-même, de sorte qu'il puisse servir à une distinction conceptuelle.

Il est important que le discours sur l'interprétation ne soit pas borné à son sens étroit et herméneutique comme « interprétation par appropriation » (*aneignende Deutung*). L'interprétation ne concerne, en effet, dans cette optique, que l'un des trois niveaux des rapports d'interprétation, que l'on doit distinguer dans une perspective heuristique. De Surcroît, outre les trois *niveaux*, on peut distinguer trois *perspectives* du concept d'interprétation [1]. Eu égard aux niveaux, on peut séparer les interprétations par appropriation, que l'on nomme brièvement « interprétations_3 » (par exemple : les procédures de formation d'hypothèses et de théories, les procédures d'explication ou de fondation), des modèles d'uniformité enracinés dans l'habitude et devenus habituels, que l'on appelle brièvement « interprétation_2 » – appartiennent à ces dernières les conventions ainsi que les pratiques et les compétences culturellement et socialement acquises. Il faut, de plus, distinguer les composantes qui ont leur siège dans les fonctions catégorisantes et individualisantes de notre usage du langage et des signes eux-mêmes ; on appelle ces compétences « interprétation_1 ». Les concepts logiques d' « existence » et d' « objet » ainsi que les principes de la localisation et de l'individuation font partie, par exemple, de ces dernières. Elles sont toujours déjà présupposées dans chaque organisation donnée de l'expérience, et revendiquées au plan logique sémantique (*sinnlogisch*).

L'horizon d'interprétation_1 et la *praxis* de l'interprétation_1 y sont les fondateurs de l'objet et, en même temps, de la vérité. Ce qui peut valoir comme existant, comme objet ou comme événement, déterminé ou non, dépend de cet horizon. Les principes d'individuation sont déjà effectifs lorsqu'on se comprend au moyen d'une langue et que l'on parle d'un monde qui se présente à nous *ainsi-et-ainsi*. Chaque monde catégorisé et individué, ce qui signifie chaque monde déterminé, est en ce sens un monde d'interprétation. Cela se manifeste également, de manière interprétative, dans le fait que les concepts catégorisants (*kategorialisierend*) tout comme les principes d'individuation auraient *pu* se présenter *autrement*, même si, en règle générale, on n'est plus conscient de cette possibilité. Une fois que les principes d'individuation sont établis, on n'est plus libre, sans restriction, de réaliser des pas supplémentaires. On

1. Pour les détails de ce modèle à niveaux et pour les perspectives de l'interprétation, voir G. Abel, « Interpretations-Welten », *Philosophisches Jahrbuch*, 96, 1989, p. 1-19 ; « Interpretationsphilosophie », *Allgemeine Zeitschrift für Philosophie*, 13, 1988, p. 79-86. *Interpretationswelten. Gegenwartsphilosophie*, Suhrkamp, Francfort/M., 1993, édité en livre de poche.

oublie facilement *qu*'il s'agit, en général, de rapports d'interprétation actifs-créatifs. Pourtant, ces rapports ne sont naturellement pas supprimés par-là.

Dans le modèle d'interprétation à trois niveaux, le niveau d'interprétation$_1$ catégorisante est plus large et plus fondamental que le niveau de l'interprétation$_3$, niveau de l'interprétation par appropriation. À la première interprétation, appartiennent, outre les principes de localisation spatio-temporelle des objets et les principes d'individualisation, les schématisations conceptuelles fondamentales, les activités sensitives et perceptives des sens, les états émotionnels des personnes et la corporéité. Même si quelqu'un devait être réticent à l'idée de parler d'« interprétation » en dehors de l'interprétation par appropriation, il ne serait pas difficile de spécifier les processus qui ont lieu dans les domaines mentionnés comme « des processus à caractère *interprétatif* ». Cette caractérisation doit être développée autrement dans les différents domaines, et ce, de telle manière que ni les domaines ni les types d'interprétation ne se confondent. Cela étant dit, l'élargissement de la recherche que nous proposons est extrêmement important. Cet élargissement conduit, en effet, au constat que l'usage des termes « interprétation » et « interprétatif » comme prédicats ne pose aucun problème en dehors de l'« interprétation-de-quelque-chose-de-donné ». Le caractère que nous devons appeler *interprétatif* de la compréhension du monde, d'autrui et de soi et de la compréhension du rapport à ces derniers n'est manifestement pas limité à la sphère de l'interprétation par appropriation.

La distinction entre l'« interprétation-*de* » (par exemple une peinture dont le sens est interprété) et « interpréter-*comme* » (par exemple interpréter une tâche de couleur *comme* la représentation d'un canard et non d'un lièvre) est également présente dans le langage courant. Aussi peut-on demander dans le test de Rorschach : « comment interprétez-vous la tâche de couleur ? ». Cette interprétation à une place, monadique (classification), au sens d'« interpréter-*comme* », se distingue clairement d'une interprétation dénotative (*denotative*) et représentationnelle à deux places [1]. Le trait décisif réside en cela qu'on fait alors entrer en jeu le prédicat « est interprétatif », notamment comme caractérisation fondamentale des processus *pré*-conscients et *pré*-conceptuels. La question n'est donc pas de savoir si on doit absolument, ou non, entreprendre cet

1. Voir N. Goodman, *Language of Art. An Approach to a Theory of Symbols*, Bobbs-Merrill, Indianapolis, 4 e éd., 1981, p. 27 *sq.* « Representation-as ».

élargissement, mais plutôt de savoir si la proposition conduit à des idées intéressantes et à des descriptions, fécondes et de grande portée, des processus de rapport au monde, à autrui et à soi-même.

En ce qui concerne les niveaux ou plans de l'interprétation, le troisième niveau est, en premier lieu, le plus important. Dès lors que l'on s'interroge, une réflexion se déploie sur des présuppositions que nous considérons comme déjà satisfaites par des opérations d'interprétation$_3$ directement réussies (par exemple des opérations de fondation, d'explication, de description). De cette manière, les autres niveaux de l'interprétation apparaissent au regard. C'est pourquoi le modèle des plans ou des niveaux de l'interprétation ne doit pas être compris comme un modèle naturaliste ni comme un modèle de strates ou de domaines construits de bas en haut. Le plan de l'interprétation$_2$ et le plan de l'interprétation$_1$ ont leur point de départ dans des questions réflexives et récursives qui apparaissent au plan de l'interprétation$_3$ (par exemple lorsque quelqu'un ne comprend pas un argument avancé pour justifier le niveau d'interprétation$_3$ et demande même la signification des signes usités). Les plans ou niveaux sont ainsi reconnaissables, de leur côté, comme des formations d'interprétation. Aussi longtemps que des questions et des problèmes ne se posent pas au plan de l'interprétation$_3$, c'est-à-dire tant que les éléments de la compréhension et de l'action fonctionnent directement, il n'y pas lieu de réfléchir aux autres niveaux d'interprétation. En revanche, dès lors que surgissent des questions, seul le recours aux présuppositions logiques sémantiques (*sinnlogisch*) offre, en dernière instance, une réponse satisfaisante.

Relativement aux trois *niveaux* d'interprétation et à ce qui les traverse de part en part, on peut distinguer trois *perspectives*. Les composantes, qui se réfèrent à notre système conceptuel, dans le sens le plus restreint du terme, forment la « logique de l'interprétation ». Les formes de l'intuition sensible impliquées dans l'emploi et dans la compréhension des signes qui symbolisent, de même que l'individuel dans les caractéristiques sémantiques d'un signe et d'un jugement peuvent être placés sous le titre d' « *esthétique* de l'interprétation ». Et les éléments normatifs de la *praxis* interprétative ainsi que ceux de l'usage des signes suivant des règles et en conformité avec la situation constituent les thèmes de l' « *éthique* de l'interprétation ». La présente taxonomie, que nous avons entre-temps détaillée, des interprétations$_1$ permet d'effectuer de plus fines distinctions. Ces dernières peuvent aussi

1. Voir les travaux mentionnés en note, *infra* p. 23.

être comprises comme une application (développée verticalement et horizontalement) du concept général de l'interprétation.

Nous devons tenir compte de la cohérence interne de la logique, de l'esthétique et de l'éthique – qui sera abordée de manière plus précise dans les chapitres VIII (Dire et montrer), IX (Logique et esthétique) et XIV (Éthique de l'interprétation et démocratie). Il est important de noter que parler de la forme de la *praxis* interprétative comme limite du monde et du sens ne se limite pas à la forme *logique*, mais inclut la forme *esthétique* et *éthique*. Au plan général des rapports d'interprétation$_1$, des délimitations esthétiques et éthiques sont déjà en jeu de manière décisive. En insistant sur ce point, on peut considérer que la philosophie de l'interprétation en matière d'éthique se situe davantage dans la proximité de Kant que de Wittgenstein [1]. Alors que, selon Wittgenstein, « l'éthique ne peut exprimer » [2], il s'agit, dans la philosophie de l'interprétation, de signes *qui symbolisent* (*symbolisierend*), dont on peut rapprocher la réflexion kantienne que l'éthique est, il est vrai, seulement symbolique, mais nous est, cependant, en ce sens, accessible de manière intuitive. Selon Kant, le sensible, par lequel l'intelligible, donc l'éthique, nous est transmis, c'est le « beau » ; ce qui revient à dire que le « beau est le symbole du bien moral » [3]. Dans cette mesure, la logique, l'esthétique et l'éthique ont, en dernière instance, « les mêmes » limites, et c'est, ensemble, qu'elles forment un monde et, individuellement, mon monde.

2) *Mondes d'interprétation.* Nous avons affaire à des mondes d'interprétation aux trois niveaux et dans les trois perspectives. Concernant les niveaux, le rapport entre l'interprétation et le monde [4] se présente, néanmoins, toujours de manière différente. Une interprétation comme appropriation d'une interprétation$_3$ (par exemple une hypothèse

1. Les conséquences éthiques de la théorie seront développées au chapitre XIV. J. Simon insiste également sur la proximité de la théorie philosophique de l'interprétation par rapport à l'éthique de Kant : « Welten und Ebeben. Zu Günter Abels "Interpretationswelten" », *Deutsche Zeitschrift für Philosophie*, 44, 1996, p. 905 *sq.*

2. Wittgenstein, *Tractatus-Logico-philosophicus*, trad. fr. P. Klossowski, Paris, Gallimard, 1961, Nr. 6.421.

3. Kant, *Critique de la faculté de juger*, § 59.

4. Cela ne signifie absolument pas que parler de l' « unité du monde » perd son sens. Sur la différence entre la philosophie de l'interprétation et le constructionnalisme de Goodman eu égard à l'unité et à la pluralité des mondes, voir L. Gunnarsson : « Jenseits von Gegebensein und Machen. Interpretationspluralistischer Monismus als Alternative zu Abels Weltenvielfalt », *Deutsche Zeitschrift für Philosophie*, 44, 1996, p. 867-878 ; voir, au même endroit, la réplique de G. Abel dans *Interpretationsphilosophie. Kommentare und Repliken*, p. 903-916 et dans le chapitre II : pluralisme interne.

scientifique) peut échouer, au sens immédiat, face au monde. En cas de conflit, ce n'est pas le monde que l'on change, mais l'interprétation. Si nos interprétations$_2$ varient, notre monde ne sera pas immédiatement un autre monde. Et si le monde change au point qu'apparaissent des phénomènes que nous n'y avons jamais perçus ni observés auparavant, cela n'impliquera pas immédiatement, en règle générale, de changement des habitudes et modèles d'uniformité, donc n'aura pas de conséquence immédiate sur l'interprétation$_2$. Cependant, si l'interprétation$_1$ par catégorisation, c'est-à-dire si l'horizon humain d'interprétation$_1$ et notre *praxis* d'interprétation$_1$ se déplacent, nous aurons également affaire, strictement parlant, à un autre monde *ainsi-et-ainsi* (*So-und-so*). Bref, au niveau des interprétations$_3$, les interprétations dépendent de ce qu'elles interprètent ; dans l'interprétation$_2$, il y a des classements d'interprétations et des mondes et, dans les interprétations$_1$, les mondes *ainsi-et-ainsi* dépendent des interprétations – ce qui signifie que sous les auspices critiques du sens[1] on ne peut pas concevoir, individuer et spécifier l'un de ces processus d'interprétation$_1$.

Il importe d'observer que a) le « monde » n'est ni compris dans le sens de choses-en-soi existant de manière achevée ni dans le sens des concepts des sciences individuelles (par exemple l'astronomie, le cosmos, l'univers) ni dans le sens de l'usage commun du langage (la terre, l'environnement). b) Le « monde », au sens de la totalité des conditions, est un *concept limite*. C'est pourquoi Kant le considère comme une idée de la raison, ce qui implique que le monde nous est accessible suivant le genre de connaissance des objets qui s'y trouvent. Par conséquent, le discours portant sur le monde ne peut pas être un discours externe et ne peut pas être conduit à une conclusion définitive.

1. En règle générale, les problèmes philosophiques ne sont pas « résolus » par une preuve déductive. Ils sont plutôt résolus au moyen de l'indication des « conditions critiques du sens » sous lesquelles ils n'apparaissent plus. Il s'agit de réponses à des questions critiques du sens sous la forme « comment penser que… ». C'est en cela que réside l'argumentation critique du sens. L'introduction du modèle *vertical* de l'interprétation est le résultat d'une telle réflexion. Ce modèle permet de contourner des problèmes qui se trouvent au même niveau *horizontal*, qui, non seulement ne peuvent pas être résolus, mais qui, en outre, conduisent à des problèmes fictifs et à des paradoxes. Comme dans chaque catégorisation et modélisation, on ne peut décider de leur valeur à l'avance, mais cette dernière se mesure à leur performance. Il importe de savoir si le modèle à niveaux et à dimensions de l'interprétation constitue une théorie féconde pour traiter des questions et problèmes anthropologiques, de la philosophie du langage, des problèmes de la théorie des sciences, des questions et problèmes herméneutiques, éthiques et esthétiques.

Cela attire également l'attention sur l'aspect, central pour Kant, selon lequel le « monde » est un tout de fins cohérentes. Les limites de ce qui vaut comme monde, qui est toujours uniquement le monde des phénomènes, peuvent se déplacer selon les fins et le temps dont il s'agit. Enfin, c) toute totalité en soi cohérente d'états de fait semblables, soumis à des fins en un temps, peut être considérée comme un monde. Quand deux ou plusieurs états de fait, sélectionnés selon des fins, ne sont pas réductibles, sans contradiction, à un type d'état qui leur est commun, il est plus raisonnable, comme l'a surtout souligné N. Goodman dans *Ways of Worldmaking*, de parler de deux mondes au lieu d'un seul. Un tel discours correspond à l'usage de la langue ordinaire, lorsqu'on parle, par exemple, du « monde des mathématiques » ou du « monde des pilotes de formules 1 ».

2. *PRAXIS* DE L'INTERPRÉTATION DU MONDE VÉCU

Parler de *praxis* d'interprétation signifie la même chose que parler de *praxis* de la vie. Il s'agit alors de la *praxis* de la vie humaine, dont on peut caractériser le déroulement d'interprétatif[1]. « *Praxis* » désigne ici le réseau des conditions sous lesquelles, et pour lesquelles, les êtres humains vivent comme ils vivent. Nous ne pouvons pas embrasser entièrement du regard ce réseau d'arrière-plan, le placer de façon transparente devant nous, l'introduire dans une pensée re-présentative, le créer opérationnellement ni en suspendre la validité.

Pour ce concept *large* de la *praxis* comme *praxis* de la vie, la connaissance externe, le choix et l'argumentation discursive ne sont donc pas complètement donnés. Il s'agit de la *praxis vécue*, hors de laquelle nous ne pouvons pas nous situer et que nous ne pouvons pas contempler de l'*extérieur*. Or, la réflexion centrale consiste à dire que chaque sensation, chaque perception, discours, pensée, savoir, pouvoir et action de l'homme peuvent être enracinés, enchâssés, situés dans la *praxis* de la vie conçue comme interprétative ou dans la *praxis* de la vie du monde vécu, et s'y rapporte. Il ne faut donc pas réserver le terme de « *praxis* » aux seules actions explicites, conscientes, intentionnelles, qui reposent sur le choix et la décision dans le sens plus *restreint*. Il importe là encore de distinguer un sens large de la *praxis* comme forme de vie,

1. Voir, pour ce qui suit, G. Abel, « Interpretation und Realität. Erläuterungen zur Interpretationsphilosophie », *Allgemeine Zeitschrift für Philosophie*, 21, 1996, p. 286 *sq*.

réactions non langagières, formes de comportements, actions et expérience – tout ce que Wittgenstein nomme « la manière commune d'agir à tous les hommes »[1] –, d'un sens restreint de la *praxis* comme action reposant sur une possibilité de choix.

Il faut, en plus, remarquer que le terme « *praxis* » signifie quelque chose de différent selon les divers niveaux des rapports d'interprétation. Les éléments suivants constituent la marque distinctive de la *praxis* du niveau d'interprétation$_3$: la conscience, l'option, la connaissance, la discursivité et l'argumentation. Toutefois, ces éléments ne sont pas donnés de cette manière au niveau de l'interprétation$_1$. C'est pourquoi il est question d'au moins trois sens de la *praxis* d'interprétation. La *praxis* désigne, d'abord, a) le genre et la manière partagée par d'autres personnes de la communauté de langue et d'action, communauté dans laquelle les caractéristiques syntaxiques, sémantiques et pragmatiques des signes du langage ainsi que les actions et les expériences non langagières sont limitées et déterminées. Ensuite, b) il s'agit de la possibilité de situer (*Situiertheit*) chaque acte, humain, de parler, de penser et d'agir, de réagir, de pouvoir et de savoir dans les domaines de l'action, de la réaction et du comportement qui ne relèvent pas du langage. Enfin, c) il s'agit de l'ancrage de ces deux complexes croisés, dans lesquels la *praxis* interprétative sous-jacente, originaire, ne peut plus être dépassée, que Wittgenstein nomme « le donné à accepter ».

On peut expliquer le sens vertical profond de l'expression « *praxis* de l'interprétation » en examinant ce qui est présupposé et déjà revendiqué lorsque la possibilité d'un discours et d'un accord, ou d'un désaccord, entre les personnes est donnée. On peut se rattacher ici aux réflexions de Wittgenstein. Un accord est d'abord nécessaire au niveau du comportement et de la réaction, au sens d'une « manière commune d'agir à tous les hommes ». Il est donné, selon l'exemple de Wittgenstein, si, lorsqu'on effectue un geste démonstratif, on regarde dans la direction indiquée du bout des doigts et non dans la direction du bras. À un niveau ultérieur, un accord est requis entre les actions et leurs règles – ce qui suppose de pouvoir corriger une action de façon pré-langagière (par exemple par un geste de refus). L'accord qui demeure, la plupart du temps, implicite dans les jugements élémentaires de l'expérience appartient à ce domaine. Pour pouvoir se comprendre, il ne suffit pas de parler la même langue, mais il doit y avoir un accord dans les jugements,

1. Wittgenstein, *Investigations philosophiques I*, traduction française par P. Klossowski, Gallimard, Paris, 1961, Nr. 206.

dans les jugements empiriques élémentaires [1]. C'est seulement en explicitant cet accord qu'on accède au niveau auquel on peut parvenir à un accord discursif ou non discursif sur « quelque chose » entre des personnes. Et quand il y a accord, on peut présumer que les présupposés mentionnés sont satisfaits. Le discours d'une *praxis* d'interprétation bien rôdée comprend des opérations et des procédés aussi bien passifs qu'actifs et des événements, dans ce faisceau ouvert de rapports d'interprétation vers le bas, qui incluent aussi, outre le fait d'être compris en action dans le sens restreint de la capacité de vouloir, de choisir et de décider, le domaine du comportement et de la réaction de l'homme – domaine qui peut être désigné comme une *praxis humaine* au sens large du terme. Cette *praxis* se soustrait au calcul et à l'algorithme, et son existence se distingue manifestement de celle des pierres, des tables et des nombres premiers.

Afin de développer davantage la philosophie de l'interprétation, on peut, à côté d'une série de questions spécifiques, mentionner trois tâches fondamentales. Il importe, d'abord, d'expliciter plus précisément et de poursuivre la tâche d'illustration de ce qui constitue la *praxis* de l'interprétation. Il faut, ensuite, clarifier en quel sens les procédures du parler, du penser, du savoir explicites, procédures déterminées par une finalité et par des règles, ont un rapport avec le domaine de l'action non langagière conforme à des règles, un pouvoir et une expérience non propositionnels. Et enfin, l'ancrage de ces deux tâches dans la *praxis* d'interprétation doit être élaboré et décrit plus précisément, afin de déterminer jusqu'à quel point les segments de faisceau pragmatique et pratique orientés vers le bas peuvent représenter et présenter le faisceau de l'interprétation dans une attitude théorique. Il ne faut pas attendre la complétude et l'on ne doit pas non plus y tendre. Car nous ne pouvons pas saisir ni représenter *en entier* ce réseau d'arrière-plan des conditions, à partir duquel et vers lequel se déroule notre vie, telle qu'elle se déroule. Plus rigoureusement, nous ne savons même pas ce que la complétude doit signifier ici. En revanche, sonder et déterminer ces limites est un postulat de toute philosophie critique et des Lumières.

Il importe de remarquer que la *praxis* de l'interprétation est conçue dans ces trois perspectives comme une *praxis* d'interprétation *externalisée*. Si l'on part des réflexions de la dernière philosophie de Wittgenstein, il ne s'agit plus, de façon éclatante, de l'idée qu'il doit y avoir à l'*intérieur* un savoir implicite préalable ou une opinion, pour

1. Wittgenstein, *Investigations philosophiques I*, *op. cit.*, Nr. 242.

pouvoir parler, de manière absolument raisonnable, de procédures authentiques de langage, de pensée et de savoir, à la différence d'un simple événement (*Geschehen*) et d'un comportement. Quelque chose n'est, en dernière instance, une expression explicitement linguistique, cognitive et/ou relevant du savoir, que dans le contexte de manières d'agir pratiques, importantes, non langagières. Et, dans la mesure où la *praxis* interprétative est, en même temps, *publique et contient le monde et la réalité* [1], l'argument de Wittgenstein contre la possibilité du langage (intérieur) privé peut être en même temps considéré comme l'argument que le monde extérieur est en jeu dans chaque acte de parler et de comprendre [2] réalisé avec succès [3]. Naturellement, la même chose vaut dans le contexte de ce qu'on pourrait appeler l'argument contre la possibilité d'une action privée. Les actions sont dans des contextes d'actions. Elles sont des processus publics qui procèdent selon des règles et qui sont déterminés par des finalités. Une personne seule ne peut suivre pour elle-même une règle d'action. Dans la mesure où l'agir doit être considéré comme la détermination de son objet, comme la détermination de ce en vertu de quoi et en quoi il y a changement, le monde extérieur est déjà présupposé dans chaque action.

La *praxis* de l'interprétation du monde vécu et le monde vécu interprétatif jouent un rôle fondamental dans de nombreux éléments, dont nous discuterons dans les chapitres suivants. Pour anticiper quelque peu, nous renvoyons simplement au chapitre XIII consacré au rapport du savoir et de l'action. Dans ce chapitre, nous discuterons, plus en détail, la question de leur ancrage dans la *praxis* interprétative du monde vécu. Il apparaîtra clairement, là aussi, que cet ancrage conçu dans la perspective de la philosophie de l'interprétation implique des aspects et des composantes du parler, de la pensée et du savoir que l'on ne peut, en même temps, appréhender comme une action dans le sens le plus restreint et à laquelle on ne peut les réduire. Deux domaines doivent être

1. Voir chap. II.2.

2. « Réussir » signifie ici la même chose que : on a tout mis en œuvre pour accomplir l'expression des signes de sorte qu'elle se trouve dans le mode désiré. « Couronné de succès » inclut deux aspects : a) que, chez le vis-à-vis ou l'interprète qui comprend l'expression du signe, l'expression du signe est approximativement perçue et comprise telle qu'elle a lieu chez le producteur; b) que les rapports de compréhension commencent et peuvent être poursuivis de manière fluide.

3. En cela nous sommes d'accord avec J. McDowell (*Mind and World*, Cambridge (Mass.), Havard University Press, 1994, p. 18-23 ; voir Wittgenstein, *Investigations philosophiques I*, *op. cit.*, Nr. 243-315).

mentionnés : a) le fait que parler, penser et savoir ne soit pas une action, mais quelque chose qui nous arrive et que l'on peut comprendre comme étant fondé dans le corps humain [1] et b) le rôle important non linguistique et, surtout, les aspects imagés, picturaux de la parole, de la pensée et du savoir, et naturellement dans l'action elle-même [2]. Ces aspects sont contenus dans le discours de la *praxis* interprétative. La corporéité est, par exemple, une composante fondamentale au niveau de l'interprétation$_1$ [3].

La place de la *praxis* interprétative est également centrale au regard de la problématique du scepticisme [4]. Relativement à la question de la mise à disposition (*Bereitstellung*) d'une certitude contre le scepticisme, il faut cependant clairement distinguer deux concepts de certitude : *la certitude épistémologique ou certitude de la théorie de la connaissance et la certitude relative à la praxis interprétative, la certitude pratique.* On ne peut atteindre le premier genre de certitude, et la certitude épistémologique demeure, en tout temps, sceptiquement attaquable. En revanche, le second genre est non seulement possible, mais donné en de nombreuses circonstances. La certitude pratique désigne les évidences internes données avec l'état rôdé (*Eingespieltsein*), qui fonctionne sans

1. Voir H. J. Schneider, « Die Sicherheit des Denkens, Wissens und Sprechens im Handeln. Perspektiven der Spätphilosophie Wittgensteins », *Deutsche Zeitschrift für Philosophie*, 41, 1993, p. 727, note 3, se rapportant à cette position de E.T. Gendin exposée dans la même revue.

2. Voir, à ce sujet, le chap. VIII : « Dire et montrer».

3. Cf. *Interpretationswelten*, *op. cit.*, p. 1-19; Pour la problématique du corps, voir G. Abel, « Interpretatorische Vernunft und menschlicher Leib », dans M. Djuric (dir.), *Nietzsches Begriff der Philosophie*, Würzburg, Königshausen und Neumann, 1990, p. 100-130.

4. La problématique du scepticisme joue un rôle important chez l'auteur. Certes, nous n'en avons pas entrepris une tentative de réfutation épistémologique ni même de l'éliminer. Il nous importe davantage de donner au sceptique intérieur une place satisfaisante. Il s'agit, en substance, du recours à des présuppositions interprétatives pragmatiquement et pratiquement exigées et non plus de présomptions ontologiques, de la garantie de vérités métaphysiques ou de fondations ultimes. Ce scepticisme présuppose que la connaissance, au sens kantien, est l'un des trois modes du tenir pour vrai en général (penser que, croire que, savoir que), conçu dans son rapport avec le fonctionnement, non problématique, de la *praxis* d'interprétation à partir de laquelle les caractéristiques syntaxiques, sémantiques et pragmatiques de nos signes et de nos actions sont déterminées (pour les détails, nous renvoyons au chap. XIII).

Sur les capacités anti-sceptiques de la philosophie de l'interprétation et sur la question de savoir si, relativement aux réponses apportées au sceptique, des doutes sceptiques peuvent avoir, de nouveau, du succès, voir T. Koehne, *Skeptizismus und Epistemologie, Entwicklung und Anwendung der skeptischen Methode der Philosophie*, Munich, Wilhelm Fink, 1999.

problème, d'une *praxis* d'interprétation, c'est-à-dire d'une *praxis* de vie. Ces dernières n'ont, à leur tour, d'autres fondements que nos manières d'interpréter et d'agir elles-mêmes, ce que l'on ne doit pas confondre avec une garantie de vérité ou une fondation ultime. En analogie à la formulation de Wittgenstein « c'est ainsi que j'agis », on peut formuler cette certitude de la pratique interprétative comme suit : « c'est ainsi que je l'interprète » [1]. Cela démontre, en même temps, le caractère élusif et ineffable de cette certitude pratique, de cette confiance pratique dans ce qu'on dit, pense et fait. Sans cette certitude pratique interprétative, nous ne pourrions jamais parler, penser ni agir. Ce mode de certitude joue chez Wittgenstein [2] un rôle fondamental, dans la mesure où il remplace la recherche théorique de la vérité par la question de la certitude pratique dans le parler, le penser et l'agir. Les évidences dans la présomption de vérité sont déjà présupposées si, en général, on peut exprimer un doute. Pour le dire avec les termes de Wittgenstein, « le doute vient *après* la croyance » (comme le second des trois modes kantiens de la présomption de la vérité.) Et « l'homme raisonnable n'a pas certains doutes » [3]. Par conséquent, la certitude pratique interprétative n'est pas quelque chose que nous devons atteindre. Elle est incontestablement donnée. Le projet d'une « recherche de la certitude » est précisément ce qui doit être abandonné. En conséquence, la confiance pratique interprétative ne peut pas non plus être « établie », surtout parce que le scepticisme doit être réfuté grâce à la mise à disposition des propositions censées garantir la vérité. Il ne peut être question de l'ancien projet métaphysique de la théorie du savoir et de la connaissance au sens d'une garantie métaphysique des contenus de savoir. Naturellement, cela ne signifie pas que les questions du savoir et de la connaissance vont disparaître ou devenir obsolètes. Mais le sens de ce que l'on fait lorsqu'on s'occupe de ces questions a changé. La question du rapport de la certitude de la pratique interprétative à la certitude$_3$ et donc de la confiance et de la vérité reste donc suspendue.

S'agissant de la certitude et de la réponse satisfaisante apportée aux défis du scepticisme philosophique, la philosophie de l'interprétation se meut dans le cadre du deuxième concept de la certitude que nous avons mentionné. Cette différence est extrêmement importante. En recourant

1. Wittgenstein, *Investigations philosophiques I*, *op. cit.*, Nr. 217.

2. Voir surtout Wittgenstein, *Über die Gewissheit*, éd. G.E.M. Anscombe et G.H. von Wright, Francfort, Suhrkamp, 1970.

3. Wittgenstein, *Über die Gewissheit*, *op. cit.*, Nr. 160 et Nr. 220.

au modèle des niveaux de rapports d'interprétation, on peut dire qu'il s'agit de la différence qui existe entre la certitude$_3$ (la certitude de la théorie de la connaissance au niveau de l'interprétation$_3$) et la certitude$_1$ (la confiance pratique, spécifique à la *praxis* interprétative$_1$, dans que ce l'on dit, pense et fait).

CHAPITRE II

RÉALITÉ ET INTERPRÉTATION

1. INTERPRÉTATION ET ONTOLOGIE

La philosophie de l'interprétation n'est pas une ontologie des interprétations. La théorie de l'interprétation suggère plutôt d'abandonner l'ontologie entendue aussi bien dans le sens de l'ancienne ontologie essentialiste que dans le sens de l'ontologie moderne des phénomènes et dans le sens de l'ontologie induite par le langage du « *ontological commitment* » (Quine). Dire qu'il n'y a pas de « faits » purs et entièrement exempts de préconceptions et que l'on a toujours seulement affaire à des faits « formés dans des processus interprétatifs (qui ne sont pas créés *ex nihilo*) », à des faits interprétés et que, dans ce sens, il y a des interprétations dans une acception ontologiquement forte ne signifie pas que les interprétations assument le rôle des faits. La fonction ontologique de la pensée de l'interprétation s'étend aussi au statut des interprétations elles-mêmes.

Le malentendu esquissé est dominé par l'objection de l'ontologie traditionnelle que tout ne pourrait pas être « simplement » de l'interprétation. Dans la philosophie de l'interprétation, cette objection est réfutée de deux manières. D'abord, par la mise en évidence et l'explication du passage de la signification intensionnelle d'une expression et d'un signe à leur référence extensionnelle aux objets et événements [1]. Ensuite, à l'aide d'un argument du réalisme que nous développerons

1. Sur la question de la référence, voir chap. III.3.

dans le chapitre II.2. Relativement à l'intension et l'extension, nous devons insister sur les aspects suivants :

a) pour que le signe ait un sens, on est obligé, dans son usage, d'opérer le passage mentionné en un point donné. Pour pouvoir poursuivre de façon sensée la compréhension, il faut accepter que « la chose » dont on parle (des tables, d'autres personnes, des états mentaux, des nombres premiers) existe aussi. Sans quoi il s'agirait d'un discours vide qui tournerait sur lui-même et qui détruirait la compréhension entre les personnes. On retrouve le point, déjà souligné dans le premier chapitre (I.2), que le monde extérieur est toujours déjà présupposé dans chaque usage couronné de succès (*erfolgreich*) d'un langage public. Dans cette optique, le langage et les actions sont les meilleurs défenseurs du monde extérieur. Chaque phrase et chaque action contiennent une « preuve » critique indirecte du sens du monde extérieur.

b) Le passage de l'intension à l'extension est pragmatique et pratique, c'est-à-dire qu'il dépend de la situation, des finalités et surtout de la question de savoir si l'éclaircissement de la signification intensionnelle doit être négocié. Si tel est le cas, il faut avoir terminé d'éclaircir l'explication de l'interprétation$_3$ de la signification pour pouvoir agir. Aussi longtemps que l'on est occupé par les explications, on n'entre pas dans l'action réelle.

c) Dans ce contexte, il faut distinguer, de manière stricte, deux idées : d'un côté, on a l'image que les chaînes de l'interprétation$_3$ doivent être menées à un terme pratique et que l'on entre dans le parler, la pensée et l'action réels. D'un autre côté, il y a l'idée qu'une interprétation adéquate et « juste » serait conditionnée par quelque chose qui n'est pas interprété, mais qui est donné et qui, à long terme, comme chez Peirce, atteindrait son but dans la saisie de la « chose elle-même ». Cette « chose » formerait le présupposé métaphysique qu'une interprétation *réussie* et *couronnée de succès* est l'interprétation qu'elle est. Pour la philosophie de l'interprétation, seule la première possibilité mentionnée entre en compte. La seconde ne peut pas être rigoureusement expliquée. Concernant la première possibilité, il est décisif qu'il *ne* soit *pas* question de sémiose infinie, de processus d'interprétation qui se perde à l'infini. La mauvaise infinité (théorique) menaçante d'une interprétation$_3$, qui tourne dans le vide et qui est toujours constamment poursuivie, est soumise à la *praxis*, c'est-à-dire à la pression des exigences pragmatiques et pratiques, et brisée par cette dernière (par la contrainte d'agir, sous la pression de la décision). San quoi nous n'aboutirions absolument pas à un parler, à une pensée, à une compréhension et à une action réels.

d) Enfin, il faut renvoyer ici également au modèle heuristique de l'interprétation à niveaux. Ce modèle nous aide aussi bien à comprendre le passage de l'intension à l'extension que leur différence. L'éclaircissement intensionnel de la signification est un procédé situé au troisième niveau de l'interprétation, et la référence extensionnelle porte sur les objets et les événements qui dépendent du niveau de l'interprétation$_3$.

e) À un autre endroit [1], les « mondes » sont caractérisés comme des mondes de *processus* et d'*événements*. Mais cela ne signifie pas que l'on défende une ontologie des événements qui serait en tension avec la conception habituelle de l'interprétationnisme, par exemple, avec la conception selon laquelle il serait impossible d'expliquer un vide logique entre le « monde de l'interprétation » et le « monde réel ».

Une telle objection serait seulement exacte s'il s'agissait exclusivement d'une ontologie dans le sens traditionnel – ce qui n'est pas le cas. La question des événements est d'abord une question du langage de l'événement (à la différence du langage de la chose). Le langage de l'événement présuppose aussi toujours déjà une *praxis* interprétative et dépend de cette dernière. Il ne faut donc pas confondre ce point avec une ontologie de la chose et une ontologie de l'événement. Il s'agit donc toujours d'une ontologie. Il importe, en revanche, que le langage de l'événement et donc que le langage de la question ontologique induite par ce langage dépende d'une *praxis* interprétative dont le fonctionnement délimite, tout d'abord, les caractéristiques syntaxiques, sémantiques et pragmatiques. Seulement, d'une part, nous n'avons pas affaire à une vieille ontologie des événements, mais uniquement à des obligations que l'on doit nommer « ontologiques » dans l'usage du langage. D'autre part, la dépendance du langage de l'événement de la *praxis* interprétative désigne une relation qui est soumise, de façon critique, à la supposition d'une ontologie des événements comme entités. Le caractère événementiel ni ne contrarie le caractère d'interprétation ni ne conduit à une position de réalisme métaphysique. Compris de manière précise, il ne peut plus être question d'une ontologie événementielle, mais seulement d'une « logique événementielle ». Et cette logique des

1. Cf. *Interpretations-Welten*; voir aussi « Einzelding-und Ereignis-Ontologie », *Zeitschrift für philosophische Forschung*, 39, 1985, p. 157-185.

événements devrait être développée dans le contexte de la logique de l'interprétation.

f) L'objection ontologique, selon laquelle tout ne saurait être simplement interprétation, est souvent reliée à la thèse que, si elles ne s'appuyaient pas sur quelque chose de prédonné au point de vue métaphysique, les interprétations seraient équivalentes et chaque interprétation serait aussi bonne qu'une autre. Nous n'avons pas besoin ici de répéter les arguments que nous avons avancés contre cette thèse dans le livre *Interpretationswelten* ainsi que dans d'autres textes. Nous souhaitons simplement insister sur le fait que la thèse que chaque interprétation serait aussi bonne que toute autre, n'est pas exacte. Notamment : elle n'est pas en mesure d'expliquer, par une théorie philosophique de l'action, le point décisif de la compréhension réussie et couronnée de succès du langage et du signe. Dans l'usage et la compréhension réussis et couronnés de succès des signes linguistiques et non linguistiques, l'arbitraire de l'interprétation n'est manifestement pas donné. Mais son échec ne signifie nullement que l'ontologie soit garantie et exigée.

g) La signification des signes linguistiques et non linguistiques ne leur est pas intégrée antérieurement de manière définitive, elle n'est pas non plus arbitraire, c'est-à-dire entièrement dépendante des opinions subjectives des locuteurs et des auditeurs individuels. Dans un cas, on aurait un essentialisme ou de la magie, dans l'autre cas, un arbitraire (*Beliebigkeit*) relativiste (avec la forme extrême du solipsisme). Cependant, ni l'un ni l'autre ne caractérise les rapports de communication (*Verständigung*). Si, par conséquent, chaque parole, chaque pensée et chaque action, qui se déploie en signes, n'est toujours possible que *dans* un horizon d'interprétation et *dans* une *praxis* interprétative, cela signifie que le moi interprétant est ancré dans ces processus et y est lié, donc qu'il serait gêné par l'arbitraire de ces idées. Le recours au modèle des niveaux d'interprétation permet d'expliquer cet argument. Tout usage individuel du langage et des signes, qui se produit au troisième niveau de l'interprétation, ne se déroule pas n'importe comment, parce qu'il est déjà soumis aux conditions du deuxième et du troisième niveaux de l'interprétation (soumis aux conditions d'une langue donnée, par exemple l'allemand, et à notre façon d'être qui se réalisent en signes d'être dans le monde avec d'autres personnes). À l'inverse, cela ne signifie pas, pour autant, la détermination et la garantie d'une compréhension réussie et couronnée de succès au troisième niveau. Face à la place centrale de la *praxis* interprétative, il s'agit d'une *relativité praxéologique d'interprétation soumise à de fortes restrictions*, mais, en aucun cas, d'un relativisme quelconque (*Relativismus der Beliebigkeit*).

Certes, cette idée d'une synonymie absolue entre deux ou plusieurs signes ne se laisse pas honorer. Mais cela ne signifie justement pas que la signification d'un signe soit arbitraire ou que l'on puisse mettre un signe sur le même plan que d'autres signes. Nul d'entre nous ne viendrait à bout d'une telle situation, et la compréhension ne pourrait ni se réaliser ni se maintenir. La volonté de comprendre échappe au relativisme. D'un autre côté, l'essentialisme de la compréhension est pour cette raison, en même temps, exclu ; essentialisme d'après lequel nous devons nous orienter vers « l'essence des choses » dans la détermination des caractéristiques sémantiques (signification, référence, conditions de satisfaction et de vérité) des signes linguistiques comme des signes non linguistiques (par exemple : les signes conformes à des actions). Une telle exigence détruirait même les rapports de compréhension, la communicabilité, au lieu de les favoriser.

h) Le caractère non ontologique de la philosophie de l'interprétation peut être élucidé à l'aide de la thèse de la « relativité ontologique » de Quine. D'après cette thèse, on peut seulement s'interroger, de manière sensée, sur la référence d'une expression dans le cadre d'une référence. Eu égard aux références d'une langue et aux objets d'une théorie, seule la question suivante a un sens : « how one theory of objects is interpretable or reinter-pretable in another ? » [1]. La thèse de la relativité ontologique consiste dans le fait que l' « existence in its final estate is theoretical » [2]. Dans la perspective de la philosophie interprétative, on

1. W.V.O. Quine, *Ontological Relativity and other Essays*, New York, Columbia University Press, 1969, p. 50 ; *Relativité de l'ontologie*, trad. fr. Par J. Largeault, Paris, Aubier-Montaigne, 1977.

2. W.V.O. Quine, *Reply to Smart*, dans D. Davidson / J. Hintikka (dir.) *Words and Objections. Essays on the Works of W. V. Quine*, Dordrecht-Boston, D. Reidel, 1969, p. 293. Voir G. Abel, « Unbestimmheit der Interpretation », dans J. Simon (dir.) *Distanz im Verstehen. Zeichen und Interpretation II*, Francfort/M., Suhrkamp, 1995, p. 45-71. Voir W.V.O. Quine, *Pursuit of Truth*, Revised Edition, Cambridge (Mass.), Havard University Press, 1992, II. 12 (*La poursuite de la vérité*, trad. fr. par M. Clavelin, Paris, Seuil, 1993) : « Indifference of Ontology » et II. 13 : « Ontology defused ». Quine, *Pursuit of Truth*, *op. cit.*, p. 31 : « Reference and Ontology recede thus to the status of mere auxiliaries. True sentences, observational and theoretical, are the alpha and omega of the scientific enterprise. They are related by the structure, and the objects figure as mere nodes of the structure. What particular objects there may be is indifferent of the truth of observation sentences, indifferent to the support they lend to the theoretical sentences, indifferent to the success of the theory in its predictions ». Pour accentuer sa théorie Quine recourt à sa théorie des « proxy functions », « to show the indifference of ontology. A

peut encore aller au-delà : l'existence est, en fin de compte, interprétative, dépendante du système d'interprétation sous-jacent, de l'horizon d'interprétation et des régularités de la *praxis* interprétative qui y est présupposée. Le recours à la *praxis* interprétative est également soumis à la régression menaçante du cadre de la relation et de la référence ainsi que des langues d'arrière-plan, et les supprime. Une telle soumission se manifeste en ceci que les mots de la langue maternelle sont pris « *at face value* »[1]. On ne peut pas se situer en dehors de la *praxis* qui régit les caractéristiques sémantiques et pragmatiques de nos expressions et de nos signes et chercher à partir de là une référence dans un sens absolu. Une telle idée est même déjà insensée et hautement autodestructrice.

2. Réalisme interprétatif

Eu égard à la question du réalisme, question de l'existence des objets réels, l'interprétationniste *ne* défend *pas* la thèse suivante : sans interprétation pas d'existence. Qui pourrait déjà avoir la hardiesse de se charger du fardeau de la preuve de la non-existence ? L'accent est davantage mis sur le fait que la représentation des objets, qui sont entièrement indépendants de l'activité d'interprétation$_1$ qui catégorise, qui localise dans l'espace et le temps, qui individue et qui identifie, des objets qui seraient là comme des objets s'individuant et s'identifiant, ne pourrait pas être expliquée dans la perspective critique. Cette affirmation ne contient aucune hypothèse de la non-existence, ne saisit absolument pas les objets ou les événements comme de simples produits du pouvoir de l'imagination, ne voit pas les mondes comme de simples produits d'une « interprétation *ex nihilo* » et n'est pas un irréalisme. L'attention est plutôt dirigée vers les limites de ce dont on peut raisonnablement dire quelque chose dans une attitude critique et ce dont on ne le peut pas. L'objet est toujours objet dans la connaissance et l'interprétation. La réalité est, comme Kant le souligne, non plus un être ontologique en soi, mais l'une des catégories de la qualité. On ne peut pas *penser* un objet que l'on rencontre dans l'expérience et qui n'a pas de propriétés (qualités). Saisir la réalité comme catégorie, c'est plus que la dire, la réalité saisie est une réalité interprétée. Car cela signifie que ce qui est un objet

more radical case for the indifférence of ontology is afforded by the Löwenheim-Skolem theorem ». – Pour la philosophie de la science interprétationniste, voir *infra*, chap. VI.

1. W.V.O. Quine, *Ontological Relativity*, *op. cit.*, p. 49.

de l'expérience ne peut l'être absolument pour nous que sous la catégorie de la qualité (réalité).

À partir de cet arrière-plan, il est possible d'apporter une précision, à première vue, très éclairante : par exemple, lorsqu'on trébuche sur le bord d'un trottoir, on ne l'a pas simplement imaginé. Il faut distinguer deux aspects ici. La rencontre avec la réalité ne représente pas encore une réponse à la question philosophique centrale de savoir comment *penser* que notre expérience est telle qu'elle est. Le fait de trébucher sur un obstacle a peu et même absolument rien à voir avec ce qui fait thème lorsqu'il s'agit, au point de vue réflexif, de questions sur l'objectivité et la vérité et sur leur représentation (*Darstellung*). Le point systématique décisif réside dans le fait que l'expérience empirique ne *peut* pas se fonder en son objectivité en recourant à l'expérience empirique. L'expérience empirique n'offre encore aucun argument en faveur d'un réalisme non interprétatif [1]. C'est une constatation *conceptuelle* que de dire cela. Qu'il y ait des faits ne peut pas en soi être un fait, mais doit être une interprétation. Certes, l'expérience nous apprend, pour le dire avec Kant, que quelque chose est tel et tel, mais jamais « qu'il ne peut être autrement » [2]. Puisque, dans le sens de Kant et selon une formulation de Wittgenstein, « aucune partie de notre expérience n'est aussi *a priori* » [3], tout ce qui pourrait être ainsi peut aussi être *autrement*. Cette possibilité de l'altérité est philosophiquement d'un grand intérêt (et sera développée plus précisément dans le chapitre II.5).

Mais l'interprétationnisme ne se comprend pas simplement comme tournant contre l'empirisme. La tâche consiste plutôt à prendre pied dans la question de la réalité et du réel au-delà de l'opposition, devenue stérile, entre l'empirisme / réalisme et l'idéalisme. Que

1. Cet aspect est important lorsque nous considérons le succès des sciences. Il est erroné de supposer que le succès de la science devrait seulement être expliqué si des objets et des événements existaient indépendamment de la description. D'après l'autocompréhension des sciences modernes, nous n'avons affaire, à aucun moment et en aucun lieu, à des choses-en-soi, mais toujours uniquement à des phénomènes dans leur causalité temporellement et spatialement ordonnée. Les lois, les modèles, les hypothèses et les théories peuvent être considérés comme des constructions d'interprétation en vue de description scientifique. Concernant le rapport entre la philosophie de l'interprétation et la théorie des sciences, voir le chapitre VI. Si l'opinion mentionnée plus haut était exacte, le succès des sciences serait d'autant plus miraculeux que les reproches critiques adressés à la position du réalisme métaphysique seraient pertinents. Pour la critique du réalisme métaphysique, voir G. Abel, *Interpretationswelten*, *op. cit.*, chap. 21 et 22.

2. Kant, *Critique de la Raison pure* (2 e éd.), B 3.

3. Wittgenstein, *Tractatus logico-philosophicus*, *op. cit.*, 5.634.

l'interprétationnisme ne soit pas un idéalisme mentaliste peut s'expliquer philosophiquement. On entend par idéaliste celui qui considère la thèse suivante comme caractéristique : par exemple, avec la proposition « cette mouche a six pattes » ou avec la proposition à un seul mot, « mouche », nous nous rapportons, en définitive, à des objets linguistiques ou conceptuels, donc rigoureusement réduits au seul mot ou au seul concept, et considérons que les propositions ne traitent que de cela. Mais ce n'est manifestement pas le cas. La proposition « cette mouche a six pattes » traite de et se rapporte à cette mouche, et non à la proposition « mouche » en tant que signification de la proposition. Qu'il y ait cette mouche et qu'elle ait six pattes est la condition de satisfaction ou de vérité (*Erfüllungs- oder Wahrheitsbedingung*) de la proposition en question.

Si l'on va sur le terrain des rapports d'interprétation, on peut concevoir, au-delà de l'opposition entre l'idéalisme et le réalisme, un sens de la réalité et du réalisme qui dépasse clairement ce qui est possible au sein de la dichotomie idéalisme/réalisme et face à l'échec de la position du réalisme métaphysique comme réalisme de retrait, par exemple comme réalisme hypothétique. Les signes disposent de caractéristiques sémantiques (de signification, de référence, de conditions de vérité et de satisfaction) seulement si une *praxis* interprétative existe avant eux, selon laquelle ces caractéristiques sont délimitées. Or, lorsqu'il s'agit de signes dont les caractéristiques sémantiques reposent sur une *praxis* interprétative *incontestablement harmonieuse* (*fraglos eingespielten*), c'est-à-dire lorsqu'on ne peut pas s'interroger de manière spéciale sur leur signification et leur référence, il s'agit, partant, de signes directement compris et employés [1] ; ces derniers sont des signes *internes*

1. La pertinence des signes directement compris a également été soulignée par J. Simon, *Philosophie des Zeichen*, Berlin-New York, de Gruyter, 1989. Voir G. Abel, « Wahrheit als Interpretation », dans G. Abel, J. Slaquarda (dir.), *Krisis der Metaphysik, Festschrift für Wolfgang Müller-Lauter*, Berlin-New York, de Gruyter, 1989, p. 342 *sq*. Il est important de remarquer que la différenciation interne selon les niveaux d'interprétation ne contrecarre pas la forme incontestablement réussie de l'emploi et de la compréhension des signes. Si les signes sont directement compris, alors nous avons une *praxis* interprétative qui fonctionne sans conteste, et on peut présupposer le même équilibre des niveaux d'interprétation. C'est fondamental pour le succès de chaque interprétation de signes qui implique une référence au monde et la communicabilité. La question de la compréhension et de la réalisation des signes joue un rôle important dans les chapitres IV, VIII et IX.

et contiennent généralement à la fois la réalité et le réel[1]. Car cela se passe alors de la manière dont les fonctions des signes l'articulent, autrement dit : on n'a plus besoin de faire un second pas pour parvenir à la réalité. On ne demande pas de nouveau si quelque chose de réel correspond véritablement aux signes. Dans ce contexte, le problème traditionnel du réalisme a un statut secondaire. Il apparaît, en général, seulement lorsque quelqu'un ne comprend plus directement les caractéristiques sémantiques des signes. En revanche, si une harmonie de la *praxis* interprétative, qui fonctionne sans problème jusqu'à nouvel ordre, est donnée, le contenu du monde et de la réalité des signes est également donné : les signes se réfèrent à ce à quoi ils se réfèrent, et les conditions de satisfaction et de vérité des propositions, dans lesquelles les signes sont employés, sont remplies. La question décisive n'est pas de savoir « comment nos signes parviennent à s'incruster dans le monde (*festzuhaken*) ». C'est l'expérience particulière qui est décisive, expérience dans laquelle le contenu du monde est donné grâce à la réalisation réussie et couronnée de succès de l'usage – réglé par une *praxis* interprétative – harmonieux des signes-symboles. Nous ne nous trouvons donc absolument pas dans une situation dans laquelle il nous faudrait encore venir au monde et à la réalité. Car, dans l'usage harmonieux des signes, le monde et la réalité sont présents au sens plein du terme. La réalité ne peut pas être plus réelle que réelle.

On peut voir les *chaînes* d'interprétation à l'œuvre dans le processus de la formation de l'objet, qui s'étend des matériaux des sens aux objets et aux événements explicites. Ces chaînes sont extrêmement importantes et ne sont pas de caractère réductionniste. À partir de la mondanité des mondes de signes et des mondes d'interprétation, il ne peut plus être question de l'intrant des matériaux de la sensation, car cela impliquerait un concept trop restreint de l'expérience et du contenu du monde. On remarquera ici la proximité avec la conception kantienne, selon laquelle l'objet désigne la liaison du divers d'une intuition dans un objet, par exemple dans l'objet « table », et l'expérience, le concept intégratif (*Inbegriff*) de toutes les connaissances données par les sens et pensées par l'entendement d'un contenu intuitionnable.

Que la *praxis* de l'interprétation humaine soit une *praxis publique*, qui contient le monde et qui possède un contenu, apparaît, par exemple,

1. *Cf.* « Sprache, Zeichen und Interpretation », dans H. Lenk, J. Poser (dir.), *Neue Realitäten. Herausforderung der Philosophie (Akten des XVI. Deutschen Kongresses für Philosophie)*, Berlin, Akademie Verlag, 1994, p. 265 *sq.* ; p. 279 *sq.*

dans le fait que la capacité à conférer une caractérisation sémantique aux expressions et aux propositions de notre langue soit liée à la capacité de pouvoir leur attribuer des indications selon un monde normalement établi en tant que fondement. Ceci signifie, en même temps, que la signification et la référence des mots employés dans nos propositions (par exemple les mots « lièvre » ou « rouge ») ne peuvent pas être fixées dans un sens analytique définitoire (*analytisch-definitorisch*) comme c'est le cas dans les définitions de la logique et de la mathématique. Les présuppositions relatives au monde, aux lièvres et à la couleur rouge des tomates vont beaucoup plus dans la détermination de la sémantique et de la pragmatique de nos expressions. Cela est remarquable lorsqu'on constate qu'il n'y pas, dans les dictionnaires, pour les expressions linguistiques naturelles de définitions, mais des explications telles que : « le rouge-gorge » désigne un oiseau chanteur dont le front et le cou sont rouges (*rostrot*). Dans la mesure où les signes sont directement compris, on ne doit plus, d'abord, les rattacher au monde et au sens. Le lien est dans la profondeur d'une *praxis* interprétative harmonisée, et donc dans un emploi et une compréhension, réussis et couronnés de succès, de signes déjà présupposés et donc revendiqués. En ce *sens*, la position de la philosophie de l'interprétation peut être considérée comme un réalisme- entier (*Voll-Realismus*). Le plus vieux modèle de confrontation de l'idéalisme et du réalisme est donc remplacé par le modèle de la porte tournante de la philosophie du signe et de l'interprétation. Ce modèle permet de concevoir le réalisme de manière plus claire que le premier.

L'interprétationniste ne se voit donc plus dans la situation, qui était celle de John McDowell, de devoir reconquérir le monde face aux positions idéaliste et cohérentiste, pour pouvoir faire comprendre que nous appliquons, avec succès, nos conceptions au monde [1]. L'interprétationniste n'avait absolument pas perdu le monde, parce que l'emploi direct et la compréhension directe des signes de l'interprétation, donc l'emploi de signes qui est le plus rempli de réalité en général, ne *peut* absolument pas perdre le monde. Il serait intéressant, dans cette optique, de discuter le rapport de cette conception avec la présentation, récemment faite, d'une « naïveté secondaire » de Hilary Putnam [2]. Il ne s'agit pas non plus de regagner le monde (pour pouvoir faire comprendre

1. Voir J. McDowell, *Mind and World*, *op. cit.*

2. Voir les *Dewey Lectures* de H. Putnam : « Sense, Nonsense, and the Senses : An Inquiry into the Powers of Human Mind », *The Journal Of Philosophy*, 91, 1994, p. 445-517.

le fonctionnement de nos conceptualisations) ni de défendre une naïveté secondaire (pour pouvoir accorder avec la perception et la sensation sensorielles le statut important qui leur revient). Dans la radicalisation du caractère des signes et de l'interprétation des systèmes de représentation linguistiques et non linguistiques, c'est la thèse, le monde ne se perd pas, mais parvient à une présence toujours plus forte et directe. Cela devient le plus clairement possible quand nous nous fions, dans notre action, aux signes – expression de notre présupposition de la réalité (par exemple : acheter un billet de train pour Munich après jeté un coup d'œil sur les horaires, aller sur le quai et monter dans le train).

3. L'ORDRE TEMPOREL DU MONDE DE L'EXPÉRIENCE

1) *Le monde temporellement ordonné.* Le statut de base et la portée des rapports d'interprétation peuvent s'expliquer au regard de l'agencement du monde de l'expérience humaine. Notre monde de l'expérience est un monde temporellement ordonné. Nous avons affaire à des rapports temporels de durée, de changement, de succession et de simultanéité. Seulement, comment *penser*, pouvons-nous demander avec Kant, *que* nous avons affaire à un monde temporellement ordonné et non pas directement à un pur flux d'événements et à un état non organisé d'impressions sensibles diffuses ? Le(s) caractère(s) de l'interprétation$_1$, qui sont originellement construits, de chaque possession du monde et de chaque compréhension du monde et de soi saute ici aux yeux relativement à la question de savoir ce qui a été « travaillé » dans les matériaux sensibles d'abord diffus, si cela devient, et afin que cela devienne, des objets du monde extérieur, un agencement temporel, un ordre temporel du monde empirique de l'homme. Et en quoi consiste précisément le caractère interprétatif qui est sous-jacent à l'ordre temporel et de fonctions de l'ordre (*Ordnungsfunktionen*) déjà revendiquées dans chaque monde de l'expérience ? Pour illustrer cette question, nous nous bornerons, dans ce qui suit, à deux points de la doctrine kantienne du schématisme : au principe de la permanence et au principe de la causalité. Nous nous situons dans l'horizon de la conception selon laquelle c'est le temps, qui, en tant que forme de la perception du sens interne, est la condition de la liaison de toutes les représentations en général et qui est, dans cette mesure, le schème transcendantal des catégories[1]. Il s'agit

1. Kant, *Critique de la raison pure*, B 176 *sq*.

donc par la suite de quelques aspects choisis dans le contexte du *temps et de l'interprétation*. En lien avec le rapport, que l'on discutera au chapitre VIII (Dire et montrer), de la forme logique et de l'interprétation, cela constitue l'une des deux perspectives les plus fondamentales.

2) *Durée et changement*. On part, généralement sans problème, de la conception qu'une chose a des propriétés qui peuvent se transformer alors que la chose elle-même persiste. Cependant, lorsqu'on y regarde de plus près, un certain nombre de difficultés apparaissent, qui sont liées, à cette conception, par exemple : a) le fait que nous pouvons seulement parcourir les données des sens *successivement* et b) que les données des sens de notre monde sensible apparaissent seulement comme une *succession temporelle*, c.-à-d. qu'elles apparaissent comme quelque chose qui est constamment en flux et en changement. Le premier de ces deux aspects conduit à la question de savoir comment, face à cette succession subjective-contingente (*subjektiv-beliebige*) possible des données des sens perçues, nous parvenons à un monde temporel ordonné, auquel nous avons pourtant manifestement affaire dans la mesure où nous affirmons, par exemple, « x vient avant y ». Le deuxième aspect contient le problème que le temps lui-même, dans lequel est pensé tout changement des phénomènes, et tout ce qui est seulement dans la forme du temps pur, c'est-à-dire ce qui se présente comme quelque chose de continuellement changeant (comme les données du sens interne), ne peut pas être objet de connaissance, qu'ils « ne peuvent pas être soumis aux concepts de l'entendement »[1]. Ce n'est pas seulement l' « existence » qui n'est pas un prédicat réel, mais également le « temps ». Et quelque chose qui change et persiste est, comme le dit Kant, d'après son concept même, une « *contradictio praedicatorum oppositorum in eodem subjecto* » et, de ce point de vue, quelque chose d'irrationnel, d'auto-contradictoire (*Sich-selbst-Widerstreitendes*).

Relativement à ces deux aspects, les questions centrales sont : comment notre monde de l'expérience peut-il être le monde réglé, temporellement ordonné, qu'il est pour nous ? Comment parvenons-nous à une connaissance face à l'irrationalité esquissée, c'est-à-dire comment la connaissance est-elle possible face à ces rapports qu'on ne peut pas soumettre aux concepts de l'entendement ? Si l'on accepte cette ébauche

1. Kant, « Reflexionen zur Metaphysik », *Akademie-Ausgabe*, Bd. 18, p. 650, Réfl. 6329 ; Voir G. Prauss, « Das ontologische Problem von Ding und Eigenschaft », dans H. Poser, H-W. Schütt (dir.), *Ontologie und Wissenschaft*, Berlin, TUB Dokumentation, 1984, p. 19.

des problèmes, on peut avancer la thèse philosophique interprétative suivante : la voie qui mène de la succession subjective-contingente des perceptions au caractère ordonné du monde de l'expérience, et de la généalogie de ce qui dans le phénomène se présente simplement dans la forme du temps pur à une connaissance, peut être conçue comme une généalogie des formations d'interprétation. Mais comment doit-on se représenter cela ?

Le premier point conduit, au sens kantien, à la réflexion que, lorsque nous attribuons des rapports temporels (c'est-à-dire : plus tôt, plus tard, simultanément), nous avons toujours déjà introduit un ordre de temps. On ne disposerait absolument pas, selon Kant, dans le principe de la permanence, d'un monde de l'expérience temporellement ordonné, si, pour le dire dans la perspective de l'interprétation, le point de vue de l'interprétation, « substance et permanence », n'était pas inséré préalablement dans le matériel sensible. On peut seulement en général observer des rapports temporels – et c'est ce que nous faisons –, parce qu'on a déjà introduit le point de vue de l'interprétation$_1$. En ce sens, notre monde de l'expérience doit d'être réglé et ordonné à un horizon de formation de l'interprétation$_1$ et à une *praxis d'interprétation$_1$*, dans lesquels le point de vue de l'interprétation$_1$ de la permanence est introduit dans une fonction catégorisante et schématisante, et revendiqué. Notre monde de l'expérience, temporellement ordonné, est un monde d'interprétation. Le principe de l'interprétation$_3$ de la persistance [1] énonce alors précisément la condition de notre expérience.

Le second point conduit à l'idée que, originairement, la connaissance réside dans le fait que l'irrationnel esquissé (c.-à-d. le fait que le temps pur lui-même et tout ce qui apparaît – comme les données du sens interne – seulement dans sa forme, est quelque chose d'auto-contradictoire en tant que changeant et persistant) doit, certes, être supprimé, mais doit, néanmoins, auparavant, être rendu rationnel [2]. On peut le penser de telle sorte que, *via* la *construction de l'interprétation$_1$* de ces irrationnels, quelque chose d'autre forme un monde externe objectif à partir des données de ce monde interne subjectif qui se trouve dans le flux. Ce que l'on réalise, dans une perspective kantienne, en transposant le monde interne conçu dans le temps, qui change en permanence et qu'on ne peut donc pas soumettre aux concepts de l'entendement, en

1. Voir Kant, *Critique de la raison pure*, B 224 *sq*.

2. Pour la suite, voir aussi G. Prauss, « Das ontologische Problem von Ding und Eigenschaft », *op. cit.*, p. 19.

quelque chose d'autre ; quelque chose d'autre qui est aussi à la fois permanent et changeant, mais dans lequel le mot « est » ne désigne pas la copule dans un jugement, mais concerne un être dans le temps. Une telle transposition permet de lever la contradiction. Mais où doit-on transposer ce monde pour obtenir cet effet ? Cela ne peut être que dans les choses du monde extérieur. Car nous disons à leur sujet que leurs propriétés peuvent changer alors que la chose demeure la même. Cependant, cela vaut pour un être dans le temps et non pour deux prédicats dans un concept. De cette façon, nous avons la permanence et le changement dans un objet sans qu'il y ait contradiction. Et, précisément, la construction de ce transfert peut être considérée comme le procédé fondamental de l'interprétation$_1$ du caractère réglé et agencé du monde de l'expérience. Chaque fois qu'un monde temporellement réglé est donné, les activités de l'interprétation$_1$, qui catégorisent et schématisent, sont déjà présupposées et revendiquées.

3) *Cause et effet*. À titre de second exemple des fonctions basiques de l'interprétation$_1$, eu égard à la question de l'ordre temporel, nous pouvons considérer le rôle de la causalité, c.-à-d. le rapport légal entre la cause et l'effet. Chaque changement se produit, selon le schème de la causalité, comme un lien entre une cause et un effet. La thèse de la philosophie de l'interprétation affirme ici que dans le concept de causalité et dans le rôle, qui lui est imparti, une *praxis* d'interprétation$_1$ est toujours présupposée et revendiquée avec une interprétations$_{2+3}$, que donc l'interprétation précède logiquement la causalité et non l'inverse, que la causalité limite l'interprétativité.

La forme la plus simple de la prédiction causale est : « A est la cause de B ». Dans cette formule, l'interprétation est d'abord en jeu au sens où les énoncés causaux dépendent de ce qui vaut comme état réel ou normal du monde, donc du monde de l'interprétation que l'on a établi comme fondement. En outre, on présuppose déjà des constructions d'interprétation dans la mesure où l'événement A identifie et ré-identifie l'événement B et la relation du processus C, et sont mis dans une certaine relation, une relation *causale*. Tout ceci constitue des activités de construction d'interprétation, et non des reproductions passives ou contemplatives, ou une harmonisation avec une structure causale qui existerait déjà dans le monde, comme on le dit quelques fois. L'élément interprétatif persiste dans la formulation des lois causales générales, qui sont, peut-on dire, instanciées par les événements individuels causaux. En même temps, une ligne de démarcation est tracée et présupposée dans les énoncés causaux, par laquelle les conditions d'arrière-plan

(*Hintergrundbedingungen*), qui sont toutes significatives pour l'apparition de l'événement B, sont choisies, conditions qui valent au sens restreint comme *causalement pertinentes*. Sans ces coupures, les énoncés causaux, tels que nous sommes habitués à en faire usage, n'existeraient pas. Précisément, ces coupures peuvent être considérées comme des coupures d'interprétation (*Interpretations-Schnitte*), comme le tracé de limites d'interprétation. Ces coupures dépendent du contexte, de la situation, de la finalité et de l'intérêt. Que voulons-nous énoncer, à quelle fin et en référence à quel contexte ? Et selon la manière dont les limites seront tracées, la réponse diffère. Cause et causalité présupposent déjà un réseau d'interprétation, réseau qu'elles revendiquent. Dans la perspective de la philosophie du langage, cela correspond au fait que les prédicats « est cause », « causé », n'ont pas de référence précise sans la présupposition d'une interprétation.

Mettons là encore l'emphase sur la question de l'ordre temporel. Il importe d'abord que la perception du multiple soit successive, ensuite, que la causalité elle-même ne soit pas perceptible. On a toujours affaire à des liaisons de deux ou de plusieurs phénomènes ou événements. De lui-même, le divers ne contient pas d'ordre temporel dans les objets. *Que* pour nous les objets occupent une position déterminée dans le temps et *que* nous disions de cet ordre temporel qu'il n'est pas subjectif et arbitraire, mais objectif, qu'il contient quelque chose qui est antérieurement et postérieurement objectif, doit résulter du point de vue de l'interprétation$_1$ catégorisante et schématisante, point de vue que nous avons déjà introduit dans ce qui nous apparaît comme réalité. Le concept d'un changement, et au-delà de lui, le concept d'une succession objective dans le temps présuppose donc déjà l'horizon de l'interprétation$_1$ et de la *praxis* interprétative$_1$, dont résulte cet ordre objectif dans le temps.

Si, d'après la conception kantienne, rien ne peut être pour nous un objet ou nous arriver qui ne soit pas ou la cause ou l'effet d'une autre chose, selon la philosophie de l'interprétation, rien ne peut être pour nous un objet ni un événement dont la réalité n'est pas soumise à la forme de l'horizon d'interprétation$_1$ et d'une *praxis* d'interprétation$_1$, et dont la régularité instancie. Selon l'optique discutée ici, la règle est de déterminer quelque chose selon la succession du temps, et la règle réside en ceci « qu'il faut trouver dans ce qui précède la condition sous laquelle l'événement suit toujours (c'est-à-dire de manière nécessaire) »[1].

1. Kant, *Critique de la raison pure*, B 246.

Formulé de manière pointue : sans interprétativité$_1$, rien n'aurait lieu pour nous. Inversement : parce que quelque chose a lieu, il faut présupposer, à partir de la critique du sens, que l'interprétativité a accompli son travail de production du déterminé. On remarquera, plus précisément, que c'est la règle de la détermination de la succession temporelle qui fonde la condition de la validité objective de nos jugements empiriques, qui se réfèrent à la série des perceptions. On touche déjà ici au rapport de l'interprétation et de la question de la vérité, qui sera discuté au chapitre XII – et ce, à la lumière de la crainte, unique mais extrêmement importante, que la forme de la *praxis* de l'interprétation$_1$ et celle de l'horizon de la *praxis* d'interprétation$_1$ n'accordent pas seulement un fondement à l'objet, mais également à la vérité.

4. Le principe de l'interprétation

Le reproche ontologique, que nous avons discuté et réfuté au chapitre II.1, que tout ne pourrait pas être seulement une simple interprétation, apparaît également dans le débat sur le principe de l'interprétation[1]. Sous sa forme pointue, ce reproche s'énonce de la manière suivante : « tout ce qui "est" est interprétation et l'interprétation est tout ce qui "est" »[2].

Il faut, d'abord, prendre en considération les guillemets suspensifs dans les deux moitiés de la phrase "..." dans l'emploi du « est ». Signalons qu'il *ne* s'agit pas du « est » de l'identité. Il y a un « est » de l'identité lorsque quelqu'un dit : « un état mental est un état neuronal » et veut dire par-là que l'état mental ABC, par exemple, le fait d'avoir un désir, n'est rien d'autre que l'état neuronal XYZ et est identique à ce dernier. Dans une *attitude épistémique*, le « est » du principe de l'interprétation n'est pas le « est » de l'identité, mais celui de l'identification, de l'individuation, de la localisation spatio-temporelle, de la déterminité et de la spécification. Et le « est », sans guillemets, signifie le « est » qui appartient au prédicat « interprétation » dans le

1. Par exemple chez A. Graeser et G. Löhrer, *Allgemeine Zeitschrift für Philosophie*, 21, 1996, p. 253-270.

2. Voir G. Abel, « Nominalismus und Interpretation », dans J. Simon (dir.), *Nietzsche und die philosophische Tradition*, vol. II, Würzburg, Königshausen und Neumann, 1985, p. 60.

sens de « est interprétatif ». Lorsqu'on regarde de près, il appert cependant que le « est » de l'identité comporte déjà un index de relativité (*Relativitäts-Index*), bien que cela ne soit pas toujours explicitement exprimé. Dans l'exemple donné, il faudrait dire strictement parlant : « le fait d'avoir le désir ABC n'est, neurologiquement parlant, rien d'autre que l'état neuronal XYZ ». Cela montre que l'identité a) ne peut pas être entièrement conçue comme indépendante des procédures d'identification et b) acquiert, de son côté, le statut d'une présupposition d'ordre et d'organisation, le statut d'une allégation antérieure ; affirmation qui implique, par exemple, que la localisation spatio-temporelle d'un objet n'appartient pas simplement à ses « propriétés », mais doit tout d'abord être créée dans une procédure prédicative de signes et d'interprétation. Dans la perspective critique, il ne peut y avoir pour les esprits finis qu'une identité épistémique et non une identité métaphysique. En ce sens, le principe suivant lequel chaque individu est identique à lui-même a le statut d'une présupposition interprétative.

De plus, il faut tenir compte du fait que le principe de l'interprétation obtient un fondement apagogique, un soutien indirect, grâce à la démonstration de la fausseté de son contraire. Si la phrase ne peut être absolument formulée, on devrait montrer 1) que la réalité est donnée, préfabriquée, individuée et qu'elle est là et attend de notre part une reproduction neutre et passive, et, de façon complémentaire, 2) que l'on peut déployer, de manière cohérente, une sorte de « conception absolue » (B. Williams), qui saisirait précisément « la vraie nature des choses elles-mêmes ». Les deux idées doivent être considérées comme un échec [1].

Le principe-fondement de l'interprétation n'est pas un principe de la pensée formelle (par exemple le principe d'éviter les contradictions qui formule une exigence de consistance). Il s'agit beaucoup plus d'un principe transcendantal de la connaissance et de l'expérience, comparable au principe de raison suffisante. Son statut échappe à celui qui traite ce principe comme un principe de la pensée formelle.

On peut clarifier la première moitié du principe à l'aide d'une paraphrase explicative. Cette phrase s'énonce comme suit : « chaque objet ou événement, qui est un objet ou un événement localisé, individué dans le temps et dans l'espace et qui est considéré comme un objet ou un événe-

1. Voir dans le détail G. Abel, *Interpretationswelten*, *op. cit.*, chap. 21 et p. 493 *sq.* ainsi que 461 en référence à B. Williams, *Ethics and the Limits of Philosophy*, Londres, Fontana Press, 1985.

ment déterminé, est – en raison des règles, des principes et des instruments de la localisation, de l'individuation, de la détermination et de la spécification, qui y sont présupposés et revendiqués, qui peuvent être caractérisés comme des règles, des principes et des instruments de l'interprétation – un produit d'interprétation, qui a toujours déjà derrière lui sa généalogie catégorisante et individualisante à partir de rapports d'interprétation ». Bref : chaque monde individué et réel est un monde interprété, un monde d'interprétation.

La deuxième moitié du principe vaut dans le sens déjà abordé aux chapitres II.1 et II.2 : 1) un dualisme métaphysique de niveau épistémique et ontologique ne peut s'expliquer dans la perspective critique. 2) La chose la plus extérieure à laquelle nous pouvons accéder est notre *praxis* de la vie, qui, de par son caractère perspectiviste, conjectural, caractère de construction, d'interprétation, bref, de par son caractère interprétatif, peut être appréhendée comme une *praxis* d'interprétation. 3) La paraphrase exhaustive du deuxième principe peut s'énoncer de la façon suivante : « tout ce qui est localisé, individué, déterminé et spécifique dans le temps et l'espace a déjà derrière lui sa généalogie à partir des rapports catégorisant d'interprétation ; chaque objet ou événement déterminés sont, en ce *sens,* le résultat d'interprétation et sont, à ce titre, (pour le dire encore à l'*intérieur* de l'ancien schème ontologique « de l'apparence interprétante » et « de l'être véritable ») des rapports d'interprétation, dans une attitude réfléchie, de ce à quoi nous avons affaire et, en ce sens, ce qui « est ». Ce qui importe, cependant, c'est qu'avec cette formulation on abandonne la dichotomie entière de la « réalité véritable » et de la « simple apparence » (et *pas* seulement l'un des deux côtés) et que l'on pénètre, ce faisant, sur le terrain des rapports d'interprétation. En tant qu'esprits finis, nous ne pouvons pas sortir des limites des rapports d'interprétation [1]. C'est le point philosophiquement décisif.

On pourrait se poser la question de savoir si le principe de l'interprétation ne se supprime pas lui-même ou ne se contredit pas. L'objection de l'autosuppression s'énonce comme suit : « s'il est vrai que tout est interprétation, alors c'est également une interprétation que

1. Voir G. Abel, *Interpretationswelten*, *op. cit.*, p. 448 ; *cf.* le chap. VIII (Dire et montrer), où l'on définit le caractère indépassable de l'interprétation et la forme logique en lien avec la proposition et la réalité.

de dire que tout est interprétation »[1]. Cette conclusion n'est conséquente que d'un point de vue interprétationniste. Cependant, il ne résulte aucunement de cette inclusion de soi (*Selbst-Einschluss*) une autosuppression (*Selbstaufhebung*) du principe. Le reproche mentionné ne tient pas compte que, dans le principe d'interprétation, on ne parle pas d'un « tout absolument » ; il est simplement question de « tout ce qui existe » dans le sens expliqué plus haut de « chaque objet ou événement localisé, individué, déterminé et spécifié dans l'espace et le temps ». Dès lors que l'on a cela à l'esprit, le reproche de l'autosuppression peut être difficilement exprimé. Car il y a, dans cette explication, un écart interne entre ce dont parle le principe et le principe en jeu.

On peut dire qu'un principe se supprime lui-même si quelque chose de faux résulte de sa vérité[2]. De toute évidence, cette situation ne se produit pas dans le cas du principe de l'interprétation. Lorsque j'affirme : tout ce qui « existe » est de nature interprétative, cette affirmation est aussi une interprétation, car ce n'est pas affirmé de l'extérieur de notre *praxis* de la vie et de notre *praxis* interprétative. Cependant, la vérité de ce principe ne supprime pas la phrase elle-même comme si elle était fausse. L'autosuppression menacerait seulement si, avec ce principe, on prétendait avoir donné la seule et unique interprétation possible[3]. Mais cela ne saurait être le cas dans la philosophie de l'interprétation pour des raisons systématiques. Elle n'est pas, de nouveau, une philosophie absolue. La philosophie de l'interprétation se comprend fondamentalement, non pas sur la base d'une supposition de la totalité, mais, expressément, sur la base d'une critique de la totalité, c'est-à-dire de l'idée que, en tant qu'esprits finis, nous sommes non seulement par hasard et temporellement, mais

1. Voir A. Graeser, « Interpretation, Interpretativität und Interpretationismus », *Allgemeine Zeitschrift für Philosophie*, 21, 1996, p. 253-260.

2. Hilary Putnam a, en ce sens, argumenté à ce sujet avec la fiction du cerveau-dans-le-tank (et aussi avec le théorème de Skolem-Löwenheim) orienté vers la formation de nœuds. Voir H. Putnam, *Reason, Truth and History*, Cambridge, Londres, Cambridge University Press, 1981, chap. I. Voir aussi, à ce sujet, G. Abel, *Interpretationswelten*, *op. cit.*, chap. 10. Si des « cerveaux-dans-le-tank » disent qu'ils sont des cerveaux dans le tank alors leur affirmation est fausse si elle est vraie.

3. Par exemple dans le sens suivant : l'interprétationnisme montre que toutes les formes du savoir humain étaient jusqu'à présent simplement des interprétations et c'est lui qui, maintenant, nous dit, de manière définitive et finale, « ce qu'est une interprétation juste », notamment que tout est interprétation. Ce serait un essentialisme massif et qui serait exposé au danger d'une auto-suppression, c'est-à-dire que de sa vérité résulterait sa fausseté. Le caractère d'interprétation lui-même esquive la possibilité que ce ne soit pas interprétatif qu'il puisse y avoir « la seule interprétation correcte ».

systématiquement, coupés de la possibilité de la perspective de la totalité, à laquelle le particulier et l'individuel auraient à se soumettre. La philosophie de l'interprétation n'est pas l'héritière d'une attitude métaphysique orientée vers la totalité de l' « être » (*Seins-Totalität*), mais le type (*Typus*) de pensée philosophique issu précisément de la critique de cette option. C'est pourquoi le principe de l'interprétation est aussi une expression de l'idée (déjà kantienne) que 1) en tant qu'esprits finis, nous ne nous trouvons pas dans une situation épistémique nous permettant de dire de manière définitive, essentielle et universellement contraignante « ce qu'il y a » et « ce qu'est quelque chose » et 2) la localisation spatio-temporelle, l'individuation, la détermination et la spécification dépendent toujours déjà du système de signes et d'interprétation sous-jacents ainsi que des fins, donc des points de vue pragmatiques et pratiques qui en indiquent la direction.

Une caractérisation de la philosophie de l'interprétation comme une position orientée vers une grande totalité et l'absoluité (et, selon des perspectives *de dehors*), qui serait concernée par les autolimitations internes de l'absolu, passerait fondamentalement à côté de l'objet, du caractère et des figures dominantes de la philosophie de l'interprétation. Il ne s'agit précisément pas d'une position qui voudrait, de manière implosive, tout embrasser. Il s'agit beaucoup plus des limites logiques du sens, qui résultent de la finitude de l'homme. La philosophie de l'interprétation est une philosophie qui part de la finitude radicale. L'objection possible d'après laquelle il pourrait encore être question, en fin de compte, d'une position dogmatique et auto-immunisante est ratée. L'interprétationnisme ouvre, à l'interne, la possibilité de la critique et des interprétations faillibles. Toute forme de dogmatisme est ici systématiquement exclue [1].

Outre l'écart interne mentionné, il faut également tenir compte de l'écart qui contribue, de la même façon, à se défendre contre le danger de l'autosuppression. La proposition « tout ce qui est » est interprétation se rapporte au fait que ce qui « est » localisé, individué dans le temps et l'espace, a derrière lui une généalogie des activités des rapports d'interprétation$_1$. Mais, la proposition elle-même est manifestement énoncée à partir du niveau de l'interprétation$_3$. Afin qu'il ne *puisse* pas être question d'une philosophie de la totalité et de l'absolu, la phrase ne doit en aucun cas être mal entendue, comme si on parlait à partir du

1. Sur les conséquences éthiques de l'approche, *cf.* chap. XIV (éthique de l'interprétation et démocratie).

niveau de l'interprétation$_1$. La phrase n'est pas une proposition apocalyptique. Il ne s'agit absolument pas de saisir une totalité. Le niveau d'interprétation$_3$ est le plus important des trois niveaux dans le sens présenté.

L'objection de l'auto-contradiction a été jusqu'à présent formulée de la manière suivante : « si x est une interprétation, alors il y a un y dont x est l'interprétation. Dire que tout serait interprétation, c'est dire que quelque chose existe, qui, à son tour, n'est pas interprétation, mais est ce dont x est l'interprétation ». Il serait plus important surtout « que la chose du genre y ne soit pas une interprétation de la même façon que x doit être une interprétation » [1]. À cette objection, on peut opposer l'argument suivant :

1) Il y aurait menace d'auto-contradiction (*Selbstwidersprüchlichkeit*) seulement si l'on affirmait « qu'absolument tout en général est interprétation ». Cette affirmation exigerait, en effet, le point de vue divin, point de vue dont nous sommes systématiquement coupés. La formulation adéquate s'énonce donc ainsi : « tout (ce qui est localisé, individué, identifié et spécifié dans l'espace et le temps) doit être considéré comme un produit de l'interprétation ». Tout ce qui « est », en ce sens, ne signifie pas « tout, absolument et entièrement, sans restriction, en général ». Et l'expression « tout » ne se rapporte pas à un objet déterminé, pas à un « tout », mais à chaque objet possible en général. La tournure « tout » ce qui « est » doit aussi se comprendre dans le sens de « chaque chose », par où l'on entend « chaque chose » dans une acception transcendantale, et se réfère uniquement aux phénomènes et non aux choses-en-soi. Le principe de l'interprétation est donc, par suite, un principe de la logique transcendantale de l'interprétation, un principe de l'expérience et de la connaissance, tout comme le principe de raison suffisante. Tout ce qui peut être objet de l'expérience pour nous en général ne peut l'être que dans un horizon d'interprétation et selon les règles d'une *praxis* d'interprétation qui l'instancie, quand bien même nous ne connaitrions pas, ou pas encore, ces règles. Le reproche de l'auto-contradiction passe à côté du caractère et du statut du principe de l'interprétation.

2) Le modèle des niveaux d'interprétation appartient également au contexte esquissé dans le chapitre I.1, qui distingue différents types d'interprétation. Ces hiérarchisations verticales constituent également un

1. A. Graeser, « Interpretation, Interpretativität und Interpretationismus », art. cit., p. 255 *sq*.

important antidote contre les auto-contradictions menaçantes possibles et les antinomies. L'auto-contradiction n'apparaît ici que parce que la problématique qui est placée à un seul et même niveau horizontal et qui pour cette raison peut conduire à des antinomies est répartie sur différents niveaux dans le modèle vertical des niveaux.

Pour une x-interprétation$_3$ (dans le sens d'une interprétation par appropriation de quelque chose), il faut une chose-y qui soit indépendante de cette x-interprétation$_3$. Dans le chapitre I.1, nous avons déjà souligné qu'il faut présupposer un monde indépendant de l'interprétation$_3$ pour, afin de parler avec Kant, ne pas aboutir à des incohérences eu égard à notre conscience empirique. Il faut, de plus, rappeler que, si l'interprétation$_3$ ne convient pas, nous changerons non pas le monde ou la chose-y, mais notre interprétation$_3$ qui peut échouer au regard du monde. Il y aurait seulement menace d'auto-contradiction si nous défendions la position esquissée au niveau de l'interprétation$_3$ – ce qui n'est manifestement pas le cas. Les interprétations$_3$ sont comme des interprétations de y, mais d'une manière qui ne vaut pas pour l'objet-y de ces interprétations$_3$.

Il reste, cependant, eu égard à l'objet-y indépendant du x de l'interprétation$_3$, que, si on ne doit pas le concevoir de façon non critique comme une « chose-en-soi » métaphysique-réaliste, on doit le considérer comme une formation qui catégorialise la formation de la localisation, de l'individuation et de l'identification spatio-temporelle, comme un objet formé dans des processus d'interprétation$_1$. La position du réalisme métaphysique aboutit, comme on le sait, à des difficultés inéluctables [1].

De manière fondamentale, il ne faut pas que les choses-y soient accessibles dans et par les processus d'interprétation et que leur localisation et individuation spatio-temporelles soit déjà présupposées par des processus d'interprétation$_1$. Il s'agit – c'est l'une des fonctions les plus importantes de l'interprétativité – de préparer l'ordre spatial et temporel, les places spatiales et temporelles (qui sont, chez Kant, une tâche fondamentale de l'imagination) [2].

Dire que le principe d'interprétation n'est pas un principe de la pensée formelle, mais d'une logique transcendantale de l'interprétation, par conséquent qu'il se réfère à l'expérience et à la connaissance, c'est dire également qu'il ne vaut pas seulement pour le rapport des concepts entre eux et pour la position de l'entendement par rapport aux concepts.

1. Voir à ce sujet, dans le détail, G. Abel, *Interpretationswelten*, *op. cit.*, chap. 21.
2. Voir aussi, chap. VII (Imagination et recognition).

La tournure « tout ou chaque chose … » ne doit pas être saisie comme une constatation empirique. Elle a, comme on l'a souligné, une signification transcendantale. Il s'agit également, dans le principe d'interprétation, de l'idée sensible, des conditions de la sensibilité, du rôle des catégories dans la constitution de l'objet et la fonction de l'imagination.

5. L'ALTÉRITÉ INTERNE

Outre le théorème de l'interprétation, le théorème « tout ce qui existe pourrait être autrement » est d'une signification fondamentale [1]. C'est ce que permet de mettre en évidence la remarque suivante :

1) Concernant le principe du « pouvoir être *autrement* », le « tout » ne doit pas être compris comme un « tout par excellence et pour toujours ». « Tout » désigne ici : « chaque chose » dans le sens d' « un objet ou d'un événement individué dans l'espace et le temps ». Le « tout » n'est pas le « tout » de la totalité. Il faut systématiquement éviter cette lecture. Le point de départ de la philosophie de l'interprétation réside, comme nous l'avons souligné plus haut, dans la finitude, dans les signes finis et dans des fonctions de signes finissantes (*finitisierend*).

2) Si, au lieu de la thèse du pouvoir-être-autrement, on voulait défendre le principe que « tout ce qui est ainsi ne peut être autrement », on se chargerait d'un fardeau, celui de la preuve, que l'on ne pourrait pas honorer. Cela impliquerait de supposer qu'il y a aussi bien un ordre essentialiste, *a priori*, des choses qu'une détermination, préalable et définitive, des caractéristiques sémantiques et pragmatiques des signes (dans les fonctions de compréhension comme dans leur fonction de constitution de l'objet). Nous n'apercevons, toutefois, aucune philosophie qui serait en mesure de défendre ces présupposés dans la perspective critique. Wittgenstein, rappelons-le, insistait sur le fait que « tout ce que nous voyons pourrait être aussi autrement » [2].

3) On ne peut absolument pas répondre, à partir du point de vue d'un observateur externe et surtout absolu, à la question de savoir d'où vient la possibilité de pouvoir aussi être autrement, et donc à la question de la possibilité du scepticisme en général. La possibilité du scepticisme appa-

1. Voir G. Abel, *Interpretationswelten*, *op. cit.*, p. 504 et p. 92.
2. Wittgenstein, *Tractatus logico-philosophicus*, 5.634.

raît bien plutôt en lien avec l'altérité et la pluralité internes [1], qui proviennent de la *praxis* interprétative et produisent les catégorisations mêmes qui forment le monde, donc en lien avec ce que signifie, dans les conditions de la finitude, disposer d'une compréhension du monde, d'autrui et de soi-même.

4) Il apparaît, en même temps, clairement ici que, et en quel sens, la possibilité du scepticisme peut être ouverte par le biais d'alternatives *internes*, et que l'on peut donner une réponse satisfaisante aux sceptiques en recourant *en même temps* à la *praxis* interprétative.

Enfin, il faut attirer l'attention sur un sens du principe, « tout ce qui est ainsi, pourrait être autrement », qui caractérise la théorie philosophique de l'interprétation. Nous faisons alors référence au rôle central, sur lequel nous avons déjà insisté, du considérer-*comme*. Si nous ne pouvons partir d'un ordre essentialiste ou d'un ordre *a priori* des choses et si les signes symboliques ne peuvent plus se voir attribuer au préalable et en général leurs caractéristiques sémantiques et pragmatiques à partir d'une signification métaphysique ou *a priori* qui se trouve derrière les signes, alors tout dépend manifestement de la façon dont les choses sont considérées. Nous l'avons souligné, ce n'est pas arbitraire, mais cela inclut le fait que tout ce qui est *considéré de telle ou telle façon* pourrait aussi être considéré, en principe, autrement. La formulation dans laquelle « être » est remplacé par « considérer », selon la théorie philosophique de l'interprétation, serait plus appropriée que la formulation discutée plus haut du pouvoir-aussi-être autrement. Cette formulation permet ainsi de prendre en considération le fait qu'il n'y a pas de rapport à l'être, mais un rapport d'interprétation – ce qui vaut aussi évidemment pour les débats philosophiques. En fin de compte, on peut également voir les choses dont il s'agit autrement. La philosophie de l'interprétation laisse aux autres leurs autres interprétations. Comme nous le discuterons plus en détail au chapitre XII (Vérité et interprétation), elle n'est pas tenue *a priori*, dans ses parties critiques, d'accepter quelque chose comme « *l'unique interprétation juste, vraie, définitive et universellement obligatoire* ».

1. Voir aussi à ce sujet, chap. XI (Pluralisme interne).

DEUXIÈME PARTIE

LANGAGE ET SIGNES

CHAPITRE III

SIGNIFICATION ET RÉFÉRENCE

1. LE PARADIGME DESCRIPTIF ET LE PARADIGME CAUSAL

Habituellement, nous comprenons sans problème nos signes linguistiques et non linguistiques, par exemple, nos mots de tous les jours. Lorsque quelqu'un n'a pas compris un mot, on lui en explique la signification. Cela fonctionne, plus ou moins sans problème, dans la vie quotidienne aussi bien que lors d'un séminaire universitaire. Nous ne soucions pas de la question de savoir d'où un signe tire sa signification ou comment la signification arrive dans le signe, tant que la compréhension fonctionne. Elle semble tout simplement présente.

À y regarder de plus près, la situation pourrait demeurer non problématique si l'on admettait que c'est la volonté de Dieu qui a déterminé et attribué, au préalable et une fois pour toutes, leur signification aux signes, par exemple, aux mots « justice » ou « mandarine ». Or, ce serait là une magie des signes linguistiques. Elle ne permettrait pas de comprendre, par exemple, l'aspect, si caractéristique des langues vivantes, qu'elles permettent un usage des expressions déviant, novateur ou métaphorique. De surcroît, des mots tels que « industrie récréative » ou « politique universitaire » permettent de douter que la volonté divine ou l'évolution soient responsables de leur signification.

Cependant, d'un autre côté, on ne peut pas partir du fait que la signification des signes, dans une langue donnée, serait arbitraire, c'est-à-dire qu'elle dépendrait entièrement des opinions subjectives des locuteurs et auditeurs individuels. Ce serait l'arbitraire relativiste de la signification. Les rapports de compréhension ne seraient pas caractérisés comme réussis et *couronnés de succès*. Car on ne dirait certainement pas de celui qui, par exemple, répondrait à la question de la signification des mots « table » et « rouge » par l' « ours panda » et la « danse polonaise » qu'il connaît la signification de ces mots. On revient donc à la situation de départ : ni magie ni relativisme de la signification des signes linguistiques. D'où les signes tirent-ils leur signification ?

En premier lieu, il y a deux modèles, qui forment une dichotomie et dominent largement les débats contemporains. Ce sont les deux thèses selon lesquelles la fixation de la signification et de la référence d'un signe s'accomplit soit *dans nos têtes, soit en dehors de celles-ci, du côté du monde et par la société*. La théorie de la tête (*Die Kopf-These*) se présente essentiellement sous la forme d'une théorie de la description (elle va d'Aristote à Russell et Searle en passant par Mill). La théorie du monde (Die Welt-These) est développé, de manière pointue, dans ce qu'on nomme la théorie causale de la signification et de la référence (dont les représentants sont aujourd'hui, par exemple, Fodor, Field et, d'une autre manière, Putnam, Kripke, et Donnellan). On peut, cependant, montrer que ces deux approches théoriques échouent et, avec elles, toute la dichotomie entre la tête et le monde [1].

D'après la théorie de la description, les significations sont *dans la tête* et y sont fixées. La fixation du sens s'effectue dans l'état mental « of grasping an abstract entity or simply having a certain intentional content » [2]. Plus précisément, selon cette thèse, la signification et la référence d'une expression pourraient être déterminées par une description définitive ; par exemple, le mot « rouge-gorge » peut être rendu par la description synonymique « l'oiseau chanteur, dont la partie supérieure est brun olive et le front, rouge rouillé ».

Pourtant, cette théorie se voit confrontée à une difficulté à laquelle elle ne peut remédier d'elle-même. Dans un sens cardinal, elle est *incomplète*. Elle explique, en effet, les propriétés d'un signe, qui garantissent sa signification et sa référence, à l'aide des propriétés de la signification et de la référence d'autres signes. Dans l'exemple du rouge-gorge, cela se produit, par exemple, par les mots « oiseau chanteur » et « rouge rouillé ». Les signes employés, dans une telle explication, doivent être supposés connus. C'est seulement à cette condition que la théorie de la description fonctionne, dans le cas inverse, on tomberait dans une régression à l'infini. Car, en ce qui concerne toute autre

1. Pour ce qui suit et pour plus de développement, voir G. Abel, *Interpretationswelten*, *op. cit.*, chap. 11-13.

2. J.S. Searle, *Intentionality. An Essay in the philosophy of mind*, Cambridge, Cambridge University Press, 1983, p. 198.

explication, on peut toujours chercher à comprendre la signification de l'expression qui y est employée. C'est précisément la raison pour laquelle la théorie n'offre pas une explication de la signification des expressions données dans un usage réussi du langage ni de l'emboîtement (*Verzahnung*) du monde et du langage. Chaque explication de l'explication de l'explication, etc. conduit plus loin du véritable point qui intéresse la compréhension réussie entre les personnes et l'emboîtement donné du monde et du langage. Dans cette perspective, le locuteur et l'auditeur, de même que le monde et le langage finissent par se retrouver côte à côte sans relation l'un avec l'autre. Cela n'est manifestement pas le cas dans l'usage *réussi* du langage et des signes.

Selon la théorie causale, la théorie de la description n'est pas seulement incomplète, mais, de surcroît, elle cherche au mauvais endroit, précisément dans la tête. Pour parvenir à une explication de la signification et de la référence contenus dans les signes naturels, il faudrait également être attentif à ce qui se trouve à l'extérieur de la tête. Il apparaitrait alors que, lorsqu'il est question des fonctions de signification et de référence des signes, il s'agit de relations causales.

Cela étant dit, la théorie causale échoue, et ce, dans un sens encore plus fondamental. Quand on conçoit, en effet, la fonction de la signification et de la référence d'un signe comme une fonction de signes, il apparaît clairement qu'une *fonction de signes en tant que telle* ne peut pas être une affaire de cause et de causalité. Même la meilleure théorie possible de la causalité relative à la liaison entre le stylo à bille sur la table devant moi et le mot « stylo à bille » ne contient pas d'information eu égard au fait que les caractéristiques sémantiques du mot « stylo » (signification, référence, conditions de vérité et de satisfaction) sont comme elles sont, c'est-à-dire que le mot « stylo à bille » a affaire aux stylos à bille et se rapporte à des stylos. Même la meilleure théorie causale possible (que nous ne possédons pas !) ne pourrait pas apporter de réponse à la fondation de la philosophie du langage et des signes, nous permettant de penser que nos signes et nos mots signifient ce qu'ils signifient, qu'ils se rapportent à ce à quoi ils se rapportent, que quelque chose de réel leur correspond. Car il ne s'agit pas là de questions d'antécédents causaux ni de rôles causaux.

Résultat intermédiaire : ni le paradigme de la description ni le paradigme causal ne peuvent être considérés, en philosophie du langage, comme des paradigmes adéquats de la question de la signification et de la référence des signes. Mais, dès lors, où les signes prennent-ils leur signification puisque ni la dichotomie entre la magie et le relativisme, ni celle entre le descriptionnisme et le causalisme ne sont adéquates pour répondre à la question de l'origine ?

2. La signification comme interprétation adéquate

Apporter une réponse à cette question requiert de partir de l'idée que, dans chaque acte de parler et de comprendre réussis d'une langue, une *interprétation* de cette langue est présupposée, par conséquent, requiert de partir de l'idée que le mode caractéristique selon lequel les signes fonctionnent est toujours déjà revendiqué. C'est pourquoi la signification des signes dépend de notre *praxis* de l'interprétation des signes. Au point que l'on considérer cette *praxis* d'interprétation$_1$ comme le véritable théâtre de la fixation de la signification. La thèse est alors la suivante : *la signification d'une expression est déterminée par son interprétation adéquate*. La question de la compréhension réussie et couronnée de succès revient en substance à celle de l'harmonisation du fonctionnement plus ou moins incontestable d'une *praxis* d'interprétation, de la façon dont nous employons et comprenons habituellement les signes.

S'il est fondamental de parler d'interprétation en ce sens, cela ne peut pas se limiter, comme nous l'avons souligné, à son sens restreint en tant qu'acte de *s'approprier une interprétation.* Cette dernière ne concerne, en effet, que l'un des trois niveaux que l'on doit heuristiquement distinguer dans le modèle à niveaux. Rapporté à l'acte de parler et à la compréhension des expressions d'une langue, ce modèle à trois niveaux implique : 1) l'utilisation individuelle des signes du langage ainsi que l'interprétation d'un signe et d'une expression individuels, c'est-à-dire la découverte d'une signification du *locuteur* (Sprecher-*Bedeutung*), doivent être situées dans le niveau de l'interprétation$_3$. 2) Ce niveau est toujours précédé du niveau d'interprétation$_2$, sous la forme d'une langue particulière (par exemple l'allemand, le chinois), ainsi que d'une signification *sémantique*, par exemple les conventions d'un système naturel de signes ou une langue. 3) Ce qui présuppose, à son tour, au niveau de l'interprétation$_1$, entre autres, les principes d'individuation de cette langue et, d'une façon plus large, le caractère du langage (*Sprachlichkeit*) et des signes (*Zeichenhaftigkeit*) de « l'être-dans-le monde » de l'homme (Heidegger), et le revendique.

1. Voir les détails, chap. I.2.

Le caractère originaire et indépassable de l'être dans le monde ainsi que le fonctionnement des signes symbolisant peuvent être caractérisées, interprétativement, dans leur déploiement. L'être au monde de l'homme n'est plus ou pas encore interprété après coup, si cela s'avérait nécessaire, mais s'accomplit, de manière interne, comme un événement interprétatif. Et les signes fonctionnent en leur fonction de signes de façon *interprétatoire* (*interpretatorisch*). Dans cette mesure, les rapports d'interprétation peuvent être compris comme originaires et indépassables.

3. La référence dans le modèle de l'interprétation

La thèse que l'interprétation n'est pas simplement une option, mais une condition de la possibilité d'utiliser et de comprendre les signes linguistiques et non linguistiques, ne vaut pas seulement pour la signification. Elle vaut également pour la référence des signes. La référence d'un signe peut être conçue comme la fonction de l'usage d'un signe réglé par une *praxis* interprétative bien rôdée. Par suite, la thèse, fondamentale sur ce point, s'énonce comme suit : la référence d'une expression est déterminée par son interprétation adéquate. C'est sur ce point que la théorie de l'interprétation de la référence se distingue, en substance, des deux types de théories de la référence discutés dans le chapitre III.1.

Nous pouvons donc répondre à la question consistant à savoir comment nous devons *penser que* nos signes et nos mots se rapportent à ce à quoi ils se rapportent et *que* quelque chose de réel leur correspond, en recourant de manière analogique à la réponse apportée à la question de la signification, par la double thèse suivante : 1) les fonctions de référence peuvent être construites comme des fonctions de signes et ces dernières, à leur tour, comme des fonctions d'interprétation ; 2) leur déterminité, partant, la question de leur référence réussie peut être traitée comme la question de l'harmonisation du fonctionnement, jusqu'à nouvel ordre incontestable, d'une *praxis* interprétative. Et « incontestable » signifie ici qu'on n'a plus besoin d'aucune description, interprétation, explication, élucidation pour comprendre que et ce à quoi se réfère un signe que l'on emploie en référence.

La question consiste à savoir d'où vient la propriété qui détermine la référence d'un signe. Le mentalisme méthodique défend, comme on le sait, la position selon laquelle ces propriétés seraient « supervenantes » (*supervenient*) aux états psychologiques des utilisateurs des signes, c'est-à-dire qu'ils s'ajoutent à ces derniers. Cela semble être, au premier abord, une conception tout à fait plausible. Seulement, cette conception n'est plausible que pour autant que l'on accepte que l'on peut, par voie introspective, parvenir à une connaissance certaine des états psychologiques et que les locuteurs connaissent certainement, en même temps, la nature de la référence sémantique des mots qu'ils utilisent – ce qui n'est précisément pas le cas, comme les arguments de Hilary Putnam, Tyler Burge et d'autres l'ont démontré [1]. Ce pourquoi cette « supervenance » a été remplacée dans les théories causales de la référence par une autre, selon laquelle la propriété qui détermine la référence d'une expression est supervenante à l'histoire d'une tradition qui conserve sa référence.

Cependant, comme on a dû le voir, la théorie causale de la référence est exposée à de graves reproches. L'interprétationnisme partage la conception que c'est une erreur d'accepter que « *by virtue of its previous employment a term acquires a property which completely deter-mines the reference of its future uses* ». En regard de quoi, la thèse, selon laquelle « what a speakers words "really" refer to are what they are "reasonably" or "correctly" *interpreted* as referring so » [2], semble plus adéquate.

Une question importante, en matière de référence, est de savoir si, dans la référence *directe,* le *sens sémantique* joue un rôle ou non. La théorie de l'interprétation propose de répondre à cette question en recourant a) à la *praxis* interprétative harmonisée, sans le fonctionnement de laquelle nous ne pourrions pas savoir de quelle nature sont la référence d'un signe et les conditions de satisfaction et de vérité des propositions ; b) au fait que même la référence directe peut être construite comme une fonction de l'interprétation, et c) au modèle des niveaux de l'interprétation. On peut, dans cette optique, concevoir une référence directe, qui puisse admettre l'énigme de Frege en matière de sens. Ce qui se réalise dans la mesure où le sens est compris comme l'interprétativité que l'on présupposer à partir de et vers lequel va l'usage de la *praxis* interprétative, qui régit l'usage des signes, dès que l'on comprend que l'on ne peut plus concevoir les fonctions de la référence des signes

1. H. Putnam, *Mind, Language and Reality* (= *Philosophical Papers*, vol. 2, Cambridge, Cambridge University Press, 1975, 215 *sq.*; T. Burge, *Individualism and the Mental*, dans P.A. French, T.E. Uechling, H.K. Wettstein, (dir.), *Midwest Studies in Philosophy*, vol. IV : *Sudies in Metaphysics*, Minneapolis, 1979, p. 73-212.
2. J. Koethe, « And they ain't outside the head either », *Synthese*, 90, 1992, p. 28 *sq.* (souligné par nous).

comme le produit d'une magie ou selon des propriétés causales des signes. Le sens d'un signe serait donc présent par le mode d'usage du signe déterminé par la *praxis* interprétative et serait pertinent pour toute fonction de signes sans que, comme le dirait Frege, le sens détermine la référence. De cette manière, la théorie interprétationniste sauve le sens du péril connu d'un manque de monde et de contenu. Le sens peut-être maintenu *sans* que l'on se sente contraint de défendre un mentalisme. Et, concernant la référence, ce n'est pas simplement l'épistémologie de la référence, mais aussi les obligations ontologiques qui dépendent de la *praxis* interprétative.

Jusqu'à présent, trois aspects sont apparus centraux pour la théorie de l'interprétation de la référence : 1) l'utilisation d'une langue présuppose une *praxis* interprétative ; 2) les fonctions de référence peuvent être construites comme des fonctions d'interprétation ; 3) dans la détermination des caractéristiques sémantiques et pragmatiques des signes, le rôle décisif incombe à la *praxis* interprétative externalisée. Ces trois aspects doivent être complétés par un quatrième, qui nous est déjà familier : 4) on peut caractériser comme interprétatifs les principes d'individualisation d'une langue qui sont effectifs dans l'usage réussi de cette langue. Ce scénario horizontal, pour ainsi dire, peut être en soi transposé à un niveau vertical, pour appliquer le modèle de l'interprétation.

La question de la référence peut donc être traitée comme une question dont la réponse implique des relations entre les différents niveaux d'interprétation [1]. La référence apparaît comme une double relation en soi : d'un côté, comme une relation entre les fonctions référentielles des signes et leurs objets localisés dans l'espace et le temps ; comme référence du *locuteur*, la fonction référentielle doit alors être située au niveau de l'interprétation$_3$. De l'autre côté, il s'agit de la coopération effective entre les différents niveaux d'interprétation. Les objets de référence dépendent alors de l'interprétation$_3$ et de l'interprétation$_2$, et non des processus d'interprétation$_1$, de la localisation spatio-temporelle, de l'individuation et de l'identification. Les processus d'interprétation$_1$ orientés vers la formation des objets de référence se trouvent déjà derrière la référence couronnée de succès d'un signe. C'est le sens où la référence présuppose ses objets. C'est pourquoi il est important de ne

1. Voir en ce sens également R. Dürr, H. Lenk, *Referenz und Bedeutung als Interpretationskonsstrukt*, dans J. Trabant (dir.), *Philosophie der Gegenwart : Sprachphilosophie*, Francfort, Fischer Taschenbuch Verlag, 1995, p. 191-223.

pas ranger la référence à un seul niveau et de voir que les différents niveaux liés y participent.

Parler de la « réussite » de la référence comme acte de toucher, de convenir revient à harmoniser les différents niveaux d'interprétation – ce que l'on peut formuler *top down* et aussi *bottom up*. La référence d'un signe référent au niveau d'interprétation$_3$ est réussie lorsque la fonction référentielle d'interprétation$_3$ (la référence du locuteur) s'accorde avec la référence sémantique habituellement ancrée dans le niveau d'interprétation$_2$ et quand, prises ensemble, ces deux composantes s'accordent avec les processus du niveau d'interprétation$_1$ et que les objets de la référence, c'est-à-dire les objets de référence localisés dans le temps et l'espace, individués et identifiés, peuvent être considérés comme leurs résultats. Formulé de bas en haut, cela signifie que les objets et les événements localisés, formés, individués et identifiés des processus d'interprétation$_1$ sont les objets de satisfaction (*Erfüllungsgegenstände*) de la référence sémantique et de la référence du locuteur.

CHAPITRE IV

LOGIQUE DES SIGNES ET RATIONALITÉ

1. *EXÉCUTION* ET *INTERPRÉTATION* DES SIGNES

Le problème *philosophique* de la compréhension des signes ne réside pas dans la manière de remédier à une méprise ou à une non-compréhension, mais consiste à comprendre ce que signifie comprendre des signes linguistiques et non linguistiques, bref, comprendre ce qu'est la compréhension. Mais, demandera-t-on, où est le problème ? Chacun sait ce qu'est comprendre des signes – nous le pratiquons constamment et sans problème. Or, c'est précisément ce que nous ne semblons pas, ou seulement très difficilement, comprendre. Il est irritant, comme le souligne Wittgenstein [1], que pour des questions aussi courantes que celles qui concernent la compréhension des signes, on connaisse la réponse aussi longtemps que personne ne nous interroge, et qu'on ne semble plus la connaître dès que l'on doit préciser ce que l'on sait [2].

Relativement à la *praxis* interprétative, si centrale du point de vue syntaxique, sémantique et pragmatique, une différence apparaît fondamentale : la différence entre l'*interprétation* d'un signe et l'*exécution* (*Vollzug*) d'un signe en tant que signe. Pensons, par exemple, aux versets de poèmes (*Gedichtzeile*) ou à un son musical, relativement

1. Wittgenstein, *Investigations philosophiques*, § 89.

2. Dans ce chapitre des matériaux de G. Abel seront intégrés : « Zeichenlogik. Bedeutung und Rationalität », dans J. Simon, W. Stegmaier (dir.), *Fremde Vernunft. Zeichen und Interpretation IV*, Francfort, Suhrkamp, 1998, p. 52-77 ; G. Abel, « Zeichenverstehen in Wissenschaft – Kunst – Technik », dans E. Knobloch (dir.) *Interpretationen und Wechselwirkungen*, Wiesbaden, Harrassowitz Verlag, 1997, p. 1-15.

auxquels il y a une différence importante entre l'*interprétation* du signe linguistique ou musical comme expressif et l'expérience qui n'a besoin d'aucune interprétation de l'expressivité du signe. À la différence de l'*interprétation* des signes (la « petite » logique des signes), l'*exécution* des signes (la « grande » logique des signes), que l'on peut aussi nommer réalisation auto-sémantique (*auto-semantische*) des signes, acquiert les conditions de sa réussite non pas dans quelque chose d'autre qui lui est extérieur, mais entièrement en elle-même. La différence entre l'exécution (et la *compréhension*) d'un signe et l'interprétation (et l'*explication*) d'un signe est fondamentale. *L'interprétation que l'on fait sienne (interprétation$_3$)* d'un signe dans le sens d'une explication qui interprète (*ein – und auslegende*) est différente de la compréhension d'un *signe,* dans la mesure où, quand un signe est compris, les interprétations ne sont plus décisives. Lorsqu'on comprend un signe, on ne l'interprète et on ne l'explique pas ; on le comprend.

Comprendre à l'aide d'une interprétation (interprétation$_3$) est déjà une forme de compréhension réussie. Il faut, cela étant dit, attirer l'attention sur un aspect. Aussi longtemps que l'on est contraint d'osciller entre un signe qui apparaît et sa compréhension, on peut se trouver dans deux situations fâcheuses, susceptibles de devenir vicieuses à tout moment.

1) Un signe qui se situe au niveau de l'interprétation$_3$ est accessible à beaucoup d'interprétations, qui sont également légitimes. Avant tout : les arguments de la théorie des modèles ont montré qu'il y a toujours plusieurs interprétations, peu importe la formulation étroite des conditions de limitation, qui remplissent aussi bien toutes les conditions de satisfaction [1]. Dans le cas des langues naturelles et des systèmes de signes, cette pluralité est significativement réduite, parce qu'une *praxis* d'interprétation$_{1+2}$ de l'usage et de la compréhension est toujours déjà activée. Ce niveau doit entrer en jeu s'il doit y avoir, en général, compréhension d'un signe. Inversement, cela signifie que, dans la compréhension réussie d'un signe selon l'interprétation (interprétation$_3$), on doit pouvoir parvenir à la « conclusion », à la « fin », pour comprendre un signe ou une expression. Interpréter des signes, ce n'est pas comprendre des signes. Dans cette mesure, les interprétations et les

1. H. Putnam, *Models and Reality*, dans H. Putnam, *Realism and Reason* (*Philosophical Papers*), vol. III, Cambridge-New York, Cambridge University Press, 1983, p. 1-25 et H. Putnam, *Reason, Truth and History*, *op. cit.*, chap. 2.

explications doivent avoir une « limite quelque part » [1]. Sans quoi on ne parviendrait ni à l'usage réel d'un signe ni à sa compréhension réelle. Cet aspect est déjà présupposé aussi dans la compréhension réussie à l'aide de l'interprétation$_3$. Quand il y a compréhension de signes, il ne s'agit pas d'interprétation$_3$.

2) L'interprétation du signe (moyennant les interprétations$_3$ qu'on y a interposées) ne détermine pas, à elle seule, la compréhension du signe. Encore faut-il, et c'est ainsi qu'il faut compléter, que la *praxis* d'interprétation$_{1+2}$ soit activée pour que la compréhension ne soit pas suspendue en l'air, pour utiliser une expression de Wittgenstein [2]. Ce n'est que dans cette mesure qu'un signe est compris directement, c'est-à-dire sans aucune autre interprétation$_3$, et donc aussi véritablement compris. Quand une compréhension par l'interprétation réussit, telle est la réflexion de la philosophie de l'interprétation, cette réussite ne repose pas, en définitive, sur l'interprétation$_3$ qui y a été interposée, mais sur le fait qu'au-delà de cette dernière une compréhension de signe a déjà été présupposée *sans* interprétation et revendiquée. On peut, en effet, expliquer la compréhension d'un signe à l'aide d'autres signes dans des interprétations$_3$. Mais, dès lors, comment appréhender la compréhension de ces interprétations ? On se trouve confronté ici à la menace d'une régression à l'infini. S'il s'agissait toujours d'interprétations, nous serions obligés de poser des « interprétations après des interprétations » [3], et ceci sans fin. Mais ce n'est manifestement pas le cas dans la compréhension réelle des signes. Car on n'a pas affaire ici à une interprétation de l'interprétation de l'interprétation… (à plusieurs interprétations sans limites du signe et au signe auquel on fait appel pour l'interprétation), mais le signe est compris. *Interpréter* un signe n'est donc pas la même chose que *comprendre* un signe. La raison la plus importante, que nous avons déjà effleurée dans le chapitre III.1, réside donc dans le fait que la reprise des interprétations ne peut être poursuivie de façon illimitée. Il doit y avoir un point où la compréhension d'un signe ne dépend plus, de façon parasitaire, des interprétations. Sans quoi notre langue, nos systèmes de symboles courraient le risque d'être détachés de la possibilité d'être compris et d'être utilisés. Il doit y avoir un point direct, « immédiat » de la compréhension des signes. Et la question décisive est de savoir comment comprendre ce point. C'est la *praxis* interprétative$_{1+2+3}$,

1. Wittgenstein, *Investigations philosophiques*, § 1.
2. Wittgenstein, *Investigations philosophiques*, *op. cit.*, Nr. 198.
3. *Ibid.*, Nr. 201.

telle est notre réponse, de laquelle émerge et vers laquelle s'oriente la faculté qui ouvre et détermine la compréhension, qui permet aux signes de signifier ce qu'ils signifient, de se référer à ce à quoi ils se réfèrent et d'avoir les conditions de vérité et de satisfaction qu'ils ont. La compréhension réussie des signes devient ainsi la question du fonctionnement d'une *praxis* interprétative [1]. Cela n'est pas l'exception, mais le cas normal de la compréhension réussie des signes.

Cela signifie, en même temps, que *dans* l'exécution, *dans* l'usage et la compréhension directs, nous nous sommes très bien familiarisés avec la logique, la « grande logique », le *logos* de l'interprétation des signes [2]. Nous avons constamment la logique du langage dans la « bouche », comme le dit Hegel. *Implicitement*, tout est là, et c'est la tâche de la philosophie de l'*expliciter*. Cependant, cela ne signifie pas que nous pourrions achever l'objectivation de la logique du signe. Car le logique (*das Logische*), le *logos* du signe, n'est pas quelque chose que l'on peut connaître sous le mode des objets, il n'est pas un objet connaissable, mais la condition de sa possibilité. Par conséquent, comme le soutient Wittgenstein (avec Platon, Aristote, Leibniz, Kant, Hegel et Frege), nous ne pouvons pas non plus nous placer dans la (grande) logique. On est *dans* le *logos* du signe et de l'interprétation, *on ne peut pas* parler, penser et agir en dehors de lui. Le *logos*, « la grande » logique des signes s'accomplissent dans l'usage et la compréhension, couronnés de succès, des signes. On peut seulement expliquer la logique de *l'intérieur*, et on ne peut faire du *logos* lui-même un objet dont on pourrait prédiquer quelque chose. Car le *logos* des *signes* a déjà la possibilité de la prédication derrière lui [3].

1. Voir *supra*, chap. I.2, p. 28.

2. Le rapport interne entre la forme du *logos* et l'Interprétativité est développé dans le chapitre VIII (Dire et montrer).

3. On peut encore distinguer, en continuité avec la distinction esquissée entre une *petite* et une grande *logique*, une logique *moyenne*. Par petite logique, il faut comprendre la logique comme interprétation du signe et déduction correcte suivant les prémisses. Par moyenne logique, il faut entendre la logique au sens où l'on établit des listes de signes admis, par rapport auxquels, par exemple, on peut s'interroger sur la possibilité de formaliser toutes les vérités possibles et décider de toutes les propositions qui y correspondent. Les questions connues de la complétude et de la décidabilité relèvent de ce domaine. La métalogique dans le sens de la doctrine des fondements philosophiques, c'est-à-dire des présupposés formels du calcul logique; comprend la syntaxe (comme la doctrine logique des signes entre eux), la sémantique (comme doctrine des rapports entre le signe et le référent) et la pragmatique (comme la doctrine des rapports des signes et de leurs utilisateurs). Même dans la métalogique, on présuppose déjà que des signes sont utilisés et compris avec succès. La grande logique, au sens de la forme de l'auto-exécution

Le fait d'insister sur le caractère *exécutoire* des signes a également des conséquences relativement à la question de la signification des signes linguistiques et eu égard à la possibilité d'une théorie sémantique (point développé dans le chapitre III.2). On peut à présent discuter, plus précisément, de la question de la signification et de la théorie de la signification. Elles se situent au plan de *l'interprétation, de l'appropriation et de l'explication* du signe, et donc au troisième plan des rapports d'interprétation selon le modèle des trois niveaux que nous avons exposé. À ce niveau, la signification, devenue problématique, d'un signe est délimitée autrement. Sa forme caractéristique est la suivante : « l'expression XYZ signifie… ». En revanche, il n'y a plus de problème au niveau du caractère exécutoire et de la compréhension directe, dans la mesure où l'on n'a plus besoin des interprétations$_3$. On peut dire, à la suite de Wittgenstein, qu'ici la logique s'occupe entièrement d'elle-même. Dans la compréhension des signes, nous n'avons donc pas affaire à une transmission de significations, conçues en fin de compte comme des entités métaphysiques propositionnelles, qui, dans l'exécution de signes, s'actualisent simplement ou se réalisent de façon exemplaire. Il s'agit bien plutôt de la saisie de l'exécution auto-sémantique des signes comme signes, pour ainsi dire de « vrais » signes. Si son caractère apparaît, il est vrai, plus nettement dans l'expérience de l'art, il s'applique, cela étant dit, fondamentalement à tout usage de signes. Un mot compris directement en situation et un son musicalement expressif n'ont pas besoin d'explication de leur signification.

Cet arrière-plan nous permet d'expliquer plus précisément les deux composantes : la compréhension directe des signes, grande logique, et l'interprétation qui transmet le signe, petite logique. Le caractère d'exécution et de présence du signe linguistique conduit au domaine du *se montrer*, donc à l'expressivité des signes symbolisant dans un poème, dans une peinture ou dans un morceau de musique qui *se montre*, mais qui *ne dit* et ne se dit *pas*.

et de l'autosatisfaction des signes, a pour objet d'étudier ce point. La grande logique, et sa régularité implicite de l'exécution du signe, sous-tend déjà l'usage couronné de succès des signes de la moyenne et de la petite logique. C'est pourquoi elle ne peut s'exprimer dans ces dernières. En tant que logique transcendantale des signes et de leur interprétation, la grande logique est aussi bien la condition de la compréhension et des propositions que la condition de ce qui est donné et de ce qui est vrai. Le *logos* du signe est un thème central de la philosophie, et l'une des principales questions de la philosophie s'énonce comme suit : comment la grande logique, comme *praxis* de l'interprétation de la forme des signes, peut-elle être considérée avec la moyenne logique et la petite logique ?

Au niveau des rapports d'interprétation$_3$, donc de la petite logique, entendue dans le sens du niveau de ce que font les auditeurs et les interprètes lorsqu'ils interprètent$_3$ les actions d'autres personnes, on peut esquisser les trois aspects suivants : ils sont également importants eu égard au rapport de la logique du signe, de la signification et de la présupposition de la rationalité. Ces aspects sont les suivants : a) dans toute interprétation et dans toute compréhension d'expressions, de textes, d'actions et des personnes, des éléments de construction sont toujours revendiqués ; b) les rapports de compréhension se caractérisent par un *équilibre de compréhension* (*Verstehensgleichgewicht*) entre les participants et c) on peut nommer quelques-unes des exigences de cohérence implicites dans les interprétations$_3$, qui déterminent les explications que l'on fait siennes les suppositions de rationalité (*Rationalitätsannahmen*) qui sont en jeu.

Cependant, avant d'en venir à l'explication des points qui concernent la petite logique comme interprétation$_3$ des constructions d'explication, nous devons d'abord expliciter en quoi consiste l'*exécution* des signes, la sphère de la grande logique, à l'aide de quelques domaines d'exemples (*Beispielbereich*). Nous discuterons cinq points : 1) la question de l'*accord* dans la compréhension des signes, 2) les *niveaux de compréhension*, 3) l'*individualité* de la compréhension, 4) le rôle de la *métaphore* et 5) le fait de *se montrer* à la différence de *dire*.

2. LE *LOGOS* DES SIGNES

1) *L'accord.* Pour se comprendre *directement*, c'est-à-dire sans autres interprétations, explications, commentaires, explicitations et illustrations, bref, sans interprétation$_3$, il ne suffit pas d'avoir en commun une langue ou un système de signes[1], par exemple, de parler l'allemand ou le chinois. Il ne suffit pas non plus qu'il n'y ait pas de divergence de point de vue. Pour se comprendre, il faut plus. En dernière instance, il faut qu'il y ait un accord au niveau de la *praxis* de l'interprétation$_{1+2}$. Afin d'expliciter cette affirmation, nous renvoyons aux points développés dans les chapitres I.2 relativement à la *praxis* d'interprétation échelonnée en profondeur, qui sont présupposés quand est donnée la possibilité d'un accord ou d'une différence entre des personnes « sur quelque chose ».

1. Voir Wittgenstein, *Investigations philosophiques*, *op. cit.*, § 242.

Lorsqu'il y a, telle est notre thèse relative au *logos* des signes, complétude réussie des signes et compréhension directe des signes qui n'ont pas besoin d'autres interprétations (interprétation$_3$), c'est-à-dire quand cette complétude et cette compréhension ne requièrent pas d'efforts supplémentaires du côté de la petite logique, on doit admettre que certains présupposés relatifs à l'accord sont satisfaits et donc que les formes de l'accord sont données et se répondent mutuellement. En font notamment partie : a) l'accord dans le comportement pré-langagier, en tout cas, qui n'est pas nécessairement langagier; ce niveau est pertinent, par exemple, dans une situation de « traduction radicale » (Quine) [1], dans laquelle on commence à mettre en rime les expressions d'un système de langage et de signes totalement étranger; b) l'accord entre les actions et leurs règles; c) l'accord au niveau de l'action langagière, c'est-à-dire dans les jugements empiriques élémentaires et dans les définitions; d) l'accord discursif. L'accord mutuel direct de ces niveaux et de ces perspectives peut être décrit comme l'unisson des trois niveaux d'interprétation. L'accord peut être explicité de manière encore plus précise grâce à la question de la compréhension des signes.

2) *Niveaux de compréhension.* Lorsque le concept d'interprétation est bien conçu et qu'il est principalement question de la *forme* de la *praxis* interprétative, on peut voir la compréhension des signes *au sein* des rapports de la *praxis* interprétative. Le modèle à trois niveaux de l'interprétation peut être utilisé pour expliciter le cas où nous avons affaire à une compréhension linguistique et à une compréhension de signes *réussie et couronnée de succès* (nous avons déjà insisté sur ce point). Il importe de ne pas affecter la compréhension à un seul niveau. Il est, au contraire, notoire que les différents niveaux concernés s'enchaînent et s'entremêlent. Cela apparaît, d'abord, clairement lorsqu'on conçoit plus précisément le concept, polyvalent, « comprendre », tel qu'on le rencontre dans la tradition de l'herméneutique théologique et philosophique, et que l'on distingue les *niveaux de compréhension.* Selon le niveau de compréhension en question, la compréhension des signes peut s'expliquer par le recours à un ou à plusieurs niveaux d'interprétation.

1. W.V.O. Quine, *Word and Object*, Cambridge (Mass.), *Cambridge University Press*, 1983; *Le mot et la chose*, trad. J. Dopps et P. Gochet, Paris, Flammarion, 1999, § 7.

Reprenons, pour notre propos, les niveaux de compréhension des signes distingués par Wolfgang Künne [1]. Par la suite, nous étendrons ces niveaux aux systèmes non linguistiques et les introduirons dans le modèle d'interprétation, partant, dans la philosophie des signes et de l'interprétation. À un premier niveau (1), il s'agit de discriminer et d'identifier les perceptions et les phénomènes d'un signe syntaxique ou d'une suite de signes syntaxiques. Ce sont, en priorité, les aspects de l'interprétation$_1$ qui sont en jeu. Au deuxième niveau (2), il s'agit de saisir le sens linguistique/sémantique d'un signe-type dans un système de signes ou dans une langue. Il ne s'agit pas ici du sens d'un locuteur individuel au niveau de l'interprétation$_3$, mais du sens sémantique du niveau d'interprétation$_2$ d'une langue donnée, c'est-à-dire du sens d'un signe ou d'une expression donné (e) dans une communauté de signes et dans une communauté de langage auxquels nous sommes habitués, sens sédimenté par des conventions, des traditions, une culture et le temps. Ceci vaut également pour le niveau (3) de la compréhension des signes, où il s'agit de saisir le sens linguistique ou non linguistique actualisé dans une situation et dans un contexte. Sur ce plan, les composantes du troisième et du deuxième niveaux des rapports d'interprétation sont décisives. Le quatrième niveau (4) consiste dans la saisie du contenu propositionnel d'un signe ou d'une expression. Il comprend, d'une part, des éléments de la signification de l'énonciateur (*Sprecher-Bedeutung*), donc des éléments du niveau d'interprétation$_3$ de l'usage individuel des signes, et, d'autre part, des aspects de la signification et de la référence sémantiques, c'est-à-dire ces aspects de la signification et de la référence qui sont courants dans un système de signes et dans une langue donnée. Le niveau suivant (5) de la compréhension consiste à identifier les modes d'expressions. A-t-on affaire à une menace, à une promesse ou à un pronostic ? Sont ici en jeu des éléments aussi bien de l'interprétation$_3$ que de l'interprétation$_2$, car saisir le rôle illocutionnaire d'une expression implique de rapporter le rôle visé par le locuteur à un rôle dans une communauté de signes et de langage, qui est habituellement d'usage dans un temps donné. Cela implique, par exemple, de pouvoir saisir que le signe Z ou l'expression ABC signifie une menace et que cela correspond à la manière dont s'exécutent normalement les menaces dans cette communauté de signes et de langue. L'intentionnalité entre en jeu de manière décisive à un autre niveau (6) de la compréhension. Il s'agit,

1. Voir W. Künne, « Verstehen und Sinn. Eine sprachanalytische Betrachtungen », *Allgemeine Zeitschrift für Philosophie*, 6, 1981, p. 1-16.

au regard de l'intentionnalité du locuteur, de la signification individuelle, de la pertinence et du fait d'adresser (*Gerichtetheit*), donc, avant tout, des aspects qui ressortissent au niveau de l'interprétation$_3$ (incluant, certes, la réflexion qu'une personne seule ne peut être individuelle et pour elle-même, donc qu'un système de signes et une langue, partant, des rapports d'interprétation$_3$ sont déjà présupposés par son individualité et son intentionnalité).

On peut expliquer l'*exécution réussie* des signes et la compréhension directe, qui lui est concomitante, sans autre interprétation (interprétation$_3$), en recourant à la *praxis* interprétative et au modèle des niveaux d'interprétation conçu comme la saisie mutuelle (*Ineinanderfassen*) des trois niveaux des rapports d'interprétation, ce qui signifie que cette saisie ne requiert pas d'autre intermédiaire épistémique. Une harmonie directement induite entre l'interprétation$_3$ et l'interprétation$_2$ peut être produite lorsqu'un signe apparaît au niveau de l'interprétation$_3$ avec l'intention du locuteur, qui lui est liée, et la signification du locuteur individuel qui saisit les significations, les références et les conditions de satisfaction des expressions et des signes habituellement ancrés, comme le bien commun, dans une communauté de langue et de signes, de telle manière que d'autres passerelles et d'autres explications ne soient pas intégrées, mais qu'apparaissent simplement les signes de l'interprétation$_3$ qui activent le niveau d'interprétation$_2$, donc le niveau sémantique. La première harmonie (de l'interprétation$_3$ et l'interprétation$_2$) ne peut être donnée que s'il y a déjà harmonie avec la structure fondamentale de la *praxis* d'interprétation$_1$, donc avec le monde vécu et avec la structure-dans-le-monde. Car c'est la *praxis* d'interprétation qui est, en définitive, responsable du fait que les caractéristiques syntaxiques, sémantiques et pragmatiques des signes dans l'usage et dans la compréhension soient telles qu'elles sont. Il y a exécution auto-sémantique des signes, compréhension directe des signes sans autre interprétation (interprétation$_3$), lorsque les niveaux d'interprétation se trouvent dans une telle harmonie, dans un tel accord les uns avec les autres. Il ne s'agit pas d'un cas exceptionnel, mais plutôt de la normalité. Elle est déjà donnée quand on comprend quelque chose. Car, dans une communauté d'usage des signes, la plupart des signes sont généralement utilisés et compris sans autre explication. La *forme* de notre *praxis* d'interprétation, le *logos des signes* se manifestent et se montrent en eux et par eux. Le recours au modèle des niveaux d'interprétation permet d'expliquer simultanément deux aspects. La compréhension humaine des signes est – comment pourrait-il d'ailleurs en être autrement ? – une compréhension des signes à la mesure de l'être humain ; toutefois, il y a des pratiques interprétatives qui sont tellement ancrées et qui fonctionnent de manière si évidente qu'on n'a plus besoin de clé interprétative et de démarches explicatives ou inférentielles, ni non plus d'être averti pour s'apercevoir qu'il s'agit de rapports interprétatifs. Se manifeste dans ces composantes le *logos* des signes, la grande logique des signes.

3) *Individualité.* Parler de la compréhension d'un signe, d'une phrase ou d'une action peut déboucher sur deux lectures différentes. Il peut s'agir a) d'une compréhension dans le sens de la subsomption des signes qui apparaissent sous un concept général. Dans ce cas, selon Wittgenstein, la compréhension d'une phrase, par exemple, signifie qu'elle « peut être remplacée par une autre qui dit la même chose »[1]. Mais nous parlons aussi – et là entre en jeu la question de la compréhension de *l'individuel* – b) de la compréhension d'une phrase et, dans ce cas, la phrase en question « ne peut être remplacée par une autre » (pas plus qu'un thème musical ne peut en remplacer un autre). Dans le premier cas, « la pensée de la phrase » est ce qui est « commun à différentes phrases ». Dans le second cas, en revanche, il s'agit de « quelque chose qu'expriment seulement ces mots dans ces positions (la compréhension d'un poème) ». En ce qui concerne la compréhension, il importe donc de savoir s'il s'agit d'une subsomption des signes sous la généralité, de l'égalité, de la communauté, de la possibilité de remplacer, ou s'il s'agit de la spécificité, de la non-récurrence, de la non-comparabilité à quelque chose de commun ainsi que de la non-substituabilité, bref, s'il s'agit d'une individualité[2].

Dans le cas d'un thème musical ou de la ligne d'un poème, les tentatives de substitution apparaissent manifestement comme impossibles. La compréhension consiste en ce qu'il faut comprendre le thème de telle manière qu'il ne puisse pas être remplacé par un autre ou le comparer, au moyen d'une subsomption, à un autre. C'est par ce moyen qu'on le comprend individuellement et directement, y compris en ce qui nous affecte et nous émeut. L'aspect important est que, dans un thème musical et, de la même façon, dans un poème ou dans une peinture, des éléments peuvent, certes, apparaître, par exemple, un intervalle de seconde ou une couleur locale, qui, en tant qu'événements syntaxiques, sont connus dans

1. Wittgenstein, *Investigations philosophiques*, *op. cit.*, § 531.

2. Voir aussi J. Simon, « Verstehen ohne Interpretation ? Zeichen und Verstehen bei Hegel und Nietzsche », dans J. Simon (éd.), *Distanz im Verstehen. Zeichen und Interpretation II*, Francfort, Suhrkamp, 1995, p. 73 *sq*.

d'autres contextes, mais qu'il ne viendrait à l'esprit de personne de prétendre comprendre un thème musical dans le sens où il serait précisément compris si on le remplaçait par un autre thème. De la même manière, personne ne défendrait la thèse que la compréhension d'un poème consiste dans la capacité à pouvoir remplacer quelques-unes de ses lignes et quelques-uns de ses mots (mieux : toutes ses lignes et tous ses mots) par d'autres. Cela paraît, certes, trivial, mais cela permet d'expliquer, d'un coup, le point décisif qu'il s'agit ici des fonctions *individuelles*, non réductibles, dans leur dépendance, au contexte et à la situation, c'est-à-dire qu'il s'agit de signes non remplaçables, qu'on ne subsumera pas sous un concept universel (général). Apparaît ici la différence entre la *compréhension logique* (*universelle*) et la *compréhension esthétique* (*individuelle*). Cette différence est également significative pour le rapport de la science et de l'art.

Même dans cette compréhension individuelle, sans autre interprétation que l'on fait sienne (interprétation$_3$), on présuppose et revendique déjà les rapports d'interprétation$_1$. L'exemple de la compréhension musicale permet, tout particulièrement, d'expliquer ce point. Dans la compréhension directe de la musique, on ne comprend pas seulement l'individualité d'un thème musical, mais encore, par exemple, l'expressivité d'un son musical. Cette expressivité peut être conçue au plan des systèmes de symboles, qui y sont à l'œuvre, et reformulée selon une théorie des symboles, à l'aide de la doctrine de l'exemplification développée par Nelson Goodman [1]. Dans une abréviation terminologique, on peut dire : les signes musicaux qui retentissent réalisent des propriétés infiniment nombreuses, mais seules quelques-unes de ces propriétés fonctionnent comme des propriétés de l'expression, de l'expressivité. Précisément, cette délimitation résulte de l'interprétation$_{1+2}$ – une *praxis* de la vie culturelle – et y retourne. Quand on fait l'expérience d'un son musical directement, sans interprétation (interprétation$_3$), comme un son expressif, par exemple, comme un son joyeux ou triste, une *praxis* d'interprétation$_{1+3}$ est en jeu dans cette compréhension directe, sans laquelle une telle expressivité ne pourrait pas être éprouvée et comprise. La compréhension directe des signes présuppose un horizon d'interprétation$_{1+2}$ et une *praxis* interprétative$_{1+2}$ sans problème et harmonisée.

Le point de vue de l'individualité, qui se réfère aux fonctions des signes au sein des systèmes de symboles, peut aussi s'appliquer à la

1. N. Goodman, *Languages of Art*, *op. cit.*, chap. 2.

compréhension d'autres personnes et à la compréhension de soi, dans la mesure où il s'agit de la compréhension de l'autre comme d'un individu – ce qui est, comme Nietzsche l'a vu et souligné, « difficile », à moins de lire : « il est difficile d'être compris »[1]. Par suite, on peut déduire de ce que nous venons de dire au sujet de la compréhension d'un thème musical, d'un poème ou d'une peinture, le sens précis de cette formulation qui semble curieuse. La tradition métaphysique conçoit le comprendre comme le processus de subsomption (logique) sous le général et dans le sens d'une substitution par autre chose, qui dit et exprime la même chose. Ce concept de compréhension ne permet pas de comprendre l'individualité. Dans la subsomption sous le général, dans la comparaison et la substitution, l'individualité insubstituable d'une personne singulière et ses expressions de signes risquent d'être perdus. On pourrait seulement comprendre l'individualité dans une compréhension qui, comme le souligne J. Simon[2] à la suite de Hegel et de Nietzsche, n'est pas tenue de soumettre les autres signes et l'autre personne en substituant, s'appropriant et en s'emparant, mais qui laisserait être les signes comme signes et l'individu comme individu.

4) *Métaphore*. Un autre théâtre se montre le caractère d'*exécution* (*Vollzugs*charakter) des signes, donc quelque chose du *logos* des signes, est la métaphore réussie. Elle apporte quelque chose de la forme commune, qu'on ne pas entièrement distinguer, qu'on ne peut pas embrasser du regard et que l'on ne peut pas se représenter sous la forme de la *praxis* interprétative$_{1+2}$, elle apporte quelque chose de la forme de la vie, du monde vécu interprétatif et de l'être au monde que l'on ne peut pas littéralement saisir à l'aide d'énoncés dénotatifs et descriptifs. Par-là, une métaphore qui est éclairante, c'est-à-dire directement comprise sans intermédiaire, favorise l'information et la compréhension. Elle affecte, induit et active directement la forme de la *praxis* de l'interprétation$_{1+2}$, cet entrelacs de conditions dont on ne peut pas se distancier, à partir duquel et auquel nous appliquons et comprenons les signes de la manière dont nous le faisons. Dans une métaphore réussie se manifeste, se montre le *logos* des signes. Bien évidemment cela vaut également pour les signes non linguistiques et donc pour des métaphores non linguistiques, comme l'apparition d'éléments musicaux dans la peinture et

1. F. Nietzsche, *Sämtliche Werke. Kritische Gesamtausgabe*, (KGW), G. Colli, M. Montinari (dir.), Berlin-New York, de Gruyter, 1967 *sq*. VIII 1, 182, p. 46.
2. J. Simon, *Verstehen ohne Interpretation*, *op. cit.*, p. 77 et p. 86.

éventuellement l'expressivité d'une certaine coloration qui repose précisément sur ce transfert.

5) *Montrer.* Nous développerons de manière exhaustive, dans le chapitre X, le rôle extrêmement important qui revient à l'acte de montrer, de même que le rapport entre dire et montrer et la possibilité de les situer dans la *praxis* de l'interprétation. Afin d'expliquer le point qui nous occupe ici, il suffit de mentionner quelques aspects. On comprend souvent une expression du visage ou un mouvement de danse, par exemple, directement, sans autre médiateur épistémique, avant même d'être capable en général d'indiquer les caractéristiques sémantiques de tels signes. Se montrer déclenche une compréhension directe de signes. Un tel fait de montrer n'est nullement limité au visuel et est loin de concerner seulement la logique symbolique ou mathématique, c'est-à-dire les seules propositions logiques aux caractères tautologiques, auxquelles Wittgenstein liait la distinction entre dire et montrer. Montrer est bien plutôt d'une pertinence fondamentale dans tous les domaines des activités humaines, dans la vie quotidienne, dans les arts, dans la logique, dans l'éthique et dans les sciences.

Il importe d'observer qu'on ne doit pas considérer le fait de montrer comme un processus dans lequel il y a des *transcendentaux* de signes et d'interprétation, c'est-à-dire des éléments entièrement externes aux signes, qui réussissent le saut dans l'usage véritable des signes (interprétatifs et auto-interprétatifs). Dans la monstration se manifeste davantage la *forme* de notre *praxis interprétative* de l'usage des signes *de ce côté-ci et dont nous ne pouvons pas au total nous distancier.* Si nous voulons faire l'expérience de la monstration et de l'exemplification, une *praxis* interprétative$_1$ doit déjà être donnée, qui fonctionne sans problème, une *praxis* interprétative des signes qui se montrent ou s'exemplifient. De plus, dans la monstration, il ne doit pas être question de la représentation-de-quelque-chose, mais d'une représentation, par exemple, non pas de l'acte de voir quelque chose, mais de la visibilité. Le signe qui montre demeure entièrement auprès de lui-même. Les conditions de son exécution se trouvent non pas à l'extérieur de lui-même, mais en lui-même. En lui se manifeste le *logos* du signe.

Certes, dans le phénomène élémentaire de la compréhension des signes sans interprétation (interprétation$_3$), le moment de l'appropriation et de l'explication interprétante, donc l'interprétation$_3$ est suspendue. Mais cela ne signifie nullement que l'on est sorti de l'interprétativité comme telle, du caractère interprétatif de la *praxis* de la vie, de l'être au monde et de la *praxis* interprétative du monde vécu, comme si l'on adoptait le point de vue de Dieu. Comme nous l'avons souligné, la compréhension humaine des signes est une compréhension des signes à l'échelle de l'homme.

Reprenons le second moment de notre subdivision : l'interprétation des signes. Nous nous trouvons alors dans la *petite logique* et dans le domaine de l'interprétation couronnée de succès (interprétation$_3$) des énoncés, des textes, des actions et des personnes : des *présuppositions* pertinentes de *rationalité* (*Rationalitätsannahmen*). Ces dernières désignent les suppositions de rationalité dans l'interprétation$_3$ que nous faisons nôtres, sans lesquelles une interprétation cohérente, c'est-à-dire une interprétation$_3$ couronnée de succès, ne pourrait pas, semble-t-il, réussir. Nous utilisons consciemment le terme « rationalité » dans un sens *large*. Ce terme désigne non seulement a) les aspects de la consistance logique, c'est-à-dire la non-contradiction, donc aussi bien b) la question de la transitivité logique ainsi que le maintien dans des contextes inférentiels, mais encore c) les composantes de la cohérence, c'est-à-dire la question des conditions de validité empirique et donc d) aussi les aspects des rapports d'interaction des présuppositions mutuellement revendiquées et donc de l'attente de l'harmonie, de l'accord et de la différence dans le rapport entre les locuteurs, l'énoncé, le texte, l'action, d'une part, et les auditeurs, l'interprétation$_3$, les coauteurs, d'autre part. Le succès de telles suppositions se mesure simplement au fait de savoir si l'information et la coordination de l'action peuvent être maintenues et se poursuivre de façon fluide, et s'élargir.

Conformément à ce que nous mentionné, le domaine de l'*interprétation* des signes doit pouvoir être expliqué à l'aide des aspects suivants : a) les *éléments de la construction* des rapports de communication, b) *l'équilibre de la compréhension* et c) *la supposition de la cohérence et de la rationalité.*

3. Rationalité de l'interprétation

Éléments de construction. Dans les rapports de communication, donc dans chaque acte de compréhension des énoncés linguistiques et des énoncés non linguistiques, dans chaque acte de compréhension de textes, de personnes et d'actions, un nombre important d'activités créatives, de projection et d'empathie, bref un nombre important d'activités d'*interprétation* sont supposées et revendiquées. D'une façon sténographique, nous souhaitons mettre l'emphase sur les activités suivantes [1] :

1) On doit considérer ce que la personne énonce comme un acte de langage et non, par exemple, comme une simple production de bruits. 2) Les signes qui apparaissent doivent avoir été rendus univoques. 3) Dans le mesure où des éléments indexicaux sont en jeu, qui se réfèrent directement à la situation de la perception, ils doivent avoir été saisis et on doit avoir identifié et localisé les objets ostensiblement soulignés. 4) Dans la compréhension d'un signe, on doit également avoir déjà compris les règles d'interprétation données selon cette langue ou selon le système de symboles non linguistique. 5) Dans le cas de la traduction et de la compréhension d'une langue étrangère, on doit avoir constitué des hypothèses de traduction, qui peuvent être considérées comme des constructions d'interprétation [2]. 6) On doit avoir inséré les signes qui apparaissent dans un contexte, une situation et le temps. 7) les propres standards de la logique et de la vérité doivent avoir été projetés derrière les énoncés étrangers avant 8) de pouvoir fixer l'organisation du discours et de la forme logique des phrases. 9) On doit déjà avoir intégré les signes de la personne qui produit dans la position des autres. 10) Les attitudes propositionnelles (par exemple : les convictions, les opinions, les intentions, les désirs, les craintes) qui gouvernent les énoncés de signes de l'autre personne et qui entrent dans la délimitation de la signification de la situation des signes employés.

Il faut précisément tenir compte du caractère complexe et conjoncturel de ce dernier point : l'interprète doit produire une interprétation de cette même attitude et position qu'une personne adopte face à l'usage des signes qui fonctionnent de façon interprétatoire – et ce, sans disposer d'un critère permettant de savoir si, dans une interprétation, « la même chose » se déroule, ou pas, que dans celle de l'autre personne. Si l'on peut considérer ceci comme une description générale de la situation dans laquelle on se trouve quand on doit interpréter les énoncés, les textes et les actions d'autres personnes, il apparaît clairement que et en quel sens, dans les cas d'une communication réussie, les *principes d'interprétation*, dont quelques-uns seront discutés, peuvent aussi être considérés comme des principes de rationalité sur la base des présuppositions effectives relatives à l'usage et à l'interprétation réussis des signes en question.

1. G. Abel, « Zeichen und Interpretation », dans T. Borsche, W. Stegmaier (dir.), *Zur Philosophie des Zeichens*, Berlin-New York, de Gruyter, 1992, p. 185 *sq*.

2. Voir à ce sujet le chap. V (Traduction comme interprétation).

L'équilibre de la compréhension. La réussite des rapports de communication exige que le locuteur et l'interprète soient prêts à élargir, à changer ou même à réviser leurs hypothèses d'interprétation, qui déterminent les signes à l'aide desquels la communication s'est engagée. Ce procédé d'un équilibre dynamique, qui oscille entre le locuteur et l'auditeur, entre l'interprète et les signes, sert à atteindre ce qu'on peut appeler un *équilibre dans la compréhension*, un équilibre dans la compréhension des signes. L'équilibre de compréhension désigne le balancement réciproque des horizons de compréhension. À la différence de l'herméneutique philosophique de Hans-Georg Gadamer, les horizons n'y « fusionnent pas »[1]. L'équilibre de la compréhension intègre la continuité et la différence. Il n'appartient pas aux conditions de possibilité de la compréhension des signes que des horizons fusionnent. Davantage, il importe de reconnaître que les horizons d'autres personnes peuvent être irréductiblement différents de ses propres horizons. Dans cette mesure, on peut plaider pour une désunion (*Entschmelzung*) des horizons. Si nous avons là une description adéquate de la situation de communication, il est clair que la disposition qui permet d'atteindre un équilibre dans la compréhension est une composante de la rationalité des rapports de communication. L'équilibre de la compréhension est ce qui demeure dans la compréhension des signes aussi longtemps que nous ne pouvons pas partir d'un signe qui existerait derrière l'usage des signes, ni du fait qu'une interprétation est aussi bonne que toute autre. C'est pourquoi on peut concevoir l'équilibre de la compréhension comme l'état de passage (*Übergangzustand*) entre une compréhension de signes *avec* interprétation et une compréhension de signes *sans* interprétation. Les médiateurs épistémiques peuvent alors concevoir trois démarches d'une compréhension des signes graduellement plus libre : a) la compréhension *avec* interprétation, b) l'équilibre de la compréhension et c) la compréhension directe ou la compréhension *sans* interprétation.

L'équilibre de la compréhension est impliqué au moins dans deux perspectives. D'une part, il s'agit d'un équilibre entre un horizon *universel* de compréhension sédimenté dans une communauté de signes et un horizon *individuel* de la compréhension des signes. D'autre part, il s'agit d'un équilibre entre son horizon individuel et l'horizon de l'énoncé des signes d'un *autre*, d'une personne étrangère. Nous devons considérer

1. Voir H.-G. Gadamer, *Wahrheit und Methode. Grundzüge einer philosophischen Hermeneutik*, Tübingen, 1965 (2 e édition), p. 289 *sq.*, p. 356 *sq.*, p. 375 *sq.* Trad. française : *Vérité et Méthode*, Paris, Seuil, 1996.

que, dans un équilibre de compréhension ainsi conçu, il n'est plus question de subsomption sous un concept général, mais d'un équilibre, d'un balancement aussi bien entre des horizons universels et particuliers qu'entre soi-même et un étranger.

Exigences de cohérence. La question de la justesse, de l'exactitude et de l'adéquation d'une interprétation (interprétation$_3$) émerge au plan de l'interprétation (et de l'explication) des signes linguistiques et non linguistiques. Dans les cas où les signes ne sont pas compris directement, les exigences de cohérence peuvent être importantes quand elles sont considérées comme des significations d'interprétation$_3$ acceptables et valides. Ne pas accepter du tout de régulations limitatives équivaudrait à considérer que chaque interprétation doit être aussi bonne qu'une autre. Cela signifierait que nous n'avons absolument pas affaire à une signification et à une référence déterminées des signes, donc pas non plus à une compréhension déterminée et à une interprétation qui précise la signification (interprétation$_3$) – ce qui n'est manifestement pas le cas dans une communication réussie. Mais, de tels standards de la cohérence ne peuvent provenir, à leur tour, que d'une *praxis* interprétative, car une instance externe non interprétative n'est pas disponible.

Pour pouvoir formuler, par la suite, quelques exigences de cohérence, plus précisément les conséquences d'une exigence de cohérence et donc certaines présuppositions de rationalité, pour les interprétations (interprétation$_3$) qui participent à la fixation de la signification d'un signe, il faut, au préalable et avec insistance, que ces standards soient produits au niveau de l'interprétation des signes, de la petite logique, et non au plan de l'*exécution* des signes, de la grande logique. De tels standards et règles *explicites* ne se trouvent tout simplement pas au plan de l'exécution des signes, car on peut considérer l'exécution ou plutôt une exécution des signes, qui s'accomplit dans une *praxis* interprétative, comme une condition de la formulation des standards de l'adéquation d'une interprétation. Il convient, de nouveau, de souligner ici la différence entre le *logos* des signes et la rationalité de l'interprétation. Les standards (rationnels), que nous introduirons par la suite, se réfèrent exclusivement au niveau de l'interprétation$_3$.

Le niveau d'exécution lui-même peut être en *ce* sens non seulement sans signification, mais peut être dit exempt des standards et des règles préalablement disponibles dans l'usage des signes. C'est l'un des résultats importants de la philosophie du langage de Wittgenstein d'avoir montré que l'idée que les règles du langage devraient exister avant l'exécution du langage est un malentendu. L'exécution des signes n'est pas préalablement réglée. Cela ne signifie certes pas que cette exécution s'accomplit sans règles, mais que nous ne sommes pas capables de nommer les régularités *implicites* selon des règles explicites. Si on s'y essayait, on se sentirait alors comme cette scolopendre qui doit répondre à la question de savoir à quelles règles elle doit un mouvement aussi élégant de ses nombreux pieds et qui, voulant montrer explicitement son élégante coordination, s'embrouille si désespérément qu'elle n'arrive plus à poser un pied devant l'autre. Partant, dans les formulations qui suivent, il ne peut être question que des standards et des règles d'interprétation *explicites* des signes. Cependant, il ne s'agit pas de la régularisation de l'exécution des signes, ni d'un devoir de compréhension, ni d'aider des individus à « mieux » comprendre.

Les interprétations d'une expression, d'une langue ou d'un symbole non linguistiques et d'un système de sens sont adéquates, correctes et exactes (interprétation$_3$) si et seulement si elles sont conformes à la *forme de la praxis d'interprétation* de la langue ou du système de symboles et de sens, si elles s'accordent et s'harmonisent avec elle et se correspondent. On voit que cela réussit, ou pas, au fait que la communication démarre et, le cas échéant, puisse se conserver et se poursuivre [1]. Cela inclut également le fait que la *praxis* interprétative a une histoire, et cela signifie qu'elle a sa propre culture, sa propre époque et une modulation spécifique au temps qu'il faut trouver.

Lorsqu'on formule ces exigences et ces règles, seuls entrent en jeu les aspects qui résultent de façon *interne* de ce que cela signifie a) se mouvoir dans une langue, b) être doué dans cette langue et dans la *praxis* d'interprétation qui sous-tend les signes et c) se trouver dans des rapports de communication, rapports de la référence à l'objet et à l'interprétation du monde. Les standards recherchés devraient articuler les présuppositions que nous-mêmes tenons pour remplies, dans la mesure où nous nous comprenons comme des personnes cohérentes qui parlent, pensent, et agissent raisonnablement. En ce sens, on peut tout à fait nommer transcendantal le statut de ces standards. Car il doit s'agir de régularité *interne* et, en ce sens, de régularité analytique, de régularité *analytique de communication* (*Verständigung-analytische*), et il ne saurait être question de régularité *externe*. Voici quelques-unes des consé-

1. Les participants peuvent aspirer à une telle conservation et continuation de la communication. Ils n'y sont pas obligés. Selon les circonstances, la rupture de la communication peut être la conduite exigée.

quences les plus importantes de l'exigence de cohérence (la liste n'est pas hiérarchique) :

1) Donne la priorité à l'interprétation$_3$ qui, si c'est ce qui est souhaité, est en mesure d'amorcer une communication, de la maintenir et de la prolonger.

2) Évite les interprétations$_3$ qui ne sont pas conciliables avec un nombre significatif d'usage de tes propres signes et/ou avec l'usage des signes d'une autre personne.

3) Évite les interprétations$_3$ qui conduisent à l'inconsistance et à l'incohérence.

4) Donne la préséance aux interprétations$_3$ qui conviennent à tes intuitions et ne les transgresse que si besoin est.

5) Choisis l'interprétation$_3$ qui conduit à tenir pour vraies les phrases acceptées et tenues pour vraies par la plupart des locuteurs d'une langue, c'est-à-dire donne ta préférence aux interprétations$_3$ qui attribuent aux phrases de cette langue les conditions de vérité ou (dans le cas des phrases non fermées) les conditions de satisfaction.

6) Accorde une préférence aux interprétations$_3$ qui ne rejettent pas, sans nécessité, les interprétations$_3$ tenues pour vraies et acceptées ainsi que les jugements empiriques élémentaires.

7) Accorde une préférence à l'interprétation$_3$ qui procure au locuteur une continuité dans l'usage d'un signe et qui attribue au signe approximativement les mêmes caractéristiques sémantiques que dans les situations antérieures et comparables, donc dans l'histoire (y compris dans les discontinuités et les ruptures).

8) Donne ta préférence à l'interprétation$_3$ qui n'abandonne pas sans nécessité les rapports d'inférence et de déductibilité qui valent, jusqu'à présent, comme certains.

9) Donne ta préférence à l'interprétation$_3$ qui offre la plus grande plausibilité et la plus grande crédibilité.

10) Choisis l'interprétation$_3$ qui concède aux énoncés de l'autre personne un accord approximatif avec tes standards de logique et de vérité. Applique, partant, une version modérée du principe de charité. Eu égard à la référence, cela signifie : attribue aux signes et aux expressions qu'utilise un autre locuteur, dans les rapports de communication, les mêmes références que celles que tu attribues à ces mêmes signes et expressions dans ton propre usage.

11) Accorde ta préférence à l'interprétation$_3$ qui reconnaît au locuteur un rapport approprié et sans préjudice, qui ne va pas

systématiquement à l'encontre de ses croyances, de ses désirs et des intérêts de son environnement et de ses congénères.

12) Accorde une préférence à l'interprétations$_3$ qui dans les situations de perception garde une évidence sensorielle et/ou causale.

13) Accorde la préférence à l'interprétation$_3$ qui convient à la validité empirique de l'expression en question.

14) Choisis l'interprétation$_3$ sur laquelle on peut construire des formes d'attente, de comportement et de pronostic.

15) Accorde la préférence à l'interprétation$_3$ qui a le moins besoin d'explications, donc qui conduit à la compréhension directe des signes ou à la compréhension sans interprétation.

Si quelqu'un pense que la liste de ces exigences et des conséquences de cohérence ne se compose que d'évidences, c'est tant mieux ! Il s'agit, en effet, de ces évidences que nous pouvons acquérir de manière interne de la compréhension que nous avons de nous-mêmes comme locuteurs, des acteurs des signes, des interprètes des signes et de ceux qui agissent. Les dits principes de l'interprétation$_3$ peuvent être considérés, dans le sens vaste esquissé ici, comme des *principes de rationalité.* Tant que nous nous trouvons dans des rapports de compréhension d'autrui et de nous-mêmes, nous savons donc déjà, implicitement, beaucoup de chose sur la rationalité.

CHAPITRE V

LA TRADUCTION COMME INTERPRÉTATION

1. LA PERTINENCE DE LA QUESTION DE LA TRADUCTION

La pertinence des questions de traduction et de leur rapport avec la problématique de l'interprétation est manifeste [1]. C'est une évidence dont on fait quotidiennement l'expérience en Europe et dans le monde entier. Quelques exemples suffisent à le prouver. 1) Dans les institutions européennes à Strasbourg et à Bruxelles, une large part des fonctionnaires s'occupe exclusivement de traductions. 2) Les problèmes de traduction surgissent lorsqu'on voyage dans un pays étranger dont on ne parle pas la langue. 3) Les questions de traduction deviennent centrales dès qu'on quitte la limitation liée aux questions de la théorie de la traduction, et qu'on reconnaît que toute communication humaine et que toute compréhension humaine, dans le sens large de l'expression, peuvent être considérées comme une traduction. Cela résulte du fait que 4) le problème de la traduction ne se pose pas seulement en rapport aux cultures lointaines et étrangères, mais commence « *at home* » [2]. Il émerge donc déjà en rapport avec les énoncés d'autres membres de sa propre communauté linguistique. Il n'est pas garanti que l'on comprenne directement, c'est-à-dire sans traduction, la remarque d'un étudiant que le style d'un cours est « *cool* ». Même la compréhension directe entendue

1. Ce chapitre sera publié dans une version légèrement plus brève dans R. Elberfeld, J. Kreuzer, J. Minford, G. Wohlfahrt (dir.), *Translation und Interpretation*, Écrits de l'Académie du Midi, vol. V, Munich, 1999, p. 9-24.

2. W.V.O. Quine, *Ontological Relativity*, *op. cit.*, p. 47.

comme expression peut être considérée comme un cas limite de traduction, à savoir comme une traduction « *homophone* » (Quine). Enfin, la problématique de la traduction apparaît déjà (5) en relation à ce que signifie se comprendre soi-même. Car, en dernière instance, chacun est bien pour lui-même la plus grande énigme. Même dans ce cas, la traduction est nécessaire. Bref : la traduction est la condition de la compréhension d'autrui et de soi-même, y compris du rapport au monde qui y est impliqué. La traduction est un procédé fondamental.

Les traductions peuvent-elles se concevoir comme des procédés *exempts de toute interprétation*, qui pourraient être réalisés au sein d'une grammaire universelle des langues et des signes et peut-être même, en dernière instance, à l'aide d'algorithmes et de calculs ? Ou bien : la problématique de la traduction est-elle adéquate pour clarifier le caractère interprétatif de tout usage de signes et de la compréhension d'autrui, du monde et de soi-même ? Dans ce qui suit, nous allons élaborer le caractère *interprétatif* de la traduction dans son sens large et dans son sens restreint. C'est pourquoi ce chapitre n'est pas intitulé « Traduction et interprétation », mais « La traduction comme interprétation ». Les rapports de traduction qui sont constitutifs de chaque usage du langage et des signes peuvent être conçus comme des rapports d'interprétation.

2. L'ÉCHEC DES MACHINES DE TRADUCTION

L'un des espoirs des dernières décennies en matière de traduction consistait à espérer que la traduction automatique des langues naturelles serait possible de façon satisfaisante, que l'ordinateur pourrait rendre le traducteur humain superflu. Il s'agissait simplement, selon cette attente, de développer des programmes de traduction adéquats. On a et on continue d'améliorer leur mise au point. Mais le résultat semble d'abord être le suivant : aucune traduction par ordinateur satisfaisante des langues et signes naturels ne réussit. La complexité, la créativité, l'ouverture, le caractère figuratif, déviant, innovant et métaphorique du discours humain véritable dépassent les capacités des ordinateurs dont nous disposons jusqu'à présent.

Cependant, ce qui pose problème, ce n'est pas simplement la complexité disproportionnée des langues naturelles en regard de celles des langues artificielles ou formelles. Dans les programmes de traduction des ordinateurs, la question de la traduction peut se traiter comme s'il s'agissait seulement de découvrir le bon algorithme. Cela présuppose que parler et comprendre une langue ainsi que traduire une langue étrangère dans sa propre langue, et inversement, est un procédé comparable à la maîtrise d'un calcul ou d'un algorithme. Il y a donc au fondement l'idée qu'il s'agirait de produire les règles fondamentales et la méthode, à partir desquelles peuvent être produits une foule de caractères d'un alphabet ou des figures fondamentales selon les consignes et les règles fondamentales. Un double problème émerge ici : a) comme l'a montré principalement Wittgenstein [1], il est erroné de supposer que l'usage réel de la langue, le parler réel, le discours et la compréhension véritables d'une langue seraient déterminés au préalable par des règles que l'on a fixées ; b) pouvoir utiliser, comprendre et traduire des expressions d'une langue naturelle ne signifie précisément pas que l'on « fait un calcul d'après certaines règles » [2]. En conséquence, on ne peut pas non plus établir des algorithmes du discours, de la compréhension et de la traduction.

La série des caractéristiques sémantiques (signification, référence et conditions de satisfaction et de vérité) des signes linguistiques utilisés avec succès est, en principe, infinie. Sa hiérarchie de sa classification est variable. De plus, cette série est indépendante des caractéristiques pragmatiques, des individus participants (par exemple des attitudes propositionnelles, des croyances, des désirs, des préférences, des pertinences et des projets), des situations, du temps, du contexte et de la culture. La signification des signes du langage naturel n'est pas fixée par définition, comme c'est le cas dans le domaine des langues artificielles et formelles telles les mathématiques et la logique. C'est pourquoi elle n'est pas non plus analysable et décomposable à l'aide d'une définition. Cela tient au fait que l'usage présent d'un signe *n'*est *pas* déterminé en *général* par une règle et l'usage futur d'un signe du langage naturel n'existe pas au préalable. C'est pourquoi les caractéristiques sémantiques et pragmatiques des signes utilisés avec succès ne se laissent pas inscrire une fois pour toutes sur une liste complète de langues qui existent réellement, comme c'est le cas des langues artificielles et formelles, des caractéristiques définies pour tous les mondes possibles. Il n'est donc pas possible de décomposer les caractéristiques sémantiques et pragmatiques par des procédés individuels de calcul et à l'aide d'un calcul, de les retravailler plus précisément à l'aide d'algorithmes et de les reproduire de façon univoque en phrases et mots d'une autre langue ou de sa propre langue.

1. Voir Wittgenstein, *Investigations Philosophiques*, *op. cit.*, § 65-108.
2. *Ibid.*, § 81.

Que cela ne soit pas possible se voit déjà, tout particulièrement, dans l'interprétation qu'implique chaque traduction des expressions de l'autre langue comme de sa propre langue. Donner la signification d'un signe en attente d'être traduit signifie donner l'interprétation de ce signe [1]. La liaison entre le signe et son interprétation (condition de toute traduction réussie) n'est pas une liaison *nécessaire*. Pour un signe, il n'existe pas seulement une *unique* interprétation juste. Plusieurs interprétations légitimes sont également possibles. C'est pourquoi il ne peut y avoir aucun algorithme de l'interprétation, donc pas d'algorithme de la compréhension réussie, et donc pas non plus pour la traduction. Avec la question de savoir comment on pourrait introduire la signification des signes du langage naturel dans la machine, dans l'ordinateur, on se meut déjà dans la proximité dudit malentendu.

Les procédés de traduction, d'interprétation et de compréhension sont croisés de manière interne et sont mutuellement dépendants. Ils demeurent, chacun, isolés et, dans leurs configurations, imprévisibles, incalculables, dans le sens littéral du terme. Chaque traduction est une interprétation. Dans notre contexte, il ne s'agit donc pas de traductions qui, s'il le faut, seraient après coup soumises à une interprétation$_3$, mieux : expliquées. Ce qui est mis en évidence, c'est beaucoup plus le fait que chaque traduction peut être considérée *ipso facto* comme une interprétation, c'est-à-dire comme une formation de construction perspectiviste, conjecturale et explicative. Cela ne signifie pas que, dans la traduction, tout fonctionne de manière non régulière et arbitraire. Cependant, en vertu des raisons que nous évoquées, liées à la logique linguistique et à la logique des signes, il ne peut pas y avoir de machine de traduction satisfaisante surtout pour le discours, la compréhension et la traduction en langue naturelle. Les machines de traduction peuvent assister le travail humain. Dans cette perspective, il y a sans doute des progrès significatifs à enregistrer, et les progrès continueront. Toutefois, elles (les machines) ne peuvent pas remplacer le traducteur humain. Les machines de traduction échouent sur la base du caractère *interprétatif* non éliminable, irréductible et indépassable de chaque usage d'une langue et de signes que fait l'homme.

Si on prend ces aspects en considération, il est à peine surprenant que des programmes de machine de traduction aboutissent moins à des traductions peu acceptables qu'elles ne détruisent les textes et conduisent

1. Voir *supra*, chap. III.2.

à la production d'un sabir. En règle générale, les mots sont remplacés par des mots, et il n'est pas rare que les phrases les plus simples soient soustraites à la compréhension. Il est facile d'en trouver des exemples. Dans un dépliant allemand-anglais des « Berlin*News* », préfacé par un discours officiel du Maire en poste de Berlin, on trouve comme traduction de la description : « Dans les bus et les trams on ne peut acheter qu'un billet » m – « only tickets become into penitences and streetcars sell ». Ou pour la phrase « Drei Flughäfen weden [*weden* au lieu de *werden* est une faute de frappe dans l'original allemand] [1] in Berlin angeflogen », on a la traduction « Three come flying for Flughäfen weden in Berlin » [2]. Pour une personne de langue maternelle anglaise, ce n'est pas étrange, mais incompréhensible et fâcheux. De telles réserves se confirment, comme le montrent les exemples que l'on peut prendre dans le domaine de la traduction des modes d'emploi techniques, par exemple pour des produits industriels en provenance dans d'autres pays. Les traductions sont, dans plusieurs cas, étrangement incompréhensibles, et même, de manière non intentionnelle, bizarres. Même dans les domaines les plus simples de la traduction linguistique, il ne faut pas laisser l'ordinateur à lui-même. Un mode d'emploi mal traduit d'appareils électriques, par exemple, peut avoir des conséquences mortelles.

3. La traduction littéraire

La recherche de programmes de traduction automatiques coïncide, de façon étrange, avec l'existence d'une sorte de civilisation du slogan, d'un espéranto des touristes et des consommateurs. Des expressions comme « steak », « hot-dog », « hamburger » « hôtel garni » ou « Holiday-Inn » ne semblent pas requérir une traduction, dans tous les cas, ne requiert pas une traduction homophone que l'on pourrait directement comprendre.

Mais on ne doit pas, cependant, se laisser aveugler. Les problèmes de traduction se manifestent de manière inévitable pour les textes littéraires, la philosophie, les religions, la science, la politique, la diplomatie et la culture, et même déjà dans toute conversation, qui va au-delà de la

1. En français : Berlin est desservi par trois aéroports.
2. Berlin*News*, 1977, Heft 2, p. 7 et 9.

terminologie du *fastfood*, avec des membres d'une autre communauté linguistique ou de sa propre communauté.

Les difficultés ne surgissent pas seulement sous l'aspect du caractère étranger ou de l'altérité. Elles apparaissent également en raison de la distance temporelle, par exemple, la distance qui réside entre l'apparition d'un texte et l'appropriation ultérieure qu'en fait un lecteur. Les problèmes de la traduction littéraire ne surgissent pas, en priorité, relativement aux textes étrangers d'autres langues et cultures (par exemple, par rapport à la traduction de la Bible hébraïque, de l'Odyssée grecque ou des Upanishad de l'Inde antique en allemand, en français ou en anglais). En ce qui concerne la distance temporelle, se manifestent aussi déjà des difficultés au sein des mêmes langues et cultures. Les barrières linguistiques sont aussi constamment des barrières de temps. Ces dernières requièrent une interprétation à travers laquelle doit se faire le transfert. Chaque traducteur sait à quel point ces difficultés sont importantes. Plus on se concentre précisément sur les phrases et sur les mots de sa propre langue, plus ils ont rétrospectivement besoin d'être traduits et expliqués.

Récemment Peter Wapnewski [1] a présenté des exemples des peines auxquelles se voit confronté un traducteur de textes de la même communauté linguistique, dans la mesure où les textes sont séparés par une distance temporelle, mentale et poétologique de la forme de la langue et de la lecture du haut allemand moderne (*neuhochdeutsch*). Avec l'exemple du haut allemand moderne, plus précisément, avec les difficultés que posent une traduction de la psalmodie rhapsodique à quatre versets des épopées du moyen haut allemand de la cour (principalement des chants des *Nibelungen* et de la poésie de Parsival de Wolfgang von Eschenbach), Wapniewski démontre, de façon impressionnante, les difficultés d'une traduction de sa propre langue, mais dans sa forme passée, dans la forme de la langue contemporaine, en vigueur. Puisque le haut allemand moderne ne possède plus certaines possibilités linguistiques qui étaient exigées dans le moyen haut allemand, la traduction reste, dans ces cas, constamment dépendante du commentaire explicatif.

De telles expériences, et d'autres encore, favorisent l'idée que la traduction des textes poétiques, aussi inévitable soit-elle, se présente strictement parlant comme une impossibilité. Cela est surtout le cas,

1. P. Wapnewski, « Übersetzt und Übergesetzt. Die Nibelungen in Passau und Parzival im Zwîvel », *Deutsche Akademie für Sprache und Dichtung*, Jahrbuch 1997, Göttingen, Volk und Wissen Volkseigener Verlag, 1997.

parce que le lacis des significations et des formes du langage poétique dépend de la particularité de la langue et de la forme de vie dans lesquelles elles sont articulées. Ce réseau de particularités spécifiques ne peut être transporté comme un tout dans une autre langue et y être reproduit, y compris dans sa propre langue tardive [1]. En dernière instance, le traducteur décide ce qu'il tient pour important. Avec le risque de passer à côté de la signification, de la forme et du contenu de ce que d'autres traducteurs prendraient au sérieux.

La thèse mentionnée, d'après laquelle la traduction ne commence pas seulement dans la langue étrangère, mais déjà « chez soi » (Quine), peut s'expliquer au regard de la *lecture* des textes littéraires, poétiques, philosophiques ou religieux de sa propre langue. Hans Georg Gadamer a décrit, à juste titre, ce point de façon magistrale. Déjà, la lecture d'un texte poétique, dans sa propre langue, « est comme une traduction, presque comme une traduction dans une langue étrangère, la transformation de signes rigides en un flux coulant d'idées et d'images ». La lecture des textes originaux « est comme l'interprétation par le son et la vitesse, modulation et articulation ». Dans cette mesure, lire et traduire sont déjà des procédés d'interprétation, « ils créent tous deux une nouvelle totalité textuelle de sens et de sonorité. Ils exigent tous deux une transposition limite de la créativité. On peut risquer le paradoxe : Chaque lecteur est comme un demi-traducteur » [2].

4. INDÉTERMINATION DE LA TRADUCTION

Dans le contexte des questions de la traduction des expressions d'une langue étrangère dans sa propre langue (ou inversement), la thèse célèbre de Quine de « l'indétermination de la traduction » revêt une importance fondamentale [3]. La thèse affirme que « des manuels pour traduire une langue dans une autre langue peuvent être élaborés selon des principes, tous compatibles avec la totalité des dispositions à parler et cependant incompatibles entre eux » et que cela conduit à des traductions diffé-

1. Voir aussi M. Hamburger, « Erfahrungen eines Übersetzers », dans M. Hamburger (dir.), *Literarische Erfahrungen. Aufsätze*, H. Hartung, Darmstadt, 1981, p. 15 *sq.*

2. H.-G. Gadamer, *Lesen ist wie Übersetzen*, dans H.-G. Gadamer, *Gesammelte Werke*, vol. 8 (*Ästethik und Poetik I, Kunst als Aussage*), Tübingen, JCB, Mohr, 1993, p. 283 *sq.*

3. Dans ce paragraphe nous allons recourir à des matériaux qui seront expliqués plus exhaustivement par l'auteur, cf. *Unbestimmheit der Interpretation*, *op. cit.*, p. 43-71.

rentes, qui n'ont aucune équivalence les unes avec les autres [1]. Nous accorderons, par la suite, une attention particulière à l'indétermination de la traduction. Il ne s'agira pas seulement de la traduction syntaxique, mais aussi, d'emblée, de l'interprétation sémantique.

L'une des caractéristiques des signes d'une langue naturelle utilisés et compris avec succès (à la différence des signes formels et d'une langue artificielle) est, en fait, l'*indétermination* de leur traduction et de leur interprétation. Les signes ne fonctionnent pas de façon communicationnelle malgré le fait qu'on leur concède cette indétermination, mais justement de ce fait même. Les expressions d'une langue naturelle recèlent pour ainsi dire des valences sémantiques et pragmatiques qui attestent la connectivité et donc la communicabilité entre les personnes. C'est pourquoi l'indétermination de la traduction et de l'interprétation ne représente pas une entrave aux rapports de communication. Elle se révèle plutôt comme l'une de ses conditions, comme un support de la communication, de la conversation et du dialogue. Il faut, par conséquent, de l'espace pour des traductions et des interprétations alternatives quand il s'agit de traduction et d'interprétation, afin que la communication et la compréhension puissent se poursuivre de manière fluide. Dans le cas contraire, on aurait seulement affaire, en dernier lieu, à des informations dogmatiques, et on n'aurait donc plus affaire à ce qui est caractéristique d'une situation de libre communication. L'indétermination de la traduction et de l'interprétation apparaît en ce sens comme une condition des rapports de communication.

Aussi longtemps que nous comprenons, plus ou moins sans problème, les expressions étrangères et nos propres expressions, nous ne remarquons pas le rôle significatif que les composantes interprétatives jouent dans chaque usage pour la compréhension et la traduction d'une langue. Le caractère interprétatif originaire de ces rapports n'apparaît que lorsque, dans une situation de traduction, quelqu'un s'interroge sur la signification d'une expression, ou lorsque la signification nous est d'abord complètement inconnue, comme dans les situations de

1. W.V.O. Quine, *Word and Object*, *op. cit.*, chap. II, p. 27 ; « Reply to Chomsky », dans D. Davidson, J. Hintikka (éd.), *Words and Objections, Essays on the Work of W.V. Quine*, *op. cit.*, p. 302-311 ; « On the Reasons for Indeterminacy of Translations », *The Journal of Philosophy,* 67, 1970, p. 178-183 ; « Indeterminacy of Translation Again », *The Journal of Philosophy,* 84, 1987, p. 5-10 ; « Three Indeterminacies », dans R. Barrett, R. Gibbon (dir.), *Perspectives on Quine*, Oxford-Cambridge (Mass.), Blackwell, 1990, p. 1-16 ; *La poursuite de la vérité*, *op. cit.*, chap. III.

« traduction radicale » (Quine) ou « d'interprétation radicale » (Davidson). On cherche d'abord à comprendre comment les signes linguistiques en question fonctionnent dans les rapports de communication. Enfin, il apparaît clairement que chaque traduction est une interprétation, c'est-à-dire qu'elle doit être considérée comme une activité de construction interprétative.

À la différence des énoncés d'observation (par exemple « il pleut ») qui résultent d'une situation de perception et qui peuvent être directement examinés, la plupart des énoncés d'une personne ne sont pas en corrélation avec des situations présentes et publiquement observables. Dans les cas de traduction radicale, cela conduit à une situation fâcheuse : le traducteur et l'interprète doivent aller au-delà des énoncés de constat. C'est particulièrement le cas pour la formation d'hypothèses de traduction. Ces dernières sont centrales dans les situations de traduction radicale. Ce qu'il y a de plus remarquable avec les hypothèses de traduction, c'est qu'elles « débordent tout ce qui se trouve implicite dans toutes les dispositions indigènes au comportement verbal » [1]. À leur aide, nous construisons des analogies entre des propositions qui ont été déjà traduites avec succès et d'autres où cela n'est pas encore le cas. De cette façon, les limites du travail de traduction sont élargies « bien au-delà du territoire où un vérificateur indépendant peut exister » [2]. Le traducteur doit « deviner », doit « projeter les interprétations présumées » et procède par « bricolage » avec son système de traduction et de communication pour en accroître l'effectivité.

Dans ces manières de procéder se manifeste le caractère *interprétatif* des rapports de traduction et de communication. Les hypothèses de traduction peuvent être considérées comme des formations de construction créatives-interprétatives. Elles doivent conduire à ce qui peut valoir comme une traduction adéquate. Elles n'existent pas de façon préfabriquée et finie, mais elles doivent être « inventées » et être produites dans une formation de construction créative ; et elles dépendent des finalités poursuivies par la traduction, donc, en dernière instance, d'exigences pratiques. Nous ne pouvons pas ne pas traduire de manière non interprétative. Les hypothèses de traduction sont déjà nécessaires pour construire la syntaxe des propositions étrangères. Car on a besoin pour ce faire de constructions qui permettent de distinguer les genres pertinents des mots dans les propositions étrangères et de les mettre en une relation

1. W.V.O. Quine, *Le mot et la chose*, *op. cit.*, chap. II, §15.
2. *Ibid.*

d'équivalence fonctionnelle avec sa propre langue. Certes, la formation des constructions interprétatives n'élimine pas l'indétermination de la signification et de la référence des *mots* conçus comme des termes. C'est même le contraire qui est le cas. Même la meilleure hypothèse de traduction ne supprime pas l'indétermination de la traduction. Il est décisif que l'on puisse former systématiquement des systèmes différents et incompatibles d'hypothèses de traduction qui, toutes, de la même façon, interprètent toutes les données qui présentent une évidence empirique et comportementale, et qui néanmoins conduisent à des « traductions mutuellement incompatibles pour un nombre incalculable de phrases qui ne sont pas susceptibles d'un contrôle indépendant » [1]. Le fait *que* les hypothèses de traduction constructionnelles-créatives soient nécessaires conduit à l'indétermination de la traduction et de l'interprétation.

Nous devons ici souligner un aspect central, qui a irrité et continue d'irriter de nombreux critiques de la thèse de l'indétermination de la traduction. Dès qu'il ne s'agit plus de l'usage d'un mot comme proposition occasionnelle (*Gelegenheitssatz*) (c'est le célèbre exemple de Quine – écrit en majuscule « Gavagai »), mais de la référence syntaxique du même mot comme d'un terme (par exemple « gavagai » en minuscule), « la question n'est pas que nous ne pouvons pas savoir avec certitude si l'hypothèse analytique retenue est la bonne, mais qu'ici il n'y a même pas (…) de matière objective au sujet de laquelle on puisse être dans le vrai ou dans l'erreur » [2]. L'indétermination de la traduction n'est pas une indétermination des faits et des réalités. Les hypothèses interprétatives de traduction dépassent même toutes les données empiriques possibles et toutes les dispositions linguistiques.

Le genre de système d'hypothèses, qui est déjà présupposé et revendiqué dans la traduction, c'est-à-dire le genre de la théorie de la traduction et de l'interprétation qu'on utilise, dépend des finalités à atteindre. La différence joue également un rôle dans le choix d'une hypothèse de traduction lorsqu'il s'agit de parvenir, le plus rapidement possible, à une traduction ou de pouvoir pronostiquer les réactions du locuteur étranger à des situations d'un nouveau genre, ou lorsque la question centrale est de savoir si mes désirs et mes croyances sont semblables, ou non, à celles de la personne étrangère. Selon les finalités poursuivies en priorité, certains aspects seront plus pertinents que d'autres pour la traduction. Habituellement, une seule théorie de la

1. *Cf.* W.V.O. Quine, *Pursuit of Truth, op. cit.*, p. 45.
2. W.V.O. Quine, *Le mot et la chose*, *op. cit.*, chap. II, §16.

traduction remplit, pour nous, ces différentes exigences, de toute façon, dans la mesure où nous obtenons grâce à son aide des réponses satisfaisantes aux différentes questions.

Il convient de souligner que l'indétermination concerne non seulement la signification, mais aussi la référence. L'indétermination « traverse pareillement l'extension et l'intention ». La référence elle-même « se révèle inscrutable du point de vue du comportement » [1]. L'indétermination de la traduction et de l'interprétation peut être perçue comme l'impossibilité d'explorer la référence.

Le profil de la thèse de l'indétermination serait plus clairement déterminé si on pouvait la rendre compréhensible en se référant à une théorie idéale de la nature, théorie dont nous ne disposons pas, ainsi qu'à son indétermination non éliminable en principe. Cela permettrait de clarifier aussi bien le lien profond de la thèse de l'indétermination que sa différence avec la thèse de la « sous-détermination ». Quine a mentionné les points décisifs : « Bien que la linguistique soit assurément une partie de la théorie de la nature, l'indétermination de la traduction est simplement perçue comme un cas particulier de la sous-détermination de notre théorie de la nature. *Elle est parallèle, mais s'ajoute.* Ainsi, adoptez mon attitude entièrement réaliste envers les électrons, les muons et l'espace-temps courbe ; reprenez de cette façon la théorie courante du monde tout en sachant qu'elle est, par principe sous-déterminée méthodologiquement Considérez du point de vue réaliste la totalité des vérités de la nature, connues et inconnues, observables et inobservables, passées et futures *Le point est que l'indétermination de la traduction s'accorde avec toute cette vérité, avec toute la vérité concernant la nature.* C'est ce que je veux dire lorsque je dis que, là où l'indétermination de la traduction s'applique, il n'est absolument pas question d'un bon choix. Il n'y a pas de fait, même dans ce cadre, que la sous-détermination avouée d'une théorie de la nature » [2].

L'indétermination de la traduction et de l'interprétation n'a en rien affaire avec « l'existence de faits inaccessibles et avec les limitations humaines » [3]. En outre, elle ne concerne pas seulement les esprits humains finis, mais vaudrait aussi pour des esprits idéalisés et infinis. Ces trois caractéristiques de l'indétermination (premièrement, le fait qu'elle résiste même à toute la vérité sur la nature ; deuxièmement,

1. W.V.O. Quine, *Ontological Relativity*, *op. cit.*, p. 35.
2. W.V.O. Quine, *Reply to Chomsky*, *op. cit.*, p. 304 ; souligné par G. Abel.
3. W.V.O. Quine, *Pursuit of Truth*, *op. cit.*, p. 101.

qu'elle n'est pas une question de faits, et, troisièmement, qu'elle vaut indépendamment des limitations humaines) montrent clairement qu'elle est de nature fondamentale et non réductible. La question de l'indétermination de la traduction représente tout simplement une question de fait parce que, en matière d'indétermination, il ne s'agit pas des faits entendus comme les positions et les états des corps et des événements physiques dans l'espace et le temps. Ou, comme l'a formulé Follesdal : « Dans la traduction, nous ne décrivons pas un monde réel qui serait au-delà, nous relions seulement deux théories/langages qui embrassent tout ce qui est ». C'est la raison pour laquelle « for the difference between theory of nature and translation and thereby for indeterminacy of translation » [1].

Le succès d'une traduction et d'une interprétation se mesure, pour le dire avec Quine, à la « *smoothness of conversation* », à l' « *effectiveness of negociations* », à la « *frequent predictability of verbal and non-verbal reaction* » et à la « *coherence and plausibility* » [2]. Naturellement, il ne s'agit pas de traductions et d'interprétations définitives et universellement contraignantes. Il s'agit bien plutôt de procédés *graduels*. Dans la perspective critique, il ne peut plus s'agir de « la meilleure procédure en général et du meilleur manuel en général, mais seulement des meilleurs ou des pires ».

Concernant, au reste, le rôle du fait de se mettre à la place d'autrui et de l'empathie, ces derniers sont déjà exigés et utiles dans le dialogue, la communication et la traduction. Mais il faut clairement prendre en considération les limites. Car, on ne peut naturellement pas accéder à l'intérieur de l'autre personne (nous ne sommes pas des ordinateurs analogiques qui peuvent simuler les états internes et les attitudes d'autres personnes), et les indéterminations de la traduction, de la référence et de l'interprétation ne pourraient pas non plus être éliminées de la sorte. Un effort couronné de succès pour se mettre dans la peau d'autrui (*Einfühlung*) et pour ressentir de l'empathie ne peut et ne veut pas supprimer l'indétermination de la traduction et de l'interprétation.

Peut-être la raison philosophique profonde de cela réside-t-elle dans le fait que l'indétermination de la traduction et de l'interprétation ne s'élimine pas ; elle réside, comme on peut le dire dans la perspective de la philosophie de l'interprétation, dans les deux points suivants :

1. D. Føllesdal, « Indeterminacy of Translation and Under-Determination of the Theory of Nature », *Dialectica* 27, 1963, p. 295.

2. W.V.O. Quine, « Three Indeterminacies », art. cit., p. 4.

a) disposer d'une langue présuppose déjà que l'on a, dans la *praxis* d'une interprétation, les expressions qui appartiennent à cette langue; b) toutes les fonctions de signification et de référence des signes linguistiques et non linguistiques peuvent être construites comme des fonctions d'*interprétation*[1]. C'est ce caractère *interprétatif* des rapports de communication qui implique l'indétermination, de façon interne, au regard de la traduction inter- et intralinguistique.

La problématique de la traduction et, plus précisément, la thèse de l'indétermination, peuvent être mises en rapport avec la question de savoir à quoi peut ressembler une philosophie prise dans l'étau de la dichotomie de la recherche d'une ontologie essentialiste, d'un côté, et d'une grammaire universelle, de l'autre. Cette recherche était, en grande partie, caractéristique de la forme transmise de la métaphysique. En règle générale, la présupposition de l'ontologie ou de la grammaire universelle était considérée comme la garantie d'une égalité possible de la signification de deux expressions et comme la garantie de traductions et d'interprétations univoques et synonymiques, c'est-à-dire non indéterminées. La thèse de l'indétermination de la traduction acquiert un haut potentiel critique lorsqu'on la met en rapport avec les suppositions métaphysiques d'arrière-fond (*Hintergrund*). Prise en elle-même, la thèse de l'indétermination explique la thèse de la traduction *comme* interprétation ainsi que le caractère interprétatif et de construction de l'usage, de la compréhension et de la traduction couronnée de succès des signes linguistiques et non linguistiques, donc le caractère inséparablement croisé de la signification et de l'expérience.

5. Les tâches du traducteur

On peut décrire les tâches et les expériences des traducteurs, spécialement des traducteurs de textes littéraires, philosophiques, scientifiques, diplomatiques, lyriques ou religieux, de différentes façons. Mais on présuppose, cependant, une compréhension déterminée du langage, de la communication et de l'œuvre. Parmi les tâches les plus importantes, on mentionnera les suivantes : 1) la traduction de textes devrait permettre aux œuvres de continuer à vivre dans différentes langues et 2) de conserver les rapports de communication dans les domaines et perspectives

1. Voir *supra*, chap. III et IV; voir aussi G. Abel, *Interpretationswelten*, *op. cit.*, chap. 14 et 15.

afférents ; 3) le fait de s'approprier les langues étrangères dans les limites et selon les possibilités de sa propre langue et 4) de se libérer de sa propre langue pour s'ouvrir à l'altérité de la langue étrangère, ce qui inclut de se libérer de l'étrangeté de sa propre langue.

Du coup, on exige beaucoup du traducteur. Gadamer rappelle la caractérisation (*Charakterisierung*) spirituelle que Friedrich Schlegel a donnée d'un interprète qui comprend une œuvre, et l'applique au traducteur : « pour comprendre quelqu'un, il faut d'abord être plus intelligent que lui, puis aussi intelligent, mais tout aussi bête. Il ne suffit pas de comprendre le vrai sens d'une œuvre confuse mieux que l'auteur ne l'a compris. Il faut pouvoir aussi connaître, caractériser et construire la confusion jusqu'aux principes »[1]. Ce dernier point serait, comme le souligne Gadamer, le « plus difficile de tous ».

Un autre aspect est significatif, qui concerne, il est vrai, principalement la traduction de la poésie, à savoir celui de la distance qui sépare la traduction de l'original. Ici, les traducteurs, comme le souligne Gadamer, ne doivent pas « entièrement cacher cet écart et le surmonter pourtant en même temps ». En cela les traducteurs sont comparables aux interprètes. « Mais ils sont plus encore. Les interprètes coupent la parole. La plus grande ambition de l'interprète peut être que son interprétation demeure une simple interruption de parole qui entre et disparaît naturellement dans la relecture des textes originaux. En revanche, la trace poétique du traducteur est un arc bien tendu, un pont praticable à pied des deux côtés pour toutes nos lectures et compréhension. Un pont entre deux langues comme entre deux rives *dans un même pays* »[2].

C'est le représentant de l'herméneutique philosophique qui parle dans la dernière appréciation. La caractéristique de l'herméneutique philosophique est que la possibilité du comprendre et celle de la traduction sont pensées de façon telle qu'un sens présupposé et communément partagé soit effectif, garantisse la possibilité de la traduction et, dans le cas d'une traduction réussie, soit pour ainsi dire actualisé. Avec cette thèse, l'herméneutique philosophique s'en tient à l'ancienne figure d'un caractère ultime de la linguistique universelle ordonnant les langues. Cependant, plus on souligne fortement les différences, les discontinuités entre les langues, moins il est possible d'être fidèle à l'image uniforme d'une langue universelle de la traduction. La différence entre les langues conditionne la traduction. Le

1. F. Schlegel, cité par H.-G. Gadamer, *Lesen ist wie Übersetzen*, *op. cit.*, p. 280.
2. H.-G. Gadamer, *Lesen ist wie Übersetzen*, *op. cit.*, p. 285, souligné par G. Abel.

traducteur doit être quelqu'un qui rapproche les langues et aussi un passeur (*Fährmann*) de leurs différences et discontinuités.

Pour Walter Benjamin par exemple, ce qui importe, par excellence, dans une traduction, c'est ce qui y est « plus qu'un énoncé », ce qui « n'y est plus traduisible »[1]. L'article de Benjamin, « La tâche du traducteur » (*die Aufgabe des Übersetzers* (1929)), placé avant la traduction de Baudelaire, est toutefois, en même temps, la preuve qu'il est difficile de se libérer des aspects traditionnels, linguistiques universels que requiert une conception. Car, d'une part, Benjamin souligne, en effet, que toute traduction « est d'une certaine façon une manière provisoire de se confronter à l'étrangeté des langues ». D'autre part, il insiste, cependant, sur le fait que chaque traduction possède une « orientation dernière, définitive et décisive sur un état donné de toute locution langagière »[2]. Il s'obstine à affirmer que le rapport le plus interne des langues réside dans une « singulière convergence ». Les langues ne seraient « pas étrangères les unes aux autres, mais elles sont, les *relations historiques mises à part,* apparentées *a priori* [...] les unes aux autres en ce qu'elles veulent dire »[3]. Cependant, par rapport aux résultats que nous avons exposés jusqu'à présent, surtout relativement à l'indétermination de la traduction et de l'interprétation, une telle idée d'un arrière-plan « d'une langue pure » n'est plus à expliciter et n'est plus disponible, car critiquable.

La tâche du traducteur doit être distinguée, dans son autonomie, de l'activité du poète, qui produit quelque chose d'original. La tâche du traducteur consiste, pour le dire selon une formulation de Benjamin, « à trouver l'intention de la langue dans laquelle on traduit et à partir de laquelle s'éveille l'écho de l'original »[4]. C'est fondamentalement en cela que la poésie originale et sa traduction se distinguent. C'est pourquoi la traduction doit être « aimante (*liebend*) » et reproduire, en détail, dans sa propre langue « la façon de s'exprimer qui prédomine dans l'original »[5]. Une traduction réussie « ne cache pas l'original », mais, au contraire, libère sa visibilité.

1. W. Benjamin, « Die Aufgabe des Übersetzers », dans *Gesammelte Schriften*, vol. IV/1, T. Resroth (éd.), *Werkausgabe*, vol. 10, Francfort, Suhrkamp, 1972, p. 15.

2. *Ibid.*, p. 14.

3. *Ibid.*, p. 13, souligné par G. Abel.

4. *Ibid.*, p. 16.

5. *Ibid.*, p. 18.

6. Les limites de la traductibilité. Ce qui est propre et ce qui est étranger

Au sens littéral, traduire c'est mettre-dessus, transposer, c'est, pour reprendre une tournure de Michael Hamburger, une façon de « porter » le texte de base dans « le monde d'une autre langue ». Et ce nouveau monde d'une autre langue est « en même temps aussi un autre monde de choses, un environnement et monde intérieur ». Les changements, que le traducteur se permet d'apporter, doivent permettre au texte de vivre dans ce monde de langue, de vécu et d'expérience [1]. Par suite, deux questions peuvent être développées : a) la question de ce qui est propre et de ce qui est étranger dans la traduction et b) la question des frontières entre le traduisible et le non traduisible. Il incombe essentiellement au traducteur de rendre visibles, dans son activité, ces deux composantes.

Dans une traduction, un texte n'est pas simplement transporté dans une autre langue. Le fait d'accepter des textes étrangers comme traductions dans sa propre langue élargit les limites et les possibilités de sa propre langue. La littérature allemande montre précisément comment cette acceptation de traduire peut être stimulante, créatrice et riche, surtout quant à la forme. On peut en trouver facilement des exemples. Michael Hamburger introduit, par exemple, la réception faite par Hölderlin des vers et de la syntaxe dans ses propres poèmes ainsi que dans ses propres traductions, et la reprise par Goethe et ses successeurs des rythmes libres dans les vers dits pindariques [2]. Les grands traducteurs comme Luther ou Hölderlin ont manifestement bien élargi, avec et dans leurs traductions, les possibilités de la langue allemande.

Toutefois, pour pouvoir enrichir ce qui est propre par ce qui est étranger, il faut être allé auparavant jusqu'aux limites de l'intraduisible. Ces limites se manifestent dans la résistance des langues étrangères à se laisser approprier et traiter dans les limites de sa propre langue. C'est là qu'apparaît l'individualité ainsi que la non-réductibilité de l'une à l'autre des langues particulières et/ou à une troisième. Après cette expérience, la langue maternelle doit elle aussi, et au sein de cette dernière forme de lecture, se libérer de l'illusion qu'elle serait la langue *universelle*.

Les limites du traduisible et de l'intraductibilité deviennent visibles lorsque 1) l'étrangeté et l'individualité de l'autre langue particulière apparaît ; parce que 2) l'indétermination et la sous-détermination de la

1. M. Hamburger, « Erfahrungen eines Übersetzers », *op. cit.*, p. 17.
2. *Ibid.*, p. 17 *sq.*

traduction se présentent comme ne pouvant fondamentalement pas être éliminées ; parce que 3) les significations des expressions ne peuvent être conçues ni comme des entités fixes ni comme des lieux fixes (*feste Orte*) dans des structures (qui pourraient être occupés par des mots, des propositions, ou des discours entiers), mais comme des fonctions de signes qui apparaissent dépendamment de l'usage que l'on en fait, de la tradition, du monde vécu, du monde des choses, de l'environnement et du monde interne des sentiments et des pensées ; parce que 4) parler, comprendre et traduire sont des procédés qui ne peuvent se comprendre selon un calcul que l'on maîtriserait avec des règles fixes, et ce, non pas au sens d'un algorithme ; 5) parce qu'une traduction n'est pas possible entre des systèmes différents de symboles (par exemple le langage, la peinture, la musique, la sculpture, la gestuelle), autrement dit, parce qu'entre ces domaines il n'existe pas d'accord sur la forme, pas d'isomorphie et que, par conséquent, personne ne peut indiquer les règles de traduction à ce sujet ; 6) parce que, et surtout, dans le domaine de la poésie, dans le sens que nous avons esquissé, nous avons affaire, en dernière instance, à une individualité intraduisible des expressions employées ça et là dans chaque langue particulière et que nous avons affaire à un rapport particulier à d'autres langues particulières ; 7) parce que cette individualité de la langue étrangère comme de sa propre langue réside dans le fait que nous avons affaire, dans chaque usage irréductible et concret d'une expression, à différentes dispositions (*Anordnungen*) dans la liste des caractéristiques sémantiques et pragmatiques, avec des pertinences et des préférences irréductibles, et 8) que ce qui dans une langue n'est pas, il est vrai, un énoncé ineffable, mais peut être néanmoins essentiel, n'est pas, dans la traduction, transposé dans l'autre langue.

Dès lors que le traducteur reconnaît la résistance, l'irréductibilité, l'altérité et, en cela, la singularité des langues étrangères, un élément nouveau entre en jeu dans le processus de traduction (qui semble être, tout d'abord, une pure appropriation maîtrisée) : le fait que, dans la traduction, il s'agit aussi d'apprécier l'autre langue à sa juste valeur. Une traduction réussie a, au fond, affaire à ce genre de justice. Elle est la justice du langage et, en cela, une expression d'humanité (*Ausdruck von Humanität*).

Lorsque nous parlons ici de traduction réussie, un autre aspect apparaît clairement. La présomption, qui probablement se présenterait sous la forme nouvelle que la traduction est certes nécessaire, mais apparaîtrait, en fin de compte, impossible dans plusieurs domaines, ne devrait pas nous conduire, en fait, à la conséquence absurde de voir finalement dans le langage et la traduction un obstacle à la communication. Car, pour le dire selon une formule de Kant, le langage est et demeure tout de même, en fin de compte, « le plus grand moyen pour se comprendre et comprendre les autres » [1]. Et la traduction est son élément.

1. Kant, *Anthropologie in pragmatischer Hinsicht*, première partie, édité par Weisehedel, Darmstadt, 1975, vol. 10, p. 500.

TROISIÈME PARTIE

SCIENCE, LOGIQUE ET ESTHÉTIQUE

CHAPITRE VI

PHILOSOPHIE DE LA SCIENCE INTERPRÉTATIONNISTE

1. SCIENCE ET INTERPRÉTATION

Dans les sciences, le rapport entre la théorie, l'observation et la réalité joue un rôle central [1]. Ce rapport est fondamental pour la conception des sciences empiriques. La compréhension de ces trois termes fondamentaux et de leurs relations semble être évidente : la réalité est donnée au préalable, les théories scientifiques nous disent ce qu'est la réalité et l'observation passe les théories au banc incorruptible d'essai. Cependant, dès que l'on examine les choses de plus près, ces rapports ne sont plus du tout univoques. Pour quelque peu anticiper, on peut dire que la réalité est, pour les esprits finis, toujours une réalité dans une perspective humaine, une réalité à la mesure de l'homme et non un monde-en-soi des objets et des événements qui existent, un monde à la mesure de Dieu. Dans un monde qui serait entièrement non épistémique, nous ne nous comprendrions pas. Les théories ne sont pas des reproductions passives, elles ne doivent pas être considérées comme des représentations d'un monde préfabriqué. Davantage, on peut les concevoir comme des formations de constructions actives et créatives (*aktive und kreative Konstrukbildungen*) de l'entendement humain, dans la perspective desquelles ce qui se présente comme réalité apparaît comme

1. Une version plus ancienne de ce chapitre a paru sous le titre « Theorie, Beobachtung und Wirklichkeit. Zu einer interpretrationistischen Konzeption der Erfahrungerkenntnis », dans H. J. Sandkühler (éd.), *Theorien, Modelle, Tatsachen, Konzepte der Philosophie und der Wissenschaften*, Francfort/M., Peter Lang, 1994, p. 9-28.

un modèle de la théorie. Et l'observation n'est pas un reflet contemplatif et des enregistrements neutres. Elle se révèle comme une activité pleine de suppositions, finalisée comme une activité interprétative de la part de l'homme.

Nous pouvons faire de ce rapport entre les théories, l'observation et la réalité, donc d'une conception de la connaissance empirique, de ce caractère de formation de construction (*konstruktbildend*), de ce caractère perspectiviste, schématisant, de chaque compréhension du monde, le fil conducteur de notre recherche. Dans une telle perspective, on considérera la philosophie de la science comme une branche de cette riche philosophie de l'interprétation. L'établissement de théories, d'hypothèses et de lois scientifiques peut être traité comme un cas spécial des formations d'interprétation, dont le but consiste à livrer des descriptions *scientifiques*. Mais ce qui est au cœur des discussions suivantes, c'est moins la question de la conception de la théorie que celle du statut fondamental de l'observation. L'observation a son lieu systématique dans le point de jonction entre la théorie et la réalité. C'est pourquoi elle ne saurait être réduite à un problème interne à la théorie et pourquoi elle a, de manière ultime, pour chaque théorie une signification décisive.

Dans la philosophie de l'interprétation, les rapports qui caractérisent une compréhension de la réalité sont conçus comme des rapports d'interprétation. Tout ce qui est localisé dans l'espace et le temps, tout ce qui est individué et est ou se déroule *ainsi-et-ainsi (so-und-so)*, est et se déroule pour nous à partir d'un horizon d'interprétation et d'une *praxis* interprétative, et réalise ses règles. Par suite, il est essentiel, relativement aux questions d'une philosophie de la science, que le discours de l' « interprétation » ne soit pas limité à son sens restreint comme « interprétation que l'on fait sienne ». Le modèle à trois niveaux de l'interprétation s'avère fécond pour la science, la théorie de la science et la philosophie de la science. On peut proposer les classifications suivantes : a) les *théories* scientifiques, les *hypothèses et les lois* sont des efforts d'interprétation que nous faisons nôtres et peuvent être placés au niveau de l'interprétation$_3$; b) les questions de la *philosophie* de la science peuvent concerner les trois niveaux ; c) la *théorie* générale de la science et la théorie spéciale des sciences peuvent être comprises comme des méta-interprétations$_3$.

Eu égard à la science, il importe que nous ayons affaire aux trois niveaux de rapports d'interprétation, mais que le rapport de l'interprétation et du monde s'effectue différemment selon le niveau de recherche dont il s'agit. Une théorie ou une hypothèse scientifique (interprétation$_3$) peut échouer au contact du monde. En cas de conflit, on change des parties de la théorie ou la théorie dans son ensemble jusqu'à son remplacement par une autre théorie. Lorsque des phénomènes que l'on n'a pas observés apparaissent dans le monde, il ne s'ensuit pas, en règle générale, immédiatement un changement de ce que Th. S. Kuhn a appelé la « science normale » [1]. Lorsque nos interprétations$_2$ varient, notre image du monde ne change pas immédiatement. Mais, lorsque notre horizon d'interprétation$_1$ catégorisante se déplace, on a affaire à une autre réalité qui se présente de *telle ou telle manière* et qui est autrement individuée.

Lorsqu'on rapporte cela aux théories scientifiques, il apparaît décisif de savoir à quel niveau d'interprétation on parle et si la théorie ne concerne que les questions du niveau d'interprétation$_3$ ou si, comme la théorie de la relativité, la théorie de l'évolution et la théorie génétique, elle concerne également le niveau d'interprétation$_2$ et le niveau d'interprétation$_1$. Il s'agit alors du point selon lequel les théories scientifiques peuvent modifier notre image du monde et la déterminer. Lorsque, le soir, nous regardons le ciel, nous voyons des étoiles, des objets stellaires, et non, par exemple, comme dans la mythologie, les yeux de Dieu. Il y a toujours déjà une théorie dans l'apprentissage d'une langue naturelle, qui détermine notre image du monde (Humboldt) : nous apprenons une langue plus une théorie. De manière constante, il est caractéristique que des théories, des hypothèses, des concepts et des régularités puissent être considérés comme des formations d'interprétation (*Interpretationsbildungen*) [2]. Les théories émergent à l'intérieur de leurs termes théoriques, et les conceptions de théories dans lesquelles les théories sont comprises au sens large comme des réseaux qui représentent de véritables cas de la formation de construction d'interprétation (*Bildung von Interpretationskonstrukten*). Au niveau de la théorie, le caractère interprétatif se manifeste sous la forme d'une construction du domaine de l'objet, des termes théoriques, des modèles, des hypothèses, des régularités, des cas paradigmatiques et des standards méthodiques. Et, au niveau du langage, que l'on suppose déjà dans chacune de ces composantes, le caractère interprétatif se montre surtout

1. Voir Th. S. Kuhn, *The Structure of Scientific Revolutions*, Chicago, University of Chicago Press, 1962, chap. II-IV ; trad. fr. *Structure de la révolution scientifique*, Paris, Flammarion, 1983.

2. Voir aussi H. Lenk, *Interpretationskonstrukte. Zur Kritik der interpretatorischen Vernunft*, Francfort/M., Suhrkamp, 1993, chap. 11.

dans la délimitation des caractéristiques sémantiques, c'est-à-dire dans le fait de fixer la signification, la référence, les conditions de satisfaction et de vérité des signes utilisés.

2. Cercle de l'interprétation et indépendance de l'observation

À partir de cet arrière-plan, il est à peine étonnant que le point de jonction entre la théorie et la réalité, l'observation, soit conçu comme une construction interprétative. Le cadre (*setting*) de l'interprétation se trouve ouvertement au niveau du *compte-rendu* de l'observation et de l'*interprétation* de l'observation, donc au niveau de l'interprétation$_3$. Sur ce point, chaque observation, inter-subjectivement et médiatement contrôlable, que l'on peut situer dans un contexte de connaissance, dépend d'une langue, d'actions opératives (*operative Handlungen*) et, au-delà, d'une observation méthodiquement exercée (*geschulter*). Et ces procédés peuvent être conçus comme des procédés d'interprétation. Mais le caractère de l'interprétation de l'observation intervient déjà plus tôt. Il a son siège profond dans les fonctions catégorialisantes du système linguistique et conceptuel utilisé lui-même, c'est-à-dire au niveau de l'interprétation$_1$, où est tout d'abord délimité ce qui compte en général comme procédé d'observation et comme donné pertinent d'observation et ce qui ne compte pas comme tel. C'est pourquoi il faut distinguer a) le niveau d'interprétation$_1$, niveau où il s'agit de percevoir quelque chose comme quelque chose, niveau auquel se situent les processus du voir *comme*, du percevoir *que* et, enfin, de l'observer *que*, et b) le niveau où il s'agit d'observer d'une manière qui soit méthodiquement exercée, reliée à des fins et qui dépende d'une théorie, et d'examiner, de cette manière, le contenu empirique d'une théorie, c'est-à-dire une théorie dont la possibilité peut échouer par rapport à la réalité.

La question de savoir où commence l'interprétation d'une observation n'est pas une question philosophiquement fondamentale. On peut la préciser comme étant la question de savoir où commence l'interprétation$_3$ que l'on fait sienne des données de l'observation (formées dans l'interprétation$_1$). C'est le point méthodiquement central des sciences empiriques. Mais on ne désigne pas encore par-là l'aspect de base (*basale*) de la philosophie de la connaissance. Ce dernier requiert la présence de données de l'observation et de pouvoir caractériser la conduite d'une observation comme les formations de constructions d'interprétation. Une généalogie de l'interprétation$_1$ se trouve toujours déjà derrière les résultats de l'observation alors que les interprétations$_3$ les précèdent.

L'une des questions importantes est donc de savoir si et comment sont possibles des observations indépendantes malgré la circularité de la construction interprétative, et que l'expérience et l'observation humaines puissent être empreintes du langage et de théories. La question peut être divisée en deux parties : comment des observations indépendantes sont-elles logiquement possibles ? Comment sont-elles empiriquement possibles ?

La philosophie de l'interprétation répond à la première question en indiquant que les signes que nous utilisons, de même que ceux des sciences naturelles et expérimentales, *ne* contiennent pas une référence *intrinsèque* et n'entretiennent pas une relation nécessaire avec les objets et les événements dont ils traitent, auxquels ils se réfèrent et qui fonctionnent comme leurs conditions de satisfaction [1]. Si les signes des sciences naturelles et empiriques étaient pourvus de référence et de nécessité intrinsèques, une observation indépendante serait impossible. La référence des signes est fixée, en premier, par le fonctionnement de notre *praxis* interprétative [2]. Nos suppositions relatives à la constitution des objets jouent également en elle un rôle important, mais un rôle qu'on peut réviser sur la base d'observations, précisément aussi parce qu'une liaison nécessaire n'est pas donnée [3].

La réponse à la seconde question, celle de savoir comment des observations sont empiriquement possibles, se trouve tout simplement dans le fait que la différence entre le signe et ce qui est désigné peut être transformée en une procédure opérationnelle d'examen (*operationale Prozedur der Prüfung*). Bien entendu, cette réflexion concerne uniquement les tests d'observation au niveau de l'interprétation$_3$. En revanche, les fonctions catégorialisantes de l'interprétation$_1$ ne peuvent pas être, encore une fois, testées extérieurement. Car elles précèdent toujours, en la conditionnant, la formation des objets et de la réalité à laquelle on se réfère quand on doit faire les tests, et elles sont revendiquées dans la conception et dans le procédé de ce qui fait figure de test. On ne peut les mettre à distance empiriquement, ni les suspendre cognitivement. Il

1. Voir, en détail, G. Abel, *Interpretationswelten*, *op. cit.*, troisième partie.

2. Voir chap. III.3.

3. Voir chap. I.2 et II.2. Sur le concept moderne d'une « *ars observandi* » et son rôle dans la connaissance humaine, voir H. Poser, « Das Genie als Beobachter. Zur Preisfrage der Holländischen Akademie von 1768 über die Kunst der Beobachtung », *Paragrana*, 4, 1995, p. 86-103.

s'agit plutôt de concevoir la circularité des rapports d'interprétation *sans* cercle vicieux. On y parvient lorsqu'on recourt aux échelons (*Stufungen*) du modèle d'interprétation, d'une part, à l'aide de la différence entre le niveau d'interprétation$_3$ et le niveau d'interprétation$_1$, d'autre part, au niveau de l'interprétation$_3$ dans la perspective du rapport entre la théorie et l'objet. La vérification empirique, le test d'une théorie est conçu comme le rapport entre la théorie (qu'il faut transporter au niveau de l'interprétation$_3$) et les objets (indépendants de ce niveau, mais qui sont formés dans les processus d'interprétation$_1$). En ce sens, il y a, d'un côté, la testabilité empirique, mais aussi, d'un autre côté, les limites de tels tests. Car le niveau d'interprétation$_1$ ne peut lui-même, comme nous l'avons affirmé, être testé à son tour de façon externe. Nous ne pouvons pas nous placer en dehors de notre monde et procéder au test à partir de l'extérieur. Les structures catégorielles d'une compréhension humaine du monde ne sont pas « choisies » et « testées » à la manière des déterminations de l'entendement. Nous nous trouvons toujours plutôt déjà dans une compréhension du monde, de l'autre et de nous-mêmes.

3. CHARGE THÉORIQUE, INTENTIONNALITÉ ET SAVOIR D'ARRIÈRE-FOND

Eu égard à la question de la charge théorique (*Theoriegeladenheit*) de l'observation, des distinctions s'imposent. D'abord, un tel discours contient un sens *reconstructif* et *constitutif*. Le sens reconstructif réside dans le fait que ce n'est qu'*après coup* qu'est clarifié quelles règles et dépendances (*Abhängigkeiten*) on a suivies dans l'énoncé et l'intersubjectivité des propositions d'observation. Le sens constitutif concerne le fait que, dans le procédé ainsi que dans les résultats d'une observation, un cadre d'interprétation est déjà revendiqué : a) il doit y avoir un horizon à l'intérieur duquel on observe, c'est-à-dire un horizon où l'on fait attention à ce qui se passe ; b) une langue, dont on peut utiliser les moyens pour formuler une description et un énoncé de l'observation, est nécessaire ; c) dans la mesure où il s'agit de l'observation de grandeurs théoriques (chaleur, force, charge électrique), il doit y avoir une théorie au sein de laquelle les termes théoriques sont formulés, et d) s'il ne s'agit pas d'une observation sensible immédiate, mais d'une observation médiate, c'est-à-dire d'une observation qui se fait au moyen d'un appareil d'observation et de mesure, on doit maîtriser la technique de l'appareil d'observation et de mesure, par exemple la technique d'un multiplicateur de photos ou un oscillographe, *avant* de commencer en général l'observation. Les appareils d'observation et de mesure, si fondamentaux pour l'observation dans les sciences, sont, au point de vue de la finalité, des artéfacts produits. Ils peuvent être considérés comme des *constructions poïétiques d'interprétation.*

Le problème de la *charge théorique* de l'observation peut être, ensuite, traité à l'intérieur du cadre de la *charge de l'interprétation* (*Interpretrationsgeladenheit*) 1) de l'expérience, 2) de la théorie et 3) de la langue. Il faut séparer les différentes composantes du problème au point de vue terminologique. En outre, on doit prendre en compte le fait que, entre la charge de la théorie et la dépendance de la théorie, lesquelles se trouvent toutes deux au sein de la charge de l'interprétation, il y a une différence. Ainsi, par exemple, les expressions d'objets et d'attributs d'une théorie dépendent, certes, de cette théorie, mais ce sont uniquement les termes théoriques qui sont chargés de théorie au sens restreint du terme.

La thèse de la charge théorique de l'interprétation de l'observation se situe donc derrière le niveau de la dépendance de la théorie, donc derrière le niveau d'interprétation$_3$ et, par-là, appréhende l'interprétativité$_1$ complète. Celle-ci inclut aussi des composantes de notre compréhension préscientifique et pré-prédicative du monde. Une philosophie de l'observation, qui lui est afférente, se retrouve par-là confrontée à la double difficulté de se libérer des réductions positivistes résiduelles et empiristes, d'une part, et des thèses platoniciennes, d'autre part. Le tournant contre « le dogme de l'empirisme » (Quine)[1] ne suffit pas ici. Sans parler du danger du platonisme ; danger qui consiste en cela que l'observation est comprise comme une *contemplation*, dont l'essence *serait la théorie,* alors que la théorie constituerait le noyau de l'observation et devrait trouver son expression dans l'observation. La philosophie de l'interprétation essaie d'éviter ces deux dangers. Ce qui est central dans les deux perspectives, c'est de souligner le caractère créatif, constructif, perspectiviste et interprétatif de la compréhension humaine du monde. Ce recours nous permet d'éviter aussi bien les apories d'une auto-interprétation empirique de l'expérience que les positions platoniciennes.

1. Voir W.V.O. Quine, « Two dogmas of empiricism », dans *From a Logical Point of View*, Cambridge (Mass.), Havard University Press, 1980, p. 20-46 ; trad. fr. : *Du point de vue logique*, Paris, Vrin, 2003.

Il faut rigoureusement distinguer le sens platonicien du sens interprétationniste de l'affirmation de la charge théorique de l'observation. Prenons, comme exemple, l'affirmation de l' « observation pure » et celle de l' « idéal de l'observation ». Dans l'interprétationnisme, on peut tout à fait penser les deux. Certes, tout dépend de la façon dont on les comprend. Une observation pure peut être comprise dans le sens de la « *theoria* », du regard contemplatif. Cependant, ce sens n'est ni nécessaire pour comprendre ce que signifie observer, être attentif à ce qui se passe, ni explicable sous les auspices de la critique. Mais une observation pure peut se comprendre aussi en référence à l'aspect mentionné plus haut. Elle signifierait clairement que l'observation est toujours *après-coup* chargée de théorie, ce qui n'est pas le cas pour son exécution phénoménale, dans la mesure où celle-ci n'est pas encore passée sous le mode de l'information. En ce sens, il y a, il est vrai, une observation pure. Et, concernant l'idéal de l'observation, la question décisive consiste à savoir si cet idéal est compris dans le sens d'une Idée platonicienne ou dans le sens d'une idéalisation-régulatrice-comme-si, dans des conditions épistémiques données et à partir d'une *praxis* interprétative. Ce dernier sens est possible et également significatif dans le contexte de la problématique de la vérité, comme nous le verrons dans le chapitre XII.5.

Nous avons déjà mentionné, dans le chapitre II.2, que l'interprétationnisme n'est pas un empirisme, mais ne se formule pas non plus simplement comme un revirement contre celui-ci. Il s'agit plutôt d'entrer sur un terrain qui s'étend au-delà de toute dichotomie entre l'empirisme et l'idéalisme. C'est aussi la tâche que nous devons réaliser relativement à la philosophie des sciences. Que l'interprétationnisme ne doive pas être compris de travers comme un idéalisme, c'est ce que permet de soutenir la remarque formulée par la philosophie du langage qu'avec nos propositions (par exemple avec la proposition « la table est carrée ») nous ne nous référons pas simplement à la proposition « la table est carrée » comme signification de la proposition, mais, précisément, à la table carrée. Naturellement, l'interprétationnisme n'équivaut pas simplement à une réalité subjectivement construite. Car la *praxis* interprétative, dans laquelle la signification et la référence sont fixées et dans laquelle, le cas échéant, les raisons de validité sont présentées, est 1) une *praxis* publique partagée avec d'autres personnes et, en elle, 2) nos suppositions jouent un rôle important dans la constitution des choses.

La signification de l'intentionnalité est fondamentale pour une analyse philosophique de l'observation. L'observation est observation de *quelque chose* et elle est *orientée*. Cette intentionnalité peut être conçue comme une version de l'interprétativité. Car les fonctions d'interprétation sont déjà présupposées dans le contenu propositionnel et dans le fait d'être dirigé vers quelque chose. Au point de vue caractéristique des états et des événements intentionnels, deux fonctions importantes reviennent au fait que le contenu d'une observation peut être exprimé et énoncé dans une proposition (« j'observe que ... / nous observons que ... ») : 1) le contenu propositionnel fixe les conditions de satisfaction et de vérité de l'état intentionnel, ici de l'observation. L'observation que la particule x dans la chambre à condensation montre un comportement déviant y. 2) C'est aussi le contenu propositionnel qui détermine l'individuation d'une observation. C'est de lui que dépend le point où une observation se termine et une suivante commence, où une étape de l'observation commence et une autre finit et comment se présente le rapport d'une étape à l'ensemble de l'observation.

En outre, chaque observation présuppose aussi un savoir [1] (non représentationnel) des capacités élémentaires, des pratiques, des habiletés, des attitudes et habitudes, bref, un savoir [2] de la façon dont on fait certaines choses et comment les choses se comportent habituellement. Et aussi un savoir de tout ce qui n'en fait pas déjà partie, par exemple, le couple Schulze à partir de 15h30 ou observer la trajectoire d'une particule chargée d'électricité dans la chambre de condensation : d'abord les capacités de voir, de percevoir, de localiser, de reconnaître, ensuite, de certaines techniques que l'on a culturellement répétées ou que l'on a dû intentionnellement introduire par une science, par exemple, la physique, la lecture d'un appareil de mesure ou l'ouverture d'un onglet dans le programme d'un ordinateur. Il importe surtout ici de retenir les aspects suivants :

D'abord, a) il faut tenir compte du fait que de tels fondements d'arrière-plan d'interprétation$_1$ entrent dans l'observation comme des conditions nécessaires et y sont revendiquées. Puis, b) il faut souligner que ces aptitudes pré-requises ne peuvent pas, il est vrai, être dites non représentationnelles, mais ne sont absolument pas à l'extérieur du réseau de l'interprétation$_1$. De plus, il faut prendre en compte le fait que rien dans le champ de l'observation ne permet de connaître que cela est vu (littéralement ou métaphoriquement comme, dans le cas des artéfacts, d'un appareil de mesure) par un œil d'observation (*Beobachtungs-Auge*) ; davantage, l'œil d'observation ne peut absolument pas se voir dans

1. Voir J.R. Searle, *Intentionality*, *op. cit.*, p. 143 *sq*.

2. Sur ce point, *cf.* chap. XIII (Théorie unifiée du savoir et de l'action).

l'observation elle-même. Dans l'observation, il y a plus que ce qu'on observe. Il faut mentionner ceci, selon la remarque conceptuelle que, pour parler selon une formulation de Wittgenstein, « l'observation (…) ne génère pas ce qui est "observé". Ou : je n' "observe" pas ce qui émerge en premier à travers l'observation » [1].

4. Principes d'observation

Posséder une langue implique de s'entendre sur une *praxis* d'interprétation. Cela vaut aussi, bien entendu, pour le langage scientifique et, plus spécifiquement, pour le langage d'observation, indépendamment du fait de savoir si le modèle à deux niveaux de l'empirisme logique (qui prône de séparer rigoureusement le langage de l'observation et le langage de la théorie dans le sens de Carnap [2]) réussit ou non, et si les principes d'observation doivent plutôt être compris dans le sens de l'empirisme holiste d'obédience quinienne [3].

Comme chacun le sait, le modèle à deux niveaux de l'empirisme logique a échoué. Avec les prédicats de disposition (*Dispositionsprädikaten*), il est clairement apparu que l'on ne saurait séparer strictement le langage de l'observation et le langage de la théorie et que la charge théorique est déjà présente dans les principes d'observation. En revanche, le concept de principe d'observation de Quine ne peut plus être attaqué en raison de la charge théorique. Car, il ne s'agit pas pour Quine de séparer le langage de l'observation du langage de la théorie, mais de souligner que les principes d'observation jouent un rôle primordial aussi bien dans l'apprentissage de sa propre langue que dans la traduction d'une langue étrangère. Les principes d'observation peuvent jouer un rôle particulier, parce qu'ils se situent dans la plus grande proximité causale possible de nos récepteurs sensoriels et des situations dans lesquelles ils sont exprimés et peuvent être vérifiés. Cependant, ces principes ainsi conçus restent des principes construits de façon interprétative. Cette idée est prouvée par le fait que la théorie scientifique actuelle peut comprendre les concepts d'observation de

1. Wittgenstein, *Philosophische Untersuchungen II*, *op. cit.*, p. 497.

2. Voir R. Carnap, « Beobachtungssprache und theoretische Sprache », dans *Logica. Studia Paul Bernays dedicata*, Neuchâtel, Griffon, 1959, p. 32-44.

3. Voir W.V.O. Quine, *Word and Object*, *op. cit.*, p. 40 *sq.* ; *Pursuit of Truth*, *op. cit.*, p. 2.

Quine de telle sorte qu'à travers eux des théories (par exemple dans le sens de concepts structuralistes de théories) puissent être pensées comme « constituées »[1]. La philosophie de l'interprétation élargit cette dépendance de la théorie des principes d'observation au système, à la *praxis*, à l'horizon et aux régularités des rapports de l'interprétation$_1$ et de l'interprétation$_{2+3}$.

Au demeurant, les principes et les concepts de l'observation sont aussi des constructions interprétatives parce que, même dans leur cas, « le caractère non explorable de la référence »[2] persiste. Car, ici aussi, nous n'avons d'abord à disposition que l'évidence du comportement langagier et les actions suivantes pour fixer la référence. Ces dernières peuvent ensuite se comprendre comme des interprétants (*Interpretanten*) des signes d'observation.

En ce qui concerne l'observation, son caractère d'interprétation entre en jeu dans deux autres perspectives : a) chaque voir-*Comme* + *Que* et chaque perception-*Comme* + *Que* peuvent être conçus comme une activité constructrice interprétative, comme une activité qui applique un schéma (par exemple voir les images télévisuelles comme la diffusion de la finale des cent mètres et percevoir *que* Carl Lewis lorgne Linford Christie). b) Du point de vue de la philosophie des signes et de l'interprétation, l'observation doit être encore distinguée dans sa forme « pure » d'une entrée dans les activités d'exécution qui déterminent (*zeichenbestimmte Geschehensvollzüge*). Il y a ainsi une différence considérable à regarder une course de 100 mètres de Carl Lewis sur l'écran, à contempler l'écran ou à observer un arbitre subtiliser le porte-monnaie du blouson de survêtement de Carl Lewis. Cette différence est extrêmement claire dans le cas de l'observation scientifique. Car elle s'effectue intentionnellement, orientée vers une fin, méthodique, en quantifiant et mesurant.

L'idée que l'observation, dans le sens esquissé plus haut, puisse être exempte de théorie, mais pas d'interprétation$_1$ demeure ainsi en vigueur, y compris face à ce qu'on a appelé la « *fallacy of conceptual retrojection* » (R. Firth). Il faut entendre par-là le paralogisme rétrospectivement, c'est-à-dire après que la charge théorique de l'observation est apparue dans l'articulation du langage, de projeter celle-ci et de conser-

1. W. Balzer, « Über Quines Beobachtungssätze », *Kant-Studien*, 72, 1981, p. 336-355.

2. Voir W.V.O. Quine, *Ontological Relativity and Other Essays*, *op. cit.*, p. 30 *sq.* ; voir dans ce contexte aussi *supra*, chap. V.4 (L'indétermination de la traduction).

ver l'indépendance de l'observation. Quine [1] se réfère à ce paralogisme au sujet de la charge théorique des principes d'observation quand il souligne cette différence importante : lorsqu'on les considère de façon *holophrastique*, les principes d'observation sont exempts de théorie, comme à travers une situation de stimulation, alors qu'ils sont chargés de théorie quand on les considère *analytiquement*, c'est-à-dire mot pour mot. Cependant, dans les deux cas, ils sont déterminés par l'interprétation. Car, même dans une position holophrastique, les caractéristiques sémantiques des principes d'observation dépendent de la *praxis* interprétative.

5. Faire des découvertes et observer quelque chose de nouveau

Une philosophie de l'observation doit permettre de comprendre ce que signifie faire des découvertes et observer quelque chose de nouveau. La charge théorique ne doit donc pas être appliquée de manière trop fondamentale et trop rigide, sans quoi ce point important deviendrait incompréhensible ou relèverait du miracle. Du point de vue de la philosophie de l'interprétation, la situation se présente comme suit.

Au niveau de l'interprétation$_3$, l'observation est, d'une part, chargée de théorie ; mais, d'autre part, ce qui peut apparaître dans notre expérience, et donc aussi au sein du domaine délimité par les conditions de l'observation, est plus important que ce qu'on peut attendre à partir d'une interprétation étroite du réseau de la théorie. Car le champ d'objet auquel s'adresse une théorie est considéré, à son tour, comme formé dans les processus d'interprétation$_1$. Découvrir et observer quelque chose de nouveau peut ainsi se concevoir sans que nous hypostasiions ce qui est nouveau ou soyons obligés de laisser apparaître quelque chose de miraculeux. Pour nous, cela ne transcende pas l'interprétation$_1$. Sa possibilité devient compréhensible à partir de la différence et de l'écart qui existent entre le niveau d'interprétation$_3$ et le niveau d'interprétation$_1$. Si, lorsque nous parlons de la découverte de quelque chose de nouveau, nous parlions de quelque chose qui dépasse les limites de l'interprétativité$_1$ et ainsi notre monde, donc de quelque chose qui serait strictement transcendant, alors nous n'aurions pas affaire à une découverte *scientifique* de quelque chose de nouveau, mais à une révélation surnaturelle. Pourtant, ce n'est pas ce que nous rattachons au jeu de langage de la découverte et de l'observation de ce qui est

1. Voir W.V.O. Quine, *Pursuit of Truth*, *op. cit.*, p. 7 *sq.*

nouveau. Et, selon l'auto-compréhension (*Selbstverständnis*) des sciences expérimentales, cela ne mériterait pas le nom de découverte scientifique.

Dans la perspective de la philosophie de l'interprétation, l'observation de qui est accidentellement nouveau relève du domaine du discours de l'observation pure (indépendante de la charge théorique de l'interprétation$_3$). Sans cette supposition, on ne saurait comprendre l'apparition de quelque chose de nouveau lors d'une observation qui ne s'y attendait pas. La belle formulation de Goethe que « nous théorisons à chaque regard attentif sur le monde » [1] pourrait être expliquée en deux temps : d'abord, nous pourrions remplacer « théoriser » par « interpréter », puis, souligner que ce n'est pas tant à la charge théorique de l'interprétation$_3$ que l'on pense qu'à la dépendance de l'interprétation$_1$, élargie, de ce qui se présente comme nature dans notre expérience. Car, autrement, la découverte de ce qui est nouveau, l'idéal du « fidèle observateur de la nature » (Goethe) ne serait pas concevable.

6. PROBABILITÉ DES RÉSULTATS DE L'OBSERVATION

Dans le contexte des propositions physiques portant sur des états et des événements dans le domaine microscopique, c'est-à-dire dans le domaine des particules élémentaires, comme on le souligne dans la mécanique quantique, le système observant (*beobachtende*) et l'observateur ont un rôle particulier. C'est à la lumière de ce rôle que la signification fondamentale du système d'interprétation dans la recherche en sciences de la nature apparaît plus claire.

Comme toutes les propositions physiques, les propositions microphysiques ont un caractère de construction interprétative (*interpretatorisch-konstruktionaler Charakter*). On le sait, elles ne se rapportent pas (et même particulièrement pas, si l'on suit l'interprétation de Copenhague) à des objets et des événements objectifs qui seraient entièrement indépendants de leur saisie par un système de mesure et d'observation, mais plutôt à ce qui apparaît *dans* l'application du système observant comme l'état du système observé. Cela signifie que ces propositions se réfèrent, au point de vue interprétatif, au contexte des observations que l'on peut concevoir comme des constructions d'interprétations. Ainsi, une mesure

1. J.W. Goethe, « Schriften zur Farbenlehre. Didaktischer Teil », « Vorwort », dans *Poetische Werke und Schriften* (= Édition Cotta), vol. XXI, p. 15.

ne dit pas directement quelque chose isolément du système en question, mais dit plutôt quelque chose des rapports mutuels constitués du mélange de systèmes et de dispositifs de mesure et d'observation, donc d'interprétation. Les observations faites à l'aide d'un appareil de mesure et d'interprétation et des indications de cet appareil (par exemple, la déviation de leurs aiguilles) ne peuvent pas, en ce sens, se référer de façon objectiviste à un objet unitaire et entièrement indépendant des observations menées sur l'objet existant comme porteur des propriétés observées (mesurées). Les propositions de la physique quantique sont des propositions qui portent sur la probabilité des résultats d'observation, c'est-à-dire des résultats de constructions d'interprétation. Le point épistémologique y est pensé selon la perspective critique, suivant laquelle il peut uniquement être question de la nature comme elle se montre d'après des procédures de description et d'observation.

Dans les discussions portant sur le rôle de l'observateur dans la physique quantique, on a essayé de décomposer les changements influencés par les mesures de l'état du système observé/mesuré selon deux processus : un processus d'« enregistrement » et un processus de « lecture ». Dans le processus d'enregistrement, le passage du système à observer/à mesurer est à comprendre comme le passage de l'état antérieur à la mesure à celui de mesuré et, en conséquence, le passage de l'instrument d'observation et de mesure de l'état antérieur à la mesure à l'état pendant la mesure. Dans le processus de lecture, on doit comprendre le procédé dans lequel un observateur lit une aiguille sur un appareil et, ce faisant, établit l'état du système à observer/à mesurer. Cependant, une séparation aussi stricte ne peut se faire. Pour la rendre plausible, on devrait montrer que le processus d'enregistrement peut être décrit comme un « mouvement autonome » du système S'du rapport mutuel qui existe entre le système observant I et le système S. Ce qui ne peut justement pas réussir. Car, à cette fin, il faudrait introduire un nouveau système d'interprétation pour observer S'. Le processus d'observation et le processus de mesure ne se laissent donc pas analyser [1] de manière sélective dans le processus de lecture et le mouvement du système S' *sans* un observateur. On ne peut pas sortir de la dépendance mutuelle du système observé/interprété et observant/interprétant. Nous pouvons seulement utiliser un autre système d'interprétation. En ce sens, les mondes infiniment petits décrits dans la mécanique quantique (de

1. Voir F. von Kutschera, *Grundfragen der Erkenntnistheorie*, Berlin-New York, de Gruyter, 1982, p. 381 *sq*.

même que, bien que ce soit pour d'autres raisons, les mondes infiniment grands qui leur sont, comme on le sait, complémentaires, les mondes astrophysiques) sont des mondes d'interprétation par excellence.

7. OBSERVATION ET TEMPS

L'observation, le fait d'être attentif à ce qui se passe, est manifestement un procédé qui s'inscrit dans le temps. Et, au jeu de langage de l'observation, surtout de l'observation scientifique, c'est-à-dire intersubjective, est lié : le fait qu'il peut y avoir ou qu'il y a eu d'autres observations, simultanées, plus tardives et/ou plus précoces : qu'une observation scientifique doit pouvoir se répéter, que lors d'une observation, il faut faire attention à ce qui change, à ce qui demeure le même, à ce qui apparaît comme nouveauté ou disparaît; que l'observation se rapporte au caractère de processus et temporel de la situation de l'observation et des objets de l'observation. Bref, l'observation présuppose toujours déjà un ordre temporel et une relation temporelle. Sans eux, on ne pourrait absolument pas organiser les vécus et les événements de l'observation. Cela signifie que les modes du temps (la ténacité, la suite, la simultanéité) sont déjà présupposés dans le concept d'observation.

À partir de cet arrière-plan, nous pouvons établir un lien entre l'intentionnalité, la dépendance temporelle et la vérité d'une observation. Le contenu propositionnel d'une observation détermine, comme nous l'avons vu, l'état de l'observation et de ses conditions de satisfaction et de vérité. Dans la mesure où la conception de la réalité dépend de l'ordre temporel et de la conscience du temps, la vérité dépend d'une observation du temps. Le temps que nous-mêmes ne pouvons pas observer devient ainsi une incarnation et un mode aussi bien de la saisie perceptive que du parler et du penser qui forme des constructions sur la réalité, plus précisément, un mode de la conscience qui communique intersubjectivement. La confirmation fondée sur les observations, la confirmation des hypothèses et des théories et la découverte de ce qui nouveau ont leur condition préalable, ultime et fondamentale, dans le temps. Mais les ordres temporels peuvent se concevoir comme des ordres d'interprétation, tel que nous les avons présentés dans le chapitre II.3. On touche peut-être ici le point profond du croisement interne de l'observation, de l'interprétation et de la réalité, de la dépendance de l'observation par rapport au temps de l'interprétation.

Le temps devient en cela, avec Kant[1], une sorte de condition de la liaison de toutes les représentations en général, et il est pensé comme un schème des concepts catégoriaux fondamentaux. La thèse de la philosophie de l'interprétation s'énonce ici comme suit : on peut reconstruire le chemin (*Weg*) d'une succession, subjectivement et arbitrairement perçue, et observée d'un ordre objectif intersubjectivement communicable comme le chemin de la formation de la construction interprétative et comme une généalogie des démarches d'interprétation. Chaque fois que nous faisons des observations dans le temps et que nous les communiquons, nous introduisons déjà un ordre temporel et des rapports de temps. On ne parviendrait absolument pas aux mondes d'observation ordonnés dans le temps si on n'avait pas élaboré auparavant les aspects de l'interprétation$_1$ (de la durée, de la succession, de la simultanéité).

8. Observation et signes

L'observation est un processus qui s'effectue au moyen des signes et dans des signes d'interprétation. Les signes d'observation sont des signes *actifs référentiels* (*aktiv-referenziale Zeichen*) (c'est-à-dire qu'ils concernent l'objet observé), des signes *qui représentent* (*repräsentierende*) (c'est-à-dire qu'ils articulent l'observation), *des signes conditionnels de satisfaction* (*erfüllungs-konditionale*) (c'est-à-dire qu'ils traitent des conditions de satisfaction et de vérité) et *des signes propositionnels* (*propositionale*) (c'est-à-dire qu'ils traitent de l'observé et que leur contenu peut être exprimé selon une proposition du type « observer que… ». Les quatre composantes (référentialité, représentationalité, condition de satisfaction et propositionnalité) présupposent toujours l'interprétativité, plus précisément, un système d'interprétation, une *praxis* d'interprétation et une régularité d'interprétation, et les revendiquent au plan logique sémantique (*sinnlogisch*).

Cela vaut également pour le rapport entre les signes des sciences naturelles et la nature : les signes y sont pensés comme s'ils se référaient à la nature en la représentant. Sur la base du caractère mathématique des théories physiques, cette relation à la nature doit se concevoir en deux temps : la mathématisation de la physique implique que leurs théories se réfèrent d'abord à des objets dans le sens d'objets mathématiques et que cette construction soit appliquée ensuite à la nature. L'objectivité des

1. Voir Kant, *Critique de la raison pure*, B 176 *sq.*

sciences naturelles et donc de l'observation reposent surtout sur une intersubjectivité. En même temps on y suppose une réalité commune. La communauté réside principalement dans le fait que tous les participants procèdent à leurs mesures selon les mêmes méthodes.

En philosophie des signes, on peut décrire le passage de la sensation sensorielle à la perception et à une observation conceptuelle finalisée comme un passage de signes *analogiques* à des signes *digitalisés*, comme une « conversion analogique-digitale » [1]. Occuper une place d'observateur signifie donc passer du réseau analogique, continu, écrit de manière non discrète (*nicht-kontinuierlich*) et compris sans problème de signes d'interprétation, à des réseaux de signes et suite de signes digitalisés, non continus, discrets et distincts. Lors de l'observation, il ne s'agit pas seulement d'une perception, mais d'une perception conceptualisée ; l'observation est une activité explicitement cognitive, réalisée en vue de parvenir à des propositions qui sont communicables au plan intersubjectif. Les deux composantes (l'activité cognitive et l'énoncé de l'observation) se déroulent avec l'aide de signes d'interprétation digitalisés. Le passage qui s'y accomplit est un passage dans les formations de construction d'interprétation déterminées par des signes.

Ceci ne signifie assurément pas que l'observation serait un événement qui se déroule en signes digitaux. Il faut prendre en considération des différences. Prenons un physicien qui observe la trajectoire d'une particule électriquement chargée dans la chambre de condensation ou un détective qui observe un couple marié lors de l'*Oktoberfest*. Toutes les informations qui « rentrent » sont des informations transposées en signes d'interprétation. Les signes peuvent être analogiques ou digitaux. Il y a signes analogiques quand l'appareil de signalement n'a pas d'échelle graduée. Nous avons des signes digitaux quand il s'agit, par exemple, d'une lampe rouge qui soit brille soit ne brille pas et pour laquelle toutes les phases intermédiaires ne sont pas importantes. Ou dans le cas du détective, l'analogique sera la saisie de l'information, par exemple quand il fait une photo du couple marié en train de manger des fraises, le digital, quand il rédige des notices du genre « 15h30 : le couple Schulz mange des fraises » ou quand il énonce une phrase de compte-rendu sur son dictaphone. Pour le processus

1. Voir F.I. Dretske, *Knowledge and the Flow of Information*, Cambridge (Mass.), MIT Press, 1981.

d'observation, les deux façons de lire les signes contenant les informations, l'analogique et le digital sont également caractéristiques.

Cependant, la situation est différente dès qu'un rapport d'observation est rédigé qui contient des propositions, des concepts et des jugements d'observation. Car c'est un événement qui se déroule selon des signes discrets, disjoints et distincts. Lors de l'enregistrement de l'information de l'observation elle-même, il peut donc s'agir aussi bien d'une représentation analogique que digitale. Mais le rapport d'observation intersubjectif qui appartient à une observation consiste en une représentation digitale qui se caractérise par l'utilisation et la compréhension de signes d'interprétation discrets, distincts et disjoints. Du reste, ceci devient plus clair quand, sur la base du matériel d'observation, on en arrive à formuler des hypothèses et des théories ; nous nous situons alors pleinement dans les signes d'interprétation digitaux. Même le rapport écrit ou oral de l'observation de notre détective et sa théorie sur la relation du couple observé à l'agent X est de ce genre.

D'autres aspects sont ici importants. D'abord a) il ne faut pas oublier qu'une observation est toujours d'une capacité de traitement limitée, c'est-à-dire que l'ardeur et la finesse de l'observation touchent vite à leurs limites. Cela vaut pour l'observation naturelle ainsi que pour celle qui est faite à l'aide d'artéfacts et d'instruments d'observation. b) Ensuite, ce ne sont pas tous les aspects qui entrent comme *input* dans une observation, qui sont représentés. De ceux qui sont représentés, seule une partie est utilisée, par exemple pour confirmer, ou non, une hypothèse.

De plus, c) il faut insister sur le fait que les résultats d'observation sont déjà précédés d'une distinction des aspects tenus pour *pertinents* de l'observation. Une observation procède de façon segmentaire et sélective. Dans le cas de notre détective par exemple, ce qui peut valoir comme pertinent en données d'observation est au préalable délimité. S'il s'agit de trouver par observation de quel genre est la relation du couple Schulze à l'agent X, alors (à moins qu'il ne s'agisse de cette classe de détective à laquelle appartiennent les détectives Holmes, Poirot et Marlowe) la proposition d'observation d'après laquelle le couple Schulze aux jours impairs de la semaine répand du persil sur le beurre du petit déjeuner est à peine candidate au titre de donnée pertinente. Toutefois, si l'agent X trouve la mort parce qu'il a consommé du beurre persillé, cette observation peut devenir centrale et absolument pertinente pour la « nouvelle théorie ». En dehors de l'histoire du détective, l'histoire de la science, comme on le sait, a à sa disposition des exemples de ce genre.

Enfin d) il faut attirer l'attention sur les deux étapes suivantes : la profusion de l'inondation analogique sensorielle de signes est réduite, dans les étapes d'interprétation compliquées, à des champs et des données d'observation *pertinents* (selon le versant empirique des différentes sciences, par exemple les sciences neurologiques), et c'est sur cette base que nous établissons des théories.

À partir de cet arrière-plan, on comprend plus facilement ce que cela signifie que nos mondes puissent être qualifiés comme mondes d'interprétation. La réalité à laquelle nous avons affaire et sur laquelle portent nos théories, nos hypothèses et nos observations doit être perçue comme *notre* réalité et peut être ainsi considérée comme structure du modèle de l'interprétation$_1$. D'un autre côté, nous n'avons pas accès à une réalité totalement indépendante du modèle de l'interprétation. Le saut dans un monde non épistémique est interdit aux esprits finis. Heureusement, aimerait-on ajouter. Car un monde non épistémique ne serait pas notre monde et nous ne pourrions pas nous y comprendre. Relativement à notre monde sans interprétation, on ne peut même pas dire qu'il n'a qu'une seule et même histoire. Enfin, il est décisif que notre monde, notre réalité semble autre dès que de nouvelles *possibilités* l'entourent [1]. Si on y ajoute que cela consiste à dire que ce qui vaut réellement n'est pas une certaine possibilité, mais a toutes les possibilités en soi, on rejoint alors une conception fondamentale de la physique quantique. Car, d'après celle-ci, un objet « *has not just a single history but all possible histories* », alors que, dans certains cas, les « *probabilities of neighboring histories reinforce each other. It is one of these reinforced histories that we observe as the history of the object* » [2].

1. Voir Wittgenstein, *Investigations philosophiques*, *op. cit.*

2. Voir W. Hawking, *Black Holes and Baby Universes and Other Essays*, New York, Battam Dell, 1993, p. 45.

CHAPITRE VII

IMAGINATION ET COGNITION

1. IMAGINATION ET INTERPRÉTATION

Les chapitres précédents ont montré, de diverses manières, que chaque compréhension du monde, d'autrui et de soi se réalise au moyen de signes et d'interprétation, plus exactement, à partir d'horizons d'interprétation et à partir d'une *praxis* interprétative, et y revient. Cela ne vaut pas seulement pour le domaine prédicatif, mais caractérise aussi déjà le domaine pré-prédicatif (*vor-prädikativ*) ; cela vaut donc pour le spectre entier des processus de discriminations phénoménales. Dans ce qui suit, nous allons diriger notre attention sur un genre particulièrement important de l'interprétativité : l'imagination. La thèse s'énonce comme suit : l'imagination ne joue pas seulement un rôle d'accompagnement, mais un rôle fondamental relativement à la forme et au contenu de la perception [1].

Il *ne* s'agit *pas* ici de l'imagination au sens d'une faculté mystérieuse et extraordinaire, qui serait seulement réservée à quelques-uns. La question centrale est plutôt de savoir si, et dans quel sens, l'imagination est déjà efficace, de manière constitutive, dans les domaines qui nous semblent absolument évidents (par exemple : lorsque nous regardons quelque chose, pensons à quelque chose ou nous souvenons de quelque chose). Il s'agit de l'*imagination* que l'on pourrait appeler *intuitive*. Par

1. Une version plus ancienne de ce chapitre a paru dans Th. S. Hofmann, S. Majetschak (dir.), *Denken der Individualität. Festschrift für Josef Simon*, Berlin-New York, de Gruyter, 1995, p. 381-397.

imagination intuitive, nous désignons l'imagination effective dans la compréhension, dont les règles ne peuvent pas être explicitées. Il ne s'agit pas non plus de la capacité de pouvoir se figurer beaucoup de choses, ni de la richesse dans les idées, ni d'habileté, d'illusion ou d'hallucination. Il s'agit, en un sens précis, d'expliquer, dans ce qui suit, une faculté individuelle qui est toujours en jeu lorsque, en percevant, en parlant et en pensant avec succès, nous individuons, identifions et nous représentons quelque chose et, après vérification plus étroite, constatons qu'il y a là plus que ce que l'on a individué, identifié et s'est représenté.

Par exemple, après un examen plus précis, il apparaît que, dans la situation *présente actuelle*, des composantes *non actuelles* jouent un rôle constitutif. Ces composantes ne sont, pour parler comme Kant, ni données avec les matériaux des sens, ni ne peuvent non plus être enseignées purement à partir de nos concepts de l'entendement. Par imagination, ou faculté d'imaginer, il faut entendre la capacité individuelle de partir d'un événement présentement actuel de perception, de parole et de penser, plus précisément de la localisation du temps et de l'espace, des objets, des événements, des personnes et des situations, de le rapporter à une composante *non présentement actuelle* sans laquelle on ne pourrait jamais parvenir à cette localisation, individuation, identification et représentation [1]. Rapporté au modèle des niveaux de rapports d'interprétation, cela signifie que l'imagination est, à différents niveaux d'interprétation, effective et nécessaire. Elle exerce sa fonction fondamentale au niveau de l'interprétation$_1$ dans la mise à disposition des places dans le temps et l'espace, en vue de la localisation d'objets et d'événements ainsi que dans le cadre des processus d'individuation et d'identification. Dans ce sens fondamental, l'imagination appartient aux conditions de l'objectivité d'une connaissance empirique. Car cette dernière a comme condition, et nous l'avons déjà souligné dans le chapitre II.3, en référence à Kant, l'ordre du monde de l'expérience. Apparaît en même temps clairement la raison pour laquelle l'imagination doit être considérée comme un genre fondamental de l'interprétation.

On pourrait mentionner comme exemple simple de l'interaction des aspects actuels et non-actuels l'exemple suivant : pour reconnaître la personne qui marche de l'autre côté de la rue comme étant l'oncle Paul, des perceptions plus anciennes, et, dans la situation présente, non

1. Sur la détermination kantienne, centrale, du concept de l'imagination, voir P. F. Strawson, *Freedom and Resentment and other Essays*, Londres, Methuen, 1974, chap. 3, plus spécialement, p. 53 *sq*.

actuelles de l'oncle Paul sont déjà en jeu de manière constitutive déjà en jeu. *Sans* une liaison interne entre la perception présente et des perceptions anciennes ainsi que d'autres perceptions possibles, non actuelles, *sans* cette performance véritablement imaginative, on verrait là seulement une autre personne qu'on ne reconnaîtrait pas comme l'oncle Paul. Un élargissement de ce concept d'imagination consiste en ce que même les choses actuelles non présentes (comme l'image mentale d'une licorne) peuvent être intégrées. Les deux déterminations entrent dans le concept kantien de la faculté de l'imagination qui, dans son usage théorique, est pensé comme cette faculté transcendantale « qui ramène le divers de l'expérience à une unité pour donner une image à son concept » [1].

Il faut tenir compte du fait que, suivant la conception défendue ici, les rapports d'imagination doivent être vus *au sein des* rapports étendus et basiques (*basaler*) d'interprétation. Chaque activité de l'imagination est une activité interprétative ; mais toute activité interprétative n'en est pas une de l'imagination au sens restreint. Il y a des activités de construction, de répartition, d'organisation, bref d'interprétation, qu'on ne peut pas nommer activités de l'imagination. Par exemple : sélectionner et lister des éléments donnés.

Parmi les caractéristiques d'un discours largement étendu des rapports d'interprétation, dans lequel sont impliqués en même temps des éléments de l'imagination, les quatre caractéristiques suivantes sont importantes : premièrement, nos activités d'*application de schèmes et de modèles* en vue de l'organisation du matériel et de l'expérience ; deuxièmement, nos activités d'*interprétation* (*Auslegung*) *perspectiviste et d'appropriation interprétante* (*deutende Aneignung*) de situations,

1. Kant, *Critique de la raison pure*, A 120 et B 179 *sq.* Que le rôle de l'imagination/de la faculté de se représenter ait, de manière systématique et historique, une signification fondamentale pour le développement de la philosophie de Descartes jusqu'à nos jours, les travaux de Josef Simon le montrent. L'imagination est systématiquement centrale pour Simon dans le contexte a) de la compréhension des signes (voir *Philosophie des Zeichens*, *op. cit.*, p. 197 *sq.* ; p. 218 ; p. 249 *sq.*) et b) de la problématique de la vérité (voir *Wahrheit als Freiheit*, Berlin-New York, de Gruyter, 1978, p. 110-118, p. 130 *sq.*, p. 137 *sq.*, p. 184 *sq.*). En même temps, Simon a discuté le caractère de l'imagination comme d'une faculté « individuelle », dans le cadre de son propre concept de la pensée individuelle contre le danger lié à la pensée du général, comme refoulement ou l'oubli de l'individuel. La différence entre l'imagination « disciplinée portant sur la pensée et une imagination qui est active dans sa totalité » joue un important (*Philosophie des Zeichens*, *op. cit.*, 198 *sq.*), au sens même où la différence entre un jugement logique et un jugement esthétique y jouent un rôle important.

d'événements et de matériaux ; troisièmement, l'*utilisation et la compréhension de signes linguistiques et non linguistiques* dans une perspective holiste, à partir de l'horizon du monde et y revenant (au sein duquel on parvient à une adaptation mutuelle du tout et de la partie ainsi que du général et du particulier, par où l'insertion de l'emploi des signes dans une situation, un contexte, dans le temps et dans une finalité est d'une importance particulière) ; et, quatrièmement, le fait que la capacité de posséder une langue et un système de signes non linguistiques présuppose toujours *déjà qu'on se comprend dans la* praxis *interprétative,* à partir de laquelle les caractéristiques des signes linguistiques ainsi que non linguistiques sont délimitées et fixées. Dans le cas contraire, on ne saurait pas de quoi nos signes traitent et sur quoi ils portent.

Dans l'interprétativité saisie plus largement et plus fondamentalement, on peut déterminer la position non seulement de l'*imagination*, mais aussi celle de la *cognition*. Les activités cognitives peuvent être caractérisées à tous les niveaux comme des activités d'interprétation, comme des formations de constructions d'interprétation. Et le rapport entre l'imagination et la cognition acquiert à juste titre un intérêt particulier. Les expressions « cognition » et « activités cognitives » sont utilisées ici dans un sens *large* d'activités de décomposition, de saisie de contenus, de synthétisation, de classification, de subsomption et d'abstraction. Ce sens *large* de cognition en tant qu'application de schèmes doit être distingué du sens *étroit*, qui consiste en un jugement propositionnel (*Satz-propositional*). Relativement aux niveaux précoces de la schématisation interprétatoire dans le domaine de la sensation et de la perception, nous avons affaire à des rapports qui sont certes épistémiquement pertinents, mais qui ne sont pas ou pas encore propositionnels, c'est-à-dire qu'ils ne sont pas exprimés par un jugement grammaticalement propositionnel. Ce point est important, comme nous le verrons, y compris eu égard au rapport de l'imagination et de la cognition.

2. Perception et imagination

Les formations d'interprétation ne sont pas seulement caractéristiques des cognitions entendues dans le sens le plus étroit comme ce qui classifie et subsume de manière conceptuelle, mais déjà aussi du domaine pré-prédicatif (*vor-prädikativ*) des sensations et ensuite des perceptions. Déjà, dans le fait d'être sensiblement affecté, les formations d'interprétation, sous la forme de l'application des modèles d'organisation, sont impliquées de diverses manières. Une sensation « non interprétée » serait « sans objet » et, en ce sens, une « sensation de rien »[1].

Ce caractère de l'interprétation se retrouve dans les sensations. On peut comprendre la perception comme un processus de formations variées de constructions (de délimitation, de distinction, d'organisation, de formation des formes) et les objets de la perception comme des constructions précédées d'une généalogie interprétative. Dans la perception se cache plus que l'on ne perçoit, comme les psychologues de la perception aiment à le dire, par exemple des éléments conceptuels en référence à ce qui est perçu, ainsi que des attitudes propositionnelles (attentes, croyances, craintes). Le caractère interprétatif devient plus clair dès qu'a lieu la verbalisation et une information de la perception, dès qu'elles font l'objet de rapports. Qu'en est-il de l'imagination dans la perception ?

La conscience naïve a l'impression que l'imagination ne joue aucun rôle dans la perception. On croit d'abord que les sens ne nous livreraient pas seulement des impressions, mais qu'ils les « synthétiseraient et arriveraient ainsi à nous donner des images des choses »[2]. Cependant, avant tout, si on commence la recherche *bottom up*, de bas en haut, depuis l'empirique, on peut marquer, avec Kant, la place de l'intervention et de la fonction de l'imagination dans la perception. Ce qui est décisif c'est que, à partir d'elles-mêmes et par elles-mêmes, les impressions des sens ne garantissent pas une cohérence[3] réglée et temporellement ordonnée et n'arrivent pas à produire l'image dont nous partons toujours sans problème dans une perception réussie. Il faut précisément en ce point insister avec Kant sur le fait qu'il doit manifestement y avoir encore « en nous une faculté active de la synthèse de ce divers » qui exerce « immédiatement » son action de liaison des perceptions. Cette faculté c'est l'imagination. Elle est donc un « ingrédient nécessaire de la perception elle-même »[4].

Le rôle de l'imagination dans la perception apparaît également de manière évidente lorsqu'on considère les composantes *conceptuelles* dans la perception. Cela vaut surtout relativement aux deux aspects

1. J. Simon, *Philosophie des Zeichens*, *op. cit.*, p. 77.
2. Kant, *Critique de la raison pure*, A 120.
3. Cf. *supra*, chap. II.3 (L'ordre temporel du monde de l'expérience).
4. Kant, *Critique de la raison pure*, A 120.

fondamentaux que Strawson [1] a, à juste titre, mis en évidence, à savoir que c'est l'imagination qui unit a) les perceptions de différents objets du même genre et b) les différentes perceptions du même objet. Nous reconnaissons nous-mêmes, par exemple, des choses très différentes comme des chaises ; nous unissons nos perceptions en une succession de lieux les uns après les autres jusqu'à parvenir à une série (par exemple : nous unissons nos perceptions d'un livre dans la bibliothèque, hier après-midi, sur la table, au secrétariat, ce matin, et dans la main de Peter, maintenant), mais il s'est agi et il s'agit du même objet, d'un objet numériquement identique que nous percevons. Cela signifie qu'une faculté d'association assurant l'unité est active dès qu'on a affaire à une identité perceptible d'un genre ainsi qu'à l'identité du concept qui lui appartient et à une identité perceptible des choses individuelles, ou à l'identité de la chose ou de l'événement.

De toute évidence, la relation entre la perception provisoire d'un objet qui a lieu ici et maintenant avec d'autres objets du même genre et avec d'autres perceptions du même objet dans différentes situations, différents contextes et dans des temps différents constitue une performance d'association qui *ne* se situe *pas* seulement ainsi dans les situations sensibles présentes et provisoires et qui n'est pas donnée par ces dernières. Avec Strawson, nous ne pouvons pas appeler les perceptions passées et d'autres perceptions possibles du même objet des « perceptions non actuelles ». La performance de l'imagination réside donc à produire des représentations actuelles (imagées) de perceptions non actuelles et à les rendre constitutivement présentes dans la perception présente.

En même temps, il s'agit de notre capacité à pouvoir reconnaître différents objets comme tombant sous le même concept. Comme l'affirme à juste titre la métaphysique descriptive de Strawson, quand on attribue à quelqu'un la faculté de reconnaître un objet dans la perception présente, par exemple un arbre, on ne peut lui attribuer raisonnablement cette faculté que si on est en même temps prêt à lui attribuer la faculté de reconnaître aussi, de la même façon, d'autres choses comme des arbres. Cette capacité se trouve dans une perception *interne* présente qui réussit. Il y a ici une association de composantes actuelles et non actuelles, donc

1. Voir, pour ce qui suit, P.F. Strawson, *Freedom and Resentment*, *op. cit.*, p. 47 *sq.*, p. 53, p. 55 *sq.*, et *Individuals. An Essays in Descriptive Metaphysics*, Londres-New York, Routledge, 1971, p. 98 *sq.*, où s'agit du croisement de l'attribution à autrui et à soi-même d'états personnels.

une véritable performance de l'imagination. Cependant, manifestement, ce rôle important de l'imagination dans la perception elle-même n'est pas représenté. Car rien ne permet de reconnaître à quel point la perception et ce qui est perçu sont redevables à une généalogie d'activités interprétatives-constructionnelles et, parmi celles-ci, encore une fois, aux performances de l'imagination.

En même temps, il faut insister ici avec Kant et Strawson sur le point important qu'on ne peut pas se représenter le rôle constitutif de l'imagination, au sens de l'introduction de perceptions non actuelles dans la perception actuelle présente, comme s'il ne s'agissait que d'images actuelles qui se produiraient dans nos esprits, images dont nous pourrions dire qu'elles représentent à présent les perceptions non actuelles. Ce serait une conception erronée bien que la question de l'imagination soit étroitement liée à celle des images mentales. Les perceptions non actuelles – et c'est ce qui fait aussi bien l'attrait que la difficulté particulière du traitement de ces questions – n'entrent pas, dans cette mesure, dans les perceptions actuelles, mais d'une façon *élusive*, d'une façon qu'on ne peut pas saisir ou seulement d'une façon difficile à concevoir.

Le rôle productif de l'imagination dans la perception peut également s'expliquer à l'aide de ce que Wittgenstein appelle « Allumer (*Aufleuchtens*) » et du changement des aspects. L'exemple célèbre est la ligne (*Linienfigur*) que l'on voit d'abord comme un lièvre, puis comme un canard ou inversement. Mais comment comprend-on que l'on s'aperçoive d'un tel déplacement de l'aspect ? Il ne s'agit pas du cas de quelqu'un de très ingénieux en ce qu'il peut voir dans un coup de crayon donné. Cela concernerait l'imagination *inventive*. En ce qui concerne l'imagination *intuitive*, ce qui se passe est plus important quand, dans la perspective de la première personne et sans chercher à vouloir être d'une certaine manière inventif, un déplacement de l'aspect se produit [1]. Prenons l'exemple de Wittgenstein : « Je rencontre quelqu'un que je n'ai pas vu depuis plusieurs années ; je le vois bien, mais ne le reconnais pas. Brusquement je le reconnais, je vois dans son visage changé un ancien. Je crois que je ferais différemment son portrait si je pouvais le faire ». Ce qui est important ici c'est, entre autres, le lien interne entre le voir-comme, le penser à, et le changement brusque d'aspect. Alors que je vois le visage devant moi, je le vois brusquement comme quelque chose d'autre. Celui qui regarde un objet a certes un objet déjà interprété, mais

1. Sur ce point, voir également le chap. VIII (Dire et montrer).

il « ne doit pas penser à lui ». Mais si quelqu'un, dit Wittgenstein, a « le vécu du voir » dont l'expression est l'exclamation, il pense aussi à ce qu'il voit. C'est pourquoi l'aspect d'éclairage est « un demi vécu du voir, un demi-penser ». Ce qui est perçu dans l'éclairage de l'aspect n'est pas une « propriété de l'objet », c'est une « relation interne entre lui et d'autres objets ». Il ne s'agit pas d'un rapport du genre de ce qui existe entre une « couleur dans l'impression d'un visage », par exemple rose et la couleur de l'objet. C'est presque plutôt « comme si le voir du signe dans ce contexte » était un écho d'une pensée, « une pensée qui fait écho au voir » – voudrait-on dire [1]. De cette façon, la relation profonde entre le vécu visuel et la pensée qui lui appartient s'éclaire. Mais quel est alors le lien avec l'imagination ?

Deux aspects sont décisifs qui représentent de véritables performances de l'imagination. D'un côté, dans l'aspect d'éclairage, il y a aussi bien des relations internes à d'autres objets que le Penser-*à* activé et constitutivement introduit *dans* la perception présente. D'un autre côté, est lié à la situation que nous avons esquissée le fait que, dans de tels cas, nous maîtrisons la *praxis* interprétative, en référence aux caractéristiques syntaxiques, sémantiques et pragmatiques des signes linguistiques et non linguistiques, *praxis* d'interprétation qui est nécessaire pour donner une description de ce que nous percevons. Ceci inclut les composantes importantes suivantes : avoir la capacité de percevoir quelque chose *comme* quelque chose et pouvoir le décrire *comme* une *telle et telle* chose, présuppose une *praxis* interprétative qui, de son côté, *n'est pas seulement applicable à ce cas unique*, mais, de la même façon, à différentes situations et cas, à différents moments et dans différents contextes. Une *praxis* interprétative qui doit s'appliquer seulement à *cette situation unique* et *seulement à un cas*, une telle *praxis* singulière et privée ne fonctionne pas non plus *dans ce cas unique*. Elle contredirait (comme ceci a été montré dans le fameux argument de Wittgenstein contre la possibilité de suivre seulement *une unique fois* une règle et un langage privé [2]) profondément le caractère public et rapporté à la règle de ce que cela signifie s'entendre dans une *praxis* d'interprétation. Les régularités ne sont pas seulement pour un seul cas, pour une personne seule et applicables une seule fois. Une telle *praxis* interprétative ne pourrait précisément pas assumer le cas en question.

1. Wittgenstein, *Philosophische Untersuchungen II*, *op. cit.*, XI, p. 508, p. 507 et p. 523. Voir aussi P.F. Strawson, *Freedom and Resentment*, *op. cit.*, p. 57.
2. Wittgenstein, *Philosophische Untersuchungen*, *op. cit.*, § 243-315.

Car la coprésence (*die Mit-Präsenz*) d'autres modes d'interprétation possibles, présentement non actuel, et d'autres cas différents du même genre ou de ces mêmes cas dans des situations et temps différents, est requise. Cette particularité de la *praxis* interprétative est posée si elle fonctionne *dans le cas présent*. Par conséquent, les composantes qui sont présentement non actuelles ici sont constitutives de ce qu'une situation présente non actuelle est la situation qu'elle est pour nous. Sans la revendication de ces composantes présentement non actuelles, donc sans imagination, une certaine perception ne serait pas la perception qu'elle est.

Cet élément de l'imagination n'est naturellement pas limité au domaine visuel. Il vaut pour tous les domaines de la perception. Dans le domaine auditif par exemple, l'imagination est déjà revendiquée quand par exemple au sujet du rythme d'une suite de notes après différentes auditions, on dit enfin : « maintenant, c'est bien » ou « maintenant, c'est une marche », « maintenant, c'est enfin une danse »[1]. Au niveau du compte-rendu portant sur un aspect du voir ou de l'écoute, cela correspond au fait qu'il est pertinent d'attirer l'attention sur d' « autres objets de la *perception* »[2]. Dans les deux perspectives, l'imagination est en jeu de manière constitutive.

3. Langage, signes et imagination

Disposer de signes linguistiques et non linguistiques, par exemple de signes iconographiques ou musicaux présuppose, comme nous l'avons dit, d'avoir une certaine connaissance de la *praxis* d'interprétation des signes en question. La question est de savoir si, dans l'usage réussi et couronné de succès du langage et des signes, des éléments de l'*imagination* jouent un rôle constitutif ou non. Traitons cette question d'abord eu égard à la signification, puis relativement à la référence.

En matière de signification, on peut esquisser les éléments relatifs à l'imagination en trois étapes. 1) Par exemple, la simple apparition d'une ligne se transforme d'abord dans l'instant en un signe ou même en un signe ayant une force symbolisante, par exemple, en une caricature de l'oncle Paul, dans la mesure où nous la comprenons à partir d'un horizon d'interprétation et d'une *praxis* interprétative *comme tel ou tel* signe. Il

1. Wittgenstein, *Philosophische Untersuchungen*, *op. cit.*, II, XI, p. 518.
2. Voir P.F. Strawson, *Freedom and Resentment*, *op. cit.*, p. 59.

faut établir une liaison avec un système d'interprétation devenu habituel afin qu'un signe puisse en général faire figure de signe symbolique. Or, cette liaison n'est pas déjà simplement donnée comme un signe syntaxique. Toutefois, dans chaque usage de signes couronné de succès, cette même liaison est présente et est déjà revendiquée. Et la faculté comprise (selon Kant, non psychologiquement et non anthropologiquement, mais transcendantalement) qui assure cette liaison, c'est l'imagination. Du reste, il apparaît ici aussi que la faculté de l'imagination est une faculté *individuelle*. L'un voit directement qu'il s'agit de la caricature de l'oncle Paul ; l'autre le voit plus tard ou ne le voit pas du tout [1].

2) Pour la compréhension de la signification, il est important que l'auditeur/l'interprète saisisse, ne serait-ce qu'en esquisse, les attitudes propositionnelles que prend un locuteur par rapport aux signes qu'il a utilisés de même que leur contenu intentionnel. Sans son intégration, la signification des expressions utilisées ne peut plus être donnée. Cependant les deux aspects (attitudes propositionnelles, contenus intentionnels) ne sont manifestement pas déjà donnés selon la simple forme du signe qui se présente.

3) La question de la signification d'un signe est étroitement liée à celle de sa traduction. Et celle-ci, à son tour, se rattache au problème de l'indétermination de la traduction et de l'interprétation [2]. Si on se demande si l'imagination est nécessaire ou non dans le processus de traduction, la réponse est la suivante : elle est fondamentalement nécessaire et entre très tôt en jeu dans l'établissement et le choix des systèmes des hypothèses de traduction, des hypothèses analytiques de Quine.

L'intérêt des réflexions de Quine à cet égard est que, comme on a pu le voir dans le chapitre V.4, d'une part, nous devons recourir à des aspects comportementaux, mais que, d'autre part, nous en atteignons très vite ici les limites, parce que les « significations de stimulation » ne vont pas loin. Pour toute autre démarche, on est obligé d'inventer des hypo-

1. Dans les pratiques conventionnelles, la part de l'imagination n'est plus aussi manifeste, car l'imagination est devenue une routine. Mais dès que des signes inhabituels, irritants, par exemple, *métaphoriques*, apparaissent, l'imagination est nécessaire dans le sens esquissé. On pourrait appeler cela une *imagination radicale*. Lors de la première apparition et compréhension d'une métaphore (par exemple la première fois qu'on entend parler d'une « couleur froide »), il y a une très grande part d'imagination qui est engagée, et ce, aussi bien du côté de celui qui produit la métaphore que de celui qui la comprend sans autre explication.

2. Voir, à ce sujet, les détails *supra*, chap. V.4.

thèses, de construire d'une certaine manière des ponts et de jeter des filets. Déjà, la forme *syntaxique* des propositions ne peut se construire qu'en ayant recours à ces hypothèses. Inventer des hypothèses de traduction signifie abstraire des particules et des formations de la langue étrangère et les mettre dans un lien à ordonner avec des particules et des constructions dans sa propre langue. On dépend alors de la formation des constructions créatives. Mais, cela signifie que lorsque nous avons une traduction couronnée de succès, alors un tel réseau d'hypothèses de traductions est déjà en jeu et revendiqué. Parce que ce réseau n'est pas déjà donné avec la détermination de la signification *behavioriste* elle-même, mais doit toujours déjà la dépasser ; l'imagination est, dans ce sens, la condition d'une traduction réussie des significations. Que la traduction réussisse ou non, on le remarque au fait que la communication démarre et doit se poursuivre, ou non. De cette façon, l'imagination se présente comme une condition centrale de la communication et d'une information réussie et couronnée de succès.

Qu'en est-il du rapport de la référence et de l'imagination ? L'un des points les plus captivants (*spannenden*) eu égard à la référence d'un signe est qu'il s'agit manifestement de rattacher l'intension (*Intension*) du signe avec le référent dans l'utilisation du signe, c'est-à-dire le sens frégéen du signe avec ce à quoi le signe se réfère, de telle sorte qu'aussi bien les composantes intensionnelles qu'extensionnelles d'un signe puissent être rendus compréhensibles [1]. Mais, précisément, cette liaison n'est donnée ni avec la forme syntaxique du signe, ni avec l'intension, ni avec le référent. De la table rien ne montre qu'elle « dénote » la table et qu'avec « table » on se réfère à elle. Toutefois, cette liaison est manifestement déjà présupposée si la référence à la « table » réussit. Elle est, dans cette mesure, présente dans une référence réussie, vivante. Or la faculté de produire cette liaison est précisément ce que nous entendons par référence. Une référence réussie n'est pas possible sans imagination. Cette dernière est toujours effective en premier.

Cela devient plus clair a) dans le cas des souvenirs et de la mémoire et, lorsque nous parlons de situations et d'événements passés, présents et non actuels ou quand nous y pensons ; b) dans les cas de référence à des *situations possibles*, dans lesquelles nous ne nous trouvons pas au moment de l'énoncé (par exemple la référence à la fête (*party*) d'anniversaire de l'année prochaine) ; c) dans les cas de discours *fictifs*

1. Pour plus de détails, voir *supra*, chap. III et G. Abel, *Interpretationswelten*, *op. cit.*, chap. 14.

(lorsque nous comprenons que Don Quichotte joue jeudi avec Pégase et Mr. Pickwick Skat) et d) dans les cas de *conditionnels contrefactuels* (*kontrafaktische Konditionale*) (si Peter n'avait pas acheté cette voiture, il n'aurait pas non plus ...). Dans chacun de ces cas, les composantes présentes non actuelles sont décisives pour que nous puissions comprendre en général les énoncés en question. Donc l'imagination est active dès que nous comprenons les énoncés.

Cela ne vaut pas seulement pour la référence au monde et à d'autres personnes, mais également pour l'autoréférence (*Selbstreferenz*), pour le rapport à soi-même, à la première personne. Le mot « je » a certes un caractère indexical et déictique, mais pas de références fixes. Comme Kant [1] l'affirmait contre l'ancienne métaphysique, le Je n'a pas de substance. Lorsqu'on se réfère avec succès à soi-même par des signes, l'imagination est déjà revendiquée en ce sens que la référentialité n'est pas simplement donnée par le signe syntaxique utilisé, ni par ce que l'on perçoit de soi-même sensiblement, ni par le simple « je suis ». Donc, chaque fois que nous nous référons à nous-mêmes *via* des signes et que nous reconnaissons quelque chose de nous-mêmes, une attitude *interprétative* et, partant, *d'imagination* (*imaginatorische*) a déjà été adoptée.

4. Représentation et imagination

En quel sens l'imagination est-elle en jeu quand nous avons affaire à des représentations picturales, par exemple, à un portrait, à une photographie ou à une caricature ? Il est d'abord décisif que la fonction de représentation d'un signe soit indépendante de la *ressemblance* (*Ähnlichkeit*) [2]. Picasso avait répondu à l'objection que son portrait de Gertrude Stein ne lui ressemblait pas : « cela ne fait rien, il lui ressemblera » [3]. En principe, n'importe quel signe pourrait représenter, par exemple, l'oncle Paul.

Dire et penser qu'un certain signe, par exemple « q », représente l'oncle Paul implique qu'il y ait une *praxis* d'interprétation selon laquelle le signe doit se comprendre *ainsi*, que l'on maîtrise cette *praxis*

1. Voir Kant, *Critique de la raison pure*, A 348 *sq*.

2. Voir N. Goodman, *Languages of Art*, *op. cit.*, chap. I et H. Putnam, *Reason, Truth and History*, *op. cit.*, chap. I. Sur la question du montrer pictural, voir *infra*, chap.VIII.3 et VIII.4.

3. Cité selon N. Goodman, *Languages of Art*, *op. cit.*, p. 33.

interprétative et qu'on suive ses règles. Disposer de la *praxis* interprétative nécessaire signifie d'abord que cette *praxis*, comme nous l'avons dit, ne trouve pas seulement une application *dans ce cas unique*, ni pour les *cas passés* et d'*autres* cas *possibles*, c'est-à-dire *pour des cas présents non actuels* qui étaient pertinents et le sont encore. Et cette situation, comme nous l'avons montré, se situe dans une représentation présente actuelle en une relation interne. En ce sens, l'imagination est déjà impliquée ici pour voir le signe présent en général comme une représentation de l'oncle Paul. En outre, si on voit un signe comme une représentation de l'oncle Paul, il faut avoir saisi la relation qui existe entre le signe, qui est dans l'image, et l'oncle Paul. Même *cette* activité est une activité de l'imagination. Elle n'est requise ni par le corps du signe (*Zeichenkörper*) qui apparaît, par exemple, par la couleur jaune-rouge ni par l'existence de l'oncle Paul. Dans les représentations courantes, les composantes de l'imagination ne sont plus frappantes. Mais elles sont d'autant plus visibles (*greifbarer*) lorsqu'on en fait un usage nouveau et déviant. L'imagination participe plus manifestement quand, par exemple, les mouvements d'une pantomime sont perçus comme les représentations d'un cheval et d'un cavalier.

Le *premier* pas de la compréhension d'un signe *comme* d'une représentation de l'oncle Paul n'est pas, par exemple, livré de manière intrinsèque par un écran, la couleur ou la différence entre le clair et l'obscur. La compréhension n'est pas non plus produite comme un rapprochement (*Brückenschlag*), mais, dans la mesure où l'on voit, dans le signe symbolisant, la représentation de l'oncle Paul, il est exact de voir l'imagination à l'œuvre. Quand on pense et qu'on se dit à soi-même ou aux autres qu'on voit, par exemple en bas à droite d'une peinture un raton laveur, on ne fait pas seulement part d'un événement visuel et on ne dit pas seulement quelle sorte d'image est la peinture dans cette partie (notamment une-image-qui-représente-un-raton-laveur). Mais on dit plutôt ce qu'on prend pour l'objet de l'image (un raton laveur) et on affirme ainsi une relation interne, le signe raton laveur et ce dont il s'agit et ce à quoi on se réfère. Trouver et saisir précisément cette relation interne présuppose l'imagination. Cela apparaît quand une personne voit telle chose, un visage triste, par exemple, la ressemblance avec une grenouille et qu'une autre, en revanche, ne voit rien. Et manifestement l'imagination ne vient pas volontairement, pas sur le commandement de notre volonté.

Dans les débats actuels sur les questions de la *représentation mentale*, deux approches différentes dominent. Pour les uns (par exemple

J.A. Fodor et Z.W. Pylyshyn), *les représentations mentales ont lieu de façon linguistique, propositionnelle* (*sprach-, satz-, und propositionsartig*), c'est-à-dire grâce à une liaison de signes selon le genre du langage [1]. Pour les autres (par exemple S.M. Kosslyn et N. Block), les représentations mentales sont des événements quasi imagés [2]. L'imagination et la faculté d'imagination comme ingrédients nécessaires de la cognition ne sont pas moins pertinentes, du moment où la représentation mentale et les autres activités de l'esprit ne sont plus seulement conçues à partir du côté linguistique ou propositionnel, c'est-à-dire à partir d'une perspective exprimable linguistiquement moyennant des propositions, mais en même temps, des systèmes de symboles *non linguistiques* doivent être intégrés dans la recherche [3]. En matière de cognition et de représentation mentale, les deux camps se bloquent mutuellement (les propositionnalistes, d'une part, et les picturalistes, de l'autre). Il n'y a pas de raison de devoir se décider exclusivement pour l'un des deux camps. Tout parle plutôt pour une synthèse des deux. Les symboles linguistiques ou propositionnels, et donc les symboles digitaux ne sont aucunement les seuls moyens de la représentation mentale, et ne sont aucunement les seuls systèmes de signes symbolisant qui seraient à traiter dans une théorie de la cognition. Cependant, indépendamment de la position que l'on prend dans ce débat, l'imagination est nécessaire et elle participe en tout cas à ces événements. a) Si c'est le langage digitalisant qui donne le modèle de la représentation mentale, nous avons besoin d'un élément de médiation qui unisse la structure linguistique digitale à la sensibilité analogiquement conçue. Exprimé en allemand high-tech, nous avons besoin d'un transformateur digital-analogique [4],

1. Voir J.A. Fodor, *Representations*, Cambridge (Mass.), MIT Press, 1981 ; *A Theory of Content and Other Essays*, Cambridge (Mass.), MIT Press, 1990 ; Z.W. Pylyshyn, « The Imagery Debate », *Psychological Review*, 88, 1981, p. 16-45; *Computation and Cognition*, Cambridge, (Mass.), MIT Press, 2 e éd., 1991, p. 577-607.

2. Voir S. M. Kosslyn, *Image and Mind*, Cambridge (Mass.), Havard University Press, 1980; *Ghosts in the Mind's Machine. Creating and Using Images Images in the Brain*, New York, Londres, Norton, 1983; N. Block, « Mental Pictures and Cognitive Science », dans W.G. Lycan (ed), *Mind and Cognition*, Cambridge, (Mass.), 2 e éd., 1991, p. 577-607.

3. L'intégration de tels systèmes est indispensable pour une théorie englobante de la cognition humaine. Il n'y a pas de raisons qui plaident en faveur de la thèse que nous devons limiter notre concept de la représentation mentale à des systèmes et formes linguistiques. C'est ce que souligne, à juste titre, aussi R. Schwartz, « Symbols and Thought », *Synthese*, I, 1996, p. 399-409.

4. F. I. Dretske utilise l'expression, *Knowledge and the Flow of Information*, *op. cit.*, p. 139 et 153.

une faculté d'imager dans la langue de la philosophie classique. b) S'il faut intégrer des systèmes de symboles non linguistiques, par exemple, imagés, alors nous avons affaire à des idées comme représentations mentales qui sont conçues analogiquement. Ici l'imagination/la faculté d'imaginer prend part dans le sens de mettre en images la variété de l'idée, dans le sens d'une représentation analogique du domaine de la sensibilité. À son tour, ce domaine peut lui-même et d'après le niveau (de la discrimination phénoménale par la vue, le voir comme, le voir que, le percevoir comme au percevoir que au fait de classer et subsumer dans le sens restreint) être digitalisé. La présence d'activités digitalisantes (*digitalisierende*) et qui organisent les matériaux des sens de cette façon démontre déjà, d'un côté, le caractère d'*interprétation et de construction* (*interpretatorisch-konstruktional*) dans ce domaine. D'un autre côté, la précocité de la faculté d'imaginer dans le sens d'une liaison de l'analogique et du digital est déjà exigée.

Pour la fonction de représentation de signes, il est caractéristique que des formes de signes y soient construites qui résument en elles-mêmes beaucoup d'autres signes qu'il faut organiser. Dit selon une formule de Nietzsche, on parvient à une « découverte de signes pour des genres entiers de signes »[1]. C'est un procédé pour lequel la faculté d'imaginer est caractéristique. Car les signes actuellement présents qui sont ensuite organisés et abrégés par d'autres signes n'obtiennent à partir d'eux-mêmes ni l'exigence d'être abrégés à l'aide d'autres signes ni les règles d'après lesquelles les formations de signes sur signes devraient se dérouler. Les procédés interprétatifs et d'imagination continuent jusque dans l'appareil scientifique conceptuel qui parle de lui-même, jusque dans les différents arts. Aussi faut-il beaucoup de facultés d'imagination pour « trouver » une théorie transformée ou même une nouvelle théorie qui soit acceptée dans la mesure où elle permet de découvrir « un système de relations profondes et systématiques entre des faits qui sont auparavant seulement une masse de faits disparates et divers »[2]. C'est une grande performance de l'imagination parce que, précisément, cette propriété d'une théorie n'est pas lisible dans les faits eux-mêmes ; déjà, comme nous l'avons montré dans le chapitre VII.2, pour parler de faits reconnaissables, on doit présupposer et revendiquer l'imagination. En même temps, dans la formation de signes sur des signes, il est clair qu'il

1. F. Nietzsche, KGW VIII, 1, 1 [28], p. 13.

2. C. G. Hempel, « Recent Problems of Inductions », dans R.G. Colodny (ed), *Mind and Cosmos*, Pittsburgh, University of Pittsburh Press, 1966, p. 132.

y a aussi quelque chose dans la continuité et l'unité des rapports d'imagination, qui réside dans le spectre qui s'étend de notre imagination intuitive quotidienne jusqu'aux mondes artificiels de l'imagination dans les arts. Inversement, cela montre aussi en quoi il est logiquement possible que l'art puisse pénétrer profondément l'organisation de notre expérience.

5. FACULTÉ D'IMAGINATION ANALOGIQUE ET DIGITALE

Eu égard au rapport de la perception et de la cognition, il y a une question importante qui nous permet de distinguer et de caractériser, de manière heuristique, les deux domaines. Au niveau des systèmes de symboles, il est possible de distinguer, avec Nelson Goodman, les signes analogiques et les signes digitaux, et d'utiliser cette distinction aussi, par exemple, dans le concept de la théorie de l'information de Fred I. Dretske, pour décrire le domaine de la perception et de la cognition [1]. Eu égard à l'imagination, on pourrait distinguer une faculté d'imaginer *analogique* et *digitale*.

La différence entre l'analogique et le digital peut, d'abord, être expliquée par la différence entre une image et un énoncé linguistique [2]. Les images sont conçues analogiquement et font figure de représentations analogiques, c'est-à-dire qu'elles sont continues et non différenciées. Les énoncés par exemple sont digitaux, c'est-à-dire qu'ils sont des représentations discontinues et disjonctives. Rapporté au contenu de l'information, cela signifie, par exemple, que l'exemple de Dretske, l'énoncé digital « dans la tasse il y a du café » contient uniquement

1. Voir N. Goodman, *Languages of Art*, *op. cit.*, p. 159-164, p. 170 *sq.*, p. 252 *sq.* ; et N. Goodmann, C.Z. Elgin, *Reconceptions in Philosophy and Other Sciences*, London, Hackett Publisher and Co, 1988, p. 126-130 ; *cf.* F. I. Dretske, *Knowledge and the Flow of Information*, *op. cit.*, p. 135 *sq.* Nous ne voudrions pas aborder le concept d'information de Dretske ni sa thèse d'après laquelle la perception et la cognition sont des domaines isolés. De ce point de vue, il existe des différences claires entre une conception philosophique interprétative et une conception de la cognition provenant de la théorie de l'information. L'information présuppose toujours déjà l'interprétation, mais elle ne peut pas toujours être utilisée pour limiter cette dernière. Donc le niveau fondamental de la recherche ne peut pas être non plus celui d'un « *information-process system* » (*op. cit.*, p. 141). Que la perception et la cognition ne puissent pas être strictement séparées était l'un des résultats de la conception défendue ci-dessus de la perception comme construction interprétative. Voir chap. VII.2.

2. Voir aussi à ce sujet, *infra*, chap. VIII (Dire et montrer).

l'information qu'il y a du café dans la tasse. Dans l'énoncé linguistique, il n'y a pas d'informations supplémentaires du genre, par exemple, si la tasse est grande, quelle est la quantité de café qu'elle contient, s'il y a du café au lait ou du moka. En revanche, si on regarde une photographie de la tasse et de son environnement, l'information est livrée sous forme analogique et continue, et l'on recueille une foule d'informations qui ne sont pas contenues dans la formulation que dans la tasse il y a du café. Si on voulait donner une description de tous ou même seulement de quelques-uns de ces aspects, on aboutirait rapidement à des propositions qui auraient le volume d'annuaires téléphoniques entiers et, plus encore, on ne parviendrait jamais au bout de la forme analogique du scénario de la tasse et de la photographie. Le passage de la sensation et de la perception à la pensée et à la connaissance peut être considéré comme un passage d'une représentation sensible caractérisée par la forme analogique à une représentation cognitive dans le sens restreint et caractérisée par la digitalisation. Par où il est important de tenir compte du fait que l'énorme quantité et densité des signes qui se trouve dans le domaine sensible se perd nécessairement lors du passage de la représentation cognitive à la forme digitale [1]. Cependant, à travers cet appauvrissement, la représentation cognitive conceptuelle qui s'articule en propositions devient possible.

Au niveau des systèmes de symboles utilisés à cette fin, la distinction entre signes analogiques et signes digitaux précède. On peut distinguer les systèmes de signes d'après le degré de leur densité ou de leur caractère différencié. Les distinctions développées par Nelson Goodman, dans sa théorie des symboles, livrent un *instrumentarium* adéquat et fécond, par exemple, la densité syntaxique (exemple : un thermomètre sans échelle) ou la différenciation syntaxique (exemple un thermomètre digital), la densité sémantique (exemple : les nombreuses expressions continues qu'on les Eskimos pour désigner la neige) ou la différenciation sémantique (exemple : les étiquettes des rubriques lors du classement de peintures) ; la quantité continue (exemple : les traits du visage dans un portrait) ou la distinction digitale(exemple : les petites croix sur le billet de loterie) ; la référence multiple (exemple : des lignes dans une image (*Vexierbild*) ou la référence disjonctive (exemple : le signe « r » se rapporte au rayon et non à la grandeur du cercle) [2].

1. Voir aussi F.I. Dretske, *Knowledge and the Flow of Information*, *op. cit.*, p. 142.
2. Voir aussi, chap. VIII (Dire et montrer).

D'après la théorie générale des symboles, les signes et les systèmes d'interprétation sont appelés analogiques lorsqu'ils sont denses sémantiquement et syntaxiquement. Dans ces systèmes, chaque point individuel compte comme un signe et chaque différence, aussi minimale soit-elle, peut être décisive. Des systèmes sont dits digitaux quand ils sont différenciés, discontinus et disjonctifs. Seuls comptent en eux certains points clairement délimités les uns des autres. Ce qui se trouve entre les deux, par exemple entre do et do dièse, ne compte pas comme un signe du schème. On peut lire plusieurs signes aussi bien analogiquement que digitalement, par exemple le mouvement de l'aiguille d'une montre.

L'imagination productive est à l'œuvre dans le sens que nous avons présenté dès que nous avons affaire au domaine conçu de manière pré-prédicative et analogique selon des formes phénoménales, et quand, dans le domaine prédicatif propositionnel et conceptuel, nous avons une identité conceptuelle et l'identité des choses individuelles. Que l'imagination soit déjà effective dans le domaine pré-prédicatif apparaît au fait que là a) la forme et b) les structures d'intentionnalité existent, c'est-à-dire au fait de porter sur quelque chose et sur le contenu[1]. La faculté d'imagination est nécessaire, donc surtout au point de jonction du rétrécissement des deux domaines, lorsqu'il faut mettre en place les passages et les transformations mutuelles. On peut présupposer ici une faculté, plus précisément, une fonction interprétative qui réunisse en elle-même aussi bien des composantes analogiques que digitales, et qui serait ainsi une sorte de transformateur analogique-digital aussi bien que digital-analogique.

Il faut considérer le fait que ces rapports ne se déploient pas dans une seule direction, mais des deux côtés, ce qui revient à dire qu'un transformateur digital correspond à un transformateur analogique. Dans ce sens, le pouvoir de l'imagination se manifeste dès que l'on passe d'une perception sensorielle analogiquement conçue à un jugement linguistique, c'est-à-dire que l'on passe de la vue d'une prairie verte au jugement que cette prairie est verte. Dans le jugement, la prairie verte est digitalement représentée. En sens contraire, l'application de la structure analogique de la nature sensible aux signes digitaux correspond à la transposition. Lorsqu'elle est couronnée de succès, cette application

1. L'intentionalité est déjà centrale pour le vécu visuel. Voir, du côté de la philosophie de la perception, J.R. Searle, *Intentionality*, *op. cit.*, chap. 2 ; du côté de la psychologie de la perception, voir surtout les études de D. Marr, *Vision*, San Francisco, Freeman, 1982.

inclut des processus d'analogisation (*Veranalogisieren*) – c'est dire, plus précisément, le processus de la continuation (*Verkontinuierlichung*), de l'infinitésimalisation (*Infinitesimalisierung*) et surtout le processus de la temporalisation (*Verzeitlichung*). C'est précisément là que se manifeste l'imagination/la faculté d'imaginer.

On pourrait distinguer une *imagination/faculté d'imaginer* plutôt *analogique* et une autre, plutôt *digitale*. Cela dépend si l'on met plutôt l'accent sur la composante l'analogique ou sur la composante digitale. Cela dépend également dans quelle région et à quel niveau du spectre on se meut, entre l'être-affecté de manière sensible-analogique, d'un côté, et les objets ainsi que le savoir discursif-digital, de l'autre côté. Si les représentations qui résultent, en premier lieu, des concepts de l'entendement étaient considérées comme analogiques, on pourrait voir un pas en direction de cette conceptualisation dans la reproduction philosophique des signes et de l'interprétation de la faculté productive d'imaginer.

On peut puiser un exemple d'une *faculté d'imagination analogique* dans le domaine des signes non linguistiques et analogiques, par exemple, dans le domaine du visuel ou du perceptif, et ce, de telle sorte que des aspects non actuels, par exemple le « voir que », y entrent de façon constitutive. Cela paraît compliqué, mais ne l'est nullement. Car on tombe souvent, et de manière évidence, sur de tels cas. Que le lecteur s'imagine qu'il veut louer un appartement de vacances en Toscane et obtient des images de sa compagnie de voyages, qui montrent la salle de séjour dans sa position par rapport à la cuisine et des prises de l'entrée en direction de la salle de séjour avec vue sur la cuisine. Habituellement, on serait en mesure d'avoir une idée et de dire, le cas échéant, de quoi les deux espaces ont l'air si on ne les voit pas depuis l'entrée, mais depuis la cuisine. On serait probablement capable de juger des différentes représentations des deux chambres, par exemple, de juger un dessin fait à partir de la cuisine comme une reproduction exacte ou non exacte [1]. Il faut considérer comme une manifestation de la faculté d'imaginer précisément ce pouvoir-adopter (*Einnehmen-Können*) et ce fait de rapporter un *autre point* de vue *non actuel* dans l'identification et

1. Voir R. Schwartz, « Symbols and Thought », art. cit., p. 404, qui utilise l'exemple de la chambre en vue de montrer que, dans le système de symboles non-linguistiques aussi, il y a une « *transition from one knowlwedge state to another* ». Un passage du genre de celui qui a été esquissé ne doit cependant pas être conçu comme une passage inférentiel.

l'individuation sensibles et phénoménales d'une représentation, qui est analogique ; dans ce cas, elle doit être considérée comme une manifestation d'une faculté analogique de l'imagination.

En tant qu'imagination *analogique*, nous avons affaire, pour le dire avec Kant, à la faculté d'imaginer esthétique qui n'est pas soumise aux règles de l'entendement. Cela n'est pas le cas dans une double mesure : a) dans la mesure où il s'agit de l'imagination dans le domaine préconceptuel et b) comme faculté libre d'imaginer au sens défini dans la *Critique* kantienne *de la faculté de juger*. Cette faculté d'imaginer peut être dite libre parce qu'elle n'est pas encore soumise aux règles de l'entendement, c'est-à-dire à la grammaire du jugement logique, et parce qu'elle est détachée du modèle linéaire, c'est-à-dire de la constitution temporaire linéaire de l'entendement à laquelle la faculté d'imaginer demeure liée dans son usage *théorique*. Elle est, de cette façon, libérée des performances de synthèse qui se font d'après les règles de l'entendement, et elle est non pas une faculté d'imaginer constitutive, mais une faculté subjective réfléchissante, plus précisément, comme liberté esthétique.

Il faut une faculté d'imaginer pour adopter une position qui n'est pas donnée. Et il faut encore une faculté d'imaginer pour ne pas perdre cette perspective, mais pour la conserver. Ces deux actions se réalisent par la voie des procédures dites de l'introduction des aspects présents non actuels dans des situations actuelles et au sens de la conservation de la *praxis* interprétative qui y est afférente. Dans la mesure où notre vie se réalise dans ces processus (la « vie » signifie, selon Kant, avoir le pouvoir « d'agir selon ses propres représentations » [1]), cela signifie, en même temps, que la « vivification » de notre « esprit », donc de notre vie, s'accomplit à partir d'un fond d'imagination (*Imaginationsgrund*). Ce fond d'imagination, nous ne pouvons nous-mêmes le présenter de manière transparente et distanciée. Il demeure individuel. C'est pourquoi il est à peine étonnant d'entendre ce que Kant dit de la faculté d'imaginer, déjà dans son usage théorique : il s'agit avec elle d'un art « caché dans les profondeurs de l'âme humaine » dont il nous sera « difficile d'arracher à la nature les secrets » et de les « mettre à découvert sous les yeux » [2].

1. Kant, *Métaphysique des mœurs*, dans *Werke*, von Weischedel (éd.), 1975, vol. 7, p. 315.

2. Kant, *Critique de la raison pure*, B 180 *sq*.

CHAPITRE VIII

DIRE ET MONTRER

Dans chaque sensation, chaque perception, chaque parole, pensée et action, l'acte de montrer (*das Zeigen*) * joue un rôle important. À partir de et relativement au rapport entre montrer et interpréter, nous nous proposons, dans ce qui suit, d'expliciter et de défendre quatre thèses :

1) les phénomènes et la logique de la monstration sont d'une importance fondamentale dans tout usage et dans toute compréhension des signes linguistiques et non linguistiques en rapport à la compréhension d'autrui, de soi-même et du monde.

2) Montrer est un événement qui se produit *dans des signes* et dont le caractère est *interprétatif.*

3) Dans la mesure où l'acte de montrer a son siège au niveau de la logique ou du *logos* des signes, le caractère interprétatif de l'acte de montrer indique, en même temps, que la logique ou le *logos* des signes lui-même peut être appelé *interprétatif.*

4) Un système interprétatif et une *praxis* d'interprétation sont également présupposés et revendiqués dans l'exécution réussie de signes non linguistiques.

*. Selon la phrase, nous remplacerons le « montrer » par « monstration », par « indication » ou par « indiquer du doigt » (note du traducteur).

1. Différence entre dire et montrer

Quand on est affecté ou ému par une expression du visage, par un geste ou, par exemple, par le ton d'une couleur, on ne peut pas, le plus souvent, dire ce qui nous affecte et nous émeut. Néanmoins, les signes sont directement compris. Dans ces cas, on n'a pas seulement affaire au rapport des systèmes de signes et de symboles linguistiques et non linguistiques. La question du rapport de ce qui peut être *dit* dans une langue en général et de ce qui est soustrait à l'identification et à l'articulation linguistique, et qui se montre cependant grâce à des signes linguistiques ou non linguistiques, est importante. L'importance considérable de la monstration est évidente pour la vie humaine. Et la différence entre dire et montrer est devenue particulièrement éminente en philosophie.

Le « problème principal » de la philosophie est, écrit Wittgenstein à Russell, « la théorie sur ce qui peut être dit par des propositions – c'est-à-dire par le langage (et, ce qui revient au même, ce qui peut être *pensé*) et ce qui ne peut pas être exprimé par des propositions, mais peut être seulement montré »[1]. Cette conception est en rapport avec les problèmes fondamentaux de la logique moderne. Plus précisément, il s'agit de la différence entre deux sortes de propositions. D'une part, a) il y a des propositions qui disent quelque chose, plus précisément, qui disent quelque chose sur la réalité, par exemple, « sur la table il y a un stylo bleu ». Ce sont des propositions qui peuvent être vraies ou fausses. Pour constater leur vérité ou fausseté, il est nécessaire de les comparer à la réalité et de constater si ce qu'elles disent est le cas ou non. Il ne suffit pas de regarder seulement les signes eux-mêmes. D'autre part, b) il y a des propositions (du type « il pleut ou il ne pleut pas » ou « Il pleut et il ne pleut pas »), où, après être mises en formules logiques (donc dans l'exemple « p v ¬p » ainsi que « p. ¬p »), on a seulement besoin de voir les signes eux-mêmes pour décider de la vérité ou de la fausseté de ces propositions. On constate ainsi si les propositions sont toujours vraies, c'est-à-dire des tautologies ou toujours fausses, c'est-à-dire des contradictions. De telles propositions ne doivent pas être comparées à la réalité. Les tautologies sont vraies sans condition. Les contradictions ne sont vraies sous aucune condition.

1. Wittgenstein à Russell, 19 août 1919, dans Wittgenstein, *Briefwechsel*, B.F. Guinness, G.H. von Wright (dir.), Francfort, 1980. Le *Tractatus logico-philosophicus* sera cité *T* suivi du nombre, par exemple *T*, 4.466.

Cela signifie aussi que ni les tautologies ni les contradictions « ne peuvent déterminer » la réalité (*Tractatus*, 4. 463). C'est pourquoi les propositions de la logique ne disent rien sur la réalité. Dans cette perspective, les tautologies et les contradictions « n'ont pas de sens » (*Tractatus*, 4.461). En revanche, selon Wittgenstein, les véritables propositions, les propositions qui disent quelque chose sur la réalité, *montrent* leur sens. Une telle phrase montre comment se présente la situation, si la phrase est vraie et « elle dit qu'il se comporte ainsi » (*Tractatus*, 4.022).

Pourtant, même les propositions logiques *montrent* quelque chose. Que lors de certaines combinaisons des tautologies et des contradictions apparaissent, montre quelque chose de l'exécution et de la fonction du langage. Cependant, et c'est le point décisif dans la suite au sujet du signe – l'*exécution* du langage lui-même ne se laisse pas à son tour rendre et décrire en mots. Tel est le sens de la formulation de Wittgenstein : « ce qu'on *peut* montrer ne peut pas être dit » (*Tractatus*, 4.1212). Car, pour pouvoir présenter la forme logique d'une proposition ou d'un signe, nous devrions pouvoir, « avec la proposition » et avec le signe nous situer « en dehors de la logique » (*Tractatus*, 4.12). Puisque, en même temps, proposition et signes sont croisés de façon interne et puisque la logique « remplit » le monde » (*Tractatus*, 5.61), signerait en un mot que nous devrions pouvoir nous placer à l'extérieur du monde. Cependant, nous sommes systématiquement coupés des deux possibilités. L'idée est importante que, dans l'illustration (*Abbildung*) et dans la représentation (*Darstellung*) de quelque chose (*Tractatus*, 2.172), la forme précisément de cette illustration ou de cette représentation ne *peut* être en même temps illustrée/représentée. L'exécution d'un signe, ce que nous avons appelé dans le chapitre IV.2 le *logos* des signes, ne peut être représenté dans l'exécution du signe lui-même. La forme de l'image/de la représentation, telle est l'idée de Wittgenstein, se montre en image, dans la représentation.

On peut également comprendre ce point central autrement. Lorsqu'une image est reproduite ou projetée avec succès, les deux thèses suivantes sont exactes : a) que la relation de la reproduction ou de la projection à ce qui a été reproduit/projeté *ne* peut *pas* être conçue comme une *propriété* indépendante et séparable du fait de reproduire et de projeter sur lesquels on peut encore dire quelque chose de *propositionnel*. b) La forme logique, le *logos* des signes, s'oppose à toute tentative d'objectivation ou de positivisation. Dans ce sens, elle se présente comme particulièrement élusive [1].

Toutefois, ce montrer, cet inexprimable, n'est pas considéré comme quelque chose de mystérieux. Ce n'est pas non plus absolument nécessaire d'exprimer le montrer. Car, comme Wittgenstein le note une fois, les choses sont comme cela : « si on ne s'efforce pas d'exprimer l'inexprimable, *rien* ne se perd. Mais l'inexprimable est – inexprimable – et est *contenu* dans l'exprimé » [2].

Dire quelque chose signifie utiliser des signes linguistiques qui présentent des caractéristiques sémantiques et pragmatiques. La question de savoir comment ces signes en arrivent à acquérir ces caractéristiques conduit au sens contenu dans le chapitre III, à la question de l'interprétation des signes à l'aide de la *praxis* bien rodée de l'interprétation des signes. Puisque ces caractéristiques n'y sont construites ni préalablement et de façon magique, ni subjectivement et arbitrairement attribuées, chaque dire linguistique présuppose déjà une *praxis* d'interprétation dans laquelle ces caractéristiques sont délimitées et, si nécessaire, fixées. Les caractéristiques sémantiques et pragmatiques aussi bien des signes linguistiques que non linguistiques, consistent en l'interprétation adéquate de ces signes, telle est la thèse développée dans les chapitres I à III.

1. Peut-on encore dire en général quelque chose du signe ? Ne tombe-t-on pas dans le piège de l'absurdité avec chaque mot ? On le sait, Wittgenstein a marqué ce point de manière conséquente : « Ce dont on ne peut parler, il faut le taire » (*T*, 7). Cependant, il faut ici tenir compte de la différence que W. Vossenkuhl, *Ludgwig Wittgenstein*, Munich, C.H. Beck, 1995, p. 114, a soulignée entre le point de vue *logique* et le point de vue *cognitif* du discours sur le montrer. « Lorsque nous réfléchissons au montrer et comprenons son caractère logique fondamental – à l'aide des tautologies – nous faisons quelque chose qui ne se trouve pas lui-même sous des conditions logiques (les tautologies sont seulement logiques, mais pas cognitivement fondamentales ». Parler dans une attitude *cognitive* du montrer ne signifie pas qu'on voudrait placer de nouveau le dire, quant à la forme logique, derrière le montrer. Ce serait circulaire, et ce, de la mauvaise manière. De plus, ce serait mettre les choses la tête en bas. Car, un parler-réussi-sur-quelque chose doit sa réussite à la forme logique, à l'exécution logique, donc à *ce qui se montre*, et non pas à ce que peut *se dire*. Mais dans l'attitude *cognitive* du parler, des explications, des éclaircissements et des indications peuvent être données qui conduisent jusqu'au point où l'on peut accoster dans la sphère du montrer. Cependant, un tel accostage (*Andocken*) n'est pas à considérer exclusivement comme une performance du parler/dire. Car un dire propositionnel doit son succès aussi à la forme logique et à l'exécution logique du signe linguistique, exécution qui elle-même ne peut pas être individuée, distancée et présentée comme quelque chose de propositionnel.

2. Lettre à Paul Engelmann, du 9 avril 1917, dans Wittgenstein, *Briefwechsel*, *op. cit.*, p. 78.

La *forme* de cette *praxis d'interprétation*, et cela signifie autant que le *logos* représentant/reproduisant des signes, n'est plus elle-même à son tour représentée/reproduite dans les fonctions de signes. Même la tentative d'opérer ici selon une construction métalinguistique en termes de « forme de la forme » ne conduit pas plus loin. Dans le meilleur des cas, cela conduirait à une régression à l'infini du genre : « de la forme, de la forme de la forme, etc. ». À chacun de ces métaniveaux, le *logos* des signes est présupposé. Le *logos* est la forme, non pas un objet d'une construction métalinguistique. La forme de la *praxis* d'interprétation toujours déjà revendiquée dans un dire [1] réussi et couronné de succès peut être considérée comme une limite *logique du sens* du dire qui rend possible un dire propositionnel en général.

Dans chaque parler/dire réel, l'aspect du montrer est déjà en jeu dans le sens où, comme souligné, l'*exécution* d'un signe n'est pas quelque chose qui pourrait être dans un énoncé objectif et ceci ni *de re* ni *de dicto*, c'est-à-dire ni d'après la chose ni d'après la description. Le caractère performatif du parler réel ou de l'exécution du langage ne devient pas quelque chose que l'on transmet en tant qu'information dans la langue. Dans le parler réussi, l'exécution demeure indicible. Le célèbre indicible de Wittgenstein n'est précisément pas, comme on peut l'entendre de temps en temps des wittgensteiniens eux-mêmes, qu'une chose quelconque n'est pas un objet. C'est ce qui ne se laisse pas dire dans un énoncé comme vérité conditionnelle et ceci parce qu'il n'y a pas d'objet dans la logique sémantique, donc pas de partie objective de cette logique. C'est pourquoi l'indicible ne peut pas non plus être représenté/reproduit sémantiquement sous forme de proposition. Il signifie plutôt précisément ce qui, dans un dire réel, est présent comme allant de soi, ce qui est dans ce que l'on appelle d'une formule paradoxale, sa *présence élusive*.

Sans elle, il n'y aurait pas de fonctionnement des signes linguistiques dans les rapports de communication et d'interprétation du monde. Cette présence et cette présentation ne sont pas une représentation. Elle n'est pas identifiée et représentée à son tour comme un quelque chose à l'aide d'expressions qui l'exposent.

Face à ce statut fondamental du montrer, on pourrait même aller aussi loin que considérer que tout ce que nous pouvons dire d'individué et de spécifié serait une sorte de survenance (*Supervenienz*) de la forme

1. Le sens terminologique de « réussi » et « couronnée de succès » a été expliqué au chap. I.2, p. 31.

logique, donc de la forme du montrer, pourrai être considéré en définitive comme une sorte de survenance de la forme de la *praxis* interprétative qui n'intervient plus à son tour comme objet dans la logique sémantique, mais fonctionne comme sa limite. L'effectivité de la forme de la *praxis* interprétative n'exige pas que cette forme soit, de son côté, propositionnellement représentée.

Il faut tenir compte de l'élargissement entrepris ici contre la concentration de Wittgenstein sur la logique. Il ne s'agit pas seulement du rapport de la logique et de la réalité, donc pas seulement de la forme logique dans le sens restreint qu'une proposition « a dû dire de la réalité, pour la représenter » (*Tractatus*, 4.12). Il s'agit du logique et du *logos* des signes dans les rapports de communication et d'interprétation du monde. Il s'agit d'abord en cela a) non plus simplement d'énoncés propositionnels sur ou autour des mots qui exposent par rapport à la réalité et au monde, mais fonctionnement couronné de succès des signes linguistiques et non linguistiques dans un sens plus large. b) Ensuite, les aspects *conceptuels* et *clairs* dans les performances d'exposition et de représentation forment déjà une unité. Dans le concept de signe réside le fait que concept et idée ne peuvent être séparés rigoureusement et isolés l'un de l'autre. En plus, c) il ne s'agit pas *d'information intersubjective* ; car la performance du signe ne peut pas elle-même devenir une information dans le signe qui informe. Enfin, il ne s'agit pas non plus de se montrer dans le sens d'une isomorphie métaphysique, d'un accord préétabli de logique et de réalité. Le *logos* des signes linguistiques et non linguistiques n'est ni un objet objectivable ni une proposition, ni une information ni une isomorphie. Néanmoins, il est présent comme forme de l'exécution du signe dans chaque utilisation et compréhension réussie et couronnée de succès des signes et ceci de la façon mentionnée de la présence élusive [1].

1. Pris dans le sens esquissé, cette vue des choses inclut la thèse d'après laquelle le complexe du montrer n'a pas comme condition le principe de la bipolarité des vraies propositions. P.M.S Hacker affirme cela comme une position de Wittgenstein dans « Als das Pfeifen verstummen musste », dans H.J. Schneider, M. Kross (ed), *Mit der Sprache spielen. Die Ordnungen und das Offene nach Wittgenstein*, Berlin, Akademie Verlag, 1999, p. 95-117.

L'élargissement entrepris plus haut ne dépend pas du modèle wittgensteinien d'après lequel les propositions qui disent quelque chose de la réalité doivent pouvoir être vraies ou fausses et que de telles propositions, *précisément en raison de cette situation,* ne peuvent rien dire de cette forme qu'elles doivent *nécessairement* avoir en commun avec la réalité pour pouvoir la représenter. Il apparaît ici clairement que la problématique du montrer a) peut se formuler indépendamment de la bipolarité des propositions qui se rapportent à

Dans le montrer, tel qu'il est thématisé ici, il ne s'agit pas de l'énoncé propositionnel. Il s'agit plutôt de la structure performative de l'utilisation et de la compréhension réelles des signes, et de plus, du caractère de la relation du sujet et du prédicat dans le jugement. Dans ces deux perspectives, les rapports d'interprétation *au sens de caractère interprétatif* des limites de la *praxis* de l'emploi des signes eux-mêmes sont présupposés [1].

2. Le Caractère interprétatif du montrer

Quel rapport y a-t-il entre montrer et interpréter ? En quel sens les phénomènes de la monstration peuvent-ils être considérés comme des phénomènes *interprétatifs* ?

Montrer est un événement qui se produit *dans des signes*, dans des signes non linguistiques et linguistiques. Ces derniers consistent dans les qualités d'expression de la poésie et de l'art poétique. En outre, des caractères de signes non linguistiques peuvent apparaître dans des signes linguistiques, par exemple comme des formes syntaxiques ou sous la forme graphique. On ne peut éprouver la monstration *absolument* ou *en soi*. C'est toujours une monstration spécifique, et liée à des signes par lesquels elle apparaît. C'est pourquoi en ce qui concerne le caractère de la monstration des signes, la position de la philosophie de l'interprétation apparaît clairement. Les signes qui montrent sont des signes qui montrent ce qu'ils montrent, et ceci non pas sur la base d'une qualité occulte insérée au préalable dans les signes (ce serait de la magie des signes) ni sur la base de simples interprétations subjectives et arbitraires (ce serait de l'arbitraire relativiste des signes [2]). Les signes sont plutôt, telle est notre thèse, les signes qu'ils sont et ont pour office de montrer, sur la base de la *praxis* d'interprétation des signes qui les sous-tend et déjà présupposée et revendiquée dans le fait de montrer. Cette *praxis* délimite ce qui se montre et de quelle manière dans et par l'usage des signes. Ni magie ni relativisme des signes ne sont en mesure de faire comprendre le caractère phénoménal et logique de l'acte de

la réalité, b) mais, qu'élargie, elle concerne les signes qui fonctionnent dans des rapports de communication et de l'interprétation du monde.

1. Le modèle des rapports d'interprétation a été expliqué plus haut aux chapitres I et II en recourant à G. Abel, *Interpretationswelten*, *op. cit.*, Introduction, p. 1-19.

2. Que l'interprétationnisme ne soit pas un relativisme, cela a déjà été exposé de façon exhaustive dans les chapitres II et III.

montrer. Cependant, le fait de montrer présuppose une *praxis* d'interprétation si profondément ancrée et si harmonisée, qu'en général on ne remarque rien des rapports d'interprétation. L'évidence est insurmontablement haute, et le fait de montrer des signes est *direct* et compris *sans* aucun autre médiateur épistémique. Le caractère (perspectiviste, projectif, conjoncturel, et de construction de l'interprétation) *interprétatif* des processus qui y participent semble être perdu dans un tel caractère direct et dans l' « immédiateté ».

On peut facilement mentionner des exemples de la façon dont se montre la forme de la *praxis* de l'interprétation à la surface de l'exécution concrète des signes et des actions : 1) quand par exemple *des métaphores, des expressions satiriques, l'humour ou l'ironie* sont directement compris et agissent de manière vivifiante, alors il apparaît quelque chose de l'ordre de l'interprétation comme dans la forme de la *praxis* d'interprétation à partir de laquelle et vers laquelle l'utilisation et la compréhension de ces signes se font. 2) Dans ce contexte des actions, on peut donner comme exemples les *décisions.* Face à des alternatives d'actions disponibles, prendre une décision ne signifie pas se mouvoir dans un ordre donné *a priori* et ne peut pas être décrit comme le fait de suivre un algorithme ou un calcul selon des règles déterminées. En outre, les derniers « motifs » et mobiles de nos décisions et actions restent souvent dans le noir. C'est pourquoi on peut dire que la *praxis* interprétative et de vie sous-tendant nos décisions et actions par rapport à laquelle on ne peut pas prendre de distance manifeste et sous-tend nos décisions et actions. Ceci devient plus clair dès que l'on essaie de nommer et de fixer les aspects de préférences et d'attente les plus importants des décisions et des actions.

Que les signes non linguistiques (par exemple des gestes) et les signes non verbaux présupposent toujours déjà une *praxis* d'interprétation résulte du fait fondamental que les signes sont des signes qui ne symbolisent que lorsqu'ils exercent une fonction de symbole. Des signes sans fonction sont non seulement des signes morts, mais, pris rigoureusement, ils ne sont absolument pas des signes. Mais les fonctions des signes sont dépendantes des façons pratiquées des rapports de communication, de compréhension et d'action dans une communauté d'utilisateurs et d'interprètes de signes, bref ils sont dépendants de la *praxis* d'interprétation des signes qui les sous-tend. La *praxis* d'interprétation n'est pas optionnelle, mais *conditionnelle* de toutes les fonctions de signes réussies et couronnées de succès. Puisqu'on peut caractériser les fonctions de signes, par exemple les fonctions de signification et les fonctions de monstration, dans leurs opérations aussi comme étant perspectivistes, servant à délimiter, à séparer, à établir des conjonctions et à construire, bref comme *interprétatives*, les fonctions de signes d'un signe dans le double sens exposé dans le chapitre III peuvent être construites comme des fonctions d'interprétation : a) ce qui vaut comme fonction d'un signe est toujours déjà dépendant des pratiques, des contextes et des procédés interprétatifs ; b) de leur côté et prises en soi, les fonctions de signes s'exécutent de façon interprétative dans la mesure où les signes sont pour nous en général comme des signes, ils doivent déjà leur existence aux rapports d'interprétation qui les soustendent.

À partir de cet arrière-plan, le point souligné dans le chapitre III.2 s'applique aussi bien aux signes linguistiques que non linguistiques. La signification d'un signe réside et se montre dans son *interprétation adéquate*. Il faut comprendre cela dans le double sens présenté : a) que la fonction de l'interprétation est conditionnelle à la fonction du signe et b) que par la suite, lorsque le processus de communication et du signe ne fonctionne pas de façon fluide et qu'on demande la signification d'un signe, une interprétation de ce signe est donnée dans le sens d'une explication à travers laquelle la signification du signe devenu incertaine est rétablie ou fixée à nouveau. Dans cette optique, « adéquat » signifie, l'accord d'une interprétation$_3$/explication avec la fonction du signe qui fonctionne, ce qui signifie avec la fonction d'interprétation qui se trouve à son fondement et la *praxis* interprétative.

Dans le second des deux sens mentionnés, il est crucial que le signe utilisé dans une interprétation$_3$/explication soit *direct*, soit compris sans d'autres demandes de précisions. Si ceci est donné alors l'interprétation$_3$/explication ultérieure est directement associée à la fonction d'interprétation$_{1+2}$ conditionnelle du signe devenu incertain. Ce que cela rend précisément possible ne se laisse encore une fois plus dire objectivement dans une phrase propositionnelle. Car, dans un tel dire, le point à clarifier lui-même est déjà présupposé. Mais *que* de tels rapports existent se *montre* dans un emploi des signes réussi et couronné de succès, au fait que les rapports de communication et d'action puissent se conserver et continuer.

Comme l'a formulé Wittgenstein, la signification est « ce qu'explique l'explication de la signification »[1] Il ne s'agit pas simplement d'une explication dans le sens de rapporter un effet qui apparaît à une cause. Il

1. Wittgenstein, *Investigations Philosophiques I*, *op. cit.*, § 560.

ne s'agit pas non plus de faire de cette explication la signification. Parler de ce qu'explique l'explication de la signification pourrait se comprendre à ce sujet comme s'il s'agissait de ce qui se montre sous la forme d'une explication/interprétation$_3$ donnée où la *forme* n'est pas comprise comme une notation logique, mais simplement comme une sorte d'interprétation$_3$.

On peut représenter le contexte qui est en débat par le rapport entre un de ces signes devenus incertains dans ses caractéristiques sémantiques et pragmatiques et un signe suivant couronné de succès ou un de ses interprétants qui délimite et fixe ce que l'on nomme la signification d'un signe. Il est important que ce ne soit pas une explication, mais précisément une interprétation en vertu d'autres signes. Et *en vertu* (non pas instrumentalement, au moyen de) de ses autres signes d'interprétation, le signe entendu pour ainsi dire directement auparavant est rétabli ou une nouvelle compréhension directe est redonnée. De cette façon, il n'y a pas de fixation de la signification dans des *concepts* ou dans *des attitudes de phrases propositionnelles.*

Les propositions logiques sont encore un exemple qui met en évidence que l'acte de montrer dépend d'une *praxis* d'interprétation. On a seulement besoin de regarder, a-t-on pu entendre, les signes et la notation (*Notation*) des phrases logiques pour découvrir s'il s'agit de contradictions ou de tautologies. On n'a seulement besoin, exemple de Wittgenstein (*Tractatus*, 6.1201), de la notation « $\neg(p \cdot \neg p)$ » pour voir qu'il s'agit d'une tautologie. Cependant, pour connaître cela simplement par une idée, il faut avoir été déjà auparavant introduit aux signes, dans les fonctions de signes et surtout dans la *praxis* interprétative qui les sous-tend. On doit déjà savoir que dans la notation choisie « ¬ » fonctionne comme signe de négation et « · » comme signe de conjonction [1]. Les êtres humains qui jusqu'à présent n'ont eu aucun rapport avec ces signes ne verraient pas automatiquement qu'il s'agit de tautologies dans l'exemple mentionné et qu'il y a là la plus grande évidence. Quand on connaît l'évidence d'une tautologie, alors c'est en réalité le point au-delà duquel il n'y a plus rien à dire. Mais qu'on voie l'évidence d'une tautologie, cela inclut qu'on a dû avoir été rodé dans la *praxis* interprétative afférente qui rend l'évidence de cette tautologie possible. Pour que le signe « $\neg(p.\neg p)$ « montre qu'il doit être question

1. De manière analogue, il vaut, par exemple, *que* « fa » *montre* que f et a se produisent dans le sens de « fa », ce qui présuppose déjà un système d'interprétation et une *praxis* d'interprétation.

d'une tautologie a) que la chose « ¬(p.¬p) » doit avoir été discriminé phénoménalement et par notation comme un signe, b) le domaine doit être délimité et fixé au regard duquel le signe compte comme une inscription ou une instanciation, c) l'évidence des caractères de signes soit marquée comme revenant au signe dans la mesure où, comme tautologie, il est considéré comme une évidence indépassable. Si ceci est le cas, on ne *voit* plus le signe « ¬(p·¬p) » *comme* une tautologie, mais on voit la tautologie. Et parce que ceci est directement donné, présuppose un rodage certain de la *praxis* interprétative du signe, une *praxis* qui, dans l'exemple, fonctionne directement comme génératrice d'évidence et se fait elle-même oublier en même temps [1]. Dans ce sens, on pourrait même dire que les tautologies peuvent être considérées en définitive comme des tautologies de la forme de la *praxis* d'interprétation qui gouverne l'utilisation des signes et la compréhension des signes. On pourrait l'appeler le *fondement de la pratique interprétative* elle-même des propositions logiques.

Certes, une élaboration plus précise de ce point doit tenir compte du fait que les structures tautologiques de la forme de la *praxis* interprétative ne peuvent naturellement pas simplement s'identifier aux tautologies logiques. Car la forme profonde de la *praxis* interprétative se soustrait précisément à une représentation au plan de la logique. Une des tâches philosophiquement centrales consiste à concevoir le rapport des deux, c'est-à-dire à montrer quel rapport la *forme* des signes-et-des *praxis* interprétatives, donc la « grande logique » entretient avec la petite logique (dans le sens de la déduction suivant les prémisses) et avec la lo-

1. Présupposer une *praxis* d'interprétation dans le sens esquissé inclut les deux thèses d'après lesquelles 1) les fonctions des signes doivent pouvoir être reconstruites comme des fonctions d'interprétation et que 2) la forme de la *praxis* d'interprétation des signes est toujours déjà entrée dans la fixation de ce qui vaut comme forme logique des signes. Cependant cela ne signifie nullement qu'un arbitraire subjectif quelconque arrive dans la forme logique. Il ne s'agit pas ici de subjectivisme, mais plutôt d'une logique de signes et de processus de signes. Dans la logique, c'est ce qu'il faut retenir avec Wittgenstein, « ce n'est pas nous qui exprimons au moyen des signes ce que nous voulons, mais en logique c'est la nature des signes qui s'énonce d'elle-même » (*T*, 6.124).

Cependant, pour que les signes puissent être capables de cette performance – telle est la thèse de grande portée – une *praxis* interprétative solidement ancrée et bien rôdée est présupposée. Aussi longtemps que la *praxis* interprétative n'est pas considérée dans sa manifestation comme supra-temporelle ou atemporelle, il demeure possible de traiter les questions a) du caractère susceptible de révision de la logique et b) des logiques au pluriel. La question des différentes délimitations et déterminations possibles de ce qui vaut comme forme logique de l'usage et de la compréhension des signes est cruciale.

gique moyenne (dans le sens de l'établissement de la liste des signes permis et de la métalogique) [1].

Expliciter ces rapports *ne* signifie naturellement *pas* que ce que l'on ne peut pas dire n'est pas là, n'est pas présent, ne peut pas être articulé dans d'autres signes, n'est pas communicable, n'est pas perceptible ou pertinent. C'est le contraire qui est le cas. Cela ne peut simplement pas s'exprimer dans le sens d'une phrase propositionnelle. Donc il s'agit simplement de composantes d'emploi réussi de signes et de compréhension de signes non propositionnels, des signes qui ne sont pas du genre d'une phrase, non conceptuels. Et dans la mesure où ces composantes sont présentes dans des signes non linguistiques. Phénoménalement perceptibles, susceptibles d'être articulés et communiqués un système d'interprétation et une *praxis* interprétative sont toujours déjà présupposés et revendiqués. Le montrer sort de l'espace propositionnel et discursif de la grammaire de la phrase, mais non pas de l'espace de l'interprétativité et des signes d'interprétation.

Avec cet arrière-plan, on peut aller vers la thèse d'après laquelle la forme logique elle-même (*en vertu de* laquelle nous faisons des déductions et nous nous situons dans des rapports de communication, d'action et d'interprétation du monde) peut être caractérisée *d'interprétative*. C'est la *forme*, d'après la thèse qui va plus loin, *de l'exécution des signes eux-mêmes* qui est caractérisée comme interprétative. Ceci est possible essentiellement sous deux aspects : a) la forme et la limite logique du signe est de caractère interprétatif dans la mesure où elle est dans son effectivité qui forme le monde et le sens du genre en vertu duquel est tout d'abord délimité ce qui est et ce qui n'est pas. Il rapporte à sa fonction de détermination de la réalité et du sens que les objets et les événements, qui sont localisés spatio-temporellement et individués, sont les objets et les événements qu'ils sont pour nous. b) La forme et la limite logique du signe incarnent en même temps *un marquage et une délimitation* de l'espace des possibilités (*non* pas une exclusion de certaines possibilités) au sens où, relativement aux limites de la logique, les tautologies constituent les limites les plus hautes et les contradictions les plus basses du possible.

La philosophie de l'interprétation considère la *monstration* dans un rapport interne avec l'*exécution* des signes (à la différence alors de l'*interprétation* des signes). Nous avons explicité la différence entre

1. Voir *supra*, chap. IV.1 et IV.2.

l'exécution et l'interprétation des signes au chapitre IV.1. L'acte de montrer relève de l'exécution du signe, de l'exécution d'un signe qui se réalise comme signe. En cela le signe n'a pas les conditions de sa réussite dans quelque chose qui serait en dehors de lui-même. Dans le montrer, le signe est pour ainsi dire entièrement auprès de lui-même. À cela correspond le fait que dans l'usage réussi et dans la compréhension couronnée de succès des signes linguistiques et non linguistiques, il ne s'agit pas, en premier lieu, de la *transmission* de signification. D'après notre thèse, il s'agit plutôt de la *saisie* de l'*exécution*, qui se réalise, des signes symbolisant comme signes symbolisant. Mais l'exécution des signes est, comme nous l'avons exposé, précisément ce qui ne peut pas être dit dans une langue, même plus figurativement, ni comme un quelque chose, ni *propositionnellement* dans une phrase. Il s'agit donc, en dernière instance, dans la compréhension des signes de la saisie de ce qui se montre, se manifeste, se présente, s'exprime dans l'usage des signes, bref de la saisie du montrer. C'est un point important. À partir de ce point, une série de problèmes fondamentaux de la philosophie du langage et des signes devrait être reformulée.

3. DOMAINES ET POINTS DE VUE DU MONTRER

On peut distinguer des domaines et des points de vue dans lesquels la monstration ainsi que la *praxis* interprétative, qui y est déjà présupposée, ont une signification fondamentale. Dans ce qui suit, nous procéderons en deux étapes. Dans une première étape, nous apporterons une précision relative à la différence entre dire et montrer chez Wittgenstein [1]. Dans une seconde étape, nous mentionnerons d'autres domaines et points de

1. Voir aussi P.M.S. Hacker, « Als das Pfeifen verstummen musste », art. cit., qui a regroupé dix aspects qui l'on devrait distinguer chez Wittgenstein. Nous n'allons pas les aborder en détail. Malgré les multiples références à Wittgenstein, il ne s'agit pas, en effet, ici d'une interprétation philologique des passages en question chez Wittgenstein. Les six premiers des vingt et un domaines et points de vue de notre liste sont aussi présentés chez Hacker. Cependant ils seront soumis dans le contexte discuté ici à une interprétation qui s'écarte de celle de Hacker. En outre, il existe une différence fondamentale par rapport à l'optique de Hacker. Nous ne partageons absolument pas son idée fondamentale d'après laquelle la différence entre dire et montrer aurait entièrement perdu sa signification pour Wittgenstein après le *Tractatus*, parce que Wittgenstein aurait reconnu l'inconsistance de cette distinction. Tout dépend ici de la façon de comprendre le rapport du dire et de du montrer et de la manière de le présenter.

vue, qui dépassent le caractère logique du *scénario* wittgensteinien du dire et du montrer.

1) Du point de vue du *rapport de proposition et de réalité*, Wittgenstein part dans le *Tractatus* (2.16 *sq.*) et dans le *Big Typescript* (en allusion à Leibniz) « d'une harmonie préétablie » [1] de la proposition et de la réalité. La phrase, qui doit en rendre compte, doit présenter la même forme logique que la réalité dont on doit rendre compte. Et précisément cette forme commune ne peut plus à son tour être représentée; elle ne peut s'exprimer dans une phrase. Elle se démontre plutôt par sa forme. Il faut souligner ici que ce point du ne-pas-pouvoir-dire et ce point complémentaire du montrer demeurent valides même sans la supposition d'une harmonie ou d'une isomorphie ontologique. La thèse déjà présentée plus haut est la suivante : peu importe si on suppose une telle harmonie préétablie ou un genre d'isomorphie ou d'adéquation de l'utilisation/de la compréhension du symbole, le montrer est en tout cas d'une signification fondamentale. Le montrer n'est pas en premier lieu lié à la réalité, mais aux fonctions des signes, il leur est pour ainsi dire inhérent. Dans ce sens, il peut se développer d'une façon exempte de toute ontologie. Le plus important est que le signe s'applique à ce qu'il dénote, ou que ce qui dénote sous lequel tombe le signe dénotant ne peut pas de nouveau s'exprimer encore une fois à travers une forme propositionnelle dans un signe dénotant, comme étant ce qu'il dénote et se décider *conceptuellement.* C'est pourquoi le statut fondamental de la problématique du montrer demeure en vigueur indépendamment du fait qu'on accepte ou non la théorie de la représentation du *Tractatus* ou une autre forme d'ontologie.

2) Concernant la *sémantique*, on ne peut pas dire ce qu'est la signification d'un nom, par exemple la signification du nom d'une simple couleur C [2]. C'est pourquoi la signification d'un nom est considérée comme le contenu ou l'objet que *représente* le nom. Mais un nom n'est pas un signe interprété et c'est pourquoi on ne peut pas dire de lui qu'il a telle

1. Wittgenstein, *Big Typescript*, p. 189, cité d'après Hacker, « Als das Pfeifen verstummen musste », art. cit., p. 98 (le *Big Typescript* appartient jusqu'à présent à l'œuvre posthume non publiée, on peut le consulter comme partie du microfilm des manuscrits non publiés de Wittgenstein, Cornell University, Ithaca, N.Y.). Wittgenstein, *Zettel*, dans *Schriften*, vol. 5, Nr. 55 « Comme toute métaphysique l'*harmonie* entre l'idée et la réalité doit être trouvée dans la grammaire de la langue » (souligné par G. Abel). Voir *Investigations philosophiques*, *op. cit.*, § 429.

2. Voir Hacker, « Als das Pfeifen verstummen musste », art. cit, p. 99.

ou telle couleur comme signification, si on se réfère à l'exemple de la couleur. Car, cela présupposerait déjà l'interprétation3 du nom comme celle de la couleur. On ne peut dire non plus ce qu'est le sens d'une phrase par exemple le sens de la phrase « fa ». On dirait ensuite oui, la phrase « fa » a pour sens la situation dans laquelle f et a sont liés. Mais cela supposerait le sens, cependant, ne le dirait pas. Le sens de la phrase « fa » se manifeste plutôt à ce que « fa » *montre* que f et a appartiennent à son sens.

Il faut souligner que, *dans leurs fonctions de signes,* les signes ne sont pas des suppléants, ni des choses ni de leurs significations. La formulation d'après laquelle les signes sont « suppléants de quelque chose » est un malentendu dans la mesure où on entend par-là soit les objets, soit ses propres significations. *Dans leurs opérations*, les signes ne sont pas des suppléants. L'unique chose à laquelle peut suppléer un signe c'est d'autres signes. Aussi, un signe de la main par exemple peut prendre la fonction d'une expression linguistique (par exemple « viens ici »). Le modèle du suppléant n'est pas approprié pour rendre compréhensibles comme telles les fonctions de signes. Ces dernières sont déjà présupposées dans celui-là, si l'on devait leur retirer en général quelque chose. On ne doit pas raffiner, mais rejeter le modèle du suppléant figuratif des signes, de même que l'auto-sémantique. Que les signes ne remplacent pas conduit à ce qu'on ne puisse pas *dire* ce qu'est la signification d'un nom. Précisément parce que les signes dans leurs fonctions de signes n'assurent pas de suppléance, les composantes du montrer demeurent indispensables et ne peuvent pas être éliminées dans chaque utilisation réussie et chaque compréhension couronnée de succès. Si le modèle du suppléant était juste et s'il y avait des suppléants figuratifs ou auto-sémantiques, on pourrait encore le dire. Puisque ce modèle n'est pas disponible, la pertinence du montrer pour les fonctions de signes ne peut absolument pas être estimée assez hautement. On n'arrive pas à piger, pour ainsi dire, c'est ainsi qu'on pourrait formuler le point de vue des signes linguistiques, avec les mots, plus spécialement avec les noms, leur réussite sémantique.

La question est : où *se montre* la signification ? Réponse : *dans* l'usage, plus précisément *dans la fonction du signe*, donc l'*exécution* du signe. Autre question : et qu'est-ce qui se montre là ? Réponse : non pas un contenu déterminé, non pas un quelque chose, mais plutôt la forme, la façon de l'exécution du signe, la forme de la *praxis* d'interprétation qui est sous-jacente aux opérations des signes et qui est toujours déjà revendiquée par ces dernières. Le montrer, peut-on dire, se montre lui-même.

En fin de compte, ceci est une conséquence du fait que les propriétés sémantiques et les fonctions des mots, des noms et des jugements et propositions ne sont pas constituées par des faits ou des réalités quelconques. Les fonctions sémantiques ne sont pas des fonctions de faits ou des fonctions de réalités. Car il ne s'agit absolument pas ici de faits ou de réalités, mais de fonctions de signes. Ces dernières doivent déjà avoir accompli leur tâche avant qu'on ne parle en général de rapports sémantiques (y inclus ceux des conditions de vérité et de satisfaction) entre le langage et le signe, et le monde et la réalité. Mais cela signifie à nouveau que le montrer a son siège profond au niveau du *logos* des signes qui forme les rapports entre le langage et le monde, ainsi que ceux de la forme déjà présupposée de la *praxis* interprétative.

3) On ne peut pas attribuer aux choses, aux situations et aux propositions des *propriétés internes*[1]. Car les propriétés internes sont des propriétés qui reviennent nécessairement aux choses, aux situations et aux propositions. Dire ceci exigerait une forme de mots et de propositions qui ne correspondraient plus au principe de la bipolarité, c'est-à-dire ne *pourraient* plus être ni vraies ni fausses. Dans ce sens, on ne peut plus *dire* attributivement d'une tautologie qu'elle est une tautologie. Car être une tautologie est une propriété interne des propositions qui sont des tautologies. Mais « chaque tautologie *montre* d'elle-même qu'elle est une tautologie » (*Tractatus*, 6.127, souligné par G. Abel).

4) *Dire* d'une proposition qu'elle résulte d'une autre ou qu'elle en contredit une autre n'est, strictement parlant, pas possible tant qu'on pense aux *relations internes entre des propositions*[2]. Car les relations *internes* sont des relations *nécessairement* attribuées qui ne peuvent pas non plus être autrement. Donc les propositions à travers lesquelles ceci doit être *dit* ne satisferaient pas à l'exigence de bipolarité des propositions sensées. Cependant, que des propositions « p » et « ¬p » dans la relation « ¬(p·¬p) » constituent une tautologie montre que les propositions « p » et « ¬p » se contredisent (*Tractatus*, 6.1201).

5) En ce qui concerne le caractère logique des *caractéristiques catégorisantes et classifiantes* des choses, on doit considérer que la catégorie *ontologique* d'une chose dépend de la *forme logique*[3]. La

1. Voir Hacker, « Als das Pfeifen verstummen musste », art. cit, 99.
2. Voir *ibid.*, 99 *sq*.
3. Voir *ibid.*, p. 100.

première est donnée par la dernière, et non l'inverse. Puisque la forme d'une chose elle-même n'est pas une chose, la forme ne peut avoir de nom. C'est pourquoi on ne peut dire d'un point de vue logique une chose que sous une certaine catégorie ou sous un certain type, par exemple, que rouge est une couleur. Mais que cela fonctionne ainsi apparaît clairement, se montre dans chaque phrase du type « X est rouge ».

6) En ce qui concerne les *principes des sciences naturell*es et les *lois de la nature* (par exemple la loi de la causalité ou de la conservation de l'énergie), ils ne sont ni des propositions empiriques ni des vérités logiques [1]. Ce sont des *formes* de lois (*Tractatus*, 6.32). Les lois de la nature ne sont pas des *choses* dans la nature. Ce sont des formes d'organisation de l'expérience. Dans ce sens on ne peut pas *dire* rigoureusement au plan logique qu'il existe des lois naturelles, par exemple, la loi de la causalité, et que celles-ci sont dans la nature et y règnent. Que cela se comporte ainsi se manifeste ainsi, se montre à ce que nous pouvons décrire avec beaucoup de succès la nature au moyen de telles propositions, par exemple à l'aide de propositions de causalité ou de conservation.

Outre les aspects mentionnés jusqu'à présent, qui concernent le caractère logique du signe, on peut identifier d'autres domaines et points de vue dans lesquels le signe est d'une signification fondamentale.

7) Il peut arriver qu'un signe (par exemple une expression linguistique ou un geste non langagier) ne soit plus directement compris. On utilise alors des signes qui interprètent/élucident le signe qu'on n'a pas compris directement pour délimiter, de nouveau, de cette manière les caractéristiques sémantiques et pragmatiques du signe. Ce n'est que dans un signe suivant ou dans une chaîne de signes suivants qu'il apparaîtra et donc se montrera dans ce sens a) comment comprendre le signe en question et b) si un signe suivant utilisé ou la chaîne de signes suivants sont couronnés de succès. On ne peut pas dire et décider conceptuellement sur quoi repose le succès du signe suivant. Mais cela se *démontre* par le fait que celui qui a demandé la signification du signe linguistique ou non linguistique devenu douteux est satisfait des signes suivants qu'on lui a donnés en réponse, et que la communication peut continuer de façon fluide

1. Voir Hacker, « Als das Pfeifen verstummen musste », art. cit., p. 101.

8) Ceci vaut aussi et surtout lorsque a) le signe suivant (*Folgezeichen*) ou l'interprétant ne consiste pas en un signe linguistique, mais en une *action* et b) qu'il s'agit de contextes d'actions. Dans l'action qui s'enchaîne directement ou dans une action future apparaîtra, se montrera comment comprendre une action déterminée et si l'interprétation$_3$/l'élucidation d'un signe, l'action suivante ou celle qui s'enchaîne est, ou non, couronnée de succès. Le succès, ou la preuve que cela se comporte ainsi, se présente, se *montre* par la conservation et la continuation sans problème du contexte de l'action.

9) Une limite de la langue se manifeste aussi dans l'expérience quotidienne que le *contenu individuel d'une attitude mentale* ou d'un état mental (le contenu, par exemple, d'une attente) ne peut être complètement individué, c'est-à-dire déterminé et délimité relativement à d'autres attitudes et états, à l'aide seulement d'expressions linguistiques. Pour ce faire, des composantes *phénoménales* (qui doivent être présentée dans une phénoménologie) sont aussi pertinentes que les aspects liés au *contexte, à la situation, au temps et aux personnes.* Rattaché aux expressions linguistiques appropriées elles-mêmes (par exemple, s'attendre à ce que ...), cela signifie que ces dernières ne peuvent pas *exclusivement* se réaliser, être analysées et expliquées dans une attitude langagière et, plus précisément, propositionnelle. On doit considérer que les signes, qui représentent, dans leurs représentations *ne peuvent* précisément *pas* représenter la dépendance de la phénoménalité, du contexte, de la situation et du temps.

À cela s'ajoute un autre point de vue. Le caractère de finesse et de continuum nécessaire pour l'individuation du contenu des désirs, des croyances, ou des attentes et les signes continus d'individuation, de densité constante dont on a besoin dépasse les possibilités du langage. Ceci ne signifie pas simplement un aspect empirique et quantitatif. Il s'agit plutôt d'une fermeture systématique qu'une langue *ne peut* lever de ses propres moyens. Le langage, peut-on dire en reprenant quelques aspects de la théorie générale des symboles de Nelson Goodman [1], n'est ni du point de vue de la sémantique, ni syntaxique ou pragmatique un système de symboles dense et continu qui serait à même d'individuer complètement une attitude mentale et un état mental sur la base de sa densité et de son caractère continu.

1. Voir N. Goodman, *Languages of Art*, *op. cit.*, en particulier le chapitre IV.

C'est en même temps la première des deux raisons selon lesquelles l'individualité constitue une barrière insurmontable. Elle est aussi exprimée dans le célèbre dicton : *l'individu est ineffable*. La deuxième raison consiste en ce que chaque expression linguistique a un caractère de généralité, peu importe à quel point on peut élever sa précision par des adjectifs, des adverbes ou des modifications adverbiales. À la différence des signes dans des systèmes de représentations et de symboles non linguistiques (par exemple dans les systèmes d'images) les langues et les signes linguistiques ne sont pas des signes continus, discrets et disjoints. Une individuation complète exige des composantes supplémentaires à la disposition desquelles le langage peut mettre ses signes, moyens propositionnels et possibilités. Un exemple serait l'intégration des aspects d'un procédé de sensation et de perception (par exemple de la sensation et de la perception des phénomènes et des *teintes*, par exemple de rouge carmin) qui en tant qu'aspects continus et infiniment denses seront en deçà de ce qui peut être saisi et articulé à travers des mots et expressions identificateurs de types d'une langue et ses propositions pleines de signification. Ces aspects sont pourtant *phénoménaux*, donc ne sont pas seulement là au niveau du vécu et de la sensibilité subjectifs, mais sont extrêmement pertinents pour une certaine sensation et perception [1]. Cette limite de l'articulation et de l'individuation du langage en référence aux vécus mentaux, attitudes et états met en relief le phénomène du montrer. Car, *que* malgré cette limite, une individuation suffisante et satisfaisante du contenu des vécus, des attitudes et états mentaux (par exemple la sensation d'une couleur, d'un désir, d'une attente) est donnée se manifeste, *se montre* au fait que dans les rapports de signes réussis et couronnés de succès, de communication et d'actions ces rapports peuvent se poursuivre d'une façon fluide sans exigence d'une autre précision du contenu.

10) Le montrer est aussi central dans le contexte où l'on parle de l'*ineffabilité*. On peut appeler ineffables les choses individuelles/les individus dont la saisie complète, l'individuation, la représentation et l'énonciation n'a pas de signes appropriés à disposition dans un système linguistique, de symboles et de représentations [2].

1. Sur ce dernier point, voir D. Raffman, « Über die Beharrlichkeit der Phänomenologie », dans T. Metzinger (éd.), *Bewusstsein, Beiträge aus der Gegenwartsphilosophie*, Paderborn-Munich, Schöningh, 2 e éd., 1996, p. 347-366.

2. Goethe écrit dans une lettre à Lavater du 20 septembre 1780 (dans J.W. Goethe, *Samtliche Werke, Briefe, Tagebücher und Gespräche*, vol 2 (29), édité par H. Reinhardt,

Puisque les systèmes linguistiques sont des systèmes digitaux et non des systèmes analogiques [1], on rencontre, dans chaque système de symboles linguistiques, des ineffables. C'est pourquoi, comme nous l'avons souligné, il faut partir du fait que les choses individuelles et les expériences individuelles *phénoménales* ne peuvent être complètement saisies, individuées et représentées par des moyens du langage. Il faut partir d'autant d'ineffables que le montrent les individualités phénoménales dans les différents systèmes de symboles. Ceci concerne le large spectre, par exemple, de la veinure sensiblement perceptible d'un morceau de tronc d'arbre jusqu'à l'expression individuelle d'un sentiment, par exemple, du sentiment de gaîté vivante. Si l'on intègre de plus que lors du transfert d'un système de symboles dans un autre, aucun transfert exempt d'indéterminations n'est possible, alors le royaume de l'ineffable s'élargit de beaucoup [2].

11) Si l'on considère le pronom Je dans les propositions linguistiques et dans leur indexicalité (*Indexikalität*), il apparaît que Je et moi ne peuvent être réalisés, analysés et expliqués ni propositionnellement, ni figurativement, ni objectivement (*ver-objektivierend*). Les analyses kantiennes des paralogismes et, plus récemment surtout, les travaux de John Perry sur le « Je essential indexical » l'ont déjà clarifié [3]. Le Je n'est pas moins une substance, un objet dans le monde, il n'est pas quelque chose qui pourrait s'exprimer à l'aide d'une proposition ou par le sens d'une proposition significative. C'est pourquoi on ne peut pas *dire* strictement parlant qu'il existe un Moi ou des Moi. Mais chaque phrase avec un moi indexical de la forme « Je … » montre que cela fonctionne ainsi.

12) Le phénomène du montrer est donné naturellement dans tous les domaines de la sensation et de la perception humaine, de la *visibilité* visuelle ainsi que dans la présence tactile, acoustique, olfactive, sensitive. Cela concerne également les formes et les œuvres d'art liées à la sensibilité. Le fait qu'elles ne peuvent pas être réalisées,

Francfort/M. 1997, p. 300) : « T'ai-je déjà écrit le mot / l'individu est ineffable / dont je déduis un monde ? ». Voir L. Œing-Hanhoff, T. Borsche, « Art : Individuum, Individualität », dans J. Ritter/K. Gründer (dir.), *Historisches Wörterbuch der Philosophie*, vol. 4, Darmstadt, Schwabe and Co, 1976, colonnes 309 et 312.

1. Voir à ce sujet les sections 19 et 20 de ce chapitre.

2. Voir à ce sujet chap. V.4 (L'indétermination de la traduction).

3. Voir Kant, *Critique de la raison pure*, B 399 *sq.* et J. Perry, *The Problem of the Essential Indexical and other Essays*, Oxford, CSLI Publicatication, 1993.

complètement individuées, saisies et articulées est aussi valable pour de tels contenus [1].

Nous pensons ainsi à la capacité spécifique d'une image, par exemple d'une œuvre d'art figurative, de rendre visibles, audibles, de *montrer*, d'exprimer, *en raison de son caractère figuratif* (et, de manière analogique, par exemple, une œuvre d'art musicale en raison de ses *propriétés sonores*), des aspects qui ne peuvent pas être atteints par l'utilisation d'expressions linguistiques et par la grammaire du jugement, qui ne peuvent pas être individués et saisis complètement par le langage. Pour donner un exemple, que l'on contemple une des excellentes peintures de la période du début de la Renaissance dans lesquelles l'Annonciation est représentée. Il s'y montre une force expressive qui peut émouvoir. Dans une telle peinture, il ne s'agit pas de reproduire, de représenter quelque chose de fini qui existe déjà à travers l'image ou à travers une expression linguistique. L'image rend plutôt visible ce qui ne peut être individué linguistiquement et ne *peut* être saisi sur le plan de la description. En ce sens, l'art est toujours un art de montrer et ceci entièrement dans le sens de la formulation de Paul Klee : « l'art ne reproduit pas le visible, mais rend visible » [2]. La même chose vaut analogiquement pour la musique et de façon plus exceptionnelle encore.

On peut s'efforcer de décrire, avec succès, à l'aide d'expressions linguistiques, dans une langue, dans certaines circonstances, un contenu figuratif ou un contenu sensible, par exemple un contenu musical. C'est le cas lorsqu'on réussit à approcher à l'aide d'expressions linguistiques l'expressivité et le caractère expressif d'une peinture ou d'une sonorité musicale. Question : sur quoi repose le succès d'une description approximative ? Réponse : un tel succès repose en dernière instance, lorsqu'il survient, non pas sur des moyens linguistiques propositionnels, mais sur des aspects des signes linguistiques employés qui peuvent émouvoir quelqu'un et ne peuvent pas être exprimés par des propositions. Dans de tels cas, le succès descriptif des signes linguistiques se mesure lui-même encore au fait de savoir si ces signes peuvent créer une situation dans laquelle la forme de l'expression linguistique permet de nous arrimer à la

1. Voir, dans ce contexte, la réflexion sur l'art de K. Fiedler, *Schriften zur Kunst*, vol. I et II, G. Boehm (dir.), Munich, Fink Wilhelm, 1971 ; voir aussi à ce sujet S. Majetschak, *Auge und Hand. Konrad Fiedlers Kunsttheorie im Kontext*, Munich, Wilhelm Fink, 1997.

2. P. Klee, *Schöpferische Konfession*, 1920, cité d'après W. Grohmann, *Paul Klee*, Stuttgart, Dumont Buch Verlag, 1954, p. 97.

forme de la représentation figurative ou musicale, et si dans ce sens on est ému ou non par le *logos* de l'image ou du son.

13) L'acte de montrer joue aussi un rôle important dans les processus d'enseignement et d'apprentissage. En eux, le fait de montrer en attirant l'attention est plus souvent couronné de succès que la description *linguistique*. Quand une *praxis* interprétative rodée est donnée, des définitions et l'indication qui montre des exemples peuvent être utilisées avec succès (ce liquide, c'est de l' « eau » ; voici un exemple de « rouge carmin »).

Que montrer avec succès présuppose toujours déjà une *praxis* d'interprétation s'explique également par la *définition démonstrative*. Pour expliciter la signification et la référence d'une expression, on peut montrer l'objet en guise d'exemple du fait de montrer ce dont traite l'expression et à quoi elle se réfère. C'est ainsi que quelqu'un montre la table devant moi et exprime le mot « table » pour en expliciter la signification et la référence. Ce fait d'attirer l'attention ou une définition démonstrative ne livre pas *une description de l'objet*. Pour que montrer démonstrativement ou pour qu'une telle définition atteigne son but, comme Wittgenstein [1] le souligne, un réseau d'autres aspects ainsi que le jeu de langage qui lui est afférent doivent déjà être mis en place. Donc le langage doit déjà fonctionner, si une définition démonstrative veut avoir du succès. Cependant, on ne peut pas entièrement sans présupposé introduire la signification et la référence des signes linguistiques par une définition démonstrative.

Cette constatation est faite indépendamment de l'aspect plus fondamental mentionné dans le chapitre III, d'après lequel les significations des mots, des expressions et des propositions d'une langue naturelle *ne* sont *pas* fixées par des définitions, comme c'est le cas en logique ou en mathématique. Les mots d'une langue naturelle ont déjà une signification. À la différence des langages artificiels, nous n'avons absolument pas affaire à une situation où la signification devrait d'abord être fixée par une définition. Les caractéristiques sémantiques et pragmatiques des signes sont données dans l'emploi. Que cela soit ainsi *se montre* dans chaque emploi réussi et compréhension couronnée de succès des signes linguistiques. Ces derniers peuvent au mieux être expliqués ou clarifiés, mais pas définis au sens strict.

1. Wittgenstein, *Recherches philosophiques*, *op. cit.*, § 28 *sq*.

Quand une définition démonstrative et en général l'usage de signes *démonstratifs* sont réussis, c'est qu'un système d'interprétation et une *praxis* d'interprétation sont depuis longtemps en usage. Si un signe se manifeste, cela implique que la *praxis* interprétative qui lui est relative ait déjà été activée. Dans cette optique, nous initions aux situations d'apprentissage d'autres personnes dans les pratiques d'interprétation adéquates.

Bien évidemment, il *ne* s'agit *pas* d'interprétation dans le sens d'une explication *ultérieure*. Car, il ne s'agit pas ici de rendre à nouveau satisfaisant ou de rendre univoque un signe devenu douteux dans ses caractéristiques sémantiques et pragmatiques. Il s'agit plutôt de ces cas dans lesquels, *en vertu de l'activité démonstrative* une compréhension *directe* doit être créée. Donc il s'agit de la forme de la *praxis* de l'emploi des signes elle-même qui peut être caractérisée dans le chapitre VIII comme *interprétative*. Dans ce sens, nous avons parlé du *caractère* interprétatif de la forme logique de la *praxis* de l'emploi des signes. C'est également en ce sens que résident les conditions interprétatives du signe non linguistique. Il ne peut s'agir d'interprétation seulement, parce que *montrer* a lieu directement et ne dépend pas d'une interprétation ultérieure.

14) On peut également expliciter ce point en considérant les *propositions* que Wittgenstein appelait *grammaticales* [1]. Les propositions grammaticales (les exemples de Wittgenstein sont « toute baguette a une longueur », « l'ordre commande son exécution ») sont des propositions qui sont certes utilisables dans certains cas, par exemple dans l'enseignement d'une langue. Mais ensuite elles donnent des explications sur la manière, donc sur la forme de l'utilisation des expressions dans une langue. Parce qu'elles ne sont pas du genre à pouvoir être vérifiées ou falsifiées, elles montrent la forme sous-jacente de la *praxis* de l'emploi des mots et des propositions d'une façon spéciale. C'est pourquoi on peut dire en une formation autoréférentielle (*in selbstbezüglicher Schleifenbildung*) : les propositions grammaticales montrent exactement la forme de la *praxis* d'interprétation des signes dont dépend le fait que les propositions disposent de la forme logique et des caractéristiques sémantiques et pragmatiques qu'elles possèdent et démontrent en plus qu'elles peuvent montrer ces formes. C'est pourquoi les phrases grammaticales présupposent, telle est la thèse ordonnée, a) le

1. Wittgenstein, *Investigations philosophiques*, *op. cit.*, § 251 et 458.

caractère démonstratif et b) la forme de la *praxis* d'interprétation déjà sous-jacente qui lui est liée, et les affirment.

15) L'acte de montrer est même d'une signification fondamentale dans la *logique symbolique (mathématique)*. Dans la logique moderne, il ne s'agit plus, comme on le sait, de la signification intrinsèque des expressions individuelles, il ne s'agit plus de mots de la langue. Depuis Frege, il s'agit d'un langage artificiel formalisé à l'intérieur duquel, tel est l'idéal de Frege, seules seront comprises et expliquées des formules en vertu de leur référence à la forme extérieure des signes en question [1]. Il ne s'agit que des aspects formels, seulement des aspects sémiotiques et syntaxiques et de leurs relations structurelles. On ne procède plus de façon instrumentale, à l'aide d'instruments à partir de prémisses correctes vers des conclusions. Il apparaît plutôt qu'en vertu du symbolisme l'on peut continuer quasi-symboliquement à décrire, bref comment cela continue et quelles nouvelles formules on peut obtenir à partir d'autres formules.

Selon Wittgenstein, chaque phrase de la logique est « un *modus ponens* représenté *en signes* ». L'intérêt est qu'on ne *peut* pas exprimer le *modus ponens*, la conclusion affirmative « par une proposition » (*Tractatus*, 6.1264, souligné par G. Abel). Si donc de deux schèmes d'expression 1) « A (B » et 2) et de « A » on passe à la validité de « B », ce passage ne doit pas être compris comme le recours instrumental à la forme logique « A→B, A, B ». C'est plutôt l'effet « que B » est une conclusion *grâce à* la forme logique. On ne peut figurer cette dernière, de son côté, comme un quelque chose relativement auquel une phrase propositionnelle pourrait se former.

16) On peut élargir le discours sur les signes aux *formations culturelles et aux époques culturelles*. Le sens du monde vécu et de la culture ainsi que l' « esprit » d'une époque se manifestent, se démontrent sous la forme des productions de la culture et de l'esprit. C'est pourquoi on peut considérer que c'est l'une, peut-être même l'excellente tâche de l'art de surtout démontrer précisément cette forme, de la représenter. L'art, pourrait-on dire, peut *montrer* l'intérieur d'une culture, la *démontrer* ; entièrement au sens de Shakespeare, qui dans le discours aux spectateurs

1. Voir G. Frege, *Begriffsschrift. Eine der arithmetischen nachgebildete Formelsprache des reinen Denkens*, Halle, Verlag von Louis Nebert, 1879 ; réimpr. I. Angelelli (dir.), Darmstadt, Georg Olms Verlag, 3e éd., 1977. Voir B. Mates, *Elementare Logik*, Göttingen, Vandenhoeck and Ruprecht, 1978.

de *Hamlet* décrit leur tâche comme « to show the very age and body of the time his form and pressure » [1].

17) Nous nous sommes quotidiennement et parfaitement familiarisés avec le phénomène du montrer dans *les systèmes de symboles non linguistiques*. Que l'on pense par exemple aux films, aux images, aux plans de ville, aux gestes, aux poteaux indicateurs, aux tableaux, aux normes comportementales, aux esquisses, aux dessins, aux figures, aux diagrammes, aux photos, à des caricatures, aux panneaux de signalisation routière, aux graphiques, aux cartes géographiques, aux indications figuratives, aux indicateurs de vitesse, aux indicateurs d'essence. De tels systèmes de signes non linguistiques sont extrêmement pertinents d'un point de vue cognitif. Ce sont des systèmes de représentation, ils fonctionnent cognitivement et montrent ce qu'il en est des choses concernées.

De tels signes non linguistiques *montrent* quelque chose : la flèche indique une direction. La photo montre l'oncle Paul ; l'esquisse montre la forme du toit de la maison ; le geste montre la négation. Le diagramme montre le développement de l'indice de la bourse ; la caricature montre le chancelier fédéral ; le panneau de circulation montre qu'il faut tourner à droite ; le dessin montre le faîte du bâtiment de l'ouest. Bref, nous savons déjà bien que des signes non linguistiques peuvent montrer quelque chose ou montrent quelque chose en eux-mêmes et par eux-mêmes. Et, naturellement, nous faisons une différence entre les propriétés que les signes eux-mêmes possèdent, qui montrent quelque chose, et les propriétés qu'ils montrent. Cependant, des deux points de vue, les rapports d'interprétations sont déjà depuis longtemps en jeu : car, que les signes phénoménaux expriment ou possèdent des propriétés qu'ils expriment ou possèdent, est dépendant de ce que, dans leur pratique de l'interprétation, les esprits des hommes considèrent les signes *d'une telle manière déterminée* qu'ils montrent précisément ce qu'ils montrent pour nous, s'il ne doit pas être question de manière non critique d'une magie des signes. Au-delà d'une telle constatation, on peut partir du fait que beaucoup de choses qui ne sont pas représentées et présentées de façon démonstrative dans les systèmes non linguistiques peuvent se dire dans une langue. Aussi peut-on aussi dire dans une langue à l'aide d'expressions linguistiques selon une combinaison de

1. W. Shakespeare, *Hamlet*, Acte III, scène 2.

chiffres et de mots, ce qu'un diagramme indique du développement de l'index des actions allemandes [1].

Mais déjà le proverbe qu'une image en dit plus que mille mots explique clairement que les images disposent d'un pouvoir de représentation et de démonstration *figuratif* (*eine* bildhaft *repräsentierende un präsentierende Kraft*), d'un caractère figuratif qui se distingue des expressions linguistiques, et de tels contenus figuratifs ne peuvent se réaliser à l'aide d'expressions linguistiques complètement individuées, saisies et représentées. La même chose vaut, par exemple, de manière analogique, pour l'expressivité d'un son musical.

Avec ce point, il apparaît clairement qu'on peut traiter des aspects de la différence entre dire et montrer comme des différences entre des systèmes de symboles, de représentations et d'interprétations, d'une part, et des systèmes de symboles, de (re)présentations et d'interprétations non linguistiques (par exemple figuratifs, musicaux), d'autre part.

18) Deux autres aspects entrent ici en jeu : 1) ce que Wittgenstein appelle l'*aspect-voir* [2] et ce qui peut être thématisé comme l'*adoption d'une perspective* ou d'un *horizon d'interprétation* ; et 2) le point que chaque forme de l'aspect-voir dépend déjà d'une *praxis* d'interprétation et présuppose que son fonctionnement est rôdé.

Par exemple : voir que la flèche indique la gauche signifie qu'il faut voir le signe en question à partir de la *praxis* d'interprétation rodée selon laquelle la pointe des flèches indiquent habituellement des directions. Sans l'application et l'utilisation de cette *praxis* d'interprétation, le signe ne serait pas le signe qu'il est et ne pourrait exercer la fonction de signe qu'il exerce (ici : montrer la direction gauche). Sans la *praxis* de l'interprétation des signes, sans le fonctionnement non problématique des habiletés, des attitudes et des pratiques de l'utilisation et de la compréhension des signes symbolisant le caractère direct ne serait pas donné selon lequel nous voyons que la flèche donne une indication vers la gauche.

1. Il faut à nouveau souligner qu'il ne s'agit pas ici de différents systèmes linguistiques, mais de systèmes de symboles et de représentations distincts. Il s'agit de la différence qui existe, par exemple, entre a) la description linguistique d'un scénario (par exemple dans le rapport qu'un détective donne de l'observation d'une personne) et b) la représentation figurative d'un scénario (par exemple avec des photos faites par le détective) qu'il livre comme « rapport » sans explication linguistique.

2. Voir Wittgenstein, *Philosophische Untersuchungen II*, *op. cit.*, p. 503-526. Sur l'aspect du voir dans son rapport avec l'imagination intuitive et la pensée. voir *supra*, chap. VII.2.

Il y a ici des rapports d'interprétation dans deux sens : a) l'aspect-voir a lui-même un caractère *interprétatif*. Il peut se caractériser par le fait qu'un point de vue perspectiviste est adopté et réalisé ; b) l'état de l'aspect-voir (c'est-à-dire l'état dans lequel on se trouve lorsqu'on voit et remarque un aspect) se manifeste, se montre dans un comportement concret linguistique et non linguistique et dans les expressions et actions concrètes de la personne en question. En ce qui concerne la détermination du comportement, de l'expression et de l'action les attributions adéquates sont dépendantes de ce qui est *considéré* comme signe *pertinent* de comportement, d'expression et d'action. Mais cela signifie qu'est donnée la dépendance de la *praxis* interprétative sous-jacente partagée avec d'autres, et donc publique.

Dans notre contexte, l'aspect-voir est intéressant en un triple sens : a) pris en lui-même, puisqu'il ne s'agit pas d'un procédé dans des systèmes de symboles non linguistiques ; b) relativement à la question du montrer et c) par rapport à la question de la pertinence des composantes non linguistiques et du montrer non linguistique des caractéristiques sémantiques et pragmatiques des expressions linguistiques et des signes non linguistiques. L'aspect-voir est extrêmement significatif pour la détermination de cette caractéristique.

Nous avons affaire ici au point auquel les systèmes de symboles non linguistiques jouent un rôle co-déterminant, en vertu de leur fonction de montrer non verbal, relativement à la sémantique et à la pragmatique des expressions linguistiques et non linguistiques. En ce sens, il s'agit d'un point de jonction entre les systèmes de symboles linguistiques et non linguistiques. Cela conduit au fait que l'étude peut aussi ensuite s'élargir au-delà des systèmes linguistiques quand il s'agit de systèmes sémantiques et pragmatiques *linguistiques*. En d'autres termes, il semble que, en philosophie du langage, nous ne pouvons progresser que si nous intégrons la théorie générale des symboles. Un exemple en serait l'analyse des expressions *métaphoriques*. Savoir ce que signifient les mots et les expressions signifie aussi savoir ce que sont les significations représentées et démontrées. Et cela inclut le fait de saisir les variantes impliquées de l'aspect-voir, s'y connaître dans la *praxis* interprétative d'où l'aspect-voir et les « changements d'aspects » sont comme ils sont.

19) On a déjà mentionné qu'il est possible de distinguer, dans la théorie générale des symboles de Nelson Goodman, les signes *analogiques* (denses, courants et continus) et les signes *digitaux*

(distincts, disjoints, différenciés) *et les systèmes de symboles* [1]. À l'aide de cette distinction, on peut clarifier un aspect important de la différence entre dire et montrer.

Exemple : quand on goûte et hume une tasse de café moka, on dit peut-être que l'arôme de ce café est phénoménal et indescriptible. On veut simplement dire par-là, comme P.M.S. Hacker [2], que le langage est inadéquat pour décrire l'arôme ou qu'une certaine forme de la description ne s'applique pas au cas de l'arôme. Dans ce cas, il s'agit simplement de savoir ce qui compte comme description de propriétés. On peut traiter la question de la représentation d'une expérience sensible phénoménale non linguistique et subjective aussi dans la perspective d'une théorie des signes et des symboles, plus précisément à la lumière de la différence entre des signes analogiques et digitaux. Alors l'exemple est fécond.

L'expérience sensible phénoménale de goûter et humer l'arôme se déroule dans un système de représentation (syntaxique, sémantique et pragmatique) dense, *analogique,* non linguistique. Le « (re) » dans cette expression de la « représentation » doit être mis entre parenthèses parce qu'il ne s'agit pas, strictement parlant de représentations à l'aide de signes identifiables, référentiels et suppléants. Il s'agit plutôt de rapports de la *présentation*, de rapports du montrer que du dire.

Un système de symboles analogique se caractérise par le fait que, dans le système, chaque nuance, aussi petite soit-elle, est pertinente. Dans l'exemple, la présentation s'effectue directement ou analogiquement sur le plan de l'expérience sensible, non pas dans le sens d'une représentation digitalisante, identifiante et ré-identifiante, à travers des prédicats linguistiques et des expressions conceptuelles types. C'est pourquoi l'arôme est dans le sens littéral phénoménal et indescriptible, c'est-à-dire qu'on ne *saurait* le saisir même à l'aide de beaucoup de mots, d'adjectifs et des modifications adverbiales d'une langue. Car, le langage est déjà distinct, disjoint, différencié, digitalisant sur la base de l'alphabet qui lui est caractéristique. Il n'y a pas en lui de (re)présentation *analogique* (à quelques exceptions près, par exemple des interjections comme « aoua »). Il s'agit donc ici de l'ineffable comme conséquence de la différence entre des systèmes de symboles et de (re)présentation différemment conçus. Donc il ne s'agit absolument

1. Voir *supra*, chap. VII.5. *Cf.* Nelson Goodman, *Languages of Art*, *op. cit.*, p. 157-162, p. 170 *sq.*

2. P.M.S. Hacker, « Als das Pfeifen verstummen musste », art. cit., p. 108 *sq.*

plus de la question de l'adéquation ou inadéquation de la langue. Il s'agit beaucoup plus d'aspects qui ne peuvent pas complètement se réaliser, se représenter, se présenter dans un système *linguistique*, symbolique et de représentation comme ceci est possible dans un système non linguistique de symboles et de (re)présentations. Voilà tout. Mais, précisément, ce point est important. *Dire* apparaît donc comme un mode des systèmes de représentation analogique. Plus les rapports de signes et de symboles sont subtils et ininterrompus, c'est-à-dire plus ils sont continus, et plus il est plus difficile et en dernière instance impossible de les saisir, de les représenter et de les décrire en des signes discrets, disjoints.

Là encore la différence entre dire et montrer est plus catégorielle, cela signifie ce qui se *montre* comme contexte ininterrompu, comme *continuum*, *ne peut pas* être *dit* à l'aide de signes linguistiques discontinus. La différence entre *dire et montrer* est ici une différence entre des *formes différentes de symbolisation*. Elle se distingue ainsi clairement de la différence discutée plus haut et également non éliminable entre ce qui peut être dit d'un objet dans une phrase propositionnelle et ce qui se montre dans le sens wittgensteinien (à savoir que la *forme logique* et l'exécution du parler d'une langue ne sont pas des choses dans le monde et que la *forme de l'image* n'est pas représentée dans l'image elle-même). Si on prend le discours du signe dans le sens *du caractère imagé* (ou de la *sonorité musicale*) et plus loin, dans le sens du *montrer démonstratif*, alors les quatre formes du montrer sont connues. Avec elles, comme nous l'avons souligné, chaque fois qu'il y a un signe qui se présente ou s'introduit, un système d'interprétation et une *praxis* d'interprétation sont présupposés. Autrement, les signes montrant ne peuvent pas exercer directement leurs fonctions de monstration qu'ils exercent.

20) On peut davantage clarifier le contexte esquissé à l'aide de la question du rapport du *langage et de l'image*. La caractérisation des systèmes de signes et de symboles faite par Goodman dans la théorie générale des symboles, à l'aide des particularités syntaxiques, sémantiques et pragmatiques mentionnées, met des instruments à disposition pour faire la distinction entre les systèmes de signes imagés et les systèmes de signes linguistiques [1]. Les systèmes imagés, c'est-à-dire des

1. D'après le critère des différents degrés de densité des signes, on peut de nouveau distinguer dans les systèmes imagés, par exemple, les images de film, les cartes géographiques et les diagrammes.

systèmes dont les éléments sont des images, sont caractérisés par le fait qu'ils manquent la disjonction syntaxique, sémantique et pragmatique qui caractérise les systèmes *linguistiques*. Ils se caractérisent en revanche par la densité syntaxique et sémantique. C'est pourquoi, selon Goodman, les images se distinguent des signes linguistiques du fait que, en tant qu'éléments, elles fonctionnent dans des systèmes de symboles analogiques et denses. Chaque nuance du signe, aussi fine soit-elle, compte en tant que caractère de signe propre dans le système et pour chaque nuance aussi petite de ce qui doit être représenté, il y à disposition dans le système de symboles un caractère propre de signes.

À cela correspond le fait que pour les images, à la différence des langues, il n'y a pas d'alphabets ou de vocabulaire au sens de listes finies de caractères de signes clairement distingués. Dans les systèmes linguistiques, toutes les formes de langues qui y sont possibles peuvent s'épeler en recourant à ces listes. Dans les systèmes alphabétiques, souligne Goodman [1], chaque inscription différente est équivalente. Aussi un « a », un « *a* » un « a » ou un « A » comptent comme des équivalents substituables. En revanche, dans les systèmes analogiques, c'est-à-dire dans les systèmes qui ne sont pas déterminés par l'alphabet ou par un vocabulaire, chaque différence, aussi subtile soit-elle, a une importance fondamentale. C'est par exemple le cas d'un déplacement à peine perceptible dans un ton bleu d'une peinture de paysage ou d'un déplacement
à peine perceptible dans une perspective du ton d'une représentation musicale. De cette façon, la différence entre une description linguistique et une représentation en image et une représentation ou présentation (musicale, mimique ou sculpturale) est en même temps marquée. Et cette différence représente une version importante de la différence entre dire et montrer.

Il est manifeste que même les signes imagés (*bildhafte*) ou d'autres signes sensibles sensoriels dépendent des processus d'interprétation et de la *praxis* interprétative qui leur sont sous-jacents. La dépendance de l'interprétation ne commence pas seulement lorsqu'on réfléchit aux ou considère les caractéristiques sémantiques (signification, référence, conditions de vérité et de satisfaction). Elle est plutôt la condition pour que a) quelque chose fonctionne en général comme signe et symbole et b) qu'il symbolise de la façon qui lui est propre, par exemple de façon imagée ou d'une autre façon. Formulé selon les termes de Goodman :

1. N. Goodman, *Languages of Art*, *op. cit.*, p. 130-141.

« Nothing is intrinsically a representation »[1]. La représentation, comme la présentation, dépend toujours déjà du système de représentations revendiqué. Sans un système d'interprétations déjà présupposé, nous n'aurions pas affaire à des caractères de signes symbolisant, individués et individuant dans leurs fonctions. La division sémiotique des caractères de signes d'après les genres de signes ne peut être entreprise qu'après que la *praxis* interprétative aura déjà accompli son œuvre avec succès. Ceci s'étend jusqu'à la question de savoir si quelque chose est ou non une image. Car ceci n'est pas fixé d'avance et une fois pour toutes. Cela dépend du système de signes utilisés et du système d'interprétation, plus précisément de la question de savoir si le signe en discussion fonctionne en tant que signe imagé ou non.

21) Parmi les différents modes de symbolisation énumérés par Goodman dans la théorie générale des symboles, l'*exemplification* (*Exemplifikation*)[2] occupe une place prépondérante. Elle est également féconde eu égard au rapport du dire et du montrer. Alors que la dénotation (*Denotation*) d'un signe ou d'un symbole consiste à renvoyer extensionnellement aux objets auxquels le signe ou le symbole se réfère, il s'agit dans l'*exemplification* du fait qu'un signe ou un symbole se rapporte à ses propres propriétés. Dans l'exemplification, le signe symbolisant fonctionne en tant qu'échantillon (*sample*)[3], comme l'exemplaire des propriétés qu'il possède lui-même et auxquelles il se réfère. L'exemple de Goodman : les échantillons d'étoffe (*Stoffeprobe*) d'un tailleur exemplifient (exposent, présentent, rendent visibles, montrent) certaines propriétés du tissu, par exemple sa couleur, et son motif, mais pas sa grandeur ou son poids.

Dans ce contexte, la différence entre dire et montrer peut être élucidée. L'échantillon d'étoffe montre et exemplifie quelques-unes de ses propriétés, par exemple, la teinte. Même la description *linguistique* la plus subtile de cette teinte, disons une certaine variante du rouge carmin, n'est pas en mesure, à l'aide d'adjectifs et d'adverbes, de livrer un équivalent complet pour un seul regard sur la couleur phénoménale de l'échantillon. Il est en même temps clair selon l'exemple que la propriété *montrée et exemplifiée* est liée à l'apparition réelle et phénoménale du signe et du symbole, et qu'elle ne peut donc pas être caractérisée

1. N. Goodman, *Languages of Art*, *op. cit.*, p. 226.
2. *Ibid.*, chap. II.
3. N. Goodman, *Languages of Art*, *op. cit.*, p. 57-67.

indépendamment de cette apparition. En même temps se présente clairement cette difficulté que ce qui est exemplifié, nous ne pouvons pas l'articuler en expressions linguistiques. Goodman a formulé ce point dans une comparaison avec la mensuration physique et la limite de tolérance qu'elle exige. « Saying what a picture exemplifies is like measuring with no set tolerances » [1].

Il n'est guère nécessaire de souligner que l'exemplification n'est absolument pas le cas d'exception, par exemple, celui des couturiers et de leurs échantillons de tissus ou celui des œuvres d'art, qui incarnent complètement des structures exemplificatoires. On peut la rencontrer davantage dans plusieurs domaines du monde vécu et elle caractérise ces dernières. Nous connaissons quotidiennement très bien ces rapports grâce à des échantillons, des exemples, des cas paradigmatiques. Ils ne jouent pas seulement un rôle dans les arts, comme la musique, la danse ou la sculpture, mais aussi dans des situations d'enseignement et d'apprentissage. Savoir quand et dans quel sens quelque chose fonctionne en tant qu'échantillon ou exemple signifie savoir quelle signification il a et ce qu'il manifeste. Dans les sciences naturelles, ceci est par exemple important par rapport à la question de savoir comment il faut comprendre certaines expériences. L'exemplification peut être considérée comme le noyau du caractère de confirmation d'une expérience. L'expérience exemplifie ou n'exemplifie pas les constructions théoriques et la légalité, les constructions qui sous-tendent la décision de procéder à l'expérience.

Une *praxis* d'interprétation rôdée est toujours déjà revendiquée dans la constitution et l'effet exemplificatoires ou démonstratifs et expressifs des signes. Les aspects les plus importants à cet égard sont les suivants : 1) l'exemplification est une relation auto-référentielle et toutes les fonctions référentielles d'un signe peuvent être construites comme ayant un caractère d'interprétation. 2) Quand l'exemplification est éprouvée, il faut aussi déjà avoir une connaissance du prédicat linguistique et/ou du signe non linguistique (par exemple la couleur ou le signe du sentiment) exemplifié. Si ceci n'était pas le cas, on ne remarquerait absolument pas qu'il y a monstration et auto-monstration. Même les signes qui apparaissent et qui ne sont pas jusqu'à présent entièrement familiers doivent être dans une relation à la *praxis* interprétative qui les sous-tend si les excitations qu'ils provoquent doivent émouvoir. 3) Quels prédicats et/ou signes non linguistiques doivent être instanciés, exemplifiés et exprimés

1. N. Goodman, *Languages of Art*, *op. cit.*, p. 235.

dépend du système d'interprétation qui est en vigueur. 4) Un signe symbolisant peut instancier beaucoup de propriétés, prédicats ou signes. Mais ils ne sont pas tous exemplifiés. Pour cela il est nécessaire que le signe comme symbole fonctionne pour le signe instancié [1]. Peut appartenir aux propriétés instanciées le fait qu'un signe apparaissant maintenant samedi à côté de mon bureau, sous la forme écrite du nombre premier 3. Mais ce que le signe exemplifie et ce par quoi il est pour moi pertinent, me « prend » (*mitnimmt*) et me « donne à penser », peut consister en ce que c'est un signe gai (*heiter*). La limite est donc constamment tracée entre le nombre illimité de signes instanciés et les signes exemplifiés, et entre ces derniers encore les expressifs et les exprimés, si un signe est éprouvé et vécu phénoménalement comme un signe d'exemplification et au-delà d'expression. 5) Des limites supérieures et inférieures sont déjà tracées pour les signes exemplifiant et expressifs ; si un signe exprime ceci – et ceci, mais pas cela, s'il exprime la gaîté par exemple, et non la tristesse, et qu'on le comprend directement. 6) À l'intérieur de cet horizon, l'ambiguïté, la référence multiple et l'imprécision sont possibles et chaque pas visant à les supprimer, donc chaque pas qui va dans le sens d'une plus grande précision du signe peut être considéré comme un pas dans l'interprétation. Dans l'exemplification et dans le montrer, répétons-le, se dévoile la *forme* de notre *praxis* d'interprétation. La question qui va au-delà de l'aspect d'une différence entre dire et montrer, question du primat possible au sein du rapport des deux, pourrait aussi être traitée à la lumière du rapport de la dénotation et de l'exemplification. Ne se pourrait-il pas que, pour qu'un signe puisse en général fonctionner de façon *dénotative*, c'est-à-dire qu'il puisse se rapporter à des faits extensionnels, il doit fonctionner de façon *exemplificatoire*, c'est-à-dire se référer à lui-même et à ses propres propriétés ? Ce serait une formulation de la philosophie des signes et de l'interprétation de la thèse que la référence à l'objet présuppose de façon inclusive une autoréférence. Et c'est précisément au sens où l'exemplification aurait été mise en rapport avec le montrer qu'il y aurait en même temps un primat de l'exemplification sur la dénotation, donc un primat du montrer sur le dire.

1. N. Goodman, *Languages of Art*, *op. cit.*, p. 53.

4. Le dire conceptuel et le montrer esthétique

Les variantes que nous avons présentées du rapport qui existe entre le dire et le montrer et, surtout, la réflexion sur le primat possible du montrer sur le dire conduisent à un changement de perspective relativement aux questions du sens du monde vécu. Ces questions concernent la fonction et le statut des formes de la perception sensible, donc de la perception esthétique, à la différence des concepts logiques. Ces réflexions conduisent à réinterpréter le rapport entre la logique et l'esthétique, entre les concepts logiques et les arts sensibles [1]. Car le procédé de la monstration est lié aux aspects de ce qui apparaît sensiblement, de la sensation et de la perception sensible, de l'expérience sensible phénoménale, et c'est pourquoi on le nomme *esthétique*. En même temps, comme nous l'avons exposé, chaque signe présuppose toujours déjà un système d'interprétation et une *praxis* d'interprétation, et les revendique. Si l'on pense au sens large, expliqué dans le premier chapitre (I.2), d'un tel discours de la *praxis* interprétative, on peut l'identifier à la *praxis* de la vie et du monde vécu. Parler de la *forme pratique de l'interprétation* ainsi que du *sens pratique de l'interprétation* peut être lié au fait de parler de la *forme du monde vécu* et du *sens du monde de la vie* dans une perspective déterminée. Le fondement profond de la monstration dans la vie devient clair, et ce, tant du côté de la forme esthétique que du côté de la forme logique d'une telle monstration. Dans la mesure où le moment de la monstration esthétique apparaît par excellence relativement aux œuvres d'art, ce sont surtout les arts qui sont en mesure d'éclairer, de montrer, de mettre en image le sens d'une *praxis* interprétative vécue, donc un sens du monde de la vie. C'est pourquoi il n'est pas surprenant non plus que la monstration esthétique ait la plupart du temps une plus grande signification dans la vie que le dire conceptuel.

1. C'est le thème des deux chapitres suivants (chap. IX et X).

CHAPITRE IX

LOGIQUE ET ESTHÉTIQUE

1. CARACTÈRE-LIMITE ET CARACTÈRE D'ORGANISATION

S'agissant du rapport de la logique et de l'esthétique, il faut prendre en compte la différence entre le sens *étroit* et le sens *large* du terme “logique”. Nous reprendrons ici la distinction faite, dans le chapitre IV.1, entre la petite et la grande logique, qui a été introduite eu égard à la différence entre interpréter des signes et exécuter des signes. La logique formelle ou la petite logique peut être distinguée de la logique catégorialisante ou grande logique [1]. La logique formelle est la doctrine de la déduction qui suit les prémisses et qui est formellement valide. En elle, manque la réalité expliquée. La logique formelle ne dit rien de la réalité et rien de notre expérience. En revanche, il s'agit, dans la logique philosophique ou dans la logique catégorialisante, des structures et processus dans l'accomplissement desquels l'expérience humaine est formée *ainsi-et-ainsi* (*So-und-so*), déterminée, individuée et organisée. Les objets de l'expérience ne sont pas seulement préfabriqués et donnés tout faits, ils ne sont pas purement donnés. On n'a pas des expériences simplement, comme on a des mains et des pieds. Elles sont faites et restent donc soumises aux conditions de leur genèse et de leur organisation. À la lumière de cette réflexion, il s'agit dans ce qui suit essentiellement des fonctions

1. Dans la suite, nous intégrerons quelques matériaux qui sont plus exhaustivement élaborés par G. Abel dans « Logik und Ästhetik », *Nietzsche-Studien* 16, 1987, p. 112-148.

de construction de formes du système conceptuel dont nous sommes pourvus en tant qu'êtres finis et perspectivistes. Chaque fois que nous disons du monde autour de nous, des états d'autres personnes autour de nous qu'ils sont des états ainsi-et-ainsi (*So-und-so*) et qu'ils sont faits ainsi-et-ainsi, ces fonctions ont déjà fait leur travail. Tout ce qui peut être pour nous objet de l'expérience en général, ne peut être, comme nous l'avons présenté dans les chapitres I et II, que dans l'horizon d'interprétation et de *praxis* interprétative dont nous sommes pourvus, que nous utilisons et que nous maîtrisons. Il ne peut y avoir un monde entièrement non épistémique et une réalité absolue en dehors de tous les rapports humains d'interprétation pour des esprits finis. La structure catégorialisante est dans chaque expérience, interne comme externe, et dans chaque perception, parole, pensée et action toujours déjà présupposée. La clarification de sa forme et de sa particularité est la tâche de la logique philosophique. En elle il ne s'agit pas seulement de la consistance formelle, mais au-delà de la validité empirique, c'est-à-dire, des conditions que le monde doit développer à son tour afin que nous puissions en avoir l'expérience.

Parler de logique dans le sens large du logique signifie donc ce que Kant a thématisé avec les concepts purs de l'entendement sous le mot-clé de logique transcendantale, Hegel comme le mouvement des catégories qui croise la pensée et l'être eux-mêmes et Wittgenstein avec la formulation pertinente que c'est la logique qui existe avant telle ou telle expérience. Le logique, le *logos* des signes, développé dans le chapitre IV veut dire les limites du monde, de l'expérience et du sens à partir desquelles et vers lesquelles la réalité et le sens se donnent à signifier comme réalité et sens. Pour cette limite, il est caractéristique qu'elle ne puisse encore être dépassée, mise à distance et ne puisse être fabriquée.

Comme dans le discours sur la logique, on peut également distinguer un sens *étroit* et un sens *large* lorsqu'on parle de l'esthétique. Le sens étroit conçoit l'esthétique comme une théorie des arts. En revanche, dans le sens large et dans le sens suivant que nous reprenons, il s'agit de l'esthétique comme doctrine de la perception et de la connaissance sensibles ainsi que de l'organisation des formes de la représentation sensible. C'est pourquoi l'esthétique n'est pas limitée ou n'est pas identique à la science de l'art. Elle est beaucoup plus fondamentale que toutes les autres manières de comprendre le monde humain et soi-même, ainsi que sur le plan de la sensation sensorielle sur la perception quotidienne, les objets explicites et la pensée conceptuelle jusqu'aux hypothèses et la formation de la théorie. Certes, les arts sont au sens étroit un excellent domaine de l'esthétique. Mais il est plus important dans ce qui suit que le sens large de l'esthétique conduise à situer la logique et l'esthétique dans leurs fonctions d'interprétation du monde et du sens également au même niveau, et de souligner la coopération des deux. Dans l'explication du modèle des niveaux de l'interprétation dans le chapitre I.1, nous avons à ce sujet souligné que le rôle de l'éthique peut se hisser à ce niveau fondamental et mettre en évidence la structure interne de la logique, de l'esthétique et de l'éthique. C'est seulement dans leur interaction que la forme de la logique, de l'esthétique et de l'éthique donne lieu à un monde et, individuellement, à mon monde.

Précisément, le discours de l'esthétique inclut surtout les moments suivants : l'*intuition* (à la différence de la pensée conceptuelle) ; *la sensibilité* (à la différence de l'expérience cognitive au sens étroit) ; la *monstration* (à la différence du dire), la *formation des formes et de figures* (à la différence de la classification conceptuelle) ; *la constitution des parties en un tout composé* et le *holisme*, donc la simultanéité (à la différence du rapport du général au particulier ainsi que la différence de la linéarité et de la discursivité de la grammaire du jugement logique).

La réalité et le sens, ainsi que la vérité et la justesse peuvent être conçus, dans le sens présenté, comme des fonctions de l'horizon d'interprétation et de la *praxis* interprétative. Sur ce terrain, le rapport de la logique et de l'esthétique est concevable dans leur compréhension large esquissée. En même temps, le couple conceptuel « science et art » a) peut être saisi dans son unité et sa différence et b) explicité dans son statut asymétrique sur le plan relatif à la logique et à l'esthétique. Les arts dans un sens restreint peuvent, comme présenté dans le chapitre X, être comparés aux sciences. Cependant, une activité et une capacité qu'on peut appeler artistique de création et de travail précède, dans la mesure où elle se situe sur le plan du *logos* des signes, chaque réalité et expérience de la réalité déterminées de telle ou telle manière. Cette dimension de l'art n'est pas, du point de vue de la réalité, mimétique, imitative, mais formatrice, productive ; elle possède une certaine priorité par rapport à la science. La science est, en revanche, de caractère moins original et formateur que beaucoup plus axée sur la découverte et sur la reconstruction. En recourant à ce scénario, on peut aussi expliquer la différence entre un concept large et étroit de l'art dans le sens des arts pris individuellement (par exemple des œuvres de Mozart, de Goethe, Rubens ou Giacometti).

Une catégorie centrale, non seulement dans les arts et les sciences, mais dans toute compréhension du monde, de l'autre et de soi-même, est l'*organisation*. Chaque interprétation est une organisation dans le sens par exemple du classement, du complément, de la simplification, de rendre clair-et-régulier, de peser, éliminer, densifier, subsumer, élargir les limites, ou déformer. Les processus d'interprétation effectuant l'organisation ne sont pas à concevoir comme une reproduction passive, mais comme une création active. Les interprétations de toute sorte sont des moyens de l'organisation. Le concept d'organisation est également central relativement aux œuvres d'art dans le sens étroit. Lorsque, comme chez Nietzsche, l'activité artistique est liée à la vie et à son accroissement, alors on peut dire qu'il s'agit, dans les œuvres d'art aussi, d'une force d'organisation qui relativement à ses matériaux aimerait atteindre un optimum de densité, de complexité et de plénitude en même temps. On peut le nommer principe de *compossibilité* de l'art.

Les êtres vivants humains ne peuvent pas vivre sans connaissance de la logique formelle et sans objets artistiques au sens étroit. Mais sans le logique et sans l'artistique au sens large esquissé de l'esthétique, ils ne pourraient pas se maintenir en vie. Car, sans cette activité et cette capacité ils ne pourraient pas conserver la forme de leur monde vécu, la forme du monde des choses et des événements, le caractère de forme, donc la réalité de leur monde. Ils ne vivraient absolument pas dans un monde individué, pas dans leur monde. Le « plaisir à la simplicité, à la clarté, à la régularité, à la sacralité » remarque Nietzsche est un « instinct fort » de l'homme. Il organise avec efficacité toutes les activités sensées de l'homme. C'est clairement le cas, par l'exemple, dans la perception. Chaque chose perçue de *telle ou telle* manière et présentée à la conscience est déjà un produit de processus de logique esthétique de l'organisation. Ce « logique », cet « artistique » lit-on chez Nietzsche « est notre activité constante »[1]. Sans eux, se produiraient l'éparpillement, la dissociation et la désintégration de la vie. Dans ce sens, les processus logiques et esthétiques appartiennent aux conditions extrêmes de la vie.

Le *monde* de l'homme est le monde de l'*homme*. Dans ce sens, l'homme *est* son monde. En relation avec la formule *Homo mensura* (qu'il ne faut certes pas hypostasier) on peut dire qu'il s'agit de « repré-

1. F. Nietzsche, KGW VII, 34 [49], p. 155 *sq.* Voir aussi, *supra*, chap. VII, où est décrit le rôle de l'imagination dans la perception.

senter l'homme comme une limite »[1]. Rapporté au problème discuté ici, l'homme est limité dans le sens logique esthétique, d'être limite effectuant l'interprétation du monde et du sens à travers la perception, la parole, la pensée, l'action et des formes. La limite du monde et du sens est de caractère logique-esthétique (et éthique). Inversement, cela signifie que, comme souligné dans le chapitre I.1, logique, esthétique et éthique ont, en dernière instance, les mêmes « limites. »

La logique et l'esthétique n'interviennent donc pas seulement au niveau des opérations du langage et de l'entendement et du travail artistique au sens étroit. Elles président déjà plutôt aux activités des sens, aux fonctions de l'œil, de l'oreille, du toucher, du goût et de l'odorat. Elles font partie de la force d'organisation dans le domaine préscientifique. Nietzsche a dit une fois de l'œil qu'il est « un poète inconscient et un logicien en même temps »[2]. Mais qu'est-ce que cela signifie que l'œil en voyant est artiste et logicien en même temps ? Une réponse peut être donnée au cours d'une analyse de la perception ainsi qu'à ce que signifie de voir quelque chose *comme* quelque chose. Cela conduit à la relativité du voir. Les résultats de la recherche en perception prouvent que l'œil organise ses matériaux[3]. Il délimite, associe, distingue, privilégie, place en haut, complète, efface, décompose, scanne, synthétise, construit et projette. L'œil ne reproduit pas simplement passivement quelque chose qui existe. Il organise plutôt et crée ce qu'il voit, et la façon dont il voit quelque chose dans sa *manière d'être*. Il ne s'agit pas d'une contemplation passive, mais d'activités d'organisation et de synthèse. Même lorsque l'œil est fermé, l'activité du nerf optique est encore en activité. Si on voulait soustraire cette activité de la vue on nierait le voir. Ou formulé autrement : le mythe de l'œil innocent ne peut se conserver et un œil purement passif serait autant aveugle qu'un œil fixé[4].

De plus, il faut tenir compte du fait que toute vision de quelque chose comme quelque chose, que chaque « voir comme », est confronté à la

1. F. Nietzsche, KGW VII, 2 25 [393], p. 111 ; VIII 3, 14 [184] p. 163. Sur la philosophie de Nietzsche et sur le passage de l'organisme au modèle de l'organisme, voir G. Abel, *Nietzsche*, Berlin-New York, de Gruyter, 1984, 2 e éd. 1998, chap. V.

2. F. Nietzsche, KGW V 2, 15 [9], p. 535.

3. E. B. Goldstein, *Wahrnehmungspsychologie*, Heidelberg, Berlin, Oxford, Spektrum akademischer Verlag, 1987 ; I. Rock, *Vom visuellen Reiz zum Sehen und Erkennen*, Heidelberg, Berlin, Spektrum akademischer Verlag, 1998.

4. Voir Nelson Goodman, *Languages of Art*, *op. cit.*, p. 7 *sq.* et p. 12 ; voir E. Gombrich, *Art and Illusion. A Study of the Psychology of Pictorial Representation*, New York, Princeton University Press, 1960, chap. 9 ; trad. fr. *Art et Illusion*, Paris, Phaidon, 2002.

question de la spécification des instruments et des détails. Dans la réponse à cette question, il apparaît clairement que d'autres individuations, identifications et déterminations seraient possibles. En outre, sous les auspices de la critique, on ne pas partir d'objets s'auto-individuant, s'auto-identifiant ou s'auto-classifiant comme tel ou tel. Et ceci également montre que chaque chose vue d'une certaine manière déterminée peut être considérée comme le produit d'une *interprétation en perspective*. De plus, voir quelque chose de telle ou telle manière signifie mettre en liaison le fait de voir comme avec le fait de penser comme, c'est-à-dire mettre en rapport le voir et le penser, la perception et la conceptualisation.

Ce qui est vu *ainsi et ainsi* (*Das* als-ein-So-und-so *Gesehene*) est d'une certaine manière une symbiose entre voir et penser. Lorsqu'un coup d'œil jeté sur un dessin-devinette permet de voir, tout d'abord, une dense brouillasse ramifiée, mais que soudain on reconnaît un chasseur avec son fusil dans un buisson, c'est-à-dire syntaxiquement, on voit différemment « le même » signe, la vue de ce signe semble être, pour parler avec Wittgenstein, « une pensée qui fait écho dans la vue »[1]. L'expérience de la vue, la représentation et le concept sont ici croisés d'une certaine façon qui se soustrait à une analyse qui les sépare rigoureusement. Dans ce qui est vu, et de cette manière, en tant que quelque chose, la forme et la pensée, la représentation et le concept, sont toujours déjà amalgamés. Dans ce sens, l'œil est un artiste et un logicien en même temps. À cela s'ajoute aussi le fait que l'œil est une limite, notamment la limite du champ visuel. *Dans* le champ de vision on ne voit pas l'œil et « rien dans le champ de vision ne permet de conclure qu'il est vu par un œil »[2]. S'y trouve en même temps la possibilité que tout ce que nous voyons et pouvons de telle ou telle manière pourrait être aussi autrement, qu'il n'y a pas un ordre des choses fixé au préalable et donc que tout monde vu de telle ou telle manière peut être considéré comme le résultat de processus d'interprétation logico-esthétique. Le résultat est tout autant représentation que concept.

Conçues en leurs structures fondamentales logiques, esthétiques et éthiques, les formes de la compréhension du monde, de l'autre et de soi-même ne sont pas des constantes atemporelles. Elles peuvent changer au cours du temps, ne serait-ce qu'imperceptiblement. Ou, inversement, la

1. Wittgenstein, *Philosophische Untersuchungen II*, *op. cit.*, p. 523.

2. Wittgenstein, *Tractatus logico-philosophicus*, *op. cit.*, 5.633. Sur la vision, voir chap. VIII.3 (Dire et montrer).

manifestation spécifique à l'époque du schème d'interprétation dominant, qui fixe pour un temps ce qui est réel et sensé, se concrétise et se montre à travers elles. Dans la science et dans l'art, ainsi que dans la morale et la religion, l'homme apprend beaucoup de choses sur lui-même, c'est-à-dire sur les formes d'interprétations dominantes et originellement productives de son rapport et de sa compréhension du monde, de l'autre et de lui-même. À partir de ce point également, la logique et l'esthétique peuvent être saisis dans le sens des limites qui forment le monde et le sens qui est effectif avant et dans chaque expérience individuée et déterminée de telle ou telle nature. Et, précisément, cette limite peut se caractériser comme étant interprétative. Ce point sera développé en détail dans le chapitre VIII.

Puisque le niveau du logique ne *peut* plus être encore une fois dépassé et que le moment de la fusion de la logique et de l'esthétique se soustrait souvent à une séparation précise, la réalité peut être considérée comme le résultat enchevêtré du logique et de l'esthétique (ainsi que de l'éthique). Faire de la logique (et non du logocentrisme !) et de l'esthétique (et non de l'esthétisme sans vie !) sont deux manières fondamentales d'interpréter le monde et soi-même. La vie « logifie » et « esthétise » à travers nous dès que nous formons, individuons, et identifions ce qui vaut pour nous comme tel ou tel monde, comme réalité.

Il faut aussi tenir compte du fait que le logique et l'esthétique dans le sens compris ici ne choisissent pas des possibilités parmi un arsenal donné de *possibilia* pures, mais, en tant que limites du monde, ils créent des possibilités précisément dans la mesure où elles forment des mondes réels. La réalité ici n'est pas conçue comme limitation ou compossibilité de possibilités. Des possibilités sont plutôt perçues *au sein* des réalités quand ces dernières jouissent de la priorité épistémique [1]. C'est pourquoi l'artistique et le logique peuvent être désignés comme originairement productifs. La logique et l'esthétique forment des mondes. Elles ne sélectionnent pas simplement des mondes existant possibles.

2. ESTHÉTIQUE LOGIQUE DE L'INTERPRÉTATION

Plusieurs composantes entrent toujours dans la sémantique des signes d'interprétation, principalement, les composantes psychologiques, pragmatiques, les composantes relatives aux contenus et les composantes

1. Voir G. Abel, *Nietzsche*, *op. cit.*, p. 412 *sq*.

logiques. Eu égard à l'esthétique, on peut distinguer par conséquent une esthétique psychologique, pragmatique, matérielle et logique. Le terme « esthétique logique » est à entendre ici au sens large esquissé plus haut de la limite logique esthétique des fonctions de l'horizon d'interprétation et de la *praxis* d'interprétation formant le monde et le sens. C'est pourquoi on peut dire que ce qu'on peut appeler maintenant esthétique logique d'interprétation est fondamental. Elle est déjà présupposée dans les trois formes. En même temps, il résulte de la nature du concept d'interprétation que la sémantique même de l'art n'est plus à comprendre du point de vue de la théorie de l'objet, pas plus dans le sens d'un platonisme sémantique, ni comme *quale* ou comme un universel, mais comme fonction, plus précisément comme fonction d'interprétation.

Comme limite du monde et du sens, l'esthétique logique de l'interprétation (*interpretations-logische Ästhetik*) est liée de façon interne à l'accomplissement d'une vie. Si l'art est compris de façon restrictive comme un esthétisme artistique et s'il est lié à la *praxis* de la vie, il en résulte, en référence aux positions de Nietzsche, une possibilité de thématiser le problème de l'art en référence aussi bien au rapport de l'art et de la *praxis* que relativement à la relation à l'artistique et au logique ainsi qu'à l'art et au sens et à l'absurde, c'est-à-dire au nihilisme. L'art peut faire de la forme de la *praxis*, il peut faire du sens directement une idée et une représentation. Il peut aussi avoir un effet rétroactif sur le changement et sur une nouvelle organisation de la *praxis* de la vie. Dans ces deux perspectives, il précède les concepts théoriques et la pensée conceptuelle, la dimension directe de la compréhension. Le fondement clair des concepts a d'abord souvent besoin de clarification et d'explication. Et la pensée conceptuelle ne se laisse appliquer à la vie qu'à l'aide d'étapes intermédiaires, pour ainsi dire seulement à l'aide du convertisseur du monde vécu. Elle ne réussit pas en règle générale à forger un sens du monde vécu ni même à triompher de l'absurde dans la vie pratique. C'est la raison pour laquelle dans la perspective de Nietzsche, c'est l'art et non la pensée conceptuelle qui peut représenter le mouvement contraire et l'effort pour triompher du nihilisme.

En matière d'art et d'esthétique, il faut distinguer a) le niveau des intentions et de la psychologie de l'artiste et de l'observateur ; b) le contenu (*Gehalt*) matériel, le contenu (*Inhalt*) au cas où il est présent, c) la forme de l'œuvre d'art ainsi que ses propriétés dénotatives et non dénotatives, exemplificatoires et expressives, bref, ses différentes propriétés symbolisantes, d) le rapport de l'activité artistique à la compréhension unitaire originaire du monde et de soi-même et e) la distinction entre le contenu et la forme où la distinction elle-même est conventionnelle, relative au contenu et il s'agit de trouver sa forme, c'est-à-dire la forme de *ce* contenu et de *cette* conventionalité et de la représenter. Ceci est la tâche aussi bien de la logique philosophique qui devient par-là esthétique, que de l'esthétique qui devient par-là logique. L'art montre la forme de la limite du monde et du sens [1]. La logique et l'esthétique sont, pourrait-on dire en intégrant le temps et l'histoire ainsi qu'en transformant la célèbre formule de Hegel sur la philosophie, leur temps saisi par la pensée et par les formes et les figures [2].

3. L'EXPÉRIENCE COMME ÉCRITURE DE SIGNES

La métaphore est un témoin de la productivité originaire de l'artistique et du *logos* des signes, de sa fonction de formation de sens [3]. L'usage métaphorique d'expressions et de signes n'est pas quelque chose qui apparaît seulement tardivement et, de surcroît, d'une certaine manière comme un enrichissement qui décore l'usage littéral du langage et des signes. Le langage quotidien tout comme les sciences sont infiltrés par des métaphores. De plus, l'apparition des métaphores n'est

1. Voir le chap. VIII (Dire et montrer), en particulier VIII.3 et VIII.4.

2. La limite logique et esthétique du monde et du sens n'est pas une limite naturaliste et empirique. Dans la conception nietzschéenne de l'art, elle est développée comme une limite physiologique et l'art dans un sens déterminé comme la physiologie du corps. Voir à ce sujet G. Abel, *Logik und Ästhetik*, *op. cit.* Il convient de souligner à ce niveau le caractère interprétatif. Ceci peut se faire en renvoyant à quelques croisements de la physiologie de l'art et de la théorie générale des symboles. On mentionnera les aspects suivants : a) que les processus organiques spécifiques peuvent être décrits comme des processus d'interprétation ; b) que les expériences faites par un vivant sont transfigurées et symboliquement transformées ; c) que la production et la réception des signes d'interprétation sont liées à l'organisme, c'est-à-dire qu'elles ne peuvent être entièrement expliquées indépendamment des fonctions du corps humain ; la conception de Nietzsche correspond ici à celle de N. Goodman : *Languages of Art*, *op. cit.*, p. 259 ; d) que l'effet et la fonction esthétiques et cognitifs de l'art, c'est-à-dire ce que nous connaissons par l'art, est quelque chose que nous sentons aussi bien « *in our bones and nerves and muscles* » (Goodman, *ibid.*) que nous le saisissons dans notre esprit ; e) que le cognitif dans le sens large des performances de la pensée consciente n'exclut ni le sensible ni l'émotif (voir Goodman, *ibid.*), mais comprend les deux ; f) que l'homme ne saurait être l'être doué d'esthétique et de logique qu'il est sans le monde entier de l'organique qui le conditionne et, au-delà aussi, celui de l'inorganique du caractère de la constitution de la forme ; selon Nietzsche le monde de l'organique est « une combinaison d'êtres avec de petits mondes inventés autour d'eux », (KGW VII 3 ; 34 [247], p. 223. Souligné par G. Abel).

3. Voir aussi, *supra*, chap. IV.2.

nullement restreinte au langage, à des signes linguistiques et à des systèmes d'interprétation. On trouve également un emploi métaphorique dans des systèmes de symboles non verbaux. Aussi existe-t-il une utilisation métaphorique par exemple des expressions imagées, musicales, sculpturales, gestuelles ou chorégraphiques. Il faut surtout souligner que les métaphores apportent une véritable contribution à l'élargissement de notre horizon d'interprétation et donc à la connaissance. Nous avons affaire à des métaphores lorsque les expressions individuelles ou des schèmes entiers provenant d'un domaine sont transposés dans un autre en vue de rendre celui-ci fécond, de le réorganiser et de le réinterpréter [1]. Les métaphores interprètent des états de fait et l'utilisation réussie ainsi que la compréhension directe des métaphores relèvent, comme nous l'avons souligné au chapitre IV.2, du domaine du *logos* des signes, de l'exécution des signes. S'il est exact que la formation des métaphores est une « pulsion fondamentale » [2] de l'homme, alors l'éliminer signifierait supprimer une importante pulsion de l'homme. Il y a surtout trois aspects qui importent dans notre contexte. D'abord, a) les métaphores sont premières par rapport à la formation de concepts. Des concepts généraux, c'est-à-dire, des concepts dans leur généralité et signification littéraires peuvent être conçus comme des métaphores qui ont vieilli. Ceci signifie ensuite que b) un concept n'est pas un concept vide, ni plein de contenu, si, selon son caractère métaphorique originale, il n'a pas perdu la représentation qui le sous-tend, *son idée*. Les métaphores sont originairement des « métaphores d'idées » [3]. La représentation ne s'ajoute pas en ce sens après coup. Cette dernière doit plutôt déjà présupposer la première et le revendiquer, si elle veut être un concept plein de contenu. Ceci conduit enfin c) au passage de la signification figurative à la signification littérale et à la signification générale. Les concepts généraux peuvent être considérés en ce sens comme des métaphores devenues rigides, dont on ne considère plus le caractère métaphorique dans la généalogie. Pour reprendre une formulation pertinente : la métaphore « *fades to mere truth* » [4]. Dans la mesure où la fonction originairement productive de la

1. Voir N. Goodman, *Languages of Art*, *op. cit.*, chap. II.

2. F. Nietzsche, *Über Wahrheit und Lüge im aussermoralischen Sinne*, (cité *WL*), KGW III, 2, p. 381.

3. F. Nietzsche, *WL*, KGW, III 2, p. 377.

4. N. Goodman, *Languages of Art*, *op. cit.*, p. 80 ; Nietzsche, KGW III, p. 375. Les vérités sont des « métaphores qui sont usées et qui ont perdu leur vigueur, des monnaies qui ont perdu leur image et qui, enfin, réduites au simple métal, ne sont plus considérées

métaphore se nourrit essentiellement de sa représentation et que cette dernière soutient son application, sa signification et faculté d'organisation, la métaphore possède une dimension *esthétique* dans son fond. *Comme* représentation esthétique, la métaphore agit *logiquement*. Elle appartient à la façon de fonctionner des limites logiques esthétiques de l'interprétation du monde et du sens. Tout concept ayant un contenu et toute réalité déterminée comme telle a en même temps un fondement esthétique à travers son fondement immédiat et métaphorique.

Le moment de la *constitution* (*Bildung*) *des formes* est lié à celui de la *représentation*. Ces deux moments sont aussi bien dans l'expérience externe qu'interne et dans la pensée consciente de la signification. L'expérience est liée à ces deux points de vue à « une écriture de signes » (Nietzsche). Le fondement esthétique s'y manifeste également.

L'expérience a besoin de la mémoire et cela n'est possible, à son tour, que grâce à l' « abréviation d'un procédé de l'esprit au signe » [1]. Dans ce sens, l'expérience peut être comprise comme une « écriture de signes ». La mémoire et donc la formation des signes est aussi une condition du jugement. Il ne pourrait pas y avoir de jugements s'il n'y avait pas la mémoire d'avoir rencontré un cas identique, si donc dans le champ des sensations il n'y avait pas eu lieu auparavant une sorte de « compensation » et « comparaison ». Ceci aussi est un procédé fait de signes et se déroule à l'aide d'abréviations de signes. Puis, le jugement lui-même est naturellement un événement qui se déroule dans des signes. Car, dans le jugement « que X est F », le signe F, qui est le prédicat, est lié au signe sujet X selon un signe de proposition grammaticale du jugement que « que X est un F ». La mémoire nécessaire pour juger dépend du fait que l'habituel, et avant cela déjà le vécu, doive être mis en exergue. C'est pourquoi, exprimé selon une formule de Nietzsche, « avant qu'on ne juge, le processus d'assimilation doit déjà avoir été fait » [2]. Ces processus d'assimilation qui devancent la grammaire du jugement et de la « composition » sont a) des processus d'une activité intellectuelle avant la conscience et b) ils sont des processus de constitution des formes, donc en un mot du logique et de l'esthétique.

Dans notre contexte, la formation de la fonction de la représentation des signes est d'un intérêt particulier. Le rapport entre les procédés et les

comme monnaie » ; sur le « *Hart und Starr-Werden der Metapher* », voir *WL*, KGW III, 2, p. 377 *sq*.

1. F. Nietzsche, KGW VII 3, 34 [249], p. 225 ; *cf*. 38 [2] p. 325.
2. F. Nietzsche, KGW VII 3, 40 [15], p. 366.

processus se produisant dans des signes complexes et des procédés eux-mêmes, d'une part, et, pour emprunter une formulation de Nietzsche, « les abréviations des signes », d'autre part. La formation est décisive, l' « invention des signes de genres entiers de signes »[1]. Dans ce sens, il y a une corrélation entre la fonction de la représentation et la formation des signes-sur-des-signes. Cette dernière est toujours déjà précédée de la question des caractéristiques de représentation des signes d'abréviation. Il est en même temps clair que la fonction de représentation des signes ne peut être conçue selon le modèle de la suppléante. Les signes ne peuvent pas suppléer aux objets. Ce dont un signe peut être suppléant est de son côté un signe. Cette conception s'accorde avec la compréhension de la fonction de représentation.

La formation des signes-sur-des-signes n'est pas arbitraire. Elle a ses limites et prend son orientation de la structure sous-jacente de la *praxis* d'interprétation et de l'horizon d'interprétation, ainsi que du système d'interprétation des signes du monde vécu que l'on a utilisés et dont nous ne pouvons sortir. On ne peut pas sortir du *logos* des signes de la vie pratique et de sa grammaire. Il faut souligner cependant que le développement d'un langage des signes avec des propriétés de suppléance (logiques) et donc le passage du signe comme simple indication au signe doté d'un symbole ayant un pouvoir d'organisation et de représentation est caractéristique de l'homme et en même temps constitue le noyau de son pouvoir sur la nature. Dans l'appareil des signes et des « facultés d'abréviation » qui lui sont liées la « supériorité » de l'homme s'exprime[2]. Que notre monde soit constamment un monde de signes et d'interprétation ne nous le rend aucunement étranger, au contraire il nous le rend aussi familier que possible. Le syndrome gnostique de l'étrangeté du monde ne peut émerger ici. C'est le statut du monde lui-même et des signes qui constituent le sens et des interprétations, qui dérobent le sol sous le pied de l'étrangeté du monde et de la vie, donc sous le pied de la métaphysique de la gnose. L'aspiration à un monde entièrement non épistémique serait en revanche l'expression d'un syndrome gnostique.

L'expérience se fonde sur la faculté humaine de former des signes et de produire des formes comme la formation des concepts dans le sens restreint. Avant que des concepts ne soient formés, il a fallu produire des figures onto- comme phylogénétiques. Nietzsche a développé l'idée que

1. F. Nietzsche, KGW VIII 1, 1[28], p. 13.
2. F. Nietzsche, KGW VII, 3, 34 [131], p. 184.

le concept « s'est d'abord développé à partir du son lorsqu'on résumait toutes les images par un seul son : avec l'ouïe donc lorsqu'on mettait en ordre les phénomènes optiques internes »[1] dans le sens du modèle du transfert esquissé plus haut de la métaphore il faut appeler ce procédé métaphorique. Car, pour organiser les images mentales les schémas sont utilisés du domaine des sons et de l'écriture. Comme la pensée dans le sens plus restreint ne se meut pas dans les images, mais dans des concepts et présuppose des cas identiques (car sinon nous ne pourrions plus avoir confiance dans la sémantique de nos expressions) on parvient au dicton de Nietzsche : « avant que l'on ne « pense » il faut déjà avoir composé ». Former des cas identiques pour la vraisemblance de l'égal est pour cela « plus originaire » que la « connaissance de l'égal »[2]. L'égalité n'est pas quelque chose de donné. Elle est créée.

L'artistique précède la pensée conceptuelle, et ceci d'un double point de vue. D'abord, il faut que soient données l'idée et la métaphore afin que les concepts ne soient pas vides. Ensuite, la pensée se trouve sous la condition de la « composition » de cas identiques. Si, pour qu'il y ait pensée, ces conditions qui sont nécessairement exigées doivent être caractérisées comme *interprétatives*, alors les opérations de la pensée conceptuelle peuvent aussi être considérées comme une interprétation. Ceci résulte a) du caractère de subsomption et de classification de la pensée conceptuelle. Le même point surgit ensuite b) au cours du constat trivial que la pensée procède par signes et que l'usage de signes couronné de succès présuppose toujours une *praxis* d'interprétation et la revendique. En outre, c) la pensée s'accomplit dans le sens d'une opération comme application d'un « schéma » que nous ne pouvons pas rejeter, pour parler avec Nietzsche, sans supprimer ainsi la pensée raisonnable elle-même[3].

Mais l'esthétique n'est pas seulement la condition de la pensée. Il est capable, en plus, de deux performances que la pensée conceptuelle elle-même ne peut pas produire. D'abord 1) il faut tenir compte, si l'on accepte la distinction développée dans le chapitre VIII entre dire et montrer, du fait que l'on ne peut pas décider, exprimer, de nouveau, que la phrase convienne à l'objet et au dire. Une telle tentative conduirait à une régres-

1. F. Nietzsche, KGW VII 2, 25 [463], p. 132 *sq.*

2. F. Nietzsche, KGW VIII 2, 10 [159], p. 216.

3. F. Nietzsche, KGW VIII 1, 5 [22], p. 198. Sur la position centrale du nominalisme dans la philosophie de Nietzsche qui apparaît ici, voir G. Abel, *Nominalismus und Interpretation*.

sion à l'infini. Le fait est qu'elle se montre beaucoup plus sous la forme du dire et est en ce sens affaire essentiellement de l'esthétique de la proposition et de la pensée. Ces corrélations valent aussi relativement à la tentative de représenter la structure unitaire originaire de l'interprétation du monde et de l'interprétation de soi. *Que* et *comment* cette structure convient au monde saisi, formé et organisé par elle, et deuxièmement s'accorde avec lui, ne peut plus être encore une fois conceptuellement exprimé ou décidé quant au contenu. Cela se montre et se manifeste à la forme du rapport au monde et à soi-même. Et il ne s'agit pas simplement de la forme qui se laisse distinguer du contenu, mais de la forme qui résulte de la distinction du contenu et de la forme qui donne la forme. L'accord entre une interprétation formant le monde et le sens avec ce qui y est interprété peut donc se percevoir à la forme de l'interprétation, au style de la pensée et surtout particulièrement à la forme et au style des œuvres d'art. Le moment de la forme esthétique apparaît de façon excellente dans les œuvres d'art. Les œuvres d'art peuvent mettre en présence, par exemple en image ou en son, la structure de la forme dominante de l'unité originaire, avant toute séparation de l'homme et du monde ainsi qu'avant toute attitude théorique et toute interprétation effective du monde et de soi-même. L'art peut représenter la forme de l'interprétativité logique et esthétique.

Ensuite, 2) comme Nietzsche l'a souligné, c'est essentiellement l'activité artistique qui montre l'interprétation faite par l'homme du monde, de soi-même, du sens et du signe qui affirme son être-là (*Dasein*) endogène et montre sa caractéristique de ce côté-là. Suivant cette conception, l'art est expression de l'acquiescement du *Dasein*, à savoir du *Dasein* du signe et de l'interprétation.

4. Le sens du monde vécu de l'art

L'art est capable de représenter, d'illustrer la forme et la structure d'une *praxis* de la vie, de les présenter et de contribuer ainsi à l'intensification et à l'élargissement des horizons de la vie, pour emprunter une formulation de Kant : « de vivifier l'esprit » [1].

Si l'art se meut vers ce statut fondamental, la question décisive n'est plus de savoir *ce qu*'est l'art ou l'œuvre d'art. Il est davantage décisif de savoir ce que signifie comprendre le monde et soi-même. On ne peut

1. Kant, *Critique de la faculté de juger*, § 48.

clarifier la question: « qu'est-ce que l'art? » que par la voie que Wittgenstein a empruntée, dans une certaine proximité avec les procédés récursifs, pour répondre à la question « qu'est-ce qu'une signification? » [1]. L'art, c'est ce qu'explique l'explication de l'art d'un signe et le signe d'un art. Si l'on veut donc comprendre l'usage d'un signe comme art, il faut trouver, en plus des particularités syntaxiques, sémantiques et pragmatiques d'un signe, ce que l'on appelle l'explication d'un art. Être un art n'est pas une propriété (fixe et stable) des signes et/ou des objets ni une propriété magique de la référence, une *qualitas occulta* de la référence. L'art a une existence dans un mode spécifique de l'interprétation médiatisée par les signes.

Si nous considérons une interprétation et un signe comme art et attribuons des caractéristiques artistiques à une personne, cela ne signifie pas qu'il y a des signes qui sont des signes artistiques indépendamment de la manière dont ils *sont* utilisés ni que quelqu'un qui a des expériences internes mentales (des images de représentations, des sensations, des sentiments) est déjà par-là un artiste. L'art est croisé avec son articulation et sa représentation d'une manière semblable à la formulation d'une pensée et de son expression. Un objet d'art qui n'est pas représenté ou qui n'est pas réalisé n'est pas un objet d'art et l'expression d'une pensée ne pense pas cette dernière une seconde fois, comme on peut le dire dans la ligne de Wittgenstein. Par conséquent, avoir des capacités artistiques c'est pouvoir utiliser des signes d'une certaine manière. Si un signe fonctionne comme un art et comme un signe artistique cela dépend donc de la façon dont il est utilisé et lu. Dans cette perspective, la question essentialiste et métaphysique surgit en arrière-plan de savoir : « qu'est-ce qu'un art? » Au centre, se trouve plutôt la question de savoir fondamentale de la *praxis* de la vie de l'utilisation du signe, entendre comment les signes sont utilisés et lus. Les signes artistiques se distinguent des signes qui se retrouvent dans la pensée conceptuelle et dans les théories scientifiques par la façon dont ils sont utilisés. Dans ce contexte on peut recourir aux « symptômes » de l'esthétique introduits par Nelson Goodman (qu'il ne faut pas confondre avec des définitions ni avec des critères du jugement esthétique) et à la différence entre signes analogiques et digitaux.

1. Pour ce qui concerne la signification, voir Wittgenstein, *Investigations Philosophiques I*, *op. cit.*, § 560.

Goodman a distingué [1] cinq composantes en rapport aux signes parmi les signes linguistiques et non linguistiques : a) la « *densité syntaxique* », lorsque de petites différences du signe conduisent à des symboles différents ; par exemple un *glissando* dans la musique ; b) les « *densités sémantiques* », lorsque le système de signes lui-même réserve pour la plus petite différence entre choses un symbole ; exemple : les expressions des Esquimaux pour la neige ; c) le « *volume relatif* », lorsque la plus petite nuance d'un symbole compte, par exemple : les traits du visage d'un portrait ; d) l' « *exemplification* » discutée dans le chapitre VIII, lorsqu'un symbole fonctionne comme échantillon de propriétés qu'il possède et auquel il se réfère, exemple : un morceau de tarte dans la vitrine d'une pâtisserie ; e) la « *référence multiples et complexe* », lorsqu'un symbole remplit plusieurs fonctions de la référence, exemple : le classement des objets par un artiste (*Aktionskünstler*).

L'idée qu'il y a derrière la formulation de ces symptômes est qu'on peut distinguer les signes et les systèmes selon leur degré de densité et leur volume, c'est-à-dire de leur caractère différencié et discret. En conséquence, il peut utiliser et lire les signes analogiquement et digitalement comme nous l'avons déjà souligné. Les systèmes de signes sont analogiques lorsqu'ils sont syntaxiquement et sémantiquement denses, c'est-à-dire non différenciés et continus. Chaque nuance du signe compte ici et chaque différence aussi minimale soit-elle. Sont digitaux les systèmes de signes lorsqu'ils sont différenciés, discontinus et disjonctifs. En eux, chaque aspect minimal du signe lui-même ne compte pas, mais simplement quelques points mis en relief et clairement limités. Toutes les valeurs situées entre ces deux points ne sont pas considérées comme des signes de ce schème.

On peut rattacher ce rapprochement de la théorie des signes de l'esthétique des arts au principe de compossibilité de l'art introduit dans le chapitre IX.1 (*optimum* dans la complexité individuelle par la fonctionnalité qui procure en même temps la garantie). Plus on donne d'espace à ces symptômes dans la création et dans l'accueil des signes *sans* perdre de pouvoir d'organisation, l'expérience de l'art sera intensive. Lorsqu'on considère, comme le dit Nietzsche, le cours des choses comme « vérité dernière », ces dernières, selon la théorie des symboles, peuvent être conçues comme le niveau de la plus haute densité, de plénitude et de ce

1. Voir N. Goodman, *Languages of Art*, *op. cit.*, p. 252-255 ; *Ways of Worldmaking*, Indianapolis, Hackett, 2 e éd., 1981, p. 67-70 ; *Of Mind and Other Matters*, Cambridge (Mass.), Havard University Press, 1984, p. 135-138.

déplacement des processus-de-signes-et-d'interprétation qui fait ce cours. En même temps, on peut nommer le danger où pourraient conduire une telle intensification et un tel élargissement des horizons. Il consiste dans l'effondrement de la force d'organisation et dans une dissolution des formes de vie. L'individu, qui lit trop précisément, qui admet le monde des signes de manière complètement analogique et, finalement, de manière idiosyncrasique, c'est-à-dire trop peu indifférencié, vit plus dangereusement que l'homme qui opère le plus souvent avec des signes digitaux.

En même temps, on peut saisir dans la perspective de la philosophie des signes et de l'interprétation la question de la possibilité de surmonter le nihilisme des aspects centraux de ce côté et l'affirmation de l'être-là du côté de l'art. La thèse de Nietzsche d'après laquelle l'art bloque la voie vers un au-delà niant la vie signifie que les grands attraits transcendantaux qui sont liés aux œuvres d'art, par exemple dans le cadre du problème de l'*expression* peuvent être contournés avec le recours à la densité, la plénitude, l'exemplification et la référence des signes. C'est le passage d'une vue de l'au-delà vers une vue de ce côté-ci des œuvres d'art à la suite de la question de savoir comment penser le fait que les signes fonctionnent comme des œuvres d'art et sur quoi repose leur expressivité. Dans les œuvres d'art, il n'y a pas d'essence ou d'être caché jusqu'à présent « derrière » les œuvres qui parvient à l'expression. Il se montre beaucoup plus en eux quelque chose de la forme dominante de l'interprétation de la *praxis* de l'emploi des signes, mais qu'on ne peut pas récupérer moyennant la pensée conceptuelle. Dans ce sens, l'art peut exprimer une forme de vie et il peut être, si le caractère d'interprétation et du signe des actions de l'être est repris, une affirmation de la vie, c'est-à-dire affirmer l'interprétation et les signes en elles. L'art se déploie en et comme emploi et jeu des signes d'interprétation. En cela il peut agir comme formateur de monde et du sens, affirme *eo ipso t*oute existence de signes et se meut déjà dans ce sens au-delà du nihilisme. Dans cette *praxis* des signes et de l'interprétation, l'art fonctionne de façon post-nihiliste.

CHAPITRE X

SCIENCE ET ART

1. LA SCIENCE COMME ART

Que faire de la science soit un processus constitué de signes a été présenté au chapitre VI. Cette caractéristique s'étend au spectre entier de l'observation empirique à la formation d'hypothèses et de théories jusqu'à la formulation de lois scientifiques. Ces activités interprétatives servent à livrer des descriptions scientifiques des processus factuels contingents. Pour atteindre ce but, on a déjà besoin d'un domaine d'objet délimité et, au plan méthodique, d'une problématique, d'un point de vue, d'une méthode de recherche, d'un but de la recherche ainsi que d'instruments méthodiques (mathématiques) et pratiques (par exemple l'expérience) pour réaliser le programme. Faire de la science est un « art interprétatif » [1] à un niveau méthodiquement ambitieux.

Il n'est pas surprenant que les arts soient considérés comme des domaines de l'activité humaine dont l'exécution se fait au moyen des signes d'interprétation. Les procédés qui les caractérisent sont au fond de nature interprétative. Ils sont du genre de la représentation sensible, du genre expressif, perspectiviste, conjoncturel, qui pointe (*pointierender*), met en lumière, ordonne, du genre pointilleux, organisateur, qui néglige, accentue, donc du genre qu interprète. Cela vaut aussi bien d'un point de vue constitutif que rétrospectif, et aussi bien dans la perspective de la première personne de l'acteur que dans la

1. L'expression vient de Nietzsche, *Par-delà bien et mal*, Nr. 22, KGW VI, 2, p. 31.

perspective de la troisième personne d'un récepteur. De plus, l'interprétation est nécessaire aussi bien dans l'explication de la signification que relativement à la conception de l'art comme expression de l'expérience historique et culturelle. L'art est conditionné par l'interprétation et indépendant de la culture. Les activités artistiques et les œuvres d'art ont chacune une généalogie interprétative derrière elles, elles se retrouvent dans des contextes présents et ont encore devant elles leur future histoire d'interprétation. L'identité et l'individuation d'une œuvre d'art dépendent du tracé d'une limite de l'interprétation et d'une considération *comme* objet d'art. « Ceci est une œuvre d'art, cette chose ne l'est pas ». Et « ici finit cette œuvre d'art, là commence la suivante ».

La science et l'art sont des domaines de l'activité humaine dont le procédé peut être qualifié d'interprétatif, et dont le rapport et la différence peuvent être reconstruits sur le terrain commun des rapports d'interprétation. Cependant, à la différence du rapport développé dans le chapitre précédent entre logique et esthétique, la relation entre la science et l'art n'est pas à situer sur le plan de l'organisation originaire productive du monde et du sens ainsi que de l'orientation de la *praxis* ; car, la science présuppose déjà les aspects mentionnés plus haut. En outre, la formation de la théorie scientifique et les programmes de recherche sont dépendants d'une précompréhension. Cette dernière s'emboite dans une vision du monde dominante en un temps et dans une culture. De plus, il faut tenir compte du fait que l'effectivité critique d'une science peut s'émanciper de la précompréhension qui la porte et en fin de compte se retourner contre elle. Le rapport de la science critique et des visions traditionnelles surtout dans la modernité en donne ainsi d'impressionnantes preuves. Cela fait apparaître un autre aspect systématique. La science peut certes contribuer à la destruction des visions traditionnelles du monde, mais elle n'est pas en mesure, dans le sens esquissé par la suite, d'occuper cette place de la fonction ou d'en créer une nouvelle. Strictement parlant, il *ne peut* y avoir une *vision scientifique du monde*. Dans ce sens, la science est soumise au plan du logique et de l'esthétique. Les sciences présupposent déjà une réalité individuée et un horizon au sein duquel certaines questions et réponses peuvent être caractérisées comme des questions et réponses scientifiques. C'est ainsi qu'on peut, par exemple, dans la biologie moléculaire aussi indiquer ce qui compte comme une question scientifique et ce qui compte comme une réponse scientifique. Ce niveau du logique et de l'esthétique présenté dans le chapitre IX.1 précède toujours déjà cette possibilité [1].

C'est pourquoi « faire de la science », en termes kantiens, c'est suivre un impératif hypothétique et non un impératif catégorique. À la question de savoir s'il *doit* y avoir de la science, on ne peut pas donner une réponse inconditionnelle au sens d'un impératif catégorique. Lorsqu'on se demande, en revanche, s'il doit y avoir du logique et de l'esthétique, il apparaît clairement qu'une réponse dans le sens d'un simple caractère hypothétique est absurde. Un être vivant a-t-il déjà réussi à avoir un monde, une réalité et un sens *sans* utiliser dans l'individuation, l'identification des procédures logico-artistiques ? Un tel être vivant ne serait un esprit de notre esprit et dans un monde entièrement non épistémique, nous ne nous comprendrions pas non plus. Pris rigoureusement, nous ne savons pas non plus ce que nous disons lorsqu'il est question d'un tel être vivant. Dire du niveau de l'exécution constitutive des processus de signes et d'interprétation qu'il est simplement hypothétique, et non nécessairement indispensable serait une variante de l'erreur de pouvoir choisir la possibilité entre des interpréta-tions différentes du monde au troisième niveau d'interprétation comme la possibilité de comprendre de travers le fait de pouvoir sortir de l'interprétativité$_1$ originaire de la *praxis* de la vie comme telle.

La conception largement répandue aujourd'hui encore d'après laquelle le rapport de la science et de l'art peut être déterminé à partir du fil conducteur de leur opposition et qu'il y aurait entre eux un fossé qu'on ne saurait combler ne peut plus être défendue une fois que l'on a procédé à un examen plus précis. Ce n'est tout simplement pas le cas parce que, en tant que domaines des activités humaines, les sciences et les arts sont l'expression d'une seule et même compréhension du monde et de soi-même. Malgré toutes les différences entre les sciences et les arts, par exemple, dans le choix des moyens méthodiques ou dans la forme de présentation, il faut observer qu'en fin de compte, les deux se font à partir d'un et seul monde vécu et d'une seule et même *praxis* interprétative du monde vécu et sont orientés là dessus. La question du rapport entre science et art se laisse développer sur la base des rapports d'interprétation du monde vécu. Science et art peuvent être considérés

1. Dans la suite, nous intégrerons également du matériel qui a été utilisé par l'auteur dans « Wissenschaft und Kunst », dans J. Simon (éd.), *Kunst und Wissenschaft bei Nietzsche*, Würburg, Königshausen und Neuman, 1986, p. 9-25.

comme différentes variantes de l'interprétation humaine du monde et de soi-même.

La science est essentiellement limitée au niveau des propositions qu'il faut comprendre littéralement et formuler mathématiquement sur un monde présupposé comme déjà existant. En revanche, l'art dans le sens large d'être précisément artistiquement actif dans cette formation ou organisation du monde, dans la forme de l'interprétation du monde et de soi-même à laquelle participe la forme et l'interprétation du monde et de soi-même dans une mesure qui dépasse la science. C'est en cela qu'apparaît clairement une priorité de l'art sur la science et une asymétrie des deux (chaque science est un art, mais ce n'est pas chaque art qui est une science). En même temps, il devient possible à partir d'ici a) de considérer la science comme un art et b) l'art comme une activité cognitivement pertinente.

Le rapport interne de la science et de l'art apparaît lorsque l'idée, exposée dans le chapitre précédent, que tout concept ayant un contenu est soumis à la condition de la représentation, conduit à faire de l'intuition (*Anschauung*) le fondement de la recherche scientifique de la nature. Dans la tradition de la modernité, cette perspective a été développée surtout par Goethe. Ses idées relatives à cela sont toujours fécondes. Goethe défendit la conception d'après laquelle les lois dans l'art et la science sont en dernière instance les mêmes et forment une unité. La représentation, la morphologie, la relation de partie au tout, la pensée de la métamorphose sont des interprétations, (*interpretament*) doivent expliquer l'unité de la science et de l'art et attribuent à la science de la nature une profonde dimension esthétique. Ou inversement : finalement, il n'y a pas de contradiction entre science et art, entre l'art et la connaissance. Le problème de l'unité de la nature qui tourmentait Kant et le transcendantalisme ne peut apparaître dans une telle conception. Car, Goethe n'a pas besoin sur la base du découpage de sa vision du monde pour l'unité de la nature de « comme si » fictif et pas non plus d'apparence esthétique. Si la représentation dans ce sens appartient aux bases de la recherche sur la nature alors ce ne sera pas à la faculté de juger *déterminante* ou *réfléchissante* (Kant), mais à la faculté de juger de la *représentation* (Goethe)[1] qu'il faut accorder la priorité. De façon interne, est en même temps lié au moment de la représentation celui du holisme. La science *doit* devenir un art « si nous attendons d'elle une

1. J.W. Goethe, « Anschauende Urteilskrasft », dans Goethe, *Poetische Werke und Schriften*, Édition Cotta, vol. XIX, Stuttgart, p. 114 *sq*.

quelconque totalité. » Et ceci est le cas, parce que, comme le souligne Goethe dans la doctrine des couleurs, « dans le savoir aussi bien que dans la réflexion on ne peut réunir la totalité » [1].

Le fait que l'on attribue à l'activité artistique, à l'artistique et à l'esthétique non seulement une faculté émotionnelle, mais en même temps une faculté cognitive, une faculté d'organiser le monde, le sens, la constitution (*Gestalt*) et la forme, correspond, à l'inverse, au fait que la connaissance scientifique présuppose une série entière de moments artistiques. C'est le cas surtout là où de nouvelles découvertes sont faites qui exigent une grande imagination, une faculté de représentation et une richesse en idées et une flexibilité désinvolte [2]. Les scientifiques sous-estiment parfois les composantes cognitives et épistémologiques des arts. Et inversement, les artistes méconnaissent souvent « quelle imagination chaque grande connaissance possède comme condition » [3]. Là encore, Goethe constitue une glorieuse exception. Goethe, écrit une fois Nietzsche, savait ce qui appartenait à l'homme de science : il est un idéal dans lequel toutes les qualités humaines s'unissent comme tous les courants dans la mer » [4]. Goethe a toujours attiré l'attention sur le rôle fondamental de la faculté d'imaginer pour celui qui fait des recherches sur la nature [5].

L'imagination est, comme nous l'avons exposé dans le chapitre VII, un pouvoir productif qui juge, établit et suit des règles que l'on doit présupposer de la même façon dans les sciences et dans l'art, et qui est indispensable.

Lorsqu'on détermine donc communément le rapport de la science et de l'art comme un rapport de contraires (l'art n'est pas une science et la science n'est pas un art), l'image change fondamentalement lorsqu'on y regarder de près. La science peut être considérée comme un art d'un genre particulier et l'art comme une activité cognitive pertinente. On peut préciser ceci en recourant aux conceptions de Nelson Goodman sous quatre aspects.

1. J.W. Goethe, *Materialien zur Geschichte der Farbenlehre*, *op. cit.*, vol. XXI, p. 570.

2. Voir aussi à ce sujet les chapitres VI.5 et VII.

3. F. Nietzsche, KGW V 1, 4 [213], p. 483.

4. *Ibid.*

5. Voir, par exemple, Goethe à Ackerman, 27 janvier 1830, dans J.P. Ackermann, *Gespräche mit Goethe in den letzten Jahren seines Lebens*, édité par E. Bergman, Francfort, 1981, p. 660.

D'abord, a) il faut tenir compte du fait que la manière de procéder (décomposition, construction et organisation du matériel) est similaire dans les deux domaines. Ceci vaut indépendamment du fait que le but de la science, contrairement à la finalité de l'art, consiste en une théorie qui note littéralement ce qui est écrit linguistiquement ou mathématiquement [1]. Dans les deux sphères des procédures sont fondamentales, telles que la décomposition, la nouvelle organisation, la simplification, la subsomption, la délimitation, la sélection, la complétion, la mise en perspective, l'avantage et la ré-identification.

Ensuite, b) il faut tenir compte du fait que, dans l'usage qu'elle fait du langage et des signes, la science ne procède jamais de manière purement littérale et qu'elle ressemble ainsi à l'art qui a à sa disposition des modes fictifs non linguistiques et métaphoriques de référence. Goodman rappelle l'emploi de la métaphore aussi dans les sciences. Ainsi, le modèle du transfert de la métaphore, donc la conception est posée comme base, que les métaphores consistent en ce que des prédicats linguistiques ou des signes non linguistiques sont transférés d'un domaine à un autre et conduisent là à une nouvelle organisation du matériel. Compris de ce point de vue on peut concevoir avec Goodman même l'application de la mathématique pour la description des processus physiques comme un procédé métaphorique [2]. Puisque le succès des sciences modernes repose au fond sur la mathématisation, on pourrait même dire que ce succès est le résultat du processus de la métaphore. En outre, on trouve naturellement dans les sciences des métaphores, par exemple, « les trous noirs », le « big bang » ou le « courant électrique. » S'agissant du rapport de la métaphore et de la connaissance, les métaphores ne doivent pas être méprises pour une utilisation de signes supplémentaires et enjolivant que l'on pourrait laisser de côté. Elles fonctionnent plutôt cognitivement. La différence entre l'art et la connaissance ne peut pas être saisie en reprenant une supposée dichotomie entre métaphore et cognition.

Enfin, c) il est clair, à partir de ce point, qu'avec le critère de l'alternative « factuel » *versus* « fictionnel » on ne peut pas établir de fossé logique entre la science et l'art. À première vue, il semble que la science est dans une référence à la réalité alors que l'art consiste à créer des mondes fictifs et que la science à la différence de l'art ne dépasse pas le cadre de sa base de la preuve. Mais il faut tenir compte de deux

1. N Goodman, *Ways of Worldmaking*, *op. cit.*, p. 107.
2. *Ibid.*, p. 107.

aspects : d'une part, c'est précisément les deux qui sont les plus pures de toutes les disciplines de la raison, la logique et les mathématiques, qui produisent continuellement des mondes artificiels. De l'autre côté, la science accepte absolument des théories qui dépassent les bases de données accessibles, à condition que ces théories conduisent à une organisation et un ordre féconds des données [1].

En outre, d) le concept de lois démontre que la science est un art et, de fait, comme nous l'avons souligné plus haut, une « science de l'interprétation ». C'est sur elle que Nietzsche attire l'attention dans le cadre du discours du physicien sur la « légalité de la nature ». Les lois de la nature, les lois scientifiques, ne sont pas seulement autour d'elle. Elles existent uniquement grâce à certaines interprétations de l'entendement humain. Elles ne sont pas elles-mêmes des « faits » dans le monde, mais des généralisations sur la base d'une somme limitée d'observations. Mesurée à la complexité réelle et à l'individualité des événements et des processus individuels, les lois scientifiques représentent explicitement des simplifications de genre stratégique. Du reste, dans cette estimation, les conceptions de Goodman et de Nietzsche se rejoignent. Si lors d'une observation plus précise beaucoup d'informations absurdes et de données trop pédantes apparaissent on est alors incliné de choisir « *the nearest amenable and illuminating lie* ». La plupart des lois scientifiques sont de ce genre. Elles sont « *not assiduous reports of detailed data but sweeping Procrustean simplifications* » [2]. Goodman donne comme exemple « v = p » et Nietzsche celui de la formule chimique de la molécule d'eau « eau = H_20 ». Le signe de l'égalité « = » est, avec la formulation de Nietzsche, « entièrement impossible à faire précisément » [3]. Bien entendu, de telles réflexions ne doivent pas être lues comme une critique de la science et, d'aucune manière, elles ne rendent naturellement pas « fausses » les lois scientifiques. Mais elles limitent la prétention scientiste de beaucoup de scientifiques « d'avoir formulé « une vérité objective » par rapport « à ce qui est véritablement et ce qui se passe ». Les lois scientifiques sont en revanche comprises aujourd'hui comme des descriptions des processus factuels et contingents.

Même le langage scientifique, ses notations et son vocabulaire sont des modes d'interprétation, et la vérité de leur rapport aux objets vaut seulement *temporellement,* c'est-à-dire aussi longtemps que les standards

1. C. G. Hempel, *Recent Problem of Induction*, *op. cit.*, p. 132.
2. N. Goodman, *Ways of Worldmaking*, *op. cit.*, p. 121.
3. F. Nietzsche, KGW V 2, 11 [149], p. 197.

dont les scientifiques ont convenus sont satisfaits. Un adepte du géocentrisme pré-copernicien ne *pouvait* pas imaginer que la proposition « le soleil tourne autour de la terre » serait un jour « fausse » et la proposition héliocentriste « la terre tourne autour du soleil » un jour « vraie ». Aujourd'hui on sait que, relativement au système de référence, les deux propositions peuvent être correctes [1].

2. L'ART COMME ACTIVITÉ COGNITIVE PERTINENTE

À titre d'élément permettant de compléter la réflexion selon laquelle la science est un art, on peut introduire le célèbre dicton du paysagiste anglais John Constable « painting is a science … of which pictures are but experiments » [2]. La peinture, d'après Constable, est « an inquiry into the laws of nature » et doit être faite ainsi. Pourquoi donc, se demande le peintre, la peinture paysagiste « not be considered as a branch of natural philosophy ? » [3]. L'art entre ainsi dans le domaine de la recherche et de la présentation de la réalité. Il y a de nombreux exemples qui montrent qu'ont lieu, dans les arts, des procédés qui ont le caractère d'expériences scientifiques. L'un des plus connu est celui de l'introduction de la perspective standard dans la peinture de la Renaissance [4].

Cela ne doit naturellement pas être compris comme si les arts imitaient les méthodes scientifiques. Certes, cela s'est déjà passé. Mais le point de vue en question est plutôt l'inverse, à savoir que des façons artistiques de procéder sont cognitivement pertinentes et il n'est pas rare qu'elles précèdent dans leurs procédures les sciences. Paul Feyerabend donne trois exemples [5] où, dans le domaine des arts, on a anticipé des conceptions qui ont trouvé seulement plus tard une entrée dans les sciences : 1) la conception de l'espace comme quelque chose d'indépendant des choses qui y sont contenues a été introduite dans la

1. Voir N. Goodman, *Ways of Worldmaking*, *op. cit.*, p. 109-116.

2. Du quatrième cours de Constable dans le Royal Institution (1836); voir C. R. Leslie : *Memoirs of the Life of John Constable*, J. Mayne (éd.), Londres, 1951, p. 323 ; cité ici d'après N. Goodman, *Language of Art*, *op. cit.*, p. 33.

3. John Constable cité d'après E. Gombrich, *Art und Illusion*, *op. cit.*, p. 33 ; voir l'explication de Gombrich, p. 46 *sq*.

4. Voir P. Feyerabend, *Wissenschaft als Kunst*, Francfort, Suhrkamp, 1984, p. 17-23, qui démontre avec l'exemple de Brunellschi qu'une tentative de classement (*Versuchsanordnung*) perspectiviste possède toutes les propriétés d'une expérience scientifique.

5. P. Feyerabend, *Wissenschaft als Kunst*, *op. cit.*, p. 48 *sq*.

peinture et l'architecture de la Renaissance longtemps avant Newton. 2) La présentation de l'individualité et de la socialité eut lieu dans la poésie, l'épopée et le drame bien avant et de façon plus insistante que dans la psychologie et la sociologie scientifiques. 3) Même les schèmes logiques, par exemple le *modus tollens*, sont entrés dans la tragédie bien avant de devenir des procédures logiques formelles du raisonnement dans le sens de *technè* logique.

À l'époque de Constable, des expériences furent menées essentiellement avec des échelles de couleurs relativement aux propriétés de la représentation. Les peintres étaient confrontés aux problèmes de la saisie du rapport entre la couleur locale et l'échelle de couleurs finement échelonnées, c'est-à-dire de transposer ce rapport dans un rapport de *traduction* [1]. L'expérience montre que, dans la représentation, il ne s'agit pas d'une imitation, d'une copie de la nature, mais de la création du pouvoir dénotative d'une image, de la production de la référence grâce aux moyens de représentation. À partir de ce point, résulte l'étape suivante ainsi que l'idée fondamentale que le caractère expérimental des arts, la façon dont une image par exemple structure des matériaux, les distingue et les relie de même qu'il sait développer sa capacité de constituer des formes et de les ancrer de façon durable peut avoir des effets sur l'observateur et sa vue des choses, c'est-à-dire qu'on peut avoir des influences sur la façon dont la réalité est perçue, vue, lue, organisée, réinterprétée. Rattachée à cette structure, l'image fait « *like a crucial experiment* » une « *genuine contribution to knowledge* » [2].

L'expérience esthétique et émotionnelle est en même temps cognitive ; c'est une expérience qui interprète le monde et le moi, qui élargit et fournit un ancrage pour utiliser nos systèmes d'interprétation aussi bien eu égard à la compréhension des œuvres d'art dans le sens plus restreint qu'eu égard à la compréhension du monde et du moi dans un sens plus large [3]. La dichotomie entre la science et l'art, établie d'après le critère de la dichotomie entre la connaissance et le sentiment, ne peut être tenue dès que l'expérience esthétique et émotionnelle s'intègre aux conditions du pouvoir connaître. C'est à partir de l'expérience esthétique [4] qu'apparaissent donc en général les possibilités d'un élément articulable, d'une représentation, d'une énonciation, et de la communicabilité de ce qu'on

1. Voir E. Gombrich, *Art und Illusion*, *op. cit.*, p. 46.
2. N. Goodman, *Languages of Art*, *op. cit.*, p. 33.
3. *Ibid.*, p. 248.
4. Voir à ce sujet G. Abel, *Nietzsche*, *op. cit.*, p. 72-81.

appelle savoir et connaître. Entre l'expérience esthétique dans laquelle entrent des composantes émotionnelles, sensibles, et affectives et la connaissance, établir un fossé se présente comme une étrange stratégie où le savoir et la connaissance sans l'esthétique logique interprétative et sans esthétique des signes de la représentation ne seraient pas susceptibles d'être articulés.

La différence entre science et art devient une différence simplement *externe*, d'un simple côte-à-côte réfléchissant externe des deux en direction d'une différence *interne* dans les fonctions d'interprétation et de signes. On rencontre ici, à certains égards, la position de la théorie générale des symboles telle que Nelson Goodman la défend. La différence entre science et art *n'est pas* la difference entre « feeling and fact, intuition and inference, delight and deliberation, synthesis and analysis, sensation and celebration, concreteness and abstraction, passion and action, mediacy and immediacy, or truth and beauty. » Il s'agit beaucoup plus de différences « in domination of certain specific characteristics of symbols » [1]. Ainsi, dans les théories scientifiques, la dénotation littérale des signes plus distincte, plus disjointe et plus différenciée domine. Dans les arts en revanche, selon la réflexion de Goodman, les caractères des signes non discrets, non disjoints, continus, à référence multiple et exemplificatoires ainsi qu'expressifs sont prioritaires. Et dans la mesure où la délimitation ainsi que la distinction de tels caractères de signes présuppose toujours déjà une *praxis* interprétative harmonisée et la revendique, la différence entre science et art que nous faisons et comprenons tombe dans l'interprétation. C'est une différence *de interpretatione*.

1. Voir là-dessus *infra*, chap. XIII.

QUATRIÈME PARTIE

PLURALITÉ ET VÉRITÉ

CHAPITRE XI

PLURALISME INTERNE

Le pluralisme théorique est-il possible ? On ne peut pas répondre à cette question en se référant au fait qu'on rencontre, au point de vue empirique, la pluralité un peu partout, par exemple sous la forme de la pluralité des méthodes, des styles, des opinions ou des théories concurrentes. Une telle référence ne répond pas à la question de cette possibilité elle-même ni non plus à celle de savoir si, et dans quel sens, la pluralité est inévitable ou éliminable. Dans ce qui suit, nous esquisserons les fondements philosophiques du pluralisme théorique [1]. Il apparaitra que la pluralité entre en jeu de façon interne, dès qu'on prend en compte, comme il se doit, le caractère interprétatif du fonctionnement des mots, des signes et des symboles. Il importe qu'il ne s'agisse pas d'une pluralité *externe*, mais *interne*. La pluralité apparaît du côté interne de l'usage des signes sous la forme d'une altérité possible. L'altérité est posée de façon interne, comme nous l'avons souligné dans le chapitre II.5, avec la déterminité d'un monde et d'une réalité. C'est pourquoi la pluralité n'apparaît pas d'une manière syncatégorématique (*synkategorematisch*) à un seul monde, mais comme une pluralité conditionnelle. Sans elle, on n'aurait absolument pas affaire à un monde

1. Il ne s'agit pas ici donc de la question d'un pluralisme métaphysique d'après lequel la réalité se compose de plusieurs entités indépendantes comme on le pense dans l'atomisme ou dans la doctrine des monades de Leibniz. Il ne s'agit pas non plus du rapport de la pluralité à l'unité. – Une version plus ancienne de ce chapitre a paru dans G. Abel / H.J. Sandkkühler (dir.) *Pluralismus. Erkenntnistheorie, Ethik und Politik* (= *Dialektik. Enzyklopädische Zeitschrift für Philosophie und Wissenschaftstheorie*, 1996, Cahier 3, Hambourg, 1996, p. 49-68.

déterminé, à notre monde, et chacun d'entre nous n'aurait affaire à son monde. Il importe que le concept de pluralité de la philosophie de l'interprétation ne s'attende pas à une vue d'ensemble-de-l'extérieur, c'est-à-dire à une représentation, à ce qu'on ou qu'un sujet puisse avoir une vue d'ensemble complète et illimitée *de l'extérieur* de plusieurs mondes différents. Davantage, le point de départ est que cela ne décrit pas la situation épistémique des esprits finis et que nous sommes systématiquement coupés de cette possibilité. Cet aspect est fondamental, même en matière de pluralisme.

L'une des multiples questions consiste à savoir si un tel pluralisme interne peut être formulé, ou non, indépendamment de suppositions réductionnistes. Il apparaîtra que le pluralisme interprétatif ne doit être en aucun cas pris pour un pluralisme de « *anything goes* ». Il s'agit plutôt d'un pluralisme avec des restrictions internes.

1. Raisons de la pluralité

1) *Signe et signification.* La signification du signe dépend, comme nous l'avons souligné dans le chapitre III.2, d'une *praxis* interprétative déjà présupposée et, plus précisément, d'une interprétation adéquate des signes. Puisque la façon d'employer les signes n'est pas établie une fois pour toutes, qu'elle n'est pas achevée ni indépendante des situations et des individus et qu'elle n'est pas non plus universellement contraignante, la possibilité de déterminer diverses alternatives est donnée en vue de fixer les caractéristiques sémantiques et pragmatiques et, en ce sens, la pluralité *interne* est donnée. Le jeu des fixations qui varient ne peut être définitif et limité seulement « à quelques interprétations justes ». En conséquence, la liste des caractéristiques sémantiques d'un signe ne peut pas être en principe clôturée. À tout moment, quelqu'un peut venir et y ajouter quelque chose. Même l'*explication* des significations des expressions et des signes ne peut jamais être complète. S'y ajoute le fait que nous ne disposons pas d'un critère de l'exactitude de la signification dans l'emploi des signes entre le locuteur et l'auditeur, entre l'emploi des signes et l'interprète du signe. Deux ou plusieurs personnes peuvent se retrouver dans une et même situation d'évidence sensorielle ainsi que dans le même état neuropsychologique et l'utilisation de signes qu'ils pratiquent peut avoir été provoquée par un seul et même événement public (par exemple, par la collision de deux automobiles à un feu); cependant cela ne garantit que les caractéristiques sémantiques et prag-

matiques des signes utilisés soient similaires. Cela ne vaut même pas pour les propositions d'observation ni pour les cas incarnés de la plus grande proximité causale possible de nos organes des sens, et cela ne vaut pas non plus pour les expressions indexicales [1]. Même dans les meilleurs cas possible d'évidence sensorielle et de la similarité des causes, on ne peut exclure que la signification et la référence de l'expression étrangère et du signe soient autres que l'usage fait par l'auditeur ou par l'interprète. La pluralité interne ne peut être éliminée ici. Cependant, la marge de l'altérité n'est aucunement arbitraire. Car, il faut garantir la compréhension entre le locuteur et l'auditeur ainsi qu'entre les acteurs. La dépendance de l'interprétation des expressions qui ouvre à la pluralité est complémentaire du dénuement d'interprétation des expressions et des signes qui ouvre la pluralité. Ceci est donné dès que les expressions et les signes ne fonctionnent plus sans problème. Même dans ce domaine, l'idée de Peirce est encore valide d'après laquelle chaque pensée « peut être interprétée par une autre » [2]. Et précisément, ce point ne peut être rendu par quelque chose comme « le seul et unique signe préalablement fini » dont la tâche est de guider avec succès l'interprétation nécessaire. Dans cette fonction, différents signes peuvent avoir du succès de la même manière. Cependant, cette pluralité ne s'oppose pas à l'idée importante d'après laquelle chaque interprétation est tout aussi bonne que toute autre [3]. Il ne s'agit pas du pluralisme de n'importe quoi. Car, manifestement ce dernier ne peut pas faire comprendre ce qui se passe lorsque la compréhension réussit en signes. Il s'agit beaucoup plus du fait que le nombre des interprétations satisfaisantes de la même manière ne peut être limité à « la seule et unique interprétation juste ». Et précisément ceci implique de façon interne la possibilité du « pouvoir-être-autre », donc la pluralité implique un pluralisme avec des restrictions relatives à la compréhension.

2) *Signes et signes suivants* (*Folgezeichen*). Que la signification d'un signe soit liée à une *praxis* d'interprétation dans le sens présenté signifie en même temps, comme nous l'avons souligné, que les signes ne possèdent pas une signification intrinsèque qui est préalablement

1. Sur la question des propositions d'observation, voir chap. VI.4 ; sur le caractère interprétatif des expressions indexicales, voir G. Abel, *Interpretationswelten*, *op. cit.*, chapitres 13 et 14, en particulier les chapitres 13.2 et 14.4.

2. Ch. S. Peirce, *Schriften zum Pragmatismus und Pragmatizismus*, K.O. Apel (éd.), Francfort, 2e éd., 1976, p. 31.

3. Voir aussi, chap. III (Signification et référence).

intégrée et qui comporterait une définition analytique. La liaison entre un signe quelconque et son signe suivant qui l'interprète et donc son signe suivant qui définit sa signification, l'interprétant, n'est pas une liaison rigide ; elle n'est pas une liaison préréglée et déterministe. D'*autres* interprétations, donc d'autres significations demeurent chaque fois possibles. Un signe trouve sa signification dans l'interprétation. Et précisément, celle-ci, en ce qui concerne les signes naturels, n'est pas fixée d'avance et pas fixée sur un « un seul et unique signe suivant métaphysiquement juste et sérieux ». Cependant, cette liaison n'est pas arbitraire. Elle exige une familiarité avec l'utilisation habituelle du langage et du signe et exige la capacité créatrice de trouver au bon moment le signe juste et de le placer conformément à la situation et d'une façon qui favorise la compréhension. Ceci n'est d'aucune manière arbitraire. Car, manifestement, ce n'est pas n'importe quel signe qui est de la même façon connectable et qui détermine la signification. Du reste, cette réflexion ne vaut pas seulement pour le signe devenu douteux et le signe suivant qui l'interprète. Elle vaut généralement pour le rapport entre le signe et le signe suivant qui lui est connecté, lui assure la continuité qui dévie de lui ou l'interrompt.

On ne peut répondre à la question de savoir sur quoi se fonde le succès d'un signe suivant en recourant à un modèle d'après lequel la réussite du signe suivant repose sur le fait qu'on pourrait rendre *explicite* la régularité dans le signe suivant qui a déjà été *implicitement* présente comme régularité dans le signe précédent. Ceci vaut aussi généralement pour le rapport entre le signe et le signe suivant. Si l'on considère des phénomènes comme des métaphores réussies, l'ironie ou la plaisanterie, il faut souligner qu'on ne peut faire comprendre ces dernières d'après le schème explicite-implicite. Leur pointe dépend beaucoup plus du fait qu'on ne peut donner, pour leur réussite, de métarègle ou de règle supérieure qu'il faut suivre. On ne peut donner de règle générale de la façon dont le passage d'un signe donné se fait vers son signe suivant qui réussit. Le rapport entre un signe et un signe suivant n'est pas un rapport déterminé, nécessaire, mais libre. Il y a ainsi une marge de manœuvre pour d'*autres* signes suivants *alternatifs*. On pourrait appeler ceci le fondement de l'approche du rapport entre le signe et le signe suivant du pluralisme philosophique de l'interprétation du signe. Car, c'est précisément cette non-déterminité qui autorise la pluralité à l'intérieur et de surcroît soustrait à un traitement formel le rapport entre le signe et signe suivant. Beaucoup et d'autres signes suivants peuvent de la même façon atteindre l'objectif avec succès, c'est-à-dire contribuer avec succès à l'utilisation des signes.

3) *Interprétativité et variabilité.* Le caractère non indépassable de l'interprétation de la compréhension humaine du monde, d'autrui et de soi et des rapports implique, de façon interne, la possibilité de la variabilité, de la non-fermeture, de l'altérité et, en ce sens, la pluralité [1]. D'autres interprétations et d'autres interprètes sont possibles comme présentée dans le chapitre I.2, si la *praxis* de la vie humaine peut être caractérisée d'interprétative et si l'interprétativité est conçue au pluriel alors on peut dire que l'interprétativité et la pluralité appartiennent de façon interne et non réductrice au caractère fondamental des formes de vie humaine. Perspectivité et pluralité interne d'un possible pouvoir-être-aussi-autrement ne se laissent pas éliminer. Et même si quelqu'un réussissait en réalité à les contourner, nous ne devrions tout d'abord pas à le croire et, deuxièmement, il se trouverait ainsi encore (en plus petits caractères) dans *une* autre perspective et non (en caractères majuscules) dans une perspective et un point de vue absolu » transcendant la pluralité.

Dans la mesure où nous avons affaire à une compréhension *déterminée* du monde d'autrui et de nous-mêmes ainsi qu'à des caractéristiques sémantiques et pragmatiques *délimitées* et à des conditions de vérité ou de satisfaction ayant un sens *spécifique*, les limites de l'interprétation sont toujours déjà tracées par rapport à la pluralité et des coupes d'interprétation sont déjà marquées par rapport aux choses continues. Toutefois, ces limites et coupures auraient pu en principe aussi se présenter autrement. Et c'est précisément dans ce sens qu'elles sont posées avec chaque déterministe, altérité et pluralité de *telle ou telle sorte*. Cette dernière est encore accrue du fait que les différentes façons d'interpréter le monde, autrui et soi-même (par exemple, l'interprétation du phénoménal quotidien, le scientifique ou l'artistique) ne peuvent pas être traduite l'une dans l'autre d'après des règles et ne peuvent être réduites à un système de symboles communs [2]. Cela ne signifie pas que nous vivons en même temps dans plusieurs mondes disjoints. Mais les façons variées et

1. Vouloir dépasser cette interprétativité, parvenir derrière elle, reviendrait à détruire des rapports. Ultimement, cela conduirait à des conséquences *nihilistes*. Rapporté à ce scénario, il n'est pas sans importance de constater que, finalement, ce n'est pas la thèse du pluralisme interne et conditionnel que le nihilisme théorique permet de contourner. Car, d'autres interprétations demeurent toujours possibles.

2. Voir N. Goodman, *Ways of Worldmaking*, *op. cit.*, chap. I.

polycentriques d'interpréter ne peuvent pas se réduire à quelque chose comme « au seul procédé unique moniste. » Par conséquent, on ne réussit pas non plus à établir un système de coordonnées ou une quantité de règles générales fixes et anhistoriques dont les instanciations seraient à considérer comme les seules interprétations véritables des esprits finis.

4) *L'indétermination.* L'idée dune grammaire universelle est l'idée que des signes provenant d'une langue peuvent être traduits dans une autre langue sans indétermination et que la traduction et l'interprétation sont garanties par une structure qui demeure la même quand on change les signes. Si ce modèle était exact, alors les indéterminations de la traduction et de l'interprétation des signes seraient en principe éliminables. Que cela ne soit pas le cas, Quine l'a montré avec sa thèse de l'indétermination de la traduction. Cette thèse a été discutée dans le chapitre V.4. C'est justement dans la mesure où l'indétermination de la traduction et de l'interprétation se présente comme non éliminables que la thèse de l'indétermination livre en elle-même en même temps un argument en faveur du pluralisme de la philosophie linguistique, sémiotique et de l'interprétation.

L'indétermination et la pluralité apparaissent clairement dans le caractère *public* du langage et dans l'*externalisation* de la sémantique et de l'épistémologie. Dès que d'*autres* personnes et d'*autres* interprétations sont impliquées, la limite de l'évidence comportementale est atteinte. Puisque, en outre, nous *ne* disposons *pas* d'un critère de la similitude des caractéristiques sémantiques des signes utilisée par différentes personnes, l'indétermination et la pluralité sont en fin de compte non susceptibles d'être éliminées. C'est précisément dans la mesure où au cours de cette externalisation de la sémantique la signification d'une proposition ne peut plus être vue dans une proposition, comme chez Frege, que cela inclut aussi qu'il a plusieurs interprétations différentes du monde qui sont toutefois également défendables. Il est important de souligner que ni l'indétermination ni la thèse posée avec cette dernière de la pluralité interne de la traduction et de l'interprétation n'ont leur raison dans l'incapacité humaine ou dans un quelconque déficit. *Le pluralisme interne* que nous faisons apparaître dépasse beaucoup plus toutes les données empiriques possibles ainsi que toutes les dispositions possibles des locuteurs.

En même temps, il est manifeste de cette manière que ni la thèse de l'indétermination ni la thèse du pluralisme, qui lui est liée de façon interne, ne dépendent d'un physicalisme ou d'un neurobiologisme. L'indétermination et la pluralité de la traduction et de l'interprétation affirment que différentes traductions et interprétations des mêmes données de comportement sont possibles. Si chaque différence dans le comportement signifie également une différence dans la structure microphysique, cela signifie aussi qu'il existe différents manuels de traduction incompatibles les uns avec les autres, qui conviennent tous de la même façon aux états physiques et aux répartitions de toutes les particules élémentaires. Mais cela signifie que l'état physique du monde et l'état neurobiologique des individus humains sont dans ce sens impertinents pour la question du pluralisme, que le pluralisme de la philosophie des signes et de l'interprétation peut être formulé indépendamment des suppositions réductionnistes.

5) *Comprendre.* Dans le procédé consistant à comprendre, par exemple, des expressions d'une autre personne, des textes, des théories ou des discours entiers et des actions, tout un ensemble d'activités d'interprétation (par exemple de projection, de conjectures et d'empathie) est impliqué. Comme nous l'avons esquissé, ces dernières impliquent de façon interne la possibilité de la pluralité. Évoquons par exemple les composantes suivantes avec lesquelles est donnée la marge de manœuvre de l'altérité et du pouvoir être aussi *autrement*, donc la pluralité dans la compréhension du langage et des signes (sans devoir tomber dans une mauvaise compréhension ou même dans une incompréhension) : les caractéristiques sémantiques et pragmatiques doivent être sans ambiguïté ; car il faut attribuer aux autres personnes les opinions, les croyances et les attitudes par rapport auxquelles on peut présumer qu'elles co-maîtrisent la signification des énoncés étrangers ; il faut entreprendre des conjectures et placer ses propres standards de la logique et de la vérité derrière les expressions des signes des autres personnes en vue d'organiser leurs signes syntaxiquement, sémantiquement, pragmatiquement et en se référant au sens. Aucune de ces manières d'interpréter n'est définitive et universellement fixée obligatoirement ou déterminée par un calcul. Que l'on pense par exemple au caractère conjectural qui ouvre la marge de manœuvre des interprétations alternatives des procédés dans lesquels sont délimitées les attitudes propositionnelles d'une autre personne, par exemple, les désirs et des croyances. Ce scénario est d'abord en soi un scénario pluriel, c'est-à-dire que beaucoup de composantes différentes, mais d'égale importance, y participent. Par la suite, chacune de ces composantes contient la possibilité d'interprétations alternatives. Du reste, on voit aussi ici que la pluralité interne du-comprendre- aussi-autrement ne

représente aucunement un obstacle pour la compréhension humaine. Bien plus, fait-il partie de ses conditions.

D'autres aspects ouvrant la pluralité interne s'y ajoutent également, notamment a) que, dans la compréhension, ce n'est pas seulement un type d'interprétation, mais de nombreux types d'interprétations et les niveaux d'interprétation qui sont impliqués et qu'outre les aspects cognitifs sont impliqués des aspects esthétiques et éthiques ; b) que la compréhension ne peut pas être conçue comme une empathie d'un-pour-un (donc une empathie symétrique), c) que comprendre une autre personne est une faculté particulière que l'on peut certes exercer, mais que l'on ne peut pas théoriquement apprendre ; d) qu'une compréhension réussie consiste par excellence à insérer les interprétations qui apparaissent dans l'entrelacs d'autres interprétations déjà acceptées : e) qu'on ne peut subsumer ce qui est étranger dans l'expression des signes des autres sous son propre horizon d'interprétation ; on peut appeler cette attitude le *pluralisme qui permet* la compréhension d'autrui et de soi-même [1] ; f) que, dans la compréhension, nous ne pouvons pas parvenir à une fin définitive et universellement contraignante, mais toujours à une fin pragmatique ; g) que nous devons nous-mêmes nous occuper du comprendre, la compréhension dépend donc de chacun individuellement ; h) que la compréhension n'est pas une action univoque ; i) qu'en vue d'établir des rapports de compréhension réussis les locuteurs et les interprètes doivent être prêts à réviser leurs hypothèses d'interprétation le cas échéant ; d'autres hypothèses peuvent valoir à d'autres moments et dans d'autres contextes et situations comme appropriées, convenables et raisonnables ; j) d'autres personnes peuvent parler et agir à partir d'horizons d'interprétation différents des siens ; que l'accord soit toutefois possible montre de nouveau qu'il ne s'agit pas d'un relativisme de l'arbitraire (*Relativismus der Beliebigkeit*).

6) *Individuations.* Ce qui vaut pour nous comme une réalité/un monde *déterminé*(e) et *individué*(e), comme une réalité/un monde *ainsi-et-ainsi* (*So-und-so*) et comme un contenu d'expérience *individuée* dépend toujours des fonctions du système des signes et d'interprétation utilisés, et instancie leurs règles. L'intérêt est que, dans l'exacte possibilité de la pluralité des mondes, est essentiellement en jeu de façon interne la déterminité et l'individuation. Comme nous l'avons souligné,

1. Les conséquences éthiques de ce point sont développées dans le chapitre XIV (Éthique de l'interprétation et démocratie).

il s'agit de cette pluralité interne qui est toujours déjà posée quand nous avons affaire à un monde particulier. Lorsqu'il s'agit, tel est l'argument développé par Nelson Goodman,[1] de deux ou de plusieurs mondes également légitimes, mais non réductibles l'un à l'autre et qu'on ne peut ramener à des versions reposant sur un principe commun ou des interprétations catégorialisantes, il est conséquent de ne plus parler simplement de deux ou de plusieurs versions ou interprétations d'un seul et même monde, mais de deux ou de plusieurs mondes. Face à la dépendance des versions ou interprétations catégorielles de ce qui peut valoir en général comme un monde individué, déterminé et spécifiable, quelque chose comme « le seul et unique monde fini » n'est plus disponible.

Dans l'expérience aussi nous rencontrons une pluralité de mondes symboliques, par exemple, dans les sciences, les arts ou les religions. Cela ne n'exclut pas seulement, mais inclut explicitement, qu'il fait tout à fait sens de parler du monde dans lequel nous vivons dans une autre perspective, par exemple dans la perspective de notre « être-dans-le-monde » (Heidegger) et dans le sens de certaines présuppositions de notre parler, penser et agir. En tout cas, la philosophie de l'interprétation connaît et souligne à côté de la pluralité le point de vue de l'unité du monde et aussi l'aspect qu'il fait sens de parler de l'unité du monde à la différence de la pluralité des réalités[2].

Cependant, chaque monde et réalité individuée dépend d'un système d'interprétation et des principes d'individuation déjà donnés avec ce dernier. Fondamentalement, d'autres principes d'individuation auraient été aussi possibles. Toutefois, une fois que quelques-uns de ces principes sont appliqués, comme conséquence, beaucoup de choses ne sont plus libres. Mais cette constatation n'élimine pas la possibilité qu'en principe on peut parvenir à des individuations d'autres genres. Seul cet aspect importe pour le moment quand il s'agit de la question du pluralisme interne. En principe, un signe peut symboliser et représenter tout ce qui est possible. Cela dépend uniquement de la façon dont il est utilisé. Ce n'est que dans un système donné que la marge de manœuvre est limitée. Mais là, il ne plus être éliminé. Même à l'intérieur d'une langue dans un cadre donné, il est possible de permuter les dénotations des expressions familières.

1. Voir N. Goodman, *Ways of Worldmacking*, *op. cit.*, chap. VII.

2. Voir G. Abel, *Interpretationswelten*, *op. cit.*, p. 374, p. 474, p. 477, p. 505. *Cf.* chap. I, p. 26.

Si la compréhension humaine de la réalité ne peut être considérée comme une image préfabriquée de structures toutes faites, mais que nous orientons avec succès nos projets dans la « surabondance » (Kant) dans laquelle nous vivons, il doit s'agir, dans les projets de la réalité humaine, de projets d'une nécessité pragmatique. Ces derniers se manifestent par exemple comme des descriptions et comme des théories qui possèdent une plausibilité et une acceptation rationnelle *sans* qu'il soit besoin d'un point de vue et d'un critère *externe* de toutes les façons non disponibles.

Puisque ce n'est pas le monde en soi, mais nous qui divisons le monde en espèces et en genres à l'aide des schématisations linguistiques de nos concepts de base, des divisions alternatives persistent, l'altérité et la variabilité demeurent possibles en tout temps. À côté de l'ancrage différemment fort des différentes manières de diviser la réalité dans notre *praxis* de vie et d'interprétation, les buts poursuivis par la division et la classification jouent un rôle décisif. Nelson Goodman et Catherine Z. Elgin rappellent un exemple provenant de la biologie [1]. Pour les intérêts spécifiquement liés à la matière, un système de classification des organismes est nécessaire qui classifie sous des aspects physiologiques. Dans cette perspective, les baleines ne sont pas classées parmi les poissons, mais parmi les mammifères. Les ressemblances manifestes entre les baleines et le thon sont classées comme n'étant pas aussi pertinentes que les ressemblances physiologiques entre les baleines et les chameaux. Sur la base des buts poursuivis par un biologiste, la priorité est accordée à la classification physiologique par rapport à d'autres qui, toutefois, sont aussi, en principe, possibles. Cependant, dans l'exemple cela peut être une classification d'après l'espace de vie naturel. Si ce dernier point de vue a un intérêt comme cela peut être le cas pour une association de protection des animaux alors les baleines et les thons vont ensemble d'un côté et les chameaux et les lapins de l'autre. Il n'y a rien comme « la seule unique instance »qui qualifierait une de ces deux divisions comme la seule métaphysiquement sérieuse et qui en revanche pourrait classer l'autre comme inexacte. D'après le but poursuivi par une division, nous utilisons différents systèmes de division. Cette pluralité principielle des divisions possibles et alternatives n'est pas susceptible d'être éliminée.

7) *Proposition et état de fait.* Eu égard à la relation langue-monde et relativement à une conception de la vérité comme correspondance, le

1. L'exemple et l'explication se trouvent chez N. Goodman, C.Z. Elgin, *Reconceptions*, *op. cit.*, p. 15 *sq*.

problème n'est pas de savoir comme on peut trouver « la seule et unique relation pertinente » entre les signes propositionnels et les états de fait. Le problème réside davantage dans le fait que ces relations correspondantes sont *beaucoup trop nombreuses*. On devrait déjà avoir au préalable un accès à un monde indépendant du langage et de l'esprit pour pouvoir trier une relation déterminée de l'extérieur comme étant métaphysiquement l'unique qui est exacte. Toutefois, les esprits finis ne disposent manifestement pas d'un tel monde entièrement non interprété. Ce point a été aussi explicité grâce à un argument de la théorie des modèles de Hilary Putnam. Quelles que soient les restrictions théoriques et opérationnelles on formule relativement aux corrélations de signes propositionnels et un état de fait, du langage/du système de signes et du monde, il y a toujours beaucoup de relations de références également satisfaisantes [1]. Il réside dans ce point de vue un argument en faveur du pluralisme de la philosophie du langage et des signes. Car, relativement au rapport du langage/signes-monde, une pluralité de relations de références également bien remplies est incontournable. Putnam renforce l'argument par la réflexion qu'un prédicat P, surtout un prédicat vague P, peut entretenir une relation R d'états à simplement un membre d'une totalité définie G d'états de fait. Mais, si quelques-uns de ces états de fait existent et que d'autres pas, il faut permettre que le prédicat P soit aussi bien vrai que faux. Ceci signifie que la rigoureuse bivalence du vrai et du faux, donc un des plus forts palliatifs contre le pluralisme philosophique, est sapée.

8) *Sous-détermination et méthode scientifique*. Les théories scientifiques dépassent toujours clairement dans leur portée les données de l'observation disponibles à partir desquelles elles sont établies et sur lesquelles elles sont formulées. Sur la base de ce fossé entre théorie et données, c'est-à-dire sur la base de « sous-détermination » de chaque théorie par rapport à ces données, il peut y avoir plusieurs théories alternatives, conflictuelles et même incompatibles qui cependant décrivent légitimement toutes les données empiriques de façon égale et qui donc sont équivalentes dans une perspective empirique. La sous-détermination (qui ne doit pas être confondue avec l' « indétermination » traitée dans le paragraphe IV) ne signifie pas simplement une défectuosité à laquelle on peut remédier. Elle est de nature fondamentale. Les théories physiques

1. Voir H. Putnam, *Realism and Reason*, *op. cit.*, p. IX et p. 1-25 ; *Reason, Truth and History*, *op; cit.*, chap. II.

sont, comme Quine le souligne, sous-déterminées « even by all possible observations »[1]. C'est pourquoi le pluralisme des théories scientifiques n'est pas principalement susceptible d'être éliminé.

Les raisons que l'on a de se décider davantage pour l'une que pour l'autre, de décider théoriquement du but de la possibilité bien remplie de la même façon, ne sont (tout comme Goodman[2] l'a montré pour les raisons qui motivent la décision en matière de projectibilité et de non-projectibilité des prédicats) pas accessibles à un traitement formel et unifiant. Elles sont de nature pratique et pragmatique. Les jugements correspondants sont, exprimé avec une tournure de Hilary Putnam, « ultimately somewhat of intuitive matter which could not be formalized short of formalizing total human psychology »[3]. Cependant, c'est précisément de cette possibilité que nous sommes coupés, non seulement de façon contingente sur la base du caractère interprétatif des processus de signes impliqués, mais encore systématiquement.

Les théories scientifiques sont, en outre, très loin d'être exemptes de controverses. De même, comme le souligne Putnam, il n'y pas de raisons en vue qu'une convergence définitive et universellement contraignante soit jamais être atteinte[4]. Ceci n'est même pas le cas relativement au vocabulaire de l'observation. De plus, il n'y a pas rigoureusement parlant la seule méthode scientifique et non plus le seul paradigme qui serait commun à toutes les différentes sciences et qui pourrait couvrir les recherches de différentes sortes qui sont désignées comme des sciences.

Dans toutes les perspectives que nous avons mentionnées (point 1 jusqu'à 8), la pluralité est possible de façon interne dans le sens esquissé du pluralisme linguistique, sémiologique et de la philosophie de l'interprétation. Elle est possible sans réductionnisme, formulable sans présomptions réductionnistes, et c'est pourquoi elle est inévitable et non susceptible d'être éliminée sous les auspices critiques.

1. W.V.O. Quine, *On the Reasons for Indeterminacy of Translation*, *op. cit.*, p. 179.
2. Voir N. Goodman, *Fact, Fiction, and Forecast*, Cambridge, Mass., 4e éd., 1983. chap. III et IV.
3. H. Putnam, *Reason, Truth and History*, *op. cit.*, p. 133.
4. Voir H. Putnam, *The Many Faces of Realism*, LaSalle, 1987, p. 63 *sq.* et p. 72.

2. TYPES DE PLURALITÉ

À la suite des raisons que nous venons de présenter en faveur du pluralisme théorique on peut mentionner différentes espèces de pluralisme, entre autres, la pluralité 1) des mondes, 2) de la forme logique, 3) des référents et de l'ontologie, 4) des théories et 5) de la vérité.

1) *Des mondes.* Si chaque monde individué, déterminé et spécifiable dépend des fonctions catégorialisantes du système des signes utilisés et de l'interprétation, il faut partir de la pluralité des mondes. Car il y a autant de mondes individués, déterminés et spécifiables qu'il n'y a pas en un temps de systèmes de signes et d'interprétation non réductibles les uns aux autres ou réductibles à un principe, cohérents (c'est-à-dire intégrant les conditions de la validité empirique). Qu'on tienne compte du fait que l'accord et la cohérence représentent des restrictions fortes. Il s'agit d'une pluralité des versions « justes » du monde, mais qui sont en conflit entre elles-mêmes [1]. Il faut souligner que la pluralité est conçue non pas à partir de la sémantique-des-mondes-possibles, mais du côté intérieur des versions/interprétations réelles du monde. Il s'agit, en ce sens, d'une pluralité des mondes réels qui sont formés par le fait des signes symbolisant, c'est-à-dire des mots, des nombres, ou des images ont des fonctions catégorialisantes. Dans la mesure où on a affaire à un *monde déterminé*, à son monde, il doit y avoir beaucoup d'autres mondes. Et entre les plusieurs versions, il ne peut pas y avoir la seule version privilégiée, comme surtout Goodman l'a montré à l'aide du rapport des versions physicalistes et phénoménalistes du monde.

2) *La forme logique.* La thèse de l'indétermination et de la pluralité de la traduction et de l'interprétation implique que la forme logique des propositions peut être indéterminée et peut donner lieu à la pluralité.

1. Voir N. Goodman, *Ways of Worldmaking*, *op. cit.*, p. x, p. 17-21, p. 111-120. Sur le concept de « Justesse » (*rightness*), voir N. Goodman, C.Z. Elgin, *Reconception*, *op. cit.*, p. 11-27, p. 44 *sq.*, p. 51-58, p. 155-165.

Il faut remarquer que dans le point débattu, dans notre perspective, il s'agit uniquement de la question de la pluralité des mondes/réalités. Il faut distinguer de cette dernière les thèses défendues, en plus, par Goodman a) de la production du monde (*worldmaking*) et b) de l' « irréalisme ». La philosophie de l'interprétation ne défend pas un irréalisme, comme on a pu le voir dans le chapitre II.2. Et elle met moins l'accent sur la « production » des mondes que sur les processus de la formation du monde, de l'individuation, de la détermination et que sur les procédés de l'organisation de l'expérience. Le point de départ est donc que nous vivons toujours déjà dans un monde et non pas que nous sommes obligés dès le départ de choisir entre plusieurs mondes.

Entre deux théories qui sont de la même façon toutes deux également satisfaisantes, on peut saisir différents éléments, comme des termes singuliers, des quantificateurs ou des prédicats. La pluralité ne peut pas être éliminée en ce qui concerne le rapport d'équivalence entre le signe et la langue de l'objet et entre le signe et le métalangage comme Donald Davidson en a eu l'intention dans une théorie de la vérité conçue dans le style de Tarski (« S » est vrai si et seulement si S) [1]. Puisque le signe de la langue de l'objet S se présente au plan du métalangage comme le *nom* S, du signe du langage de l'objet et puisque la fonction du nom du signe ne peut jamais être identique à la fonction elle-même du signe de langue de l'objet, il y a toujours un espace pour des systèmes d'interprétation alternatifs au regard des prédicats de la langue de l'objet.

3) *Référents et ontologies.* Une autre conséquence de l'indétermination et de la pluralité de la traduction et de l'interprétation réside en ce que plusieurs théories également acceptables peuvent se distinguer par le fait qu'elles attribuent à des mots, des propositions et des signes des référents différents, même opposés. La pluralité des référents possibles et la pluralité des ontologies entières et incompatibles entre elles peuvent certes être fortement limitées du point de vue des opérations ou pratiquement du point de vue de la théorie de la cohérence. Mais, on ne peut pas l'éliminer.

4) *Théories.* La sous-détermination des théories scientifiques et le caractère désespéré de quelque chose du genre de l'étiquetage de « la seule théorie scientifique » ont pour conséquence une pluralité de théories scientifiques, un pluralisme de théories soumises aux restrictions rigoureuses du standard de l'acceptabilité rationnelle [2].

5) *Les vérités.* De l'indétermination et de la pluralité de la traduction et de l'interprétation esquissées plus haut il résulte que la vérité est indéterminée et est de caractère pluriel. Cela signifie d'abord qu'il peut y avoir deux théories de vérité ou de manuels de traduction qui peuvent tous deux prendre de la même façon en considération toutes les restrictions empiriques et cependant conduire à cette situation qu'une théorie

1. Voir D. Davidson, *Inquiries into Truth and Interpretation*, Oxford, Oxford University Press, 1984, p. 228. Pour les détails de l'argument présenté dans la suite seulement de manière abrégée contre Davidson, voir G. Abel, *Interpretationswelten*, *op. cit.*, p. 63 *sq*.

2. Sur la question des standards de rationalité, voir chap. IV.3 (Rationalité de l'interprétation).

marque une proposition comme vraie alors que l'autre théorie classe la même proposition comme fausse [1]. Cela signifie qu'il faut partir d'une pluralisation interne de la vérité elle-même. Il ne peut plus y avoir une vérité « une vérité unique et intemporelle », mais il doit y en avoir beaucoup. Cet aspect sera discuté au début du chapitre suivant.

Sous les auspices de la critique, la critique de la vérité ne sera plus réalisée de façon essentialiste, mais sera conçue comme la réflexion et la fondation des prétentions à la vérité qui sont élevées dans les jugements. Ainsi, d'*autres* personnes et donc d'*autres* interprétations sont toujours déjà en jeu. Car une prétention élevée ainsi que sa reconnaissance et le cas échéant le fait de l'honorer nécessairement intègrent les *autres* personnes d'un point de vue de la logique du sens ; elles sont articulées dans un langage public, c'est-à-dire un langage partagé avec d'autres et ne peuvent être honorées que dans ce langage et dans une *praxis* publique de la justification. Cela consiste dans le fait qu'il y a autant de vérités que de prétentions cohérentes, explicables et justifiables à la vérité dans un temps donné. Décider à laquelle des vérités on accordera la préséance est, en dernière instance, une question pratique. Elle dépend de ce qui est considéré comme pertinent, comme important et, à la limite, comme indispensable dans le contexte de l'action [2].

1. Voir G. Abel, *Unbestimmtheit der Interpretation*, *op. cit.*, p. 62 *sq.*

2. Au sujet des conséquences éthiques et politiques de cette pluralité irréductible, voir *infra*, chap. XIV.

CHAPITRE XII

LA VÉRITÉ COMME INTERPRÉTATION

« La vérité » est le mot royal de la philosophie occidentale, laquelle a été, au fond, métaphysique. Dans ce qui suit, nous esquisserons quelques-unes des difficultés liées à la compréhension métaphysique essentialiste de la vérité (chapitre XII.1). Ces difficultés concernent aussi bien le sens étroit de la vérité, c'est-à-dire le rapport entre la proposition et l'état de fait, que son sens large, c'est-à-dire la question de savoir, comme on dit, ce qui est en vérité, la question de ce qu'est l'étant véritable. L'échec de l'ancienne compréhension peut conduire à trouver séduisante l'idée de concevoir la métaphysique, et son mot fondamental, « vérité », de manière réductrice et naturaliste. Nous nommerons et soumettrons ces séductions à un examen, qui mettra en évidence l'échec du programme de naturalisation de la question philosophique de la vérité (chapitre XII.2). Il est significatif que ni l'échec de l'ancien concept de vérité, ni l'échec de la réduction naturaliste ne rendent le discours sur la « vérité » et sur « est vrai » obsolète. Nous continuons à utiliser l'expression, nous la trouvons raisonnable, et les tentatives faites pour la congédier totalement se trouvent confrontées à une double difficulté : d'une part, nous nous heurtons à nos intuitions, d'autre part, nous devons nommer un concept qui lui succède. Que faire donc ? L'échec de la réduction naturaliste fait apparaître les aspects normatifs dans le discours de la vérité. Ces derniers contiennent en même temps deux composantes. La vérité apparaît comme formant des normes, comme quelque chose qui dépend d'une norme, qui pose une perspective, comme liée à une perspective, qui confère de la valeur et qui est dépendant d'une valeur. La seconde de ces deux composantes, composantes qui appartiennent mutuellement l'une à l'autre comme une porte à tambour, mérite tout particulièrement d'être soulignée (chapitre XII.3). Le caractère normatif et le fait que le discours de la vérité soit imprégné de valeur empêchent les réductions naturalistes. Il s'agit donc de savoir comment comprendre la différence entre la dépendance d'une norme et d'une valeur, d'un côté, et la non-réductibilité du prédicat « est vrai » à ces normes et valeurs données, d'un autre côté. Cette différence de la vérité ne peut plus être expliquée de façon externe, mais seulement de manière interne, c'est-à-dire seulement à partir de l'intérieur de l'utilisation de notre système linguistique et de nos concepts fondamentaux. Un rôle central (chapitre XII.4) revient, dans ce contexte, aux fonctions d'interprétation des signes utilisés dans les jugements ainsi qu'à notre *praxis* de l'interprétation qui est toujours déjà présupposée dans tout fait d'émettre des prétentions à la vérité, de comprendre et de réfléchir. Si le caractère fondamental de la compréhension du monde et de soi-même peut être qualifié d'*interprétatif*, on peut formuler la question de la vérité dans le modèle de l'interprétation (chapitre XII.5) et saisir la fameuse différence de la vérité du point de vue de la philosophie de l'interprétation. Après avoir donné en ce sens, dans les sections 1 à 4, une « interprétation de la vérité », la cinquième section développera le concept de « vérité comme interprétation » et de la question adjacente de la vérité au sein du modèle de l'interprétation [1].

1. La crise de la compréhension métaphysique

1) *Dans le sens large : « ce qu'est la vérité ».* On peut distinguer trois représentations de base : a) la vérité comme adéquation entre la pensée et l'objet, b) la vérité comme auto-monstration de la nature pure de la chose elle-même, et c) la vérité comme l'activité de telles déductions elles-mêmes. Cependant, cette compréhension est confrontée à de graves difficultés. Si le terme vérité est lié avec la conception de la connaissance de ce qui est, on doit établir, en vertu de cette vérité, qu'il y a manifestement plusieurs vérités. Mais, s'il y a plusieurs vérités, il n'y a, selon les critères de l'ancienne compréhension elle-même, plus « la vérité unique ». En outre, chacune des trois idées de base semble être

1. Une version antérieure des paragraphes XII.1 à XII.4 a paru dans V. Gerhardt, N. Herold (éd.), *Perspektiven des Perspektivismus. Gedenkschrift zum Tode Friedrich Kaulbach*, Würzburg, Königshausen und Neuman, 1992, p. 313-330.

autodestructrice. Premièrement, a) l'idée de l'adéquation entre la pensée qui se déploie en signes et un état de fait transcendant ne peut être expliquée sous les auspices de la critique. Une telle tentative échoue d'entrée de jeu. Car, sans les signes utilisés, on ne peut même pas indiquer, ce avec quoi on doit s'accorder.

Deuxièmement, b) l'idée que la nature pure de la chose se montre est problématique en plusieurs points. D'abord, une chose ne peut être telle que pour des esprits finis quand elle se situe sous la grammaire du système de signes et d'interprétation dont nous sommes pourvus et que nous utilisons. Ensuite, il faut souligner que parler de se montrer acquiert son sens non pas d'un au-delà de signes, mais essentiellement de la *praxis* de l'utilisation des signes elle-même par les êtres humains d'ici [1]. Ce qui se montre dans l'emploi des signes de leur forme, par exemple en référence à un son musical, qui ne se laisse pas dire par des concepts peut, comme souligné, être considéré comme la forme de l'utilisation même des signes et des symboles liée à notre *praxis* de vie. Enfin, il faut tenir compte d'un autre aspect. L'idée d'après laquelle on pourrait sous les auspices d'une « volonté de la vérité » (Nietzsche) appréhender « la nature de la chose elle-même » conduit au fait que, dit avec une formulation de Hegel, nous nous trompons nous-mêmes et les autres [2]. Car, on exige que soient ignorées ses propres conditions subjectives et individuelles et que les autres individus ne s'y mêlent pas.

Troisièmement, c) pour parvenir à la vérité (essentialiste), la volonté, comme l'a souligné Nietzsche, à y regarder de près, ne se révèle pas comme une interprétation et une appréhension des caractéristiques marquantes de la réalité. Par exemple du changement, de la transformation et de la pluralité. Vue sous cet angle, la vérité peut être plutôt caractérisée comme une stratégie de « fixer », de traduire ces caractéristiques en « étant » [3].

En outre, chaque tentative de stigmatiser la perspectivité et la relativité de la compréhension du monde, d'autrui et de soi-même comme apparence ou comme une modification « d'un vrai être » est confronté à des conséquences nihilistes. Car, celui qui voudrait ôter la perspectivité et avec elle la finitude de l'homme de son rapport à la réalité, priverait le monde de sa forme et donc de sa réalité. La vérité aussi serait ainsi

1. Pour l'acte de montrer, voir *supra*, chap. VIII.

2. Voir G.W.F. Hegel, *Phänomenologie des Geistes*, éd. J. Hoffmeister, Hambourg, 1952, p. 300; trad. fr. B. Bourgeois, *Phénoménologie de l'esprit*, Paris, Vrin, 2006.

3. F. Nietzsche, KGW VIII, 2, 9, [91], p. 48.

comprise comme l'activité de l'interprétation elle-même. Comme quelque chose de nihiliste. Comprise comme ce qui est interprété, la vérité comme fondement de l'étant et comme ce qui est réellement ne serait rien. Dit dans le schème du vieux concept métaphysique de vérité lui-même, on constaterait que la tentative de vouloir contourner ou nier la relativité, l'apparence ainsi que la finitude et la perspectivité de l'homme pour la « vérité ultime » conduit moins à une nature pure et complète des choses qu'au rien vide [1].

2) *Dans le sens étroit : proposition et état de fait.* En ce qui concerne le sens étroit de la compréhension de la vérité, donc le rapport de la proposition et de l'état de fait, nous avons souligné, dans le chapitre XI.1, que le problème de la théorie de la vérité comme correspondance ne consiste pas à rechercher « une relation unique juste entre des signes propositionnels et l'état de chose ». Ce qui fait davantage problème, c'est qu'il y a beaucoup trop de telles relations correspondantes. Ce problème a été présenté à l'aide de l'argumentation de la théorie des modèles de Putnam. Si l'argumentation relative au prédicat vague P est vraie, alors ceci signifie que le prédicat P peut être aussi bien vrai que faux. La bivalence de la vérité et de la fausseté ne peut plus être présupposée. L'idée de concevoir la vérité dans des termes d'une correspondance, d'une isomorphie ou d'une théorie de l'image des concepts et des choses doit être considérée comme un échec. Mais où nous trouvons-nous ? Et que faire par rapport à cette situation ? Trois issues semblent séduisantes. a) Une séduction consiste à attribuer à l'homme une « intuition intellectuelle », une capacité intellectuelle particulière qui lui donne accès aux formes nouménales des choses [2]. L'esprit n'aurait pas de problèmes pour établir une correspondance entre les choses et ses propres signes mentaux. Mais, on est bien inspiré de tenir avec Kant que, en tant qu'esprits finis, nous n'avons pas de concept positif d'une intuition intellectuelle non sensible dont les objets seraient

1. Nietzsche, comme on le sait, a fait culminé cette image dans la réflexion que : la « volonté *de la vérité* » se révèle, en fin de compte, être une « volonté » déguisée « *de rien* ». En même temps, la distinction entière entre un monde « vrai » et un monde « apparent » s'effondre. Car, si le vrai monde se décompose, le discours du monde « apparent » n'a plus de sens. Voir F. Nietzsche, *Götzen- Dämmerung, Wie die « wahre Welt » endlich zur Fabel wurde*, dans KGW VI, 3, 74 *sq*. *Cf.* G. Abel, *Nietzsche*, *op. cit.*, p. 324-341.

2. Sur les deux premières issues, voir aussi H. Putnam, *Realism and Reason*, *op. cit.*, p. 225 et *Realism with a Human Face*, Cambrigde (Mass.), Havard University Press, 1990, p. 82 *sq*.

des noumènes[1]. Seule une intuition divine qui ne dépend pas de ce que les sens soient affectés peut en être le modèle, l'archétype, et donc peut s'appeler intuition intellectuelle. Seulement, ce n'est manifestement pas un esprit de notre esprit. b) Une seconde séduction réside dans la thèse selon laquelle il y aurait une structure intégrée préalablement au monde qui fait en sorte qu'on puisse choisir « la seule relation acceptable métaphysiquement entre les signes et des objets ». Mais ceci présupposerait l'hypothèse erronée d'après laquelle existe des objets qui s'identifient eux-mêmes et des relations objets-signes qui s'identifient elles-mêmes et que c'est la nature elle-même – et non notre parler et penser catégorialisant – qui se divise en espèces, genres, objets et événements. Les objets et les événements du monde ne sont pas leurs propres classificateurs et interprètes. c) L'issue la plus attrayante semble concevoir une métaphysique naturaliste, scientifique, dans laquelle des concepts, par exemple « la vérité » la « justification », « signification », « référence » sont reformulées de façon naturaliste ou même abandonnées. Quelques-unes de ces tentatives sont examinées de façon critique pour savoir ce qu'il en est de la vérité.

2. L'ÉCHEC DES STRATÉGIES NATURALISTES ET RÉDUCTIONNISTES

1) *Empirisme.* Le recours à l'expérience est certes l'indispensable pierre de touche de la connaissance humaine. Mais l'expérience ne peut pas *fonder* la prétention à l'objectivité d'une connaissance empirique. L'expérience nous apprend certes, comme le souligne Kant, de quoi se constitue une chose, mais jamais « qu'elle ne peut être autrement »[2]. L'empirie ne peut se fonder elle-même empiriquement dans son objectivité. Avec la question de la vérité d'un jugement on se meut dans l'espace logique des raisons de la validité. La vérité d'un jugement est liée à une *praxis* de la justification épistémique par des raisons. Le paralogisme empirique réside en ce que les antécédents causaux sont pris pour des raisons logiques.

2) *La théorie causale de la référence et du savoir.* Les métaphysiciens matérialistes défendent, en matière de référence, une théorie

1. Voir Kant, *Critique de la raison pure*, B 135, B 138 *sq.*, B 157 *sq.*
2. Kant, *Critique de la raison pure*, B 3.

causale réductionniste de la référence [1]. La relation de la référence est de son côté pertinente dans le contexte de la question de la vérité. On essaie de donner une définition de la référence en termes d'une théorie causale. Mais la thèse d'après laquelle la référence est une relation causale physicaliste entre des mots et des représentations mentales d'un côté, aurait en général des chances de réussite, si cette relation pouvait être formulée dans un vocabulaire purement physicaliste. On exigerait donc une définition de la référence, *sans* devoir utiliser une quelconque expression sémantique et intentionnelle, sans des expressions comme « se réfère à » ou « signifie » par exemple. Ce n'est certainement pas un hasard que jusqu'à présent personne n'a réussi une telle preuve.

Cette critique concerne également la théorie causale du savoir [2]. Formulée brièvement, cette dernière s'énonce comme suit : Si *S* sait que *p*, alors la vraie croyance de *S* que *p* est causée par le fait *p*. Nous avons donc, soutient-on, affaire à une chaîne causale. De la pomme devant moi partirait une chaîne de la façon suivante : la pomme causerait une relation neurophysiologique dans mon cerveau dont l'état provoquerait de son côté ma vraie croyance que devant moi il y a une pomme. Mais, et c'est ici le point important, la prétention à l'objectivité et à la vérité de mon savoir ne peut manifestement pas être justifiée par le recours à cette chaîne causale du type approprié. On ne peut sauter par-dessus le caractère épistémique de la situation du savoir. Et la question des conditions de vérité pour « *S* sait que *p* » demeure, puisque le savoir, comme nous le montrerons dans les chapitres XIII.2 et XIII.5 de manière exhaustive, peut être considéré comme un mode de « tenir pour vrai », est lié à des questions de logique et de justification, par exemple pour que *S* tienne *p* à juste titre pour vrai que *p* est vrai et que les conclusions qui en sont tirées soient justifiées.

La tentative faite pour concevoir la relation entre la référence et le savoir d'un point de vue causal et naturaliste échoue finalement en raison du fait que, chaque fois, qu'on se réfère à quelque chose, *une praxis d'interprétation* servant à délimiter les caractéristiques sémantiques et pragmatiques des signes référant est présupposée et revendiquée. Mais ces rapports d'interprétation sont de nature réductrice. Elles s'opposent à une réduction physicaliste entre autres parce qu'elles sont de caractère intentionnel. De plus, elles sont déjà

1. Voir à ce sujet chap. III et G. Abel, *Interpretationswelten*, *op. cit.*, chap. 11 et 12.

2. Voir N. Goldman, « A Causal Theory of Knowing », *The Journal of Philosophy*, 64, 1967, p. 357-372.

présupposées dans la formulation d'une relation causale. Car, on ne peut pas distinguer une relation causale sans avoir tiré auparavant deux lignes limites d'interprétation. D'abord il faut sélectionner de nombreux aspects illimités d'une situation quelques-uns qui sont des *chaînes ou des aspects pertinents d'un point de vue causal*. Ensuite, il faut encore souligner un aspect parmi ceux-là et classer les autres uniquement comme des conditions d'arrière-plan. Donc la relation causale ne délimite pas la marge de manœuvre de l'interprétation. L'interprétation qui délimite est plutôt déjà toujours revendiquée quand on pense une relation causale et qu'on opère avec elle.

3) *Théorie évolutionnaire de la connaissance*. Rapportée à la question de la raison et de la vérité, la thèse de la théorie évolutionniste de la connaissance se laisse formuler à l'emporte-pièce et de manière acérée comme suit [1] : la raison est une faculté pour découvrir des vérités. Cette capacité a valeur de survie ; elle s'est développée de la même façon que nos autres organes ou capacités physiques. Une conviction est rationnelle si elle a été acquise par l'exercice de cette capacité ». La théorie de l'évolution doit manifestement présupposer un concept métaphysique-réaliste, un concept de vérité de la théorie de la correspondance. Plus haut, dans le chapitre XII.1, on avait pu déjà voir que cette dernière ne peut être développée de manière cohérente. Nous ne disposons pas d'un concept de vérité des propositions qui est indépendant du système linguistique et de nos concepts de base ainsi que de la *praxis* d'interprétation revendiquée dans son fonctionnement. Si, face à cette découverte, la vérité est conçue, avec Putnam, comme « rational acceptability under sufficently good epistemic conditions » et le discours sur la vérité est utilisé dans la formule de la théorie de l'évolution, « la raison est une capacité, de découvrir la vérité », il en résulte que : la raison est une capacité de découvrir ce qui est raisonnablement acceptable ». Mais cette proposition n'est particulièrement pas informative. Elle menace de tourner dans le vide. L'embarras de la théorie évolutionniste de la connaissance réside donc dans le fait que, comme Putnam le souligne, une théorie évolutionniste de la connaissance en référence au caractère naturalisable ou non de la vérité doit soit présupposer une compréhension de la vérité métaphysique-réaliste, soit s'effondrer en formules vides. C'est une situation plus que pénible. Ou alors la théorie évolutionniste de la

1. H. Putnam, *Realism and Reason*, *op. cit.*, p. 230 *sq.*

connaissance répète les vieilles erreurs ou elle tourne dans le vide. Ceci ne signifie pas que la théorie de l'évolution en tant que *théorie scientifique* soit défectueuse. Mais cela signifie que, et c'est seulement le point pour le moment, qu'elle ne peut pas mettre à disposition une réponse philosophique à la question de la vérité.

4) *Le relativisme culturel.* Une réduction relative à la culture se distingue d'abord d'une réduction physicaliste [1] par le fait qu'en elle ce n'est pas la physique ni la neurobiologie, mais l'anthropologie, la linguistique, la psychologie, la sociologie et l'histoire qui font figure de paradigmes scientifiques. Dire, comme Richard Rorty le fait qu'une proposition ne peut valoir que si elle s'accorde avec les normes locales d'une culture est une forme d'épistémologie naturaliste. Il en résulte un relativisme culturel. Rorty souligne ethnocentriquement : our own present beliefs are the ones we use to decide how to apply the term « true » [2]. Est vrai, c'est ainsi qu'on peut abréger cette position, ce que nous tenons pour vrai avec nos « cultural peers » ; plus loin, la même chose vaut pour un locuteur d'une autre culture à partir de son optique. Cette conception aboutit à deux difficultés au moins qui montrent que le concept de vérité ne peut être appréhendé dans une perspective naturaliste.

a) Certes, parler de vérité sans héritage culturel n'a pas de sens. Mais, cela ne signifie pas qu'on pourrait identifier la vérité au consensus dans la communauté de langue et de pensée. On peut concevoir des cas dans lesquels une proposition n'est plus capable de consensus parmi ceux qui appartiennent à une culture, mais qui peut être vraie. Mais on peut aussi concevoir des cas dans lesquels il y a consensus, mais où la proposition pourrait être fausse. Ceci signifie qu'il n'est pas possible de pouvoir donner une définition de la vérité par les standards valides dans une culture particulière [3].La difficulté est que notamment lorsqu'on délimite les standards et les pratiques d'une culture locale ou d'une sous-culture et qu'on considère ceux par lesquels sont déterminés la vérité et le caractère raisonnable d'une proposition, la raison et la vérité sont déjà

1. Voir à ce sujet et par la suite H. Putnam, *Realism and Reason*, *op. cit.*, p. 234-240.

2. R. Rorty, « Is natural Science a Natural Kind ? », dans E. McMullin (dir.), *Construction and Constraints. The Shaping of Scientific Rationality*, Notre Dame, University of Notre Dame Press, 1988, p. 55. Sur le rapport critique entre la philosophie de l'interprétation et le pragmatisme postanalytique, voir G. Abel, *Interpretationswelten*, *op. cit.*, chap. 23.

3. Voir H. Putnam, *Realism and Reason*, *op. cit.*, p. 235, p. 240.

présupposées et revendiquées. Seulement, il devient aussi compréhensible que nous sommes en mesure de critiquer et d'améliorer nos instituons culturelles. Lorsqu'une personne associe le relativisme culturel à la critique de la culture, il y a alors l'aveu que, là où il est ordinairement en avant, le relativisme culturel ne peut avoir le dernier mot.

b) En outre, Putnam a attiré l'attention sur une contradiction dans le relativisme culturel, qui est analogue à la contradiction dans laquelle tombe le solipsiste méthodique dès qu'il affirme que toutes les autres personnes/cultures sont aussi solipsistes méthodiques de leur propre perspective. Ceci suppose une « symmetric situation » qui, rigoureusement prise, doit demeurer incompréhensible du point de vue soliptiste-méthodique et du relativisme culturel, c'est-à-dire, si la thèse du relativisme est juste. On ne pourrait absolument pas reconnaître les autres cultures étrangères comme autres cultures étrangères « if you think that the only notion of truth there is for *you* to understand is « truth-as-determined-by-the norms-of-*this-culture* »[1].

5) *La vérité-Tarski.* Nous rencontrons une tout autre variante de réduction dans la conception de la vérité de Tarski[2]. L'exemple de la proposition suivante est devenu célèbre : « La neige est blanche » est vraie si et seulement si « la neige est blanche ». La manœuvre géniale de Tarski était de pouvoir définir la vérité à l'aide du nivellement de l'objet et du métalangage sans devoir au préalable recourir à un concept déjà établi de réalité. Mais, il réside dans cette performance en même temps les limites de la vérité de Tarski comme concept philosophique de vérité, c'est-à-dire un concept de vérité qui se rapporte aux jugements. Car, dans le jugement il est dit qu'il y a un x et que x est F. Comprendre la vérité dans le sens de Tarski ce serait tout simplement avoir affaire à un simple « semantic ascent » d'un niveau de langage à un autre. Mais, de cette manière, on ne peut pas « define for a langage any notion of rightness that was not already defined »[3].

6) *Conditionnels contrefactuels.* Les limites de la réduction naturaliste du concept de vérité se laissent aussi clarifier à l'aide de conditionnels contrefactuels. Une proposition comme « Si Peter n'avait

1. H. Putnam, *Realism and Reason*, *op. cit.*, p. 238.

2. A. Tarski, « Der Wahrheitbegriff in der formalisierten Sprachen », dans K. Berka, L. Kreisler (dir.), *Logik-Texte*, Darmstadt, 3 e éd., 1983.

3. H. Putnam, *Realism and Reason*, *op. cit.*, p. 245.

pas trop bu de cognac, il serait encore en possession de son permis de conduire » a une valeur de vérité. On peut indiquer un monde possible, une situation hypothétique, dans laquelle ce conditionnel contre factuel est vrai. De telles propositions s'opposent manifestement à une réduction physicaliste et/ou à une réduction à la théorie de l'évolution.

7) *Nature et esprit, syntaxe et sémantique*. Le prédicat « est vrai » est un prédicat cognitif, mental. Et le fait de dire qu'un événement mental de l'usage de « est vrai » est identique à un événement physique ou neurophysique XYZ ne peut pas être lui-même une proposition physique [1]. Pour illustrer l'impossibilité de décrire un événement mental dans une langue purement physicaliste, Donald Davidson a établi une analogie entre le statut du mental dans le milieu du physicaliste et du sémantique dans un système de pure syntaxe [2]. D'un côté, la sémantique d'une expression se rapporte toujours à un système syntaxique. D'un autre côté, cependant, il n'est pas possible de formuler en termes purement syntaxiques la signification qui ne peut être expliquée sans intégrer les attitudes propositionnelles (comme les convictions, les intentions, les désirs, les opinions). Si nous pensons aux croisements entre la sémantique et la théorie de la vérité, on peut clarifier le point saillant de la façon suivante avec Davidson. Quand une langue S se compose exclusivement d'un vocabulaire physicaliste et si S'est la langue élargie du prédicat mental « vrai dans S », il ne peut pas y avoir un prédicat de la langue physicaliste, à supposer que S soit consistant, qui se rapporte à toutes et seulement aux vraies propositions de S. Cependant, ce ne sont pas seulement les réductions physicalistes qui échouent. L'échec vaut pour les deux côtés. Les réductions phénoménalistes et mentalistes échouent aussi. Car, dire que la seule chose qui existe réellement c'est l'esprit est aussi une forme de réductionnisme. Vu de cette façon, le phénoménaliste n'est pas dans une meilleure position que le physicaliste. La tâche consiste à déployer philosophiquement une manière de philosopher qui se meut au-delà de cette dichotomie.

8) *La perspective éliminationniste*. Par rapport à ces difficultés d'un réductionnisme, on pourrait tomber sur l'idée de tenir les concepts comme « la vérité » « la justification » « l'acceptation rationnelle » pour de simples superstitions et les rayer entièrement, c'est-à-dire prendre une

1. Voir G. Abel, « Einzelding- und Ereignis-Ontologie », *op. cit.*, p. 175 *sq.*

2. D. Davidson, « Mental Events », (1970), dans D. Davidson, *Essays on Actions and Events*, Oxford, 1980, p. 207-225.

ligne éliminationniste. Mais ceci est manifestement tout sauf une solution. Car, premièrement, nous utilisons le prédicat « est vrai », c'est-à-dire que celui-ci a toujours une fonction importante dans notre parler et penser qu'il faut comprendre. Deuxièment, il faudrait formuler un successeur pour le concept de vérité. Cependant, il n'est pas en vue. Et on ne voit pas non plus de psychologie qui pourrait satisfaire l'espoir de Quine de développement la théorie de la connaissance comme une partie de la psychologie empirique [1]. La psychologie ne peut pas expliquer ce que sont les pensées. Elle les présuppose toujours plutôt. Et troisièmement, l'élimination des mots mentionnés et cela signifie aussi l'élimination du normatif, serait un « attempted mental suicide » pour parler avec Putnam [2].

3. Normes et charge axiologique de la vérité

L'échec d'une naturalisation du concept de vérité fait apparaître en contrepartie son caractère *évaluatif* et *normatif*. Car, c'est essentiellement ce dernier qui s'oppose aussi bien aux réductions naturalistes qu'aux surenchères essentialistes. Deux composantes y sont en même temps contenues. La vérité forme une norme et elle est dépendante d'une norme et produit la valeur et est dépendante de valeur. Il faut particulièrement souligner la deuxième composante de ce croisement semblable à une porte à tambour, la composante de l'assujettissement et de la dépendance. Ceci ne se produit pas en vue de pouvoir diminuer le potentiel de la question de la vérité, mais pour davantage renforcer sa résistance aux réductions naturalistes et mettre en relief sa particularité. La question est donc : comment est-ce logiquement possible que la vérité dépende des normes et des valeurs ? Ceci ne signifie pas une identité des deux [3]. Et le discours des valeurs n'est pas à prendre dans son sens évaluatif étroit, mais dans un sens large qui à côté de l'estime englobe les composantes

1. Voir W.V.O. Quine, « Epistemology Naturalized », dans Quine , *Ontological Relativity and Other Essays*, *op. cit.*, p. 69-90.

2. H. Putnam, *Realism and Reason*, *op. cit.*, p. 246.

3. Pour notre propos, il n'est pas nécessaire de préciser davantage la distinction importante entre *normes* (dans le sens des critères et des directives de ce qui doit être et de ce qui doit se passer), *valeurs* (dans le sens de ce qui vaut comme étant supérieur et reconnu) et *estimations* (dans le sens de la manière dont les intérêts sont liés à la façon de voir les choses et de se comporter). Il est décisif qu'une dimension *normative* soit liée à ces composantes et que celles-ci jouent un rôle dans une vision du monde.

normatives de l'emploi du langage lui-même, des points de vue de la préférence ainsi que celui de la hiérarchisation et des éléments prescriptifs [1]. Les aspects les plus importants sont les suivants :

1) *Cognition et estime*. Il faut d'abord tenir compte du fait qu'on ne peut pas établir une distinction rigoureuse entre cognition [2] et estime. Une telle ligne de séparation n'est pas déduite de quelque chose d'analogue à « la nature de la chose elle-même », mais, si tel est le cas, par *nous*, c'est-à-dire *dans* l'application d'un système linguistique et de concepts fondamentaux. Cela s'effectue sous les points de vue de la finalité et à partir des habitudes. À cela correspond le fait qu'une analyse sélective ne réussit pas. Plus l'analyse est précise, plus il est difficile et impossible de décider si un élément doit être classé comme purement cognitif ou comme estime, et *vice-versa*. Déjà, le fait que les décisions en général soient nécessaires montre qu'il s'agit de processus d'estimation pratiques-normatifs et pragmatiques.

Le croisement de la cognition et de l'estime se montre également dans le fait que des valeurs et les estimations fonctionnent cognitivement. Beaucoup de choses sont organisées et classifiées. Et inversement, il faut affirmer que les opérations cognitives procèdent de façon estimative. C'est ainsi qu'elles provoquent et contiennent des hiérarchisations, des délimitations, des évaluations, des éliminations ou des simplifications. Cela ne signifie pas que les distinctions entre l'usage descriptif et l'usage évaluatif d'une expression, par exemple « est crédule », ne sont plus importantes. Au contraire [3]. D'un côté, nous

1. S'il s'agissait jusqu'à présent du fait qu'une *naturalisation* de la question de la vérité ne peut pas réussir, il faut à présent souligner qu'il ne s'agit pas d'une psychologisation du rapport vérité-norme/valeur. Le jugement qui s'effectue à travers des signes, dans lequel s'articule une prétention à la vérité, possède des caractéristiques sémantiques et représentationnelles (signification, référence, conditions de vérité), donc des qualités logiques. C'est à leur niveau que nous poserons la question de l'assujettissement aux normes et aux valeurs.

2. Sur l'aspect de la cognition, voir *supra*, chap. VII (Imagination et cognition).

3. Il faut toutefois prendre en considération le fait qu'on ne voit pas toujours immédiatement dans une expression, par exemple « est crédule » dans « puisque Pierre était crédule, les voleurs avaient le jeu facile », si elle est comprise et utilisée de façon descriptive ou évaluative et, plus précisément, si c'est positivement évaluatif (par exemple de la perspective des voleurs) ou négativement évaluatif (par exemple de la perspective de la police). Donc l'interprétation est déjà présupposée dans le constat de la différence entre description et évaluation. En même temps, nous faisons une différence entre des prédicats de faits (comme par exemple « pèse 5 kg ») et des prédicats de valeurs (comme par exemple « est digne de louange »). Cependant, poser ainsi la différence et généralement la

faisons de telles distinctions. De l'autre, la pensée vit de distinctions. Mais, il appartient au concept de telles distinctions qu'ils ne proviennent ni de la vérité objective *dans-la chose-elle-même*, ni qu'ils conduisent à une telle vérité. De telles distinctions peuvent être considérées comme une délimitation *interprétative- formatrice de construction.* Elles se passent déjà à l'intérieur d'un horizon d'interprétation et à partir d'une *praxis* d'interprétation ainsi que vers celle-ci. Elles sont précédées des estimations sédimentées dans les fonctions interprétatives du parler, du penser et de l'agir elles-mêmes. La tentative de maintenir immunisée la question de la vérité face à la problématique de la valeur en faisant en sorte que la vérité soit considérée comme une affaire de cognition et que cette dernière soit perçue comme une dichotomie entre normes et valeurs échoue au regard de l'impossibilité d'effectuer cette dichotomie. En même temps, il est clair que l'assujettissement aux normes et aux valeurs précèdent déjà les prétentions à la vérité qui sont données avec les croisements de la cognition et l'estime.

2) *Vérité dans le jugement.* Le congédiement de l'idée d'un critère général objectif de vérité représente un pas important au regard de la libération du lien positif entre la vérité et la valeur. Elle se fait chez Kant dont la réflexion est simple et concluante. Un critère objectif de vérité (matériel, substantiel) serait un qui se réfère à l'objet déterminé et sa constitution de *telle ou telle manière*. En cela, cet objet serait pensé différemment d'autres objets et de leur constitution. Cependant, ceci inclut précisément qu'un tel critère ne soit pas en même temps universel, c'est-à-dire ne puisse pas être valide de toutes les connaissances et ceci sans différence de leur objet. Ce qui est faux *materialiter* en rapport avec un objet peut être vrai par rapport à d'autres objets. Exiger un critère matériel de vérité est « en soi-même contradictoire » [1]. Car, on exige que soit « faite abstraction de toute différente entre les objets et en même temps de ne pas faire abstraction ». Si un tel critère était suffisant alors il ne serait pas universel et s'il était universel il ne serait pas suffisant.

Par conséquent, il ne reste avec Kant que le retour à une définition nominale de la vérité et à un critère universel formel, à un critère logique. Ce dernier ne peut consister que dans « l'accord de la connaissance avec lui-même », mais non plus dans un accord entre la

différence entre les faits et les valeurs, comme nous le faisons, implique une séparation du *continuum* des prédicats et peut être pour cette raison caractérisé comme interprétatif.

1. Kant, *Critique de la raison pure*, B 83, *cf.* B 82-85.

connaissance et l'objet[1]. On fait plutôt abstraction des objets dans l'ensemble et de leur différence. La vérité est ainsi rapportée à l'accord de l'entendement et de la raison avec leurs propres lois et intérêts. Elle concerne seulement le rapport entre le prédicat et le sujet dans la formation de jugements possibles, c'est-à-dire la liaison des signes conceptuels dans des jugements et sous leur grammaire. En tant que critères Les principes de la contradiction qu'il faut éviter, le principe de raison suffisante et du tiers exclus. La vérité qui n'a son siège que dans le jugement « s'accorde », comme le note Kant dans les réflexions posthumes, « avec l'objet, quand elle s'accorde avec elle-même »[2].

Cela attire l'attention, d'une part, sur une volonté de connaître ainsi que sur un intérêt et un besoin de la raison[3] et, d'autre part, sur la manière de fonctionner du système linguistique et des concepts de base dans la formation du jugement et souligne la priorité de l'unanimité des signes du jugement sur le rapport aux objets. On pourrait dire dans une variante d'une réflexion de Wittgenstein[4] que c'est seulement lorsqu'il y a accord entre nos signes que cela correspond aux choses et à notre rapport à elles.

En référence à la question de la vérité, il faut distinguer deux composantes. D'un côté, a) il s'agit de l'harmonie formelle de l'utilisation du système linguistique et conceptuel de base des signes et d'interprétation dans le sens surtout de la non-contradiction. Cette harmonie concerne seulement la forme de la vérité. Elle est la condition sine qua non, mais ne suffit pas elle-même. D'un autre côté, b) il se manifeste dans le fonctionnement de ce système de signes et d'interprétation, dont le caractère *catégorialisant* par rapport à ce qui peut valoir comme objet

1. Kant, *Logik*, édition de G. B. Jäsche, « Introduction VII », dans *Werke*, édition de W. Weischedel, Darmstadt, 1975, vol. 5.

2. Kant, *Reflexionen zur Logik*, Akademie Ausgabe, vol. XVI, p. 244, Réfl. 2124.

3. Au regard de ce contexte, F. Kaulbach a introduit la distinction éclairante entre la « vérité de l'objet » et la « vérité du sens ». La première concerne le rapport à l'objet de la représentation. La dernière est liée chez Kant au perspectivisme de la raison mis en évidence par Kaulbach. Car la vérité du sens est conçue comme l' « adéquation » d'une « perspective du monde de la satisfaction d'un intérêt de la raison ». Voir F. Kaulbach, « Kants Auffassung von der Wissenschaftlichkeit der Philosophie : die Sinnarbeit », *Kant-Studien*, 76, 1985, p. 13. Cela vaut pour la raison théorique et pour la raison pratique. Sur le perspectivisme de la raison dans la philosophie de Kant, voir F. Kaulbach, *Das Prinzip Handlung in der Philosophie Kants*. Berlin-New York, de Gruyter, 1978, par exemple p. 122 *sq*., p. 168 *sq*, p. 248 *sq*., p. 252, et dans *Philosophie des Perspektivismus*, vol. I : *Wahrheit und Perspektive bei Kant, Hegel und Nietzsche*, Tübingen, Mohr Siebeck, 1990, chap. I.

4. Voir L. Wittgenstein, *Tractatus logico-philosophicus*, § 4.1213.

d'expérience et de connaissance en général. Dans la perspective de la catégorialisation, la *forme* de notre *praxis* de signes et d'interprétation est une condition suffisante du fait que nous avons affaire avec tels ou tels jugements et donc avec un monde et une réalité déterminés de telle ou telle façon. C'est pourquoi il fait sens de traiter les mondes ainsi formés de signes et d'interprétation comme nos mondes de signes [1].

Les fonctions catégorialisantes et les caractéristiques sémantiques des signes du jugement linguistique et des concepts fondamentaux peuvent être caractérisés de perspectivistes, d'uniformisant, de formateurs de constructions interprétatives. Parler d'objectivité et de vérité ne peut seulement se rapporter qu'aux formations d'interprétation de la grammaire du jugement. Ce qui peut valoir en général comme objet d'une connaissance prétendant à une vérité se trouve toujours à *l'intérieur* d'un horizon d'interprétation$_1$ et doit être déjà considéré comme un résultat de processus d'interprétation, par exemple de l'individuation spatio-temporelle, de la détermination et de l'organisation. Dans les formations de jugements réels, on trouve les deux composantes. Car, dans la formation d'un jugement dans lequel il est question de vérité ou de fausseté, la chose dont traite le jugement et auquel il se rapporte et qui fait figure de condition de satisfaction est rendue susceptible d'être jugée par le jugement lui-même. Puisque la vérité discursive ne précède pas les fonctions catégorialisantes ainsi que les caractéristiques sémantiques de l'utilisation grammaticale du jugement des signes conceptuels, mais les suit, leur caractère d'estimation et d'interprétation et donc d'harmonisation aussi passe par le concept de vérité. Ce fait d'être lié à des normes et à des valeurs est nécessaire. Autrement, les conséquences autodestructrices seraient inévitables, car on ne peut pas s'occuper de la question de la vérité du jugement et en même temps vouloir supprimer la formation du jugement lui-même. Quand il s'agit en général de la vérité dans les jugements, alors cette dernière est toujours déjà pensée dans son lien avec les formations de constructions qui caractérisent de façon interprétative et estimative le jugement. On peut l'expliquer au regard des caractéristiques sémantiques.

Avant de pouvoir poser la question de la vérité ou de la fausseté de « x est un F » par exemple, il faut avoir déjà compris l'expression « x est F », et l'avoir spécifiée dans ses caractéristiques sémantiques. C'est précisément là que commence le problème *philosophique* de la vérité,

1. Voir *supra*, chap. I et II ; voir également G. Abel, *Interpretations-Welten*, *op. cit.*, 1989 et *Interpretationswelten*, *op. cit.*, 1993.

notamment de comprendre, ce que signifie comprendre « x est un F » [1]. Une réponse à cette question contiendra vraisemblablement les aspects suivants : on comprend « x est un F » et on dit de l'expression qu'elle est vraie, si on sait qu'elle traite de x, se rapporte à x, x est F et quand les conditions de satisfaction de « x est F » sont remplies. Il faut tenir compte du fait que tous les trois aspects (signification, référence et condition de satisfaction) sont, vus de l'intérieur, de nature formatrice de constructions et d'estimations. Ceci ne vaut pas seulement pour les attributions à la troisième personne, mais essentiellement aussi pour l'exécution de la formation du jugement dans la perspective de la première personne. Sur le plan de l'interprétation, a) le contenu dont traite l'expression est spécifié comme il est spécifié ; b) que nous nous rapportons à l'aide de l'expression à *telle ou telle* chose d'une manière particulière (par exemple sous un mode particulier et non dans un autre) et c) qu'avec le contenu propositionnel de l'expression de telle ou telle espèce le rapport fixé à ce qui a valeur de condition de satisfaction sous les aspects tenus pour pertinents.

3) *Science, vérité et valeurs.* Par rapport aux sciences, le point du problème discuté se présente sous la forme de la question du rapport de la théorie scientifique, à la vérité et aux valeurs. Dire simplement que la science ne poursuit rien d'autre que la vérité est, comme le remarque Putnam, une formulation vide aussi longtemps que nous n'avons pas d'idée de ce que sont les critères d'acceptabilité rationnelle [2]. C'est précisément en cela qu'apparaissent le lien avec la norme et les valeurs. Car, ce que signifie « être rationnellement acceptable » n'est pas fixé d'avance dans un ensemble établi et anhistorique de règles, de principes et de critères. Cette dépendance se montre aussi dans la question de la confirmation et la non-confirmation de théories. Puisque, d'après une conception aujourd'hui largement reconnue, les théories scientifiques ne sont pas confirmées ou non confirmées point par point, principe par principe, mais ils le sont comme un système entier et de façon holiste, chaque décision pour aussi bien que contre est dépendante des normes et des valeurs qui a) qui sont dans les méthodes et des standards de rationalité du système de propositions eux-mêmes et b) qui sont posés

1. H. Putnam, *Reason, Truth and History*, *op. cit.*, s'est à juste titre opposé de façon critique eu égard à cet aspect au principe simplement formel de l'équivalence (selon lequel « la neige est blanche » est équivalent à « la neige est blanche ») et à la distinction entre la langue de l'objet et la métalangue chez Tarski et Davidson.

2. H. Putnam, *Reason, Truth and History*, *op. cit.*, p. 129.

avec la décision qu'un système s'accorde ou ne s'accorde pas avec l'expérience. Dire que ceci est une théorie qui va bien avec l'expérience et cela en revanche non ou dire que cette théorie convenait bien jusqu'ici et qu'à partir d'ici elle ne va plus avec l'expérience, ce sont des limites de l'interprétation qui sont tracées et dans lesquelles des normes et valeurs sont effectives. Les raisons pour se décider pour l'une contre l'autre, le but en question de décider théoriquement de la possibilité qui satisfait également bien ne sont pas accessibles à un traitement formel, mais sont de nature pratique et pragmatique. Les jugements correspondant ne pourraient, comme le souligne Putnam, être formalisés que si une formalisation de la psychologie humaine était entièrement possible [1]. Nous sommes cependant coupés de cette possibilité précisément sur la base et à cause du caractère d'interprétation et du caractère non fixé du processus en question même et sur la base du caractère en dernière instance individuel de la faculté et des capacités interprétatives et psychologiques d'une personne.

En ce qui concerne la possibilité de la preuve, la science n'accepte nullement seulement des théories faites d'affirmations justes. L'ordre et le pouvoir d'organisation d'une théorie au regard des phénomènes qui ont besoin d'explication sont aussi beaucoup plus décisifs. Selon certains auteurs, une théorie scientifique n'a pas besoin d'être vraie, mais comme par exemple chez Bas C. van Fraassen, seulement « *empirically adequate* » [2]. Son succès se mesure à la capacité de prédire des observations, ce qui, d'un autre côté, est attribué à la procédure de *trial-and-error*. Tous ces aspects peuvent être considérés comme des manifestations d'estime.

Les théories scientifiques sont également loin d'être exemptes de controverses et nous ne voyons pas de raisons qui permettraient d'aboutir un jour à une convergence [3]. Ceci n'est déjà pas le cas relativement au vocabulaire de l'observation. De plus, comme on l'a souligné, il n'existe pas « une méthode scientifique unique » et pas une « rationalité unique » [4]. Une telle rationalité a) doit démontrer une relation

1. H. Putnam, *Reason, Truth and History*, *op. cit.*, p. 133.

2. B. C. van Fraassen, *The Scientific Image*, Oxford, Oxford University Press, 1980, p. 12.

3. Voir sur ce point H. Putnam, *The Many faces of Realism*, *op. cit.*, p. 63 *sq.*

4. Voir à cet égard R. Rorty, « *Is Natural Science a Natural Kind* », dans *op. cit.*, p. 49-74, de même que « *Consequences of Pragmatism* », Minneapolis, 1992, p. 163 *sq.* *Cf.* H. Lenk, « *Typen und Systematik der Rationalität* », Fribourg-Munich, 1986, p. 11-27. Lenk met l'accent sur le pluralisme des significations du concept « rationalité » et

particulière à la réalité, elle doit b) se distinguer par-là d'après le genre en même temps des autres domaines et espèces de compréhension du monde, d'autrui et de soi-même (par dans les arts, en morale et en politique) et c) et doit servir à cela. Aucune de ces trois exigences ne peut prétendre valoir aujourd'hui. En outre, il n'y a pas, dans les nombreuses sciences individuelles un paradigme unifié qui vaut pour toutes les sciences. Putnam souligne à juste titre qu'une telle méthode scientifique qui serait si élargie par des règles qu'elle contiendrait aussi toutes les décisions sur le caractère projetable et non projetable des prédicats et toutes les intuitions pertinentes, serait un ensemble de règles aussi compliqué qu'une description complète de la « total psychology of an ideally rational human being »[1]. Au regard du rapport entre la science, la vérité et les valeurs, ceci signifie que la séparation des affirmations de faits et des jugements de valeur ainsi que de la vérité des jugements sont en dernière instance aussi compliqués que l'être humain qui interprète lui-même. Et surtout ceci n'exclut pas les composantes normatives et estimatives, mais les intègre. Les valeurs qui sont dans les sciences elles-mêmes deviennent nettes, par exemple la capacité de la performance d'organisation, la simplicité dans l'économie de la pensée, la capacité de prédire, l'utilité, la cohérence, la complétude.

4) *Langage et horizon.* Sous les auspices de la critique de l'interprétation, d'autres normes et imprégnations de valeurs doivent être énumérées.

a) Le problème de la vérité, on l'a vu plus haut, dans le chapitre XII.1, ne peut plus être conçu dans le sens d'une vérité-dans-la-chose, mais seulement comme l'établissement, la réflexion et la fondation de prétentions à la vérité. Cela est une conséquence du traitement kantien et surtout du traitement critique du langage et de l'interprétation de la question de la philosophie. Dans cette optique, la vérité dépend du langage, des normes et des estimations sédimentées dans ses façons de fonctionner.

Or, quelqu'un peut dire que la prétention à la vérité doit être séparée du concept de vérité de manière telle que cette dernière serve à juger la première et ne dépende pas du langage. Car, le statut fort et exclusif du

dresse une liste contenant approximativement une douzaine de types de rationalité, qui ne peuvent pas être ramenés à « la rationalité unique ».

1. H. Putnam, *The Many faces of Realism*, *op. cit.*, p. 75 ; Voir Putnam, « Reflexive Reflections », dans W.K. Essler, H. Putnam, W. Stegmüller (dir.), *Epistemology, Methodology and Philosophy of Science. Essays in Honour of Carl G. Hempel*, Dordrecht, 1985, p. 143-154.

concept métaphysique de vérité transmis consisterait en ce que ce concept, à la différence de tous les autres concepts ne se rapporte pas à quelque chose, mais incarne la possibilité de ce qui *pourrait* valoir comme un concept « adéquat » d'un objet. Dans une telle conception on présuppose que, de son côté, le concept de vérité n'a pas besoin d'explication. Que fait-on avec quelqu'un qui demande la signification des mots « vrai » et « vérité ? » Une explication est alors exigée. Elle consiste à recourir à d'autres concepts déjà compris et tenus pour valables. Mais pris rigoureusement, ceci dérobe au concept métaphysique de vérité sa suprématie. Car, il ne doit pas avoir besoin de devoir être expliqué par d'autres mots et concepts déjà acceptés comme valides. Le concept de vérité partage donc le sort de tous les autres mots, signes et concepts naturels et l'acceptabilité et la validité des expressions utilisées pour l'explication sont de leur côté des expressions conditionnées, donc contingentes, c'est-à-dire qu'elles ne se laissent pas déduire d'un point « suprême » ou « ultime ».

Les normes et les valeurs sont pertinentes dans plusieurs perspectives. D'abord, chaque explication est une interprétation spécifique et spécifiant. Ensuite, les mots qui sont utilisés pour l'explication et qui sont dans cette dernière tenus pour acceptables ont la raison de leur acceptabilité dans une *praxis* linguistique et interprétative. Et enfin, les raisons dans le sens mentionné pour tenir pour acceptable une explication déterminée en ce moment et dans ce contexte ne sont pas seulement non accessibles à une formalisation, mais sont de nature pratique et liées à des représentations axiologiques d'une *praxis* de vie.

b) Tout ce que nous nous représentons et tenons pour vrai comme la façon dont les représentations, les représentations mentales et les mots peuvent être comparés avec d'autres représentations, représentations mentales et mots, se passe dans des horizons d'interprétation et sous des règles d'une *praxis* d'interprétation. Même la question de la vérité d'un jugement réside à l'*intérieur* d'un horizon d'interprétation qui tout d'abord délimite ce qui *peut* valoir comme vrai et faux. Quand on entreprend des différenciations dans le sens du modèle à niveaux de l'interprétation et si on distingue les interprétations$_1$ catégorialisantes des interprétations qui reposent sur les habitudes et des modèles d'uniformité et celles-ci de nouveau sur des interprétations$_3$ dans le sens d'une *interprétation que l'on fait sienne* alors on peut dire : les interprétations$_1$ sont logiquement premières par rapport à la vérité discursive. Dans la section XII.5, on exposera comment la question de la vérité peut être formulée dans le détail à l'aide du modèle à niveaux d'interprétation. Pour le moment, il faut simplement retenir que l'établissement, la réflexion et la fondation des *prétentions* à la vérité se produisent à partir d'une *praxis* d'interprétation, à partir d'un réseau de limitations normatives, estimatives et perspectivistes et est axé là-dessus. Cela inclut que l'entendement, dans sa volonté de tenir quelque chose pour vrai, pour reprendre une formulation de Nietzsche, le fait « en raison des estimations perspectivistes et des apparences » [1].

c) Si, comme nous l'avons exposé, la grammaire et la façon de fonctionner des signes du jugement ont une priorité sur le rapport des signes et de la chose, alors la vérité est d'une langue connue, c'est-à-dire qu'elle dépend de la reconnaissance dans une langue partagée avec d'autres personnes. La vérité est dans ce sens toujours aussi une chose publique. On ne peut éviter que les autres prennent la parole. En reprenant la réfutation wittgensteinienne de l'argument du langage privé, il faut dire qu'un autre doit pouvoir m'apprendre que, par exemple, l'expression « F » est l'expression correcte pour décrire ma connaissance de x dans le jugement « x est F ». Chaque personne faisant un jugement élevant une prétention à la vérité est dans ce sens dépendante d'autres personnes et donc aussi dans un double sens dépendante d'autres interprétations : d'abord des autres interprétations qui sont tenues pour vraies à l'intérieur du réseau propre d'interprétations; puis des interprétations d'autres personnes. Les deux aspects, aussi bien ses autres interprétations propres que les autres interprétations étrangères, rendent dépendante la vérité du jugement de l'interprétation, de la perspective et dans ce sens dépendante des normes et des valeurs.

Puisqu'il ne peut pas y avoir un « unique horizon d'interprétation définitif et universellement valable » et, dans ce sens, pas non plus de « vérité unique », il faut dire en respectant rigoureusement les limitations critiques du sens et en excluant de manière stricte l'arbitraire qu'il existe à un moment autant de vérités que de prétentions cohérentes explicables et justifiables à la vérité. Auxquelles des vérités la primauté sera accordée sur les autres est en définitive une question *pratique*. En cela réside le noyau pratique d'interprétation de la question de la vérité.

5) Praxis *d'interprétation*. Si l'on revient à la série des explications et des justifications de ses interprétations, on n'arrive pas, en fin de compte, à éviter le constat que : j'interprète une fois comme j'interprète. Ici, pour parler avec Wittgenstein, on aboutit à ce « roc dur » et ma

1. F. Nietzsche, *Jenseits von Gut und Böse*, II, Nr. 34, dans KGW VI 2, p. 49.

« bêche se recourbe »[1]. Par-là, on ne pense ni un positivisme de la facticité ni un point suprême ou plus profond de déduction possible. Il s'agit simplement d'une façon d'agir et plus précisément en cela, dans le sens exposé au chapitre I.2, *d'une forme de l'horizon de notre praxis* d'interprétation. Vu de cette façon, l'établissement et la réflexion des prétentions à la vérité se déploient à partir de cette *praxis* de l'interprétation et y est axé. Il n'est pas possible de prendre distance du réseau des multiples limitations interprétatives et des perspectives des estimations dans l'ensemble, ni de les embrasser du regard et les dépasser. Même dans la réflexion (dépendante du procédé de l'interprétation, et non l'inverse) on ne peut ni se représenter dans son ensemble le corpus des interprétations, ni des pratiques d'interprétations ni des capacités d'interprétations, les embrasser du regard et les rendre transparentes. La *praxis* interprétative qu'on ne peut pas suspendre est toujours déjà revendiquée lorsque le jugement est compris comme un jugement. Et, inversement, la question de savoir ce que signifie comprendre une proposition qui exprime quelque chose, et donc donner une réponse à la question philosophique de la vérité d'un jugement, conduit en fin de compte à la question de la forme de la *praxis* interprétative. Ce croisement du genre d'une porte à tambour représente en même temps le point de départ pour une conception modifiée de la vérité comme interprétation. La question de la vérité perd en cela son statut privilégié à l'avantage de la problématique de l'interprétation. Mais elle n'est nullement obsolète et ne disparaît surtout pas.

4. La vérité comme hypothèse régulatrice

1) La *différence-de-la-vérité*. La question centrale en matière de vérité est, à présent, de savoir comment la différence entre la norme, la valeur et la dépendance de la perspective, d'une part, et la réductibilité du prédicat « est vrai » à ces normes, à ces valeurs et à ces perspectives, d'autre part, peut être expliquée. Il ne s'agit naturellement pas de nouveau d'une compréhension métaphysique de la vérité ni non plus d'une définition formelle de la vérité. Il s'agit beaucoup plus de donner une explication du concept de vérité. Si la vérité est conçue comme une acceptabilité rationnelle (Putnam), il s'ensuit la question de savoir comment, du côté intérieur du système linguistique et des concepts

1. Wittgenstein, *Investigations philosophiques I*, *op. cit.*, Nr. 217.

fondamentaux, on doit expliquer la différence entre la situation que la vérité est certes « not independent of all justification », mais bien « independent of justification here and now »[1] et qu'une affirmation peut perdre sa justification alors qu'elle garde sa vérité. Putnam mentionne une fois en exemple la phrase : « la terre est plate », qui a été il y a trois mille ans probablement rationnellement acceptable, et qui n'a pas été vraie. Car, ceci supposerait que la terre ait changé entre-temps de forme. Pour Putnam, cela signifie que la vérité est une propriété d'une affirmation « that cannot be lost, whereas justification can be lost ». Cependant, faire de la vérité une propriété des affirmations qui ne peut se perdre et dans ce sens intemporelle, représente, pour l'interprétationniste, une sorte de conception essentialiste résiduelle dans laquelle une stabilité et une convergence de la vérité sont acceptées qui ne sont plus disponibles, et dont on n'a heureusement pas besoin pour expliquer ladite différence. Comment expliquer la non-identité entre la vérité et l'acceptabilité rationnelle sans recourir à une idée de vérité intemporelle, stable et convergente ?

2) *Des présomptions-comme-si* (*als-ob*). D'abord il faut souligner que la supposition interne de la vérité sous les auspices critiques ne peut se concevoir que dans le sens d'un comme-si régulateur. Ce comme si vaut en même temps à deux points de vue : il est d'abord à comprendre dans un sens *d'idéalisation des conditions épistémiques.* Nous parlons comme s'il y avait des « epistemically ideal conditions » et appelons vraie une affirmation si elle pouvait se justifier sous de telles conditions idéales[2], par exemple en supposant des sujets sans discorde. Ensuite, le comme si sera compris dans le sens d'une idéalisation de la transparence des fonctions de l'interprétation de notre système linguistique et des concepts de base ainsi que de notre *praxis* d'interprétation. Nous faisons *comme si* les fonctions de nos signes d'interprétation nous sont claires et distinctes et *comme si* notre *praxis* d'interprétation à partir de laquelle nous interprétons et en direction de laquelle nous interprétons comme nous interprétons était transparente et visiblement appréciable dans son ensemble. Mais, en tant que comme si interne, en tant que suppositions comme-si de l'intérieur, elles sont possibles. Savoir ce qui est possible ou non, comment et jusqu'à quel degré, en tant qu'idéalisation comme-si, elle est possible ou non, dépend du système des symboles en usage,

1. H. Putnam, *Reason, Truth and History*, *op. cit.*, p. 56.
2. H. Putnam, *Reason, Truth and History*, *op. cit.*, p. 55.

de la *praxis* d'interprétation de l'usage et de la compréhension des signes symbolisant et des finalités poursuivies par l'idéalisation [1].

3) *Convention.* La vérité devient une affaire essentiellement de convention, d'abord de propositions à d'autres propositions dans le réseau des interprétations dont se compose la compréhension de notre monde et de nous-mêmes, ensuite des propositions aux conditions de l'expérience empirique. Ce convenir n'est pas un convenir absolu. Car, « absolument » tout convient à tout. Il s'agit plutôt d'un convenir valide à l'intérieur de l'horizon d'interprétation et de la *praxis* interprétative. Nous pouvons ici recourir aux distinctions et aux échelons à l'intérieur du modèle d'interprétation et prendre en compte le niveau fondamental, c'est-à-dire le niveau des interprétations$_1$ *catégorialisantes.* C'est pourquoi on peut dire que déjà ce qui vaut dans la différence de la vérité que nous avons mentionnée comme les vraies références et dans ce sens comme des formes qui « rendent vraies » nos propositions, donc la réalité des objets et des événements, peut être considéré comme un résultat des processus d'interprétation catégorialisante à l'instar de la location spatio-temporelle, de l'individuation et de l'organisation sélective. Dans la mesure où nous ne pouvons changer volontairement le système d'interprétation dont nous sommes dotés et que nous utilisons, les résultats de l'interprétation1 ne sont pas produits par nos propositions et théories, c'est-à-dire pas par nos interprétations$_3$. Ils sont plutôt indépendants de ces derniers et empiriquement réels. Le cas devient de même compréhensible qu'un énoncé d'interprétation que l'on fait sien peut perdre de sa justification$_3$ sans nécessairement perdre en même temps sa vérité, c'est-à-dire son rapport au fait de convenir à l'ordre d'interprétation$_1$. Qu'un jugement d'une interprétation$_3$ puisse être faux signifie que la convention n'est pas donnée. Et que nous puissions de

1. Lorsqu'on conçoit la vérité de la forme à partir de la *praxis* de l'interprétation, on doit distinguer cette conception des conceptions externalistes, essentialistes et de la théorie de l'équivalence. On doit encore accomplir un pas au-delà de la conception internaliste de Putnam et de la conception de la théorie du symbole de Goodman. Pour Putnam, la vérité est « une *idéalisation* de l'acceptabilité rationnelle » (*op. cit.*, p. 55). Pour Goodman, la vérité et l'acceptabilité rationnelle sont des sous-espèces de « *rightness* » (voir N. Goodman, *Ways of Worldmaking*, *op. cit.*, chap. VII et Goodman/C. Z. Elgin, *Reconceptions in Philosophy*, *op. cit.*, chap. X), qui contient davantage que la seule vérité discursive et qui est applicable à toutes les sortes et tous les modes de fonctions des symboles linguistiques et non linguistiques. Relativement à ces perspectives, le terme fondamental « interprétation », eu égard à ceux de « vérité », « acceptabilité rationnelle » et « exactitude », est désormais considéré comme un prédicat plus stimulant, comme un autre prédicat qualifiant fondamental.

façon erronée tenir quelque chose pour justifié et pour vrai, montre que le rapport entre l'interprétation$_3$ et l'interprétation$_1$ n'a qu'un degré de clarté, que les processus d'interprétation ne sont pas entièrement transparents et ne peuvent pas être embrassés des yeux.

La différence de la vérité peut être donc décrite comme une différence entre des énoncés de l'interprétation$_3$ et l'ordre de l'interprétation$_1$. Ceci sera développé de façon plus précise dans le chapitre XII.5. Pour le moment il faut simplement tenir compte du fait que la différence de la vérité peut être formulée sans tomber dans un réductionnisme d'interprétation$_3$, dans un relativisme de l'interprétation$_3$ ni dans un essentialisme transcendant d'interprétation$_1$. Même en rapport avec la question de la vérité la philosophie de l'interprétation veut prendre racine au-delà de l'architectonique de la vielle opposition devenue stérile de la surenchère essentialiste et du réductionnisme naturaliste et relativiste.

5. La vérité dans le modèle d'interprétation

1) Que l'admission de la vérité ait un statut régulateur et non constitutif signifie que a) les rapports et les contextes, en référence auxquels cette supposition entre en jeu, existent indépendamment de cette supposition et b) qu'il s'agit avec cette supposition régulatrice d'un point de vue de l'ordre. La supposition de la vérité est donc toujours une supposition de *interpretatione*, et non *de re*. Mais alors un changement d'optique survient. Ce n'est pas l'interprétativité qui est dépendante de la vérité, mais c'est la vérité qui dépend de l'interprétation[1].

De cette façon, la problématique de la vérité perd de son statut traditionnel au profit d'une problématique de l'interprétation. Comprendre la première à partir de la dernière ne signifie nullement vouloir marginaliser la question de la vérité, voire y renoncer ou la faire disparaître dans le concept d'interprétation. Enfin, nous faisons la différence entre « vrai » et « faux », nous les trouvons compréhensibles et importants et nous les utilisons absolument avec succès. Si la vérité est analysée à l'aide de l'interprétation, alors les aspects suivants doivent être expliqués en recourant au modèle d'interprétation. a) le problème de la vérité dans son sens étroit, c'est-à-dire reformulé dans sa version qui se rapporte à la vérité des propositions de la théorie de la vérité peut-être

1. Pour ce qui suit, voir G. Abel, *Wahrheit als Interpretation*, *op. cit.*, p. 331-363.

traité du point de vue de la philosophie de l'interprétation ; b) et dans le sens large qui n'est plus essentialiste, on peut réagir à la question de savoir ce qui est réellement, ce qui, comme on dit « arrive en vérité » ; c) et que la dépotentialisation esquissée de la question de la vérité ne conduit ni à l'arbitraire ni au nihilisme.

2) Les aspects que nous avons nommés peuvent être précisés. Deux réflexions en forment le point de départ. D'une part, qu'au niveau de l'interprétation, facticité et interprétativité s'interpénètrent toujours ; que, de l'autre, l'interprétation$_1$ vient logiquement avant la vérité discursive [1]. En définitive, on ne peut expliquer le fossé entre les processus de l'interprétation$_1$ et son monde. Plus l'analyse est subtile, et plus il est difficile, enfin impossible de séparer la facticité de l'interprétation$_1$. Et sans processus d'interprétation$_1$ spatio-temporels localisant, individuant, ordonnant et organisant il n'y aurait pas, au troisième niveau des rapports d'interprétation, rien à s'approprier, à décrire, à expliquer, à fonder, à interpréter ou à comprendre, donc il n'y aurait absolument pas d'exigence pour des interprétations$_3$ dans lesquelles les prétentions à la vérité sont élevées dans le sens étroit. Dans ce sens, le problème de la vérité dans le sens discursif étroit *peut* apparaître seulement là où les processus d'interprétation$_1$, les structures d'interprétation$_1$ et les résultats d'interprétation$_1$ sont déjà donnés et où se pose la question de la vérité des différentes interprétations$_3$.

À l'intérieur du modèle heuristique des niveaux et des dimensions de l'interprétation, le sens *étroit* du discours sur la vérité en tant que vérité discursive et dans le sens de la théorie (rationaliste) de la vérité a son siège au triple point de suture entre le niveau de l'interprétation$_3$ la dimension de la logique de l'interprétation et en référence à des objets, des événements et des états de fait formés par l'interprétation$_1$. Puisque la logique y participe ici, il en résulte suivant l'idée que les questions de la vérité et de l'objectivité sous les auspices de la critique sont des questions de la forme de la formation du jugement et tombent ainsi dans la logique d'interprétation. Dans la dernière perspective, il s'agit du passage d'une sensation de X dans la grammaire du jugement « dire X » donc de la discursivité de la grammaire du jugement et de la pensée conceptuelle. Ces dernières englobent aussi la forme logique des propositions et des caractéristiques sémantiques des expressions qui y

1. On a exposé, dans le chapitre I.2, le sens dans lequel la *praxis* interprétative est déjà présupposée lorsqu'il s'agit de l'argumentation discursive.

sont utilisées. À cette triple place de suture (entre l'interprétation$_3$, la logique d'interprétation et l'ordre de l'interprétation$_1$) les différentes *théories* de la vérité [1], élaborées en détail de façon complexe, peuvent se référer, par exemple à la correspondance, la cohérence, la sémantique linguistique, la redondance, aux théories de la performance, de la sentence, de l'intersubjectivité et la théorie du modèle ou d'autres approches. Quand on pose un jugement qui élève une prétention à la vérité, donc par exemple, passer de la sensation d'une prairie verte au jugement que « la prairie est verte » est une interprétation$_3$ et le problème de la vérité y apparaît dans son sens étroit en référence à la grammaire du jugement et à la pensée discursive.

La vérité discursive peut être considérée dans ce sens comme un mode déficient des rapports originaires d'interprétation$_1$. Quand les rapports d'interprétation$_3$ sont compris et acceptés sans autre, il n'y a pas, dans ce sens plus étroit, de problèmes de vérité. Le problème n'apparaît que lorsque quelqu'un cherche explicitement à savoir la vérité d'un jugement. Il apparaît une différence possible entre les rapports d'interprétation$_1$ et des constructions des interprétation$_3$. Entre les deux, il y a une relation asymétrique. Les premières sont la condition des dernières et non l'inverse. Les interprétations$_3$ pourraient dans les cas limites être laissées de côté. Ceci est en réalité donné quand les interprétations sont comprises *sans* autres explications et explicitations, c'est-à-dire sans autres interprétations et que les rapports de compréhension et d'action sont poursuivis de façon fluide. Alors, le moment de l'interprétation que l'on s'approprie et de l'explication est, pour ainsi dire, annulé. Ce cas qui n'est nullement une exception, mais le cas normal des performances du monde de la vie peut être rendu fécond pour le traitement de la question de la vérité. La solution du problème de la vérité pourrait se trouver là où, pour comprendre les choses formées dans les processus d'interprétation$_1$, on n'a plus besoin d'autres interprétations$_3$. Au sens large du discours, on pourrait même dire que celui qui se retrouve dans la situation de la compréhension des signes et de l'exécution des signes est, pour ainsi dire, dans la vérité. Car, il se meut du côté intérieur des *opérations* de signes et d'interprétation. À ce point, le traitement de la question de la vérité rencontre les réflexions

1. Les textes importants eu égard aux discussions des théories de la vérité sont rassemblés dans G. Skirbekk (éd.), *Wahrheitstheorien*, Francfort sur le Rhin, 1977, et dans L. B. Puntel (éd.), *Der Wahrheitsbegriff. Neue Erklärungsversuche,* Darmstadt, 1987.

présentées au chapitre IV dans lesquelles la différence entre l'*exécution* et l'*interprétation* des signes a été élaborée et rapportée à la question de la rationalité.

Le fait que le sens étroit de la vérité ne soit pas déterminant pour la totalité de la compréhension du monde et de soi-même ressort du fait qu'on ne peut pas attribuer un lieu déterminé, un point de jonction déterminé entre les *niveaux* d'interprétation$_{1+3}$ et la logique de l'interprétation, à la vérité discursive *à l'intérieur* des rapports d'interprétation. À cela s'ajoute le fait que, dans la plupart des interprétations qui déterminent la compréhension du monde, de l'autre et de soi-même, par exemple, dans toutes les interprétations non linguistiques et non figuratives, la vérité discursive ne joue aucun rôle et la distinction entre le vrai et le faux ne peut absolument pas être appliquée [1]. Il s'agit davantage, dans les rapports d'interprétation de formes multiples, de la cohérence, de ce qui convient, de l'accord, de la formation de la coalition, de l'adoption, de l'adéquation, des préférences, de la portée, de la simplicité, de l'adjonction et du degré de déviance autorisé. La vérité discursive s'avère beaucoup trop insuffisante pour désigner ce que signifie se mouvoir dans la compréhension du monde, d'autrui et de soi-même.

La relativisation de la problématique de la compréhension du monde et de soi-même, offerte dans ce sens, devient également plus claire dès que l'on fait apparaître d'autres composantes du modèle d'interprétation. Ainsi, on peut déjà répertorier au sein même du niveau d'interprétation$_3$ d'autres types pertinents d'interprétation, par exemple, le champ complet des niveaux d'interprétation$_3$ orientés vers la compréhension, dans lesquels la vérité discursive, entendue au sens étroit, n'est pas décisive. Dans la logique de l'interprétation, on peut mentionner d'autres composantes en plus des composantes qui se rapportent explicitement à la vérité, par exemple, la fonction fondamentale des concepts logiques tels « l'existence », « la chose » ou « la personne » ; le rôle des prédicats qui classent et des présuppositions critiques du sens ou, par exemple, le statut de la pensée qui devient consciente d'elle-même. En outre, il faut intégrer d'autres niveaux (interprétations$_2$ et interprétations$_1$) et d'autres dimensions (esthétique de l'interprétation et éthique de l'interprétation).

1. Voir sur ce point N. Goodmann, *Ways of Worldmaking*, *op. cit.*, chap. 7 et N. Goodmann/C.Z. Elgin : *Reconceptions, op. cit.*, chap. 10.

Et ces derniers font, à leur tour, objet d'une distinction interne. Le niveau d'interprétation$_2$ comprend les interpréations$_2$ habituelles, socialement et culturellement advenues, conventionnelles, régulatrices, stéréotypées et projetantes. Au niveau de l'interprétation$_1$, on peut distinguer les interprétations$_1$ linguistiques-conceptuelles fondamentales, les interprétations$_1$ sensibles qui perçoivent, les interprétations$_1$ cognitives-mentales, les interprétations émotives, les interprétations$_1$ corporelles et pratiques. Eu égard aux *dimensions*, l'esthétique de l'interprétation comprend, entre autres, les formes de l'intuition, les constructions de la perception, la structure d'exemplification des signes symbolisant et l'état de la forme (*Gestalthaftigkeit*). Et dans l'éthique de l'interprétation, on distingue les interprétations régulatrices, hiérarchisantes, évaluatives et prescriptives. La vérité discursive est seulement pertinente pour le domaine limité esquissé, à l'intérieur de ce corpus multiple d'interprétations, qui constitue seulement dans sa totalité une compréhension du monde et de soi-même ainsi qu'une *praxis* de vie.

Parler de la vérité dans le sens *large* de ce qui « est en vérité » conduit également à penser la vérité comme une interprétation. Cela peut s'expliquer également au sein de l'ancienne compréhension métaphysique de la vérité, qui s'est engagée à la recherche de ce qui véritable (*Wahrhaftigkeit*). Si les esprits finis sont systématiquement coupés de la possibilité d'adopter un point de vue absolu et entièrement non épistémique, donc non interprétatif [1], et si la volonté d'une vérité trans-interprétative risque, comme nous l'avons exposé, de conduire à un néant vide, il reste uniquement la possibilité de considérer les nombreux et différents processus et rapports d'interprétation comme « ce qui est et qui se passe en vérité ». C'est précisément *dans* l'accomplissement de l'ancienne compréhension essentialiste de la vérité que s'annonce sa dissolution. De plus, en raison de leur pluralité irréductible et de leur polycentralité qui les déplace les uns contre les autres, les processus et les rapports d'interprétation ne peuvent pas être ramenés au « seul être véritable ». Une telle exigence passe à côté de ce qui se passe lorsqu'on parle, pense, agis, perçoit et sens effectivement, passe à côté des processus d'interprétation réels. Les processus d'interprétation ne sont pas conçus comme quelque chose qui existerait sous le mode d'être-énoncé (*Ausgesagtsein*), donc ils ne sont pas considérés comme un prédicat de

1. Pour une critique de l'idée d'une « absolute conception of the world », telle qu'elle est défendue par B. Williams, voir *Ethics and the Limits of Philosophy*, *op. cit.* Voir G. Abel, *Interpretationswelten*, *op. cit.*, p. 493 *sq.* et p. 460 *sq.*

quelque chose d'autre ni d'un fondement métaphysiquement ni d'un supra-sujet rationnel performant de la connaissance et de l'action. Pour le dire avec les termes de Nietzsche, l'interprétation elle-même a plutôt une existence (*Dasein*), non pas comme un être (*Sein*), mais comme un processus [1]. Certes, l'interprétation n'en devient pas pour autant une substance. Il lui manque la caractéristique de « demeurer-égale-à-elle-même » ainsi que celle de la responsabilité déterminée de façon permanente qui, sans contradiction, devrait pouvoir rapporter à un seul et même objet toutes les propriétés d'un objet. Et cela ne signifie pas non plus que les interprétations, du côté des hommes, ont lieu sans les hommes et sans individus humains. Mais les processus d'interprétation ne peuvent pas simplement être énoncés comme les prédicats d'un sujet rationnel.

Naturellement, nous distinguons les vraies des fausses interprétations et nous connaissons les limites de l'interprétation. Mais, cela ne peut se rapporter au niveau de l'interprétation1 (niveau auquel est tout d'abord délimitée la formation de l'horizon ce qui peut en général valoir comme vrai ou faux), mais dans un sens étroit au niveau de l'interprétation$_3$. Si une prétention élevée à ce niveau dans un jugement peut être honorée ou non dépend de la proximité ou de l'éloignement des structures d'interprétation$_1$ déjà présupposées dans de telles interprétation$_3$. Ancrées dans les modèles d'uniformité à travers l'habitude, les interprétations$_2$ acquièrent un statut important [2]. Lorsque les interprétations$_3$ réussissent qui sont acceptables et peuvent être appelées vraies en vertu de leur pouvoir explicatif dans une langue publiquement connue, elles sont alors vraies non pas parce qu'elles saisissent et découvrent une prétendue « essence de la chose elle-même ». Elles peuvent être nommées vraies beaucoup plus parce qu'elles sont les interprétations$_3$ qui sont dans une plus grande proximité de la structure des interprétations$_1$ originaires-productives que les autres et des interprétation$_3$ qui ont

1. F. KGW VIII 1, 2 [151], p. 138. Que le concept d'interprétation soit important chez Nietzsche, c'est ce que Müller-Lauter souligne. Voir « Nietzsches Lehre vom Willen zur Macht », dans *Nietzsche-Studien*, 3, 1974, p. 41-60. Voir aussi G. Abel, *Nietzsche*, chap. VI et la préface à la seconde édition (1998).

2. Ceci ne peut pas être présenté en détail. Une discussion plus précise consisterait à considérer les caractéristiques particulières de la division du niveau d'interprétation$_2$ dans son rapport à la problématique de la vérité. Nous aurions donc à expliquer, en vue du traitement de la question de la vérité, la signification des interprétations$_2$ 1) habituelles, 2) socialement et culturellement acquises, 3) conventionnelles, 4) sous forme de projets, 5) stéréotypes et 6) des interprétations$_2$ projectivistes.

besoin d'étapes de médiations explicatives supplémentaires, parce que la prétention à la vérité discursive élevée s'accorde avec la composition des processus d'interprétation$_1$. Plus cette liaison est étroite, et plus les chances sont grandes d'être reconnue comme vérité dans une langue générale. En revanche, plus elle est éloignée et plus grande est la probabilité d'une ex-communication (*Ex-Kommunikation*).

Dans la question de la vérité sont aussi impliqués des aspects du *savoir* : A sait que p et peut élever dans un jugement la prétention à la vérité qui lui est relative. En même temps, un noyau de la question de la vérité se rapportant à des contextes pratiques et d'action devient clair. C'est pourquoi nous examinerons dans le chapitre suivant le rapport du savoir et de l'action.

CINQUIÈME PARTIE

ACTION, ÉTHIQUE ET POLITIQUE

CHAPITRE XIII

THÉORIE UNIFIÉE DU SAVOIR ET DE L'ACTION

1. EXIGENCES D'UNE THÉORIE UNIFIÉE

Aspirer à une théorie unifiée du savoir et de l'action, c'est poser le savoir et l'action sur un sol commun. Cela ne signifie pas réduire le savoir à l'action, ou *vice-versa*, ni les déduire l'un de l'autre. En même temps, on doit considérer que savoir et agir ne doivent pas être déterminés par leurs contraires. En conséquence, il ne faut pas analyser un domaine dans les termes de l'autre. C'est pourquoi la théorie du savoir ne peut pas être simplement conçue comme un fondement de la théorie de l'action et la théorie de l'action simplement comme une théorie du savoir. Néanmoins, cela ne constitue pas une objection au croisement (*Verschränckung*) des deux domaines.

Les réflexions exposées dans ce chapitre prennent le savoir et l'action à la fois dans un sens *étroit* et dans un sens *large*. Savoir signifie au sens étroit une connaissance fondée et vérifiable, par exemple, savoir que la table pèse 30 kilogrammes ou savoir que pour chaque nombre premier il y en a un plus grand. Savoir, au sens large et préscientifique, désigne, de toute évidence, les orientations accessibles (*zugängliche Orientierungen*) dans le monde et dans les contextes d'action quotidiens, par exemple, savoir comment ouvrir une bouteille de vin ou savoir ce qu'est une règle de comportement. Dans les deux cas, il s'agit de savoir selon une orientation dans le monde vécu. Le savoir est donc aussi bien dans son appréhension étroite que large toujours déjà rapporté à une *praxis* et à une action. Lorsqu'on possède un savoir sur le monde, sur les autres personnes et sur soi-même on a une orientation dans le monde et dans la vie avec les autres. On peut alors s'engager dans une action ou l'omettre.

Agir, au sens étroit, est un acte conscient, volontaire et dont la finalité est déterminée, par exemple, acheter un réfrigérateur ou féliciter Pierre à son anniversaire. Agir, au sens large, signifie le comportement et la conduite dans des contextes et situations pratiques de la vie, par exemple suivre les règles de la circulation routière ou répondre à la salutation du voisin avec un mouvement de la main. Aussi bien dans son appréhension étroite que large, l'action contient déjà des parts de savoir et les revendique. Aussi faut-il savoir, avant d'entrer en une action, que la situation actuelle est faite de telle ou telle manière et que telle ou telle action est exigée, par exemple, savoir que les invités aiment bien le vin rouge, que dans la cave il n'y a plus suffisamment de vin rouge et sur la base de ce savoir prendre le téléphone et en commander une livraison.

Ce croisement réciproque du savoir et de l'action peut s'expliquer, plus précisément. Par exemple, il n'est pas possible de délimiter l'action et la théorie de l'action sans fixer en même temps le savoir et la théorie de la connaissance et *vice-versa*. L'imbrication mutuelle vaut également pour les concepts de base dans les deux sphères : dans le domaine de l'action, elle vaut pour l'intention, la conviction, la préférence, la fin, le but ; dans le domaine du savoir et dans le domaine de la connaissance face à la sphère du savoir plus étroitement conçu, elle vaut pour la certitude, la vérité, l'évidence, la prédication, la justification, l'inférence. C'est ainsi que, dans l'établissement des préférences par un acteur, les éléments de savoir entrent déjà : Pierre donne la priorité à la possibilité de l'action A sur B parce qu'il connaît XYZ. Et, des aspects relatifs à l'action peuvent être liés par exemple au sens du discours sur la certitude théorique ou de la justification : Paul sait que X est le cas parce qu'il a fait X. Et, dans une situation donnée, pour pouvoir déterminer les préférences d'un acteur, il faut recourir à des aspects du savoir, à ce que sait et connaît l'acteur, et *vice-versa*. Pour déterminer le degré de certitude ou d'évidence d'un savoir d'une personne, on doit y inscrire les aspects relatifs à l'action et le cas échéant, les rapporter à une *praxis* de la justification.

Savoir et agir peuvent être considérés comme deux sphères distinctes, mais qui s'appartiennent mutuellement, grâce auxquelles l'homme peut s'orienter dans un monde avec d'autres personnes. Ce sont des activités humaines qui s'exécutent à partir du monde vécu et y sont axées. Le monde vécu peut être considéré comme un réseau d'arrière-plan des conditions de déploiements réussis de la vie que l'on ne peut entièrement mettre à distance, ni se le représenter transparent ni embrasser du regard, ni rendre disponible, ni établir opérationnellement. C'est à partir de cet entrelacs de conditions, et en le visant, que notre action et notre comportement sont l'action et le comportement qu'ils sont et notre savoir le savoir qu'il est, et les caractéristiques sémantiques et pragmatiques du savoir et de l'action humains comme ils sont [1].

Cela signifie que chaque tentative de comprendre le savoir et l'action doit être une partie d'un projet englobant, notamment le projet d'une philosophie moderne du monde vécu. Le monde vécu et la *Lebenspraxis* peuvent être considérés comme l'essence des opérations et des expériences préthéoriques et au fond une *praxis interprétative* (ce qui veut dire une *praxis* perspectiviste qui est caractérisée par des préférences, éliminantes, hiérachisantes, projetantes de conjectures et de constructions). C'est pourquoi les mondes vécus sont dans ce sens des mondes d'interprétations [2]. C'est pourquoi une philosophie du monde vécu peut se concevoir dans le cadre de la philosophie générale de l'interprétation.

De cette façon, le savoir et l'action apparaissent dans leur setting humain et sont compris par celui-ci. Mais il apparaît en même temps que les deux, le savoir et l'action sont liés à la *praxis* de la vie. Ils peuvent être décrits comme des façons de « s'en sortir » dans la *praxis*, dans la vie et la réalité. Ceci inclut que la dignité philosophique de la catégorie de l'action et du savoir est, d'une manière particulière, liée à sa pertinence pratique.

Par rapport au savoir et à l'action, les aspects suivants doivent être clarifiés dans une philosophie du monde vécu comme partie de la philosophie générale de l'interprétation : 1) leur ancrage dans et leur origine dans le monde vécu; 2) leur rapport symétrique aussi bien

1. Ici et par la suite, le concept de « *Lebenswelt* » sera utilisé en son sens large. Il ne désigne ni génétiquement ni méthodiquement ni logiquement les conditions de vie; il désigne ce que Wittgenstein appelle « le donné qu'il faut accepter » (*Philosophische Untersuchungen II*, p. 539). Précisément cette *praxis* indépassable, que nous avons présentée au chapitre I.2 et que nous avons caractérisée comme *interprétative*, appréhende le monde vécu comme un monde d'interprétation. L'utilisation de l'expression est, certes, dans la ligne de la phénoménologie de Husserl, où « le monde vécu » désigne le domaine de l'expérience pré-scientifique (à la différence de celui des sciences). Cependant, eu égard à la conception husserlienne, il importe surtout de tenir compte de deux différences : 1) dans le contexte de la question d'une théorie unifiée du savoir et de l'action, ce n'est pas tant la différence que la continuité entre le domaine pré-scientifique et le domaine scientifique qui est soulignée; 2) dans la conception du monde vécu comme un monde d'interprétation, la figure de l'ontologie caractérisant le monde vécu est laissée de côté

2. Voir G. Abel, *Interpretationswelten*, *op. cit.*

qu'asymétrique ; 3) leurs dépendances et présupposés mutuels et 4) leurs rétroactivités sur la constitution de la vie. Une telle philosophie se référerait au rapport du savoir et de l'action et, en cela, en même temps sur le rapport de la théorie de la connaissance et de l'action. Ceci signifie qu'avec l'aide d'une compréhension philosophique des signes et de l'interprétation, par rapport à l'action et leurs parts cognitives et relatives au savoir et par rapport au savoir, expliquer les parts relatives à la pratique et à l'action. Une théorie est exigée qui, avec l'interprétation du savoir d'une personne, établit la possibilité et la base de l'attribution des dispositions de l'action et inversement une théorie qui, avec l'analyse de l'action et des dispositions à l'action, livre en même temps la possibilité et la base d'une attribution du savoir. La thèse à expliquer par la suite est que la philosophie de l'interprétation peut établir cette théorie. Ses esquisses acquièrent un contour dès que les processus et les rapports de la *praxis* de la vie sont considérés comme des processus et des rapports d'interprétation et que ce caractère interprétatif devient le critère de la recherche.

Savoir et agir apparaissent alors comme des facettes différentes (non contradictoires) des activités humaines d'interprétation. Ceci signifie qu'aussi bien les prétentions au savoir que les dispositions à l'action ont leurs racines dans la *praxis* de la vie, dans les rapports d'interprétation et dans des dispositions d'interprétation et peuvent être comprises en relation avec ceux-ci. Par delà cela, et telle est l'autre thèse, on peut concevoir la théorie du savoir et de la connaissance et la théorie de l'action comme deux versions différentes, mais reliées l'une à l'autre d'une théorie englobante de l'interprétation[1]. Lorsque le théoricien de l'interprétation apprend quelque de chose des aspects du savoir relativement aux aspects de l'action et qu'il apprend quelque chose des aspects de l'action relativement aux aspects du savoir il apparaît comme

1. Soulignons deux aspects dans ce contexte : 1) le rapport entre le « savoir et l'action » est plus important et plus fondamental que celui de la « signification et de l'action ». Il ne s'agit pas seulement (comme chez Davidson, « Toward a unified Theory of Meaning and Action », *Grazer Philosophische Studien*, 11, 1980, p. 1-12) de savoir comment, à partir des actions, on peut parvenir à des significations et à des convictions. 2) À la suite de R. Jeffrey, *The Logic of Decision*, Chicago, University of Chicago Press, 1965, Davidson considère que la théorie rationnelle de la décision peut résoudre cette tâche. On peut se demander si cette approche s'avère fructueuse relativement à la relation entre l'action et la signification. Il faut retenir que, dans ce qui suit et relativement au rapport plus largement conçu du savoir et de l'action, ce n'est pas la théorie rationnelle de l'action, mais la théorie plus importante de l'interprétation qui est considérée comme la théorie unifiée et prometteuse.

quelqu'un qui fait simultanément de la théorie du savoir et de la théorie de l'action. Car, strictement parlant, l'une ne saurait être pensée sans l'autre. Expliciter les corrélations c'est la tâche d'une théorie unifiée du savoir et de l'action. Cette dernière doit aussi être en mesure à partir du caractère de l'interprétation d'attribuer un contenu au savoir et à l'action sans avoir déjà recours aux suppositions de l'un des domaines.

Élaborer les aspects d'une théorie unifiée du savoir et de l'action ne signifie pas défendre la thèse qu'il est impossible de décrire chacun de ces deux domaines pour lui-même et de décrire ses propriétés. La différence entre les deux domaines ne doit pas être abandonnée. Enfin, nous distinguons le savoir et l'action et nous trouvons cette distinction compréhensible. Mais est liée à cette théorie l'idée qu'il n'est pas possible de concevoir le savoir et l'action comme deux domaines entièrement séparés et isolables l'un de l'autre (ayant chacun leurs origines). On doit plutôt supposer qu'on aboutira précisément dans les deux domaines à des paradoxes et à des faux problèmes, si on ne tient pas compte des aspects du croisement des deux sphères du savoir et de l'action ou si on nie ces aspects.

2. Le savoir comme mode d'interprétation

Kant distingue trois *modes de tenir pour vrai* [1], qui doivent être saisis dans la philosophie de l'interprétation comme des *modes d'interprétation* : l'opinion, la croyance et le savoir. Ces modes jouent un rôle fondamental dans la vie humaine, dans la compréhension du monde, d'autrui et de soi. Ces rapports peuvent être saisis comme des *rapports d'interprétation*. Car ils peuvent précisément être caractérisés comme des rapports organisant, discriminant, classifiant, construisant, conjecturant, interprétant, estimant, donc comme des rapports interprétatifs. Penser (*Meinen*) quelque chose, croire, savoir, donc tenir-quelque-chose-pour-vrai signifie d'abord le prendre pour donné à *l'intérieur* d'une *praxis* d'interprétation ainsi qu'à l'intérieur d'un *horizon* d'interprétation, et être convaincu de sa validité avec des degrés différents de contraintes [2]. En conséquence, on peut utiliser « croire »

1. Kant, *Critique de la raison pure*, B 848; et *Logik*, « Introduction IX », *op. cit.*, p. 494 *sq.*

2. Kant a marqué terminologiquement les degrés de la contrainte. Voir *Critique de la raison pure*, B 850. L'opinion (*Meinen*) n'est même pas contraignante subjectivement. La

dans le sens « d'être convaincu », et « savoir » peut être conçu comme une vraie croyance, une « vraie conviction ».

D'entrée, nous avons mis en lumière, dans ce chapitre, l'aspect important du rapport entre savoir et agir d'après lequel le savoir aussi bien dans son acception étroite qu'en son acception large se rapporte à la *praxis* et à l'action ainsi qu'à leur orientation. C'est la raison de la possibilité a) qu'a le savoir de *pouvoir* orienter l'action, b) que certaines actions exigent certaines questions relatives au savoir, c) que dans le savoir, en plus de l'aspect descriptif, sont toujours en jeu des composantes normatives et d) que le savoir, par exemple, les résultats des sciences, *peut* changer la vision qu'a l'homme du monde et l'orientation dans le monde vécu [1]. Les opérations du monde vécu sont en ce sens des opérations où aussi bien les opinions que les croyances et le savoir sont déjà impliqués [2].

croyance (*Glauben*) (pragmatique), en revanche, est un tenir pour vrai dont la contrainte est déjà subjectivement contraignante. On est prêt à accepter les conséquences de ce que l'on croit et de ce dont on est convaincu. Dans cette optique, le savoir (*Wissen*) se caractérise par le fait qu'il est aussi bien subjectivement qu'objectivement contraignant. Avec l'opinion (*Meinen*), on est « encore libre (problématique) », avec la croyance, « on s'explique (assertorique) », avec le savoir, on est « apodictiquement (irréfutable) » (Kant, *Reflexionen zur Logik*, AK XVI, p. 372, Réfl. 2449).

1. À l'intérieur du modèle de l'interprétation, ce point peut être formulé comme la question de savoir comment les résultats scientifiques du niveau d'interprétation$_3$ peuvent modifier les comportements et les contextes d'action habituels du niveau d'interprétation$_2$ et au-delà de l'horizon d'interprétation$_1$ catégorialisant.

2. Les trois modes de l'interprétation sont pyramidaux dans le sens d'un cône ouvert vers le bas. L'ordre peut aussi bien se lire *top down* que *bottom up*. *Top down* : pour savoir quelque chose, il faut auparavant croire beaucoup de choses et avoir beaucoup d'opinions. Quand une personne « A sait p », alors elle « croit que p ». Il n'est pas concevable que « A *sache* que p », mais ne « croit pas que p ». *Bottom up* : à partir du domaine, qu'on ne peut pas embrasser du regard, des opinions qui ne sont contraignantes ni subjectivement ni objectivement, on peut arriver au domaine limité de la croyance (subjectivement contraignante) et de là au petit territoire du savoir méthodiquement fondé aussi bien subjectivement qu'objectivement contraignant.

Le savoir n'est pas décrété d'un point de vue quasi extra-terrestre. Il est « construit » *d'en bas*, à partir de l'opinion et au-dessus de la croyance. On peut parler d'une généalogie du savoir provenant de la *praxis* de la vie/de l'interprétation. Cette généalogie se reflète dans la logique épistémique, c'est-à-dire dans l'analyse logique du concept du savoir. En elle la croyance est appréhendée non pas comme un état mental ou un acte (momentané), mais comme une croyance véritable et un véritable être convaincu.

C'est pourquoi le rapport de ces niveaux pyramidaux de l'interprétation ne doit pas être compris comme si l'on voulait dire par-là : celui qui veut croire ou opiner doit d'abord savoir. Dans les modes d'interprétation, il ne s'agit plus, comme dans le platonisme, (*Politea* 509 *sq*. 407b-c ; *Gorgias* 454 d) de considérer la *pistis* (croyance) et

Il faut tenir compte du fait qu'il ne s'agit pas de relations symétriques ou asymétriques, s'agissant des rapports entre le savoir et l'action, mais d'un rapport en forme de porte à tambour. Chaque savoir a déjà derrière le dos des aspects de la *praxis* de la vie et des éléments de l'action ; et quand on s'engage dans une action, on part dans la perspective de la première personne de ce qu'on prend pour la situation donnée en ce moment et cela signifie la situation que l'on prend *pour déterminée* et *certaine*, donc de ce que l'on *sait* de la situation. C'est pourquoi, dans la perspective de la première personne le fait *d'être certain* dans le sens non simplement de la croyance subjective, mais du savoir dans le sens de convictions vraies appartient aux *conditions* des actions. Et de ce point de vue, le savoir dans le sens esquissé contient toujours un élément trans-subjectif, par où on dit en même temps qu'avec l'engagement dans une action le caractère public et trans-subjectif de ce dernier est donné. Ce n'est pas seulement l'action elle-même, mais aussi le savoir qui y est sous-jacent qui sont des présuppositions et critiques du sens et se rapportent toujours à d'autres personnes et donc à la *praxis* et à l'orientation du monde vécu.

Le caractère d'interprétation du savoir est manifeste dans une série d'autres perspectives, par exemple, a) dans *l'attribution* du savoir, c'est-à-dire lorsqu'on attribue un savoir à d'autres personnes ; b) dans l'explication du savoir, c'est-à-dire quand une réponse est donnée à une question du genre « d'où sait-il cela ? » ou « comment dispose-t-il de ce savoir ? » ; et c) relativement à *l'ordre méthodique du savoir*, c'est-à-dire relativement à la distinction, à la sélection, à la classification, au groupement, à l'organisation, qui se fait d'après des règles, à la classification des données, informations et aspects comme base du savoir.

Le savoir explicite peut aussi être appelé *interprétatif*, parce qu'il est lié à son articulation dans son système de symboles, de représentation et

la *doxa* (penser) comme les simples phases d'un savoir philosophique « véritable » et dans ce cas-limite comme un savoir parfait.

Du point de vue de la méthode et de la stratégie de la recherche, il faut souligner qu'il n'est pas opportun de suivre une stratégie *top-down* pure ou une stratégie *bottow up* pure. Il est beaucoup plus important d'effectuer la recherche sur les différents niveaux. Car l'une des particularités des phénomènes à expliquer réside dans le fait que, dans ces phénomènes, différents niveaux d'interprétation et différentes dimensions d'interprétation œuvrent ensemble. À titre d'exemples de cette interaction des niveaux d'interprétation, on peut mentionner : 1) la détermination de la signification et de la référence des expressions linguistiques (voir à ce sujet G. Abel, *Interpretationswelten*, chap. 14 et 15 ; et *supra* chap. III.2 et III.3). 2) La formulation non essentialiste et non naturaliste de la question de la vérité (dans le sens présenté dans les chapitres XII.2 et XII.5).

d'inférence. Ces systèmes sont des conditions du savoir propositionnel. Et les fonctions de systèmes correspondants peuvent être conçues comme des fonctions d'interprétation. En outre, chacun de ces systèmes présuppose déjà un système d'interprétation dès que les signes possèdent des caractéristiques syntaxiques, sémantiques et pragmatiques et fonctionnent syntaxiquement, sémantiquement, et pragmatiquement. De cette manière aussi le concept du savoir dépend des actes de signes et d'interprétation [1].

En même temps, il faut prendre en compte le fait qu'on ne peut pas dépasser la situation des esprits finis et faillibles. Nous ne sommes pas seulement de manière contingente, mais systématiquement coupés de la possibilité d'un savoir parfait et définitif. Un tel savoir devrait être garanti par une comparaison de notre prendre-pour-vrai avec un monde entièrement indépendant des croyances prises pour vraies par un réseau humain. Cependant, de cette façon la situation des esprits finis ne peut précisément pas être décrite. Nous comparons toujours les convictions prises pour vraies avec d'autres convictions, et, en cas de confirmation, avec d'autres convictions plus fortement tenues pour vraies.

Si le savoir est appréhendé et accepté comme un mode d'interprétation et que, en dehors de son horizon d'interprétation et de sa *praxis* interprétative, il n'y a pas de possibilité pour sa justification, il en découle la conséquence suivante : Quand A « sait que p », alors A doit *tenir* « p » pour vrai, alors – savoir doit être conçu comme « un véritable tenir pour vrai » ou comme une « vraie interprétation » « p » doit *être* aussi vrai. Le point saillant est que le passage du « *tenir pour vrai* » au « *être vrai* » se passe du côté intérieur des rapports d'interprétation. Il ne peut pas être décrété ni garanti de l'extérieur. Être vrai peut être conçu pour le moment comme un concept limite régulateur et idéalisé du « tenir pour vrai ». Ce concept et la présupposition régulatrice de l' « être vrai » est absolument significatifs. Il *ne peut* pas s'identifier au « *paraître* » vrai ou être remplacé par ce dernier. Mais savoir demeure un mode d'interprétation. Chaque « être vrai » demeure toujours un « être vrai à mesure *humaine* » et non à la mesure de Dieu. Dans ce sens, comme nous l'avons souligné dans le chapitre XII.4, le caractère indispensable est

1. Du point de vue méthodique, il faut souligner que le savoir peut être qualifié d'*interprétatif* indépendamment du fait qu'on le comprenne de façon empiriste (c'est-à-dire comme référée à l'expérience sensible) ou rationaliste (c'est-à-dire rapporté à l'activité de l'entendement). Cela vaut en général pour l'approche philosophique de l'interprétation. Elle est neutre aussi bien du point de vue de l'empirisme, du rationalisme que du point de vue ontologique.

mis en évidence comme un « comme si » régulateur de la vérité. C'est précisément cette idéalisation régulatrice qui contribue à organiser et à orienter une *praxis* de vie commune, la *praxis* interprétative du monde vécu. Un simple « *tenir*-pour-vrai » ne suffit pas.

À cela correspond, à l'inverse, le fait que des « tenir-pour-vrai » (opinions, croyances, affirmations) auxquels n'est donné aucun succès dans l'action et qui échouent peuvent justement être qualifiés de faux. De façon complémentaire, l'interprétation couronnée de succès et réussie se présente comme le *definiens* de la vérité. Ce n'est donc pas la vérité d'une interprétation, par exemple, d'une affirmation, la condition de son succès, mais inversement : l'interprétation couronnée de succès et réussie, par conséquent l'interprétation adéquate, c'est-à-dire celle qui se montre pleine de succès dans la *praxis* d'interprétation du monde vécu et en action qui appartient aux conditions du sens du propos de la vérité. Ceci ne signifie naturellement pas une identification entre vérité et utilité dans le sens de la relation fin-moyen. La perspective pragmatique réside beaucoup plus dans la conception d'après laquelle est vrai ce qui a du succès dans la vie. Et c'est une caractérisation profonde et importante.

Sous les auspices de la critique, il n'y a pas de critère plus fort que l'on puisse atteindre du savoir que la *croyance vraie* ou la *conviction vraie* [1]. Plus vraie et plus convaincue comme véritablement convaincue une croyance ne peut l'être qu'un savoir (comme troisième mode d'interprétation). Cette corrélation peut être heuristiquement décomposée *du côté intérieur* des rapports d'interprétation, du côté du fait d'être subjectivement et d'après la vérité des états de fait. Cette distinction est indispensable d'un point de vue de la cohérence et de la question de la validité empirique. Mais il est aussi important de voir que les deux côtés de cette corrélation se situent à l'intérieur de l'horizon d'interprétation et de la *praxis* humaine d'interprétation.

Dans le modèle à trois niveaux d'interprétation, on peut préciser ce point. La vérité des états de fait sur laquelle porte le discours du « vrai » dans la « vraie croyance » et dans « la vraie conviction » est en effet indépendante de la conviction subjective située au niveau d'interprétation$_{3}$. Elle n'est pas totalement indépendante du niveau de l'interprétation$_{1}$ catégorialisante dans les opérations desquelles est délimité ce qui *peut* valoir en général comme états de fait vrai ou faux. Puisque nous sommes manifestement coupés de la possibilité de choisir

1. Au sujet de l'échec des critères plus forts, voir F. von Kutschera, *Grundfragen der Erkenntnistheorie*, *op. cit.*, p. 16-27 et p. 74-78.

volontairement ou de changer les propriétés structurelles du niveau d'interprétation$_1$, les catégorialisations qui se font là-bas ont un *Sitz im Leben* très ferme et quasi constant.

Les réflexions faites auparavant expliquent clairement déjà que la conception du savoir comme le troisième mode d'interprétation permet la formulation d'un concept *général* du savoir. Naturellement, il n'est pas question de la conception du savoir comme connaissance parfaite ni de la connaissance vraie et fondée. Les deux propositions contiennent des présuppositions qui sont trop fortes pour pouvoir être honorées et faire coïncider avec le sens large du savoir [1]. Le domaine des états de choses en référence auquel peut être en question le savoir parfait (les états de choses analytiques, notamment et ceux qui se réfèrent à leurs propres convictions) est de loin par trop étroit pour pouvoir valoir comme caractérisation du sens habituel et du sens large du savoir. De loin, la plus grande partie de ce qu'on sait dans le sens habituel et large du savoir n'a pas été acquise ou fondée sur une base de procédé méthodique.

C'est pourquoi ne demeure que la conception du savoir comme une croyance vraie ou, puisque « croyance » peut être comprise comme « être convaincu » comme le fait d'être convaincu véritablement. Dans la mesure où « être convaincu » peut être construit comme une variante de l' « interprétation », savoir peut être conçu comme « un vrai interpréter » et le « savoir » comme une vraie interprétation ». La mise en commun du langage de la logique épistémique et du langage des trois modèles d'interprétation conduit au *concept général de savoir* suivant de la philosophie de l'interprétation. « A sait (au niveau de l'interprétation$_2$) que p si et seulement si A (au niveau de l'interprétation$_2$) croit que P et si la croyance de A s'avère vraie c'est-à-dire si celle-ci est en accord avec la forme de la *praxis* d'interprétation$_1$, s'éprouve dans la vie et donc donne une sécurité liée à un savoir » [2].

1. Voir F. von Kutschera, *Erkenntnistheorie*, *op. cit.*, p. 74 *sq.* et p. 56, qui introduit les deux points de vue mentionnés par la suite.

2. Le savoir n'est plus en cela un savoir dans le sens du cartésianisme, c'est-à-dire qu'il n'est plus saisi comme ce qu'on rencontre grâce à une introspection dans la conscience et comme quelque chose d'immédiatement évident. Si nous pouvions arrêter le changement (*Wechsel* et *Wandel*) et le flux des idées, des images, des pensées et des sensations en nous, nous ne rencontrerions pas de « savoir ».

Savoir, au sens restreint d'un jugement du savoir (« A sait que p »), comme il est formulé au niveau de l'interprétation$_3$, représente une prétention qui a) est émise dans un langage public, b) est placée dans l'espace logique des raisons (Sellars ; voir à ce sujet *infra* p. 279) et qui c) peut donc être justifié ou non. L'*externalisation* du savoir est extrê-

3. Les actions comme formations d'interprétation

Si le savoir, l'action et leur rapport mutuel peuvent se concevoir sur le sol des rapports d'interprétation, on doit également expliciter le caractère d'interprétation de l'action. Les actions peuvent aussi, à la suite de l'approche développée par Hans Lenk, être considérées comme des constructions d'interprétation [1]. Eu égard à l'action deux problèmes sont notoires : a) la délimitation entre *l'action* (dans le sens des actions plus conscientes, plus intentionnelles, plus orientées vers un but, et à travers l'utilisation de certains moyens) et d'*événements* (dans le sens de déroulement d'un mouvement, et des procédés de stimuli réactions), b) l'individuation des actions dans le sens de la question des limites de l'étendue spatio-temporelle d'une action, c'est-à-dire où finit une action et où commence le prochain. Les réponses afférentes sont des caractères *interprétatifs*, des formations de construction d'interprétation.

Quand le déroulement d'un événement est déterminé *comme* action, ceci n'est alors possible qu'avec l'aide d'une interprétation ou d'une attribution, donc moyennant une délimitation *interprétatoire* : cette dernière est un simple déroulement d'événements, mais la première est une action. Et cette limite de l'attribution ainsi que celle de l'individuation n'est pas une limite intrinsèque qui existe préalablement à l'état fini et qui est pour ainsi dire simplement actualisée dans l'exécution de l'action. Ce sont bien plutôt les esprits finis et agissants eux-mêmes qui tracent cette limite et doivent la tracer si on veut pouvoir parler d'actions explicites, c'est-à-dire d'actions conscientes, volontaires et intentionnelles. Mais, parce que les limites doivent être tracées, elles

mement significative, même au regard de l'entrelacement du savoir et de l'action. En outre, ces trois aspects sont des *éléments d'action* dans le sens large et sont impliqués : la prétention est élevée, le jugement est placé dans l'espace des raisons, et honorer la prétention s'accomplit à l'intérieur d'une *praxis* de la justification.

1. H. Lenk, « Handlung als Interpretationskonstrukt. Entwurf einer konstituenten- und beschreibungstheoretischen Handlungsphilosophie », dans H. Lenk, *Handlungstheorien – interdiziplinär*, vol. II, Munich, Wilhelm Fink, 1978, p. 279 ; spécialement p. 293 *sq.*, p. 323 *sq.*

Eu égard aux questions discutées dans le présent contexte, il n'est pas nécessaire d'appliquer explicitement en détail la distinction aristotélicienne entre *Poïésis* (produire, fabriquer) et *Praxis* (agir, faire). Cela vaut également pour le point selon lequel sont intégrés, dans la *praxis*, aussi bien des aspects poïétiques que le savoir pratique. La différence est connue : le but d'une *poïésis/technè*, telle qu'elle est pratiquée par un ouvrier, est de fabriquer un produit avec certaines propriétés, produit qui est indépendant de la personne qui l'a fabriqué; le but d'un savoir pratique est de se conduire et de vivre d'une certaine façon, ce en quoi l'état de l'acteur est d'une pertinence spéciale.

sont caractérisées de *limites de l'interprétation*. Elles sont de nature perspectiviste et schématique et elles pourraient aussi être autrement, et sont donc caractérisées par l'altérité. Cette composante est renforcée par l'autre aspect d'après lequel les actions se déroulent toujours dans des contextes d'actions, c'est-à-dire dans un réseau de règles d'actions et de coopération. Dans ce sens, les actions sont toujours *publiques*, sociales et se réfèrent à d'autres acteurs. Elles se déroulent dans un réseau de différentes perspectives et d'attitudes propositionnelles, par exemple des croyances, des attentes réciproques, des désirs, des craintes, des opinions et des estimations. Le caractère d'interprétation se poursuit au sein du domaine d'action. Ainsi, une limite de l'interprétation est déjà tracée quand on distingue entre a) les actions d'un caractère agissant, volontaire, avec une finalité (par exemple acheter une carte d'entrée ou prélever de l'argent) et b) des actions d'un caractère comportemental (par exemple, éviter une voiture qui se dirige sur vous). La limite de l'interprétation est déjà tracée si l'on distingue les aspects activistes (fabriquer, créer, produire) des aspects plutôt passifs d'une action (souffrir, arriver à quelqu'un). Un exemple d'action [1] passive serait le fait de trébucher sur le seuil d'une porte.

Il faut souligner le caractère interprétatif d'abord pour la perspective de la troisième personne d'un observateur extérieur qui procède à des attributions. Mais il est également important dans la perspective de la première personne, dans la perspective de l'acteur lui-même. Dans les deux perspectives, il n'est pas seulement *rétrospectif*, donc pas seulement important dans la reconstruction ainsi que dans les rapports ultérieurs dans lesquels la charge de l'interprétation est absolument manifeste. Le caractère interprétatif est aussi d'un point de vue constitutif, c'est-à-dire qu'il est important relativement à tous les aspects qui sont nécessaires et qui doivent déjà être supposés remplis dans la mesure où dans la perspective de la première personne, il faut entreprendre une attribution, on s'engage à une action. Les aspects suivants peuvent être caractérisés d'interprétatif : a) le *setting* des conditions pour l'entrée en action, b) la finalité de l'action, c) le choix des moyens en vue d'atteindre le but de l'action, d) l'exécution de

1. Relativement aux performances théorétiques du moi, on peut considérer la figure de la « synthèse passive » développée par Edmund Husserl comme l'*analogon* de l'expression « action passive ». Dans la synthèse passive entrent toujours aussi des performances actives. Voir E. Husserl, *Cartesianische Meditationen. Eine Einleitung in die Phänomenologie,* E. Ströker (éd.), Hambourg, [2]1987, § 38, p. 81 *sq*.

l'action, e) la détermination des objets de l'action, et g) les résultats de l'action. À tout cela s'ajoutent deux autres qui sont absolument importants pour l'éthique de l'interprétation à développer plus tard dans le chapitre XIV. Nous ne savons pas « au fond » ce qu'est une action et nous ne connaissons pas les derniers motifs de notre action. Les deux aspects renforcent le caractère interprétatif de ce que nous appelons action. Bref, les actions se déroulent à partir d'un horizon d'interprétation et à partir d'une *praxis* d'interprétation.

Que chaque parler et agir effectifs soient précédés d'une *praxis* d'interprétation signifie aussi que les composantes normatives, qui sont liées à cette *praxis* de l'interprétation et de la vie, sont impliqués dans le parler et l'action et y sont effectifs (*Wirksam*). Cela se manifeste plus particulièrement dans les énoncés et dans les actions éthiques et pratiques-politiques. À la différence de ce qui se passe dans la compréhension et dans la saisie d'une hypothèse scientifique, on ne peut pas comprendre et on ne peut pas saisir les discours et les actions éthiques et politiques sans que la forme de vie pratique soit activée d'une manière particulière et participe à la fixation des caractéristiques sémantiques et pragmatiques.

Inversement, cette corrélation se clarifie à la question de savoir si un discours éthique et pratique politique a été compris ou non. On ne peut pas répondre à la question avec de simples mots, mais en dernier lieu à l'aide de l'action qui la suit. La réponse se montre à l'agir de telle ou telle manière ou à son omission. Ce ne sont pas des mots, mais des actions qui fonctionnent ici comme les interprétants des énoncés et propositions pratiques, plus précisément éthiques et politiques. Ces derniers ont un *Sitz im Leben* plus profond que, par exemple, les hypothèses scientifiques. Chaque acteur est intégré dans un contexte de vie. Et dans la *praxis*, il y a infiniment beaucoup plus de choses en jeu que dans la théorie. Ainsi, on ne peut pas rencontrer dans la vie pratique et dans l'action l'élément hypothétique qui caractérise absolument le théorique. On ne peut pas « vivre hypothétiquement » ni « agir hypothétiquement ». À la différence des hypothèses dans le domaine de la théorie, on agit ou on omet. Et on ne peut ni réviser ni revenir sur les actions.

4. ENRACINEMENT DANS LA *PRAXIS* DE L'INTERPRÉTATION

Savoir et agir sont situés dans la *praxis* de la vie humaine conçue selon la perspective interprétative. C'est pourquoi ils ne peuvent être déterminés dans leur opposition. Dans le savoir et l'agir se manifeste donc une attitude humaine, perspectiviste et interprétative face à la vie et au monde. La *praxis* d'interprétation du monde vécu et ses règles sont toujours sous-jacentes au savoir et à l'action.

Ceci ne signifie pas seulement que le monde vécu a préséance sur la science, mais que, de surcroit, chaque savoir et action du monde vécu a derrière lui une *praxis* d'interprétation. Savoir et agir se déroulent à partir de celle-ci et y sont axés. Dans ce sens, il s'agit ici d'un cadre plus important et plus fondamental que la seule distinction entre le monde vécu (préscientifique) et des sciences [1].

En effet, il faut souligner l'aspect asymétrique d'après lequel la théorie est située dans la *praxis*, mais pas la *praxis* située dans la théorie. Même dans ce sens, la *praxis* à un poids supérieur en pertinence par rapport à la théorie. Mais il ne suffit pas de constater (comme le soulignent le pragmatisme et la philosophie tardive de Wittgenstein) que le savoir et en cela aussi la pensée et le parler sont ancrés dans l'action [2]. Il faut aller plus dans le sens esquissé. C'est seulement ainsi qu'on évite aussi bien la dichotomie traditionnelle entre le savoir et l'action (qui y sont considérés comme deux domaines rigoureusement séparés et isolés l'un de l'autre, comme la dichotomie entre *vita contemplativa* et *vita activa*) que le réductionnisme menaçant et dominant dans les débats contemporains, réduction du savoir et l'action. Un tel réductionnisme ignore que le fondement du savoir dans l'action ne marque qu'une

1. Cette distinction permet de comprendre d'autres distinctions terminologiques. La *théorie* des sciences s'occupe des connaissances produites dans les sciences par une action et par des opérations orientées vers un but et ciblées (dans le cas paradigmatique d'une expérimentation réalisée dans les sciences naturelles). La *philosophie* des sciences traite du rôle des sciences dans le cadre, plus large, des questions qui portent sur le savoir et la connaissance. Dans la *philosophie du savoir* et *de l'action*, il s'agit du caractère, des conditions, des possibilités et des limites du savoir et de l'action. La *philosophie de l'interprétation* s'occupe, dans le contexte de la présente discussion, du cadre et du caractère interprétatif du savoir, de la connaissance et de l'action. Il s'agit de la *praxis* de l'interprétation du monde vécu / au monde vécu appréhendé interprétativement, des différentes versions et de la portée des caractères interprétatifs, qui vont des opérations dans le monde vécu jusqu'aux descriptions scientifiques explicites, aux jugements de connaissance et à leur fondement et justification.

2. Pour Wittgenstein, voir à ce sujet H.J. Schneider, *Die Situiertheit des Denkens, Wissens und Sprechens im Handeln*, *op. cit.*, p. 727-739.

certaine manifestation du rapport entre les deux. Il y a en plus, des rapports aussi bien de présuppositions réciproques que de dépendance de l'action du savoir. On peut appeler la réduction du genre nommé le *paralogisme praticiste* [1]. En lui, le savoir est réduit à l'action et celui-là est analysé en termes de celle-ci. Ce paralogisme est le contraire du *paralogisme cognitiviste* [2] qui, inversement, réduit l'action au savoir et aimerait analyser celle-là dans les termes de celui-ci. Le paralogisme praticiste réside en l'affirmation que le savoir ne serait rien d'autre que l'action et pourrait se formuler sans complication en ses termes. Cependant, manifestement, ceci n'est pas le cas. Nous distinguons ainsi entre savoir et action et comprenons aussi cette distinction.

Le réductionnisme du savoir à l'action est pour plusieurs raisons problématique. Une des raisons est la suivante : pour s'engager dans une action consciente, volontaire et orientée vers un but, il faut que soit présupposés la connaissance nécessaire, le savoir exigé, le savoir-du-

1. Lorsqu'on ignore que chaque action$_3$ (donc chaque action consciente, volontaire et intentionnée) présuppose, à l'interne, une part de savoir, cette ignorance doit être appelée *paralogisme praticiste*. On doit donc, avant de s'engager dans une action, avoir achevé l'analyse de la situation et pouvoir dire : « c'est la situation xyz qui fait que j'agis ainsi ». Si on veut quelque chose ou si on veut atteindre quelque chose de déterminé dans l'action et par l'action, il faut avoir pu auparavant se représenter et connaître ce quelque chose comme l'objet vers lequel la volonté s'oriente, comme le but auquel on tend. De ce point de vue, l'action présuppose le savoir. Le savoir dont dispose une personne quand elle a déterminé et reconnu la situation, l'objet et la finalité, et qu'elle en est consciente, contient également des aspects *conceptuels et phénoménaux* (par exemple des composantes visuelles, acoustiques et tactiles). La difficulté méthodique consiste à ne plus penser selon les vieilles lignes d'une dichotomie entre entendement et sensibilité, entre les aspects conceptuels, d'un côté, et les aspects sensibles-représentationnels, de l'autre. Du point de vue de la philosophie de l'interprétation, il importe beaucoup plus que les fonctions du langage, des signes et de l'interprétation soient comprises de telle manière qu'elles soient saisies, au final, en une unité aussi bien conceptuelle que sensible-représentationnelle.

2. On doit appeler *paralogisme cognitiviste* le fait d'ignorer que chaque savoir$_3$ (donc chaque « savoir que P ») présuppose des composantes de l'action au niveau de l'interprétation$_2$ et, en ce sens, le fait d'ignorer qu'émettre une prétention scientifique présuppose un type déterminé d'action. Connaître un objet, par exemple avoir un savoir de cet objet et de ses propriété, requiert de l'avoir déterminé auparavant, c'est-à-dire de l'avoir localisé et individué. Déterminer, localiser, individuer sont des activités du caractère de l'agir entendu au sens large. En ce sens, le savoir présuppose l'agir.

Les deux réductionnismes stériles de même que l'opposition entre le paralogisme praticiste et le paralogisme cognitiviste peuvent être surmontés grâce à l'idée esquissée que, dans une perspective, l'action présuppose le savoir et que, dans une autre perspective, le savoir présuppose l'action. Dans le chapitre XIII.5, on verra que et dans quel sens le modèle des niveaux d'interprétation peut contribuer à dissocier cet effet de porte à tambour *verticalement* et *horizontalement*.

comment-on-fait-ceci-et-cela ainsi que les habiletés qui y appartiennent. Cet aspect recule dans les débats contemporains la plupart du temps en faveur d'une domination de la théorie de l'action par rapport à la théorie des sciences. Cependant, il est partout significatif. Car sans lui, on ne parviendrait absolument pas à des actions explicites. Il appartient aux conditions logiques de la possibilité des actions. Ceci conduit à ce que, malgré toute la dépendance du savoir de l'action, le savoir ne peut cependant être construit simplement comme une action.

La philosophie de l'interprétation met à disposition un outillage pour traiter cet aspect. Alors que la dépendance d'une action de l'horizon d'interprétation, de la *praxis* d'interprétation et des *régularités* d'interprétation est mise en lumière, il y a de l'espace pour les aspects du savoir qui sont présupposés dans l'action. Au sein du modèle des trois niveaux des rapports d'interprétation, comme nous le montrerons plus bas, on peut distinguer des niveaux et des dimensions du savoir. Le recours à ces dernières permet de traiter ce champ de problèmes, *sans* faire, de nouveau, allégeance à un platonisme métaphysique ou épistémologique.

On peut mentionner les éléments *généraux* suivants : afin que des actions explicites soient possibles au niveau de la *praxis* de l'interprétation$_3$, il ne faut pas seulement une *praxis* d'interprétation$_2$, des formes de savoir d'interprétation$_2$ doivent être présupposées et revendiquées et pour que celles-ci puissent valoir comme remplies, il faut présupposer des formes de *praxis* d'interprétation$_1$ et des formes de savoir d'interprétation$_1$.

Dans une attitude heuristique, cela signifie d'abord qu'on peut concevoir le rapport entre savoir et l'action à l'aide du modèle d'interprétation à plusieurs niveaux de telle sorte que a) le réductionnisme de la théorie de l'action soit évité et b) que les présuppositions du savoir déjà données dans chaque action ne soient pas entendues comme un platonisme externe à l'interprétation, dans le sens d'un platonisme libéré de toute interprétativité.

Référé au rapport du savoir et de l'action, on peut parler d'une quadruple capacité du modèle à niveaux de l'interprétation. Ce modèle peut montrer 1) la limitation du savoir dans l'action, 2) la limitation réciproque du savoir et de l'action, 3) la dépendance de l'action d'horizons de savoir et d'un savoir dans le sens d'une disposition à l'action [1] et

1. On considérait que, sous l'un des aspects nommés du savoir comme « disposition *à agir* », il n'était pas seulement question d'une « disposition *à juger* ». G. Ryle a surtout souligné le dernier caractère de la disposition du savoir avec sa fameuse distinction entre

4) l'ancrage des deux dans le monde vécu interprétatif et dans la *praxis* interprétative du monde vécu. Ce sont ces quatre perspectives et leur œuvre commune relativement au savoir concret et/ou action concrète qui permettent de parler dans un sens non réductif d'une théorie unifiée du savoir et de l'action. Par où les aspects théoriques et relatifs au savoir et les aspects conceptuels acquièrent leur droit dans l'interprétationnisme symbolique sans toutefois que l'on aboutisse à des platonismes.

Cependant, en même temps, en matière de savoir une délimitation s'impose de l'autre côté. Le savoir ne peut pas être simplement conçu dans le sens du *mentalisme*, non pas comme un équipement cognitif préexistant dans nos têtes ou comme un état mental. C'est pourquoi, on peut rendre féconde la critique du mentalisme riche en conséquence (présentée par Wittgenstein et aussi par Ryle et) en faveur de la théorie contemporaine du langage et la théorie de l'action et ceci relativement à la compréhension des actions aussi. C'est une erreur fondamentale de penser qu'une action réussie et couronnée de succès se produirait et devrait sa réussite à l'application du savoir préalablement à l'*interne*, préexistant, dépourvu d'action.

Le recours au modèle à plusieurs niveaux de l'interprétation permet assurément de formuler le bon aspect du mentalisme, d'après lequel pour pouvoir agir on doit avoir recours notamment à des éléments du savoir, formulation qui accorde à l'aspect du savoir son droit sans prôner un mentalisme ayant une priorité sur l'action. Cela sera possible dans la mesure où les deux, le savoir et l'action sont considérés comme des variantes des rapports d'interprétation. Et, dans cet horizon, la relation du savoir et de l'action, comparable à une porte à tambour, est conçue.

L'ancrage du savoir et de l'action dans la *praxis* d'interprétation du monde vécu a pour conséquence, eu égard à ce que l'on considère comme l'objet de l'analyse, une série de déplacements. Dans ce qui suit, nous allons mettre en évidence et exposer trois de ces déplacements.

4.1. De l'analyse conceptuelle à l'analyse interprétationniste

Procéder à une *analyse conceptuelle* du « savoir » signifie trouver les conditions de vérité des propositions de la forme « A sait que p ». Cela

« *knowing how* » (savoir-comment) et « *knowing that* » (savoir-que-quelque-chose-est-le-cas). Voir G. Ryle, « Knowing How and knowing that », *Proceedings of the Aristotelian Society*, 46 (1945-1946), p. 1-16 et G. Ryle, *The Concept of Mind*, Londres, Hutchinson, 1966. Ryle considère le savoir-comment et, en ce sens, le pouvoir-agir comme logiquement antérieur au savoir-que au sens du savoir théorique.

dépasse l'analyse de la forme dans le sens de la logique épistémique : « A sait que p » si et seulement si quand (1)… (2) …, etc. Dans la mesure où on pose le savoir dans le sens ci-dessus présenté comme une vraie croyance des aspects de la forme « A croit que p », « A a des raisons de croire que p », et « c'est le cas que p » entrent dans ce concept de savoir.

Ce projet est confronté à des difficultés qu'il ne peut pas supprimer grâce à ses propres moyens d'analyse conceptuelle. Les principaux aspects de la critique mis en avant du côté du pragmatisme sont : a) l'analyse conceptuelle / la logique conceptuelle pure atteint relativement vite ses limites ; b) le projet vit de l'espoir non honoré d'après lequel l'analyse logique conceptuelle mettrait en lumière une construction claire et distincte du monde conceptuel humain et pourrait formuler des listes définitives généralement contraignantes des conditions de vérité des propositions de la forme « A sait que » et d'attribution du savoir ; c) les rapports sont en un tour de main holistes, dès qu'entrent en jeu notamment les questions sur le contexte et sur les caractéristiques sémantiques ainsi que les caractéristiques pragmatiques, sur les expressions, les signes et les actions utilisés et compris dans les attributions réussies du savoir ; d) on éprouve seulement peu de choses sur la nature du savoir ; e) les questions sur l'origine et la fonction du savoir, par exemple, la question de savoir si et dans quel sens le savoir sert à l'orientation dans le monde vécu ne peuvent ne pas être adéquatement thématisées.

Face à ces difficultés, l'élargissement du sens du savoir entrepris dans le pragmatisme philosophique par Peirce et James semble plausible. Il consiste en les éléments suivants : 1) que le savoir est compris comme *possession de croyance vraies* ; 2) que ceci signifie en dernier lieu qu'il faut disposer des *règles d'action qui y sont afférentes*[1] ; 3) que les contextes linguistiques, du monde vécu qui se réfèrent à la *praxis* doivent être intégrées explicitement dans les analyses ; 4) que le savoir est lié à une *pratique sociale de la justification* dans la mesure où, comme l'a souligné Wilfried Sellars, la caractérisation d'un épisode ou d'un état comme savoir ne signifie pas qu'une « empirical description of that episode or state » est donnée, mais que « we are placing it in the

1. Cet aspect forme le noyau de la « maxime pragmatique » établie par Peirce pour la première fois en 1778 et que William James, surtout, a fait connaître. Ch. S. Peirce, *Über die Klarheit unserer Gedanken. How to make our ideas Clear*, K. Ochler (éd.), Francfort, 1968.

logical space of reason, of justifying and being able to justify what one says »[1] ; et 5) que de cet arrière-plan tout le projet d'un fondamentalisme du savoir doit être abandonné. À la lumière de ces idées, le savoir et le concept du savoir ne sont plus exclusivement liés à un projet d'analyse conceptuelle.

Lorsqu'on passe d'une considération *pragmatique* à une considération *interprétationniste*, les composantes liées au monde vécu conçu interprétativement relativement à la *praxis* de l'interprétation du monde vécu apparaissent clairement. Outre les aspects déjà mentionnés, on peut introduire d'autres aspects relativement à la détermination du « savoir ». La situation dans les circonstances de la vie compte parmi ces derniers ; l'intégration des aspects non épistémiques (par exemple, les aspects des composantes phénoménales et subjectives qui sont néanmoins liées à une *praxis* publique, c'est-à-dire, une *praxis* partagée par d'autres personnes ; des questions de la finalité, de la préférence, de la décision et des stratégies qui valent comme privilégiées pour l'obtention ainsi que de l'utilisation du savoir ; les aspects de l'acceptation rationnelle, de la référence au temps, la situation et les personnes donc du savoir de la situation comme une forme du savoir qui existe avant le savoir explicite, grammaticalement jugée certain et inférentiel.

Il ne s'agit plus seulement de concevoir le savoir comme une action ou de situer le savoir dans l'action[2]. Ce serait encore penser *top down*.

1. W. Sellars, *Empiricism and the Philosophy of Mind.* With an Introduction by R. Rorty and a Study Guide by R. Brandon, Cambridge (Mass.) - Londres, Routledge and Kegan Paul, 1997, section 36, p. 76. Dans son introduction à cette nouvelle édition du texte de Sellars, Rorty met à juste titre en relief le point central que ce n'est pas ainsi que la *praxis* de la justification présuppose le savoir, mais plutôt que le savoir « *comes into being along with it* », c'est-à-dire qu'il apparait au cours de la *praxis* de la justification.

2. Concevoir *le savoir comme une action* signifie devoir indiquer le type spécifique d'action grâce auquel un savoir peut être caractérisé comme une action. Pour un savoir propositionnel et non propositionnel, on pourrait mentionner quelques-uns de ces aspects. Ils relèvent tous, lorsqu'on les examine plus précisément, du *caractère interprétatif.* Ceci renvoie aussi, dans ce contexte, au fait que le caractère interprétatif précède le caractère de l'action. Ce n'est pas l'interprétation qui précède l'action, mais l'action qui précède l'interprétation.

Le *savoir propositionnel* est lié 1) à l'articulation et à la représentation dans une langue publique et dans des signes sensibles de nature linguistique et non linguistique, c'est-à-dire dans un jugement ou, par exemple, dans un graphique ou un diagramme ; 2) à la maîtrise de la *praxis* interprétative toujours déjà présupposée dans l'emploi des signes ; 3) au fait de poser la revendication du savoir dans « l'espace logique des raisons » (Sellars) et ainsi dans la *praxis* publique, c'est-à-dire partagée avec d'autres personnes, de la justification de la prétention du savoir ; 4) à l'habileté à manier les représentations du savoir et les symbolisations du savoir, c'est-à-dire savoir appliquer les règles d'actions.

Buttom up, il s'agit beaucoup plus d'avoir des tenir-pour-vrai (opinions, croyances et un savoir méthodiquement fondé) des contextes d'actions, donc il s'agit de comprendre et de formuler à partir de la *praxis* interprétative du monde vécu. Ceci est plus qu'un *tournant pragmatique* *d*ans le sens de l'ancrage du savoir dans l'action. C'est un *tournant interprétatif* dans les attributions du savoir et l'action et c) dans lequel les règles du savoir et de l'action sont conçues comme des manifestations et des variantes des rapports d'interprétation, des attributions d'interprétation et des règles d'interprétation qualifiantes.

On ne dirait pas, par exemple, qu'une personne A se trouve dans un certain état interprétatif parce qu'elle sait ceci et cela ou fait ceci et cela. On devrait plutôt souligner que la personne A sait ceci et cela ou fait cela parce qu'elle est dans tel et tel état et telle ou telle disposition interprétative. Comme nous l'avons souligné plus haut, le discours sur les états et des dispositions *interprétatifs* ne doit pas être limité à des états *mentaux* et à des dispositions. Car, il s'agit précisément de ces structures qui sont déjà présupposées dans les états mentaux (comme penser que, croire, savoir, désirer, être convaincu).

4.2. L'action comme processus

L'affirmation que le savoir est considéré a) comme un processus d'interprétation, b) comme ancré dans l'action et, davantage, c) comme ancré dans une *praxis* d'interprétation, trouve plus facilement l'approbation que la thèse que l'action aussi se fonde dans une *praxis* d'interprétation. Dans le chapitre XIV.3, nous défendrons l'idée que les actions peuvent être conçues comme des constructions d'interprétations. Cela va pour le moment au-delà de la dimension de la *description* et de l'*explication* de l'action dont le caractère interprétatif est manifeste et doit être expliqué au regard de la thèse d'après laquelle les actions se déroulent à partir d'une *praxis* interprétative et y sont axées. En conséquence, analogiquement à la théorie du savoir dans un sens étroit et de la

Le *savoir non propositionnel* est, au fond, un savoir de la manière dont on fait quelque chose (par exemple : ouvrir un réfrigérateur) ou se comprend relativement à quelque chose, c'est-à-dire possède l'habileté à l'exécuter (par exemple éviter une automobile qui se dirige vers soi). En cela une *praxis interprétative* est toujours déjà présupposée et revendiquée, même s'il ne s'agit pas d'un savoir réfléchi dans le sens étroit. La *praxis* interprétative précède nécessairement le savoir propositionnel aussi bien que non propositionnel.

théorie de la connaissance, la théorie de l'action peut être conçue comme une branche de la philosophie de l'interprétation.

En référence aux actions réussies et couronnées de succès, les aspects suivants peuvent être caractérisés dans une petite *théorie interprétationniste de l'action* comme perspectivistes, conjecturales, projetant et constrictives bref, comme interprétatives.

1) Dans un sens étroit, les actions se déroulent consciemment, volontairement, intentionnellement et leur finalité est déterminée. Ceci présuppose que la volonté a adopté un point de vue, qu'elle s'en tient à lui et qu'elle s'est délimité une finalité. Inclusivement, cela signifie aussi que le point de vue et la finalité ont été délimités par d'autres points de vue alternatifs et d'autres finalités.

2) Avant qu'on s'engage dans une action, une délimitation des conditions de possibilité de l'action a été déjà entreprise, donc déjà une détermination suffisante de la situation, du temps, du contexte, des personnes concernées, des choses impliquées et des résultats.

3) Dans une action réussie et couronnée de succès, l'espace de l'action, la marge de manœuvre et les limites de l'action ont été déjà pragmatiquement et pratiquement délimités de façon satisfaisante.

4) Les moyens appropriés pour atteindre le but intentionné de l'action sont sélectionnés et ont été pensés au regard de leur caractère approprié du moins selon une anticipation théorique.

5) Ce ne sont pas tous les éléments du contexte d'action qu'on reprend pour les introduire dans l'intention et le profil d'une action. C'est pourquoi sont nécessaires, entre autres, la sélection, la préférence, la mise en évidence, l'élimination et la complétion.

6) Parce que d'autres personnes sont intégrées dans les contextes d'action, les actions se déroulent publiquement, dans un espace interpersonnel, donc se réfèrent à d'autres personnes et leurs actions et donc à d'autres perspectives, et horizons d'interprétation, elles doivent être appelées dans ce sens interprétatives, interperspectivistes.

7) Dans l'exécution d'une action apparaissent en même temps de nouvelles situations et de nouvelles composantes situatives (*situatives*). Compte tenu des déterminations de la situation et des formes corrélées de l'action pertinente du déroulement présent et futur de l'action, ces dernières doivent être accordées les unes les autres.

8) Dans plusieurs cas, les conditions pour atteindre le but de l'action doivent être encore créées par des activités qui s'y rapportent et qui doivent être spécialisées.

9) On doit faire la distinction entre ce qui ne doit pas être transformé, changé, et ce qui doit être transformé, changé, nouvellement créé et réorganisé par une action.

10) De plus, il faut distinguer ce qui s'est passé irréversiblement et ce qu'on peut empêcher de se produire (ce qui, néanmoins, peut ou doit être posé relativement aux actions présentes et futures), et ce qui peut être fait et, le cas échéant, ce qui doit se faire.

11) On doit concevoir et tenir compte du fait que l'exécution partielle temporelle et matérielle d'une action produit de nouvelles situations et des conséquences partielles.

12) Ces nouvelles situations et conséquences partielles doivent se référer à la continuation des actions et aux actions à suivre et, en effet, en vue des étroitesses et/ou de l'ouverture des marges d'actions présentes et futures.

13) Il faut tenir compte de la temporalité de l'action et l'avoir intégrée dans le profil intentionnel d'une action favorisant et/ou corrigeant le but.

14) Les actions se déroulent à l'arrière-plan et avec une référence à des réseaux complexes d'attitudes propositionnelles (croyances, attentes, opinions, désirs, intentions, craintes). Il faut entreprendre ici des attributions et des classifications aussi bien à la première personne qu'à la troisième personne, afin que les actions soient couronnées de succès, aboutissent et, dit dans une perspective aristotélicienne, puissent être des causes dans la transformation en une autre.

15) Dans la mesure où nous qualifions des actions comme étant douées de sens (et nous le faisons parce que nous nous comprenons comme des acteurs et nous nous engageons dans des actions) nous pensons simultanément que les actions ne représentent pas des réalisations simplement isolées suivant un schème. Elles sont beaucoup plus en corrélation avec nos propres actions et avec d'autres personnes comme acteurs, avec d'autres actions et d'autres buts. La structure du sens de l'action qui se trouve dans ces contextes publics doit être intégrée par anticipation et par la détermination de la finalité dans le motif, dans l'entrée, dans la réalisation et des conditions de satisfaction des actions et avoir été déjà intégrée dans le cas couronné de succès.

16) Mon action individuelle, mon action ici et maintenant est, bien que toujours dans des contextes d'actions, *mon* action, c'est-à-dire qu'elle est différenciée par ma coupure d'interprétation des autres actions des autres personnes ou d'autres actions de moi-même et est individuée. *C'est* ici et *maintenant mon* action, une action déterminée,

dont le déterminisme résulte du point de jonction de l'individu et de la société, du caractère individuel et public des actions.

17) Lorsqu'on rapporte différentes actions individuelles dans un contexte de sens, ce procédé n'est pas déterminé par des règles préalablement fixées et nécessaires. Dans la mesure où il s'agit d'actions libres, il n'est pas question de rapports de détermination nécessaires, pas d'algorithme ni de relations déterminées par des calculs. Quand le contexte de l'action est établi – et il est établi implicitement en vue du sens de l'action et présupposé dans l'action elle-même –, c'est précisément une performance formatrice de construction, une performance interprétatoire.

18) Il doit y avoir une fixation de la succession des étapes d'une action. Car, quand on fait le deuxième pas avant le premier, comme on dit, la probabilité d'atteindre but est minime.

19) Il se peut que plusieurs composantes se réalisent simultanément et que plusieurs chaînes d'actions et d'interprétations doivent être coordonnées. Ceci signifie aussi que des alternatives et aussi des chaînes partielles classées comme non pertinentes ou même nuisibles doivent être fixées ou limitées et ces dernières sont déjà dans les actions couronnées de succès.

20) La coordination, la coopération d'action dans des contextes d'actions avec d'autres personnes et acteurs ainsi que leurs perspectives et horizons d'interprétation sont exigées. Cela exige, à son tour, que les actions des autres personnes et leur perspective, attitudes propositionnelles, horizon d'interprétation et règles d'interprétation dominantes doivent avoir été pragmatiquement suffisamment identifiées. En outre, elles doivent être prises en compte dans l'horizon propre de l'action en vue d'un succès de sa propre action et en vue de maintenir les contextes d'action avec d'autres personnes. Cette réciprocité dans l'action sur laquelle on a toujours attiré l'attention en théorie de l'action représente une performance d'interprétation complexe et à plusieurs couches auxquelles, dit dans les langages du modèle d'interprétation des niveaux, participent non seulement à un niveau, mais à tous les trois dans un étroit emboitement des rapports d'interprétation.

Les composantes mentionnées ne doivent pas être comprises comme si l'acteur devait d'abord les construire pour s'engager, dans un deuxième temps, dans une action. L'intérêt réside dans le fait que, dans l'exécution de chaque action réussie et couronnée de succès, on peut partir et on part du fait que ces préalables et ces présuppositions sont satisfaits. La différence que l'on a mise en évidence, au niveau de la logique du signe et de la signification, entre *interprétation* et *exécution* [1] est également fondamentale relativement à l'action. L'exécution de l'action est le procédé le plus important et le plus basique. Les régularités qu'il y a en elle, qui son toutefois singulièrement élusives et difficiles à saisir dans son caractère doivent être clairement distinguées, dans le cas de l'exécution des signes, des règles *ex post* à l'aide desquelles on peut décrire les actions après coup.

Ce serait donc un malentendu que de supposer que nous devrions d'abord construire nos actions grâce à des règles préalablement établies. Il s'agit bien plutôt de mettre un peu plus en lumière les éléments et les aspects contenus dans les actions, présupposés et revendiqués par elles. C'est, pour parler en langage informatique, comme si nous cliquions « action » sur l'écran d'un ordinateur, ouvrions une fenêtre et voyions tout ce qui s'y trouvait déjà. C'est le style (analytique) de la philosophie critique de répondre notamment à la question de savoir comment il faut *penser que* nos actions sont telles qu'elles sont.

5. Savoir et agir dans le modèle d'interprétation

Le modèle d'interprétation à trois niveaux [2] met déjà à disposition un outillage permettant d'analyser le savoir et l'action dans leur rapport réciproque. Ceci vaut aussi bien du point de vue de la description que de l'explication, et aussi bien relativement au savoir et à l'action qu'au regard de la théorie de la science et de la théorie de l'action. Avec ses distinctions des niveaux et des dimensions de l'interprétation, le modèle peut tenir compte du fait qu'il faut partir de différents types et de différentes perspectives du savoir et de l'action ainsi que de leurs croisements réciproques.

Le modèle d'interprétation distingue trois *niveaux* et trois *dimensions*. Les niveaux sont : l'appropriation interprétante = niveau d'interprétation$_3$, les modèles d'habitude = niveau d'interprétation$_2$ et l'organisation originaire catégorialisante = niveau d'interprétation$_1$. Les dimensions sont : les points de vue critiques du sens et les présuppositions du sens = *logique* de l'interprétation ; les composantes qui se réfèrent aux perceptions sensibles = *esthétique* de l'interprétation ; et la

1. Voir *supra*, chap. IV (Logique des signes et rationalité).
2. Voir en détail *supra*, chapitre I et G. Abel, *Interpretationswelten*, *op. cit.*, *Interpretations-Welten*, *op. cit.* et *Interpretationsphilosophie*, *op. cit.*

dimension normative = *éthique* de l'interprétation. À l'aide de ce modèle, on peut formuler les différents niveaux et dimensions du rapport du savoir et de l'action. En même temps, les variantes individuelles ne peuvent pas se concevoir comme si un seul des niveaux et/ou une dimension des rapports d'interprétation participait à leur détermination. Il est plutôt caractéristique que plusieurs niveaux et dimensions participent toujours en même temps ou par recoupement et/ou successivement.

De plus, il faut souligner que les classements suivants et les exemples mentionnés pour les illustrer sont, à leur tour, des classements et des illustrations interprétatifs. Sous d'autres aspects de finalité, on pourrait parvenir aussi dans certaines conditions à d'autres classements. Il apparaît de nouveau clairement que le modèle d'interprétation avec ses divisions d'après les niveaux et dimensions n'a pas de statut théorique, mais heuristique.

En conséquence, la distinction des trois niveaux, les domaines aussi distingués par les expressions « savoir » et « agir » se laissent diviser en niveaux.

Interprétation$_3$:	Savoir$_3$	Actions$_3$
Interprétation$_2$:	Savoir$_2$	Actions$_2$
Interprétation$_1$:	Savoir$_1$	Actions$_1$

(A) Au niveau d'interprétation$_3$ on peut situer :

– *Savoir*$_3$: comme savoir au sens grammatical du jugement et au sens propositionnel du « A sait que p » (par exemple Peter sait que Oncle Paul est à Munich ce week-end ; Marthe sait que pour chaque nombre premier un plus grand nombre existe)

– *Agir*$_3$: Comme action dans le sens étroit du faire conscient, volontaire, intentionnel, que l'on peut choisir, et déterminé par le but (Pierre achète une bouteille de vin rouge)

(B) Au niveau d'interprétation$_2$ on peut situer les éléments suivants :

– *Savoir*$_2$: comme savoir dans un sens large du savoir-comment-quelque chose-fonctionne ou savoir-comment-on- fait-x (par exemple, Pierre sait comment on ouvre une bouteille de vin ; Paul sait comment on traite avec les reporters)

À ce deuxième niveau des rapports d'interprétation, il faut placer les formes du savoir *implicite*, du savoir des dispositions dans le sens du pouvoir faire conscient, du « knowing how » de Ryle, *du savoir d'arrière-plan, du savoir de la situation, du savoir des règles*, y compris des contextes implicites.

– *Agir*$_2$: comme agir dans le sens large comme au sein des modèles habituels de comportement et des schèmes de comportement, comme certaines des formes de comportement conventionnelles et des règles d'action, y compris le passage courant d'actions à des comportements et inversement (par exemple Pierre salue Paul d'un mouvement de la main, Marthe suit les règles de la circulation).

Dans une recherche subtile, il faut tenir compte de la différence entre « savoir, comment on fait quelque chose » (par exemple, on ouvre un réfrigérateur), qui se situe au niveau$_2$ d'interprétation, et « savoir » dans le sens de « s'y-connaître-en quelque-chose » (par exemple, s'y connaître dans la localisation des objets et des événements dans l'espace et le temps). Ce dernier savoir est à situer au niveau d'interprétation$_1$. Néanmoins, les passages sont fluides. Là où la limite sera tracée, dépend de la description ou de l'explication des objectifs poursuivis. « Savoir-comment-on-ouvre-une canette-de boisson » est un savoir culturel d'une certaine époque et d'un certain niveau. En référence à cela, le savoir dans le sens « de s'y connaître dans la location spatio-temporelle des objets et des événements » est de nature fondamentale et est présupposé et revendiqué par exemple aussi dans chaque ouverture avec succès de canette de boisson. Le savoir de ce type$_2$ peut déterminer des actions humaines conscientes et intentionnelles dans le sens du savoir de règles exigées pour la réalisation. C'est la forme du savoir qui, par exemple, distingue un spécialiste dont on dit qu'il possède une compétence, c'est-à-dire qu'il sait comment x se fait. À ce savoir appartient aussi l'habileté de donner des informations là-dessus si c'est nécessaire, de pouvoir expliquer à une personne comment on fait x et comment x fonctionne. C'est ainsi qu'un informaticien, par exemple, explique, le regard posé sur l'appareil devant lui, ce qu'il fait, comment il procède pour faire d'une certaine manière un graphique sur l'écran. Dans ce sens, le savoir$_2$ est une condition pour pouvoir réaliser une action$_3$.

En même temps, on peut mentionner des cas où il y a un rapport de condition inverse. Savoir que le théorème de Pythagore ($a^2 + b^2 = c^2$) est juste signifie exécuter et décrire des actions opératives qui sont généralement acceptées comme preuve du théorème. On peut dire généralement : « si A sait que p » (si A sait que l'état de choses p existe et que cet état de choses p satisfait son théorème) alors A sait aussi, quelle est la série d'actions et d'étapes d'action présupposées dans ce savoir. Et A sait aussi comment accomplir ces actions pour poser le théorème du savoir « p » en question et pouvoir fonder, c'est-à-dire pour pouvoir clarifier que l'état de choses p satisfait le théorème « p ». Dans ce sens, les habiletés et les actions du $type_2$ sont une condition d'un savoir du $type_3$. Il y a bien au-delà d'autres limitations.

(C) Au niveau de l'$interprétation_1$, on peut situer :

– *Savoir*$_1$ comme savoir au sens de s'y entendre en quelque chose et de la maîtrise des formes *catégorialisantes* de l'organisation, par exemple la localisation spatio-temporelle des objets et des événements, l'individuation des objets et des contenus propositionnels et de la prédication sélective (par, exemple, Pierre sait comment on distingue des tables, des chaises et des étagères.)

À ce niveau, on peut placer aussi le *savoir direct et phénoménal* de la forme « savoir comment être un X » (par exemple savoir comment être un vainqueur dans le jeu d'échec ; savoir comment est-ce avoir une certaine sensation de couleur) [1].

– *Action*$_1$: comme action dans le sens élémentaire et encore indépassable des opérations *catégorialisantes* de la *praxis* humaine et des formes de vie (se mouvoir dans l'espace et le temps et le cas échéant en référence à d'autres personnes de A à B ; entreprendre des distinctions et des limitations élémentaires et/ou établir des liaisons et des corrélations).

De cette manière, il y a un réseau vertical et horizontal esquissé au sein duquel les différents niveaux œuvrent ensemble réciproquement et de façon croisée à la détermination et à la fixation d'un savoir concret et/ou d'une action. Il faut prendre en considération le fait qu'en cela les niveaux de savoir ne sont pas seulement encore croisés avec des niveaux de savoir et les niveaux d'action ne sont pas croisés seulement avec des niveaux d'action. Les rapports réciproques de symétrie ou d'asymétrie de conditions, d'indépendance, de présupposition, de délimitation et de développement entre savoir et action deviennent clairs. Il devient aussi clair que le « savoir et l'action » ainsi que « la théorie du savoir et la théorie de l'action » non seulement ne s'excluent pas mutuellement, mais

1. Il faut prendre en considération le fait qu'ici ce n'est pas le caractère subjectif et phénoménal d'un tel savoir, donc ce n'est pas la problématique de la *qualia* dans le sens de la philosophie de l'esprit et de la nouvelle recherche sur la conscience. Il s'agit plutôt du type de savoir présent dans un tel savoir. Sur le caractère *qualia* d'un tel savoir, voir toujours le texte fondamental de Th. Nagel, « What is it like to be a bat ? », dans Th. Nagel, *Mortal Questions*, Cambridge, Cambridge University Press, 1979, p. 165-180.

se présupposent réciproquement comme une porte à tambour, et se revendiquent.

Nous voudrions mentionner quelques-uns des rapports d'unité et de différence entre savoir et action et les clarifier par des exemples :

– *Savoir*$_3$ *et action*$_3$: Pierre sait que la preuve ABC est juste. Pierre fait l'opération correspondant.

– *Savoir*$_2$ *et action*$_2$: Pierre sait comment ouvrir une bouteille de vin rouge. En tant que serveur, Pierre ouvre souvent des bouteilles de vin rouge.

– *Savoir*$_1$ *et action*$_1$: Pierre maîtrise le procédé de la localisation et le changement spatio-temporel. Pierre se déplace de A à B.

– *Savoir*$_3$ *et savoir*$_2$: Pierre sait que pour chaque nombre premier il y en a un plus grand. Pierre sait ce qu'est un nombre, spécialement un nombre premier.

– *Savoir*$_2$ *et savoir*$_1$: Pierre sait ce qu'est un nombre. Pierre sait ce qu'est l'arithmétique. Pierre sait comment ou ouvre une bouteille de vin. Pierre sait ce que sont des bouteilles.

– *Savoir*$_3$ *et savoir*$_1$: Pierre sait que pour chaque nombre premier il y en a un plus grand. Pierre sait, ce qu'est l'arithmétique.

– *Action*$_3$ *et Action*$_2$: Pierre achète une bouteille de vin rouge. Pierre va dans le magasin de vin.

– *Action*$_2$ *et Action*$_1$: Pierre va dans le magasin de vin. Pierre déplace son corps de A à B.

– *Action*$_3$ *et Action*$_1$: Pierre achète une bouteille de vin rouge. Pierre déplace son corps de A à B.

– *Savoir*$_3$ *et Action*$_2$: Pierre sait qu'il doit ouvrir la bouteille de vin pour prendre un verre avec Paul. Pierre prend la bouteille.

– *Savoir*$_3$ *et Action*$_1$: Pierre sait qu'il doit ouvrir la bouteille de vin. Pierre déplace sa main vers la bouteille.

– *Savoir*$_3$ *et Action*$_2$: Pierre achète une bouteille de vin rouge. Pierre sait comment on achète une bouteille de vin

– *Action*$_3$ *et Savoir*$_1$: Pierre achète une bouteille de vin rouge. Pierre localise une bouteille.

L'interconnexion du savoir et de l'action au sein du modèle d'interprétation n'est pas seulement une interconnexion des niveaux d'interprétation. Il s'agit en même temps aussi d'une œuvre commune des dimensions, c'est-à-dire de la logique d'interprétation et de l'éthique : savoir et agir, de même que leur rapport, peuvent être caractérisés en recourant aux dimensions de l'interprétation et de leur vocabulaire. Dans une présentation fortement simplifiée, on obtient le scénario suivant :

NIVEAU D'INTERPRÉTATION$_3$

Logique du savoir$_3$ ou *savoir*$_3$ *logique*
Savoir comment on fait une déduction à partir de prémisses.
Savoir quelles sont les règles d'inférences et comment les appliquer.

Logique de l'action$_3$ ou *action*$_3$ *logique*
1) Au sens étroit : dessiner un cercle en raison de ses règles de construction.
2) Au sens *large* : en accord avec le réseau des attitudes propositionnelles (conviction pensées, attentes, craintes)
agir de façon cohérente, libre de toute contradiction et en accord avec les conditions empiriques.

Esthétique du savoir$_3$ ou *savoir*$_3$ *esthétique*
Savoir ce qu'est un cancer dans la technique dodécaphonique. Savoir comment distinguer les images et les diagrammes.

Esthétique de l'action$_3$ ou *action*$_3$ *esthétique*
Poser un ton bleu comme une couleur locale sur une surface déterminée.

Éthique du savoir$_3$ ou *savoir éthique*$_3$
Connaître la fondation d'une norme éthique déterminée.

Éthique de l'action$_3$ ou *action éthique*$_3$
Faire ou omettre une action ici et maintenant, c'est-à-dire dans une situation donnée.

NIVEAU D'INTERPRÉTATION$_2$

Logique du savoir$_2$ ou *savoir logique*$_2$
Savoir ce qu'est une règle. Savoir ce qui vaut comme preuve.

Logique de l'action$_2$ ou *action*$_2$ *logique*
Saluer quelqu'un en accord avec la forme habituelle dans une situation donnée.

Esthétique du savoir$_2$ ou *savoir*$_2$ *esthétique*
Savoir quelle figure sensible est

Esthétique de l'action$_2$ ou *action*$_2$ *esthétique*
Utiliser consciemment les formes

présente dans une forme perçue	sensibles perçues, par exemple faire un certain geste.
Éthique du savoir $_2$ ou *savoir* $_2$ *éthique* Savoir ce qui appartient à une communauté/société particulière et ce qui n'y appartient pas.	*Éthique de l'action* $_2$ ou *action* $_2$ *éthique* En recourant à une convention, à l'usage et aux mœurs, faire une certaine action.

NIVEAU D'INTERPRÉTATION $_1$

Logique du savoir $_1$ ou *savoir* $_1$ *logique* Savoir comment les catégorialisations, les prédications, les individuations doivent être entreprises. Savoir où le doute a la limite logique de son sens.	*Logique de l'action* $_1$ ou *action logique* $_1$ Pour exécuter une action et spécialement des actions élémentaires.
Esthétique du savoir $_1$ ou *savoir* $_1$ *esthétique* Savoir comment se conduire avec les formes des représentations sensibles, comment les utiliser et les comprendre.	*Esthétique de l'action* $_1$ ou *action* $_1$ *esthétique* Créer et utiliser des formes de la sensibilité, les formes de la perception.
Éthique du savoir $_1$ ou *savoir éthique* $_1$ Savoir de quelle nature est la règle des règles ou la régularité qui est au fondement. Connaître les principes de la justification. Connaître les mœurs vécues.	*Éthique de l'action* $_1$ ou *action* $_1$ *éthique* Faire ou omettre quelque chose de fondé et de justifié.

Naturellement, des classements ou descriptions plus fins sont toujours possibles. Qu'ils soient nécessaires dépend, comme nous l'avons déjà souligné, des buts poursuivis. Dans le contexte discuté ici, il s'agit seulement de donner de la plausibilité à la thèse fondamentale relative au rapport entre le savoir et l'action, à travers l'esquisse d'un cadre général. Ces classement, interconnexion et croisement seront plus subtils, par exemple, si nous mettons en évidence des composantes individuelles au sein du concept d'action (comme acte, intention de l'action, le but de l'action, le résultat de l'action, la conséquence de l'action, l'effet de l'action) et les mettons en corrélation avec les formes de savoir qui, de leur côté, vont pouvoir se subdiviser, par exemple selon le savoir *poïétique* et *pratique*. Ce sur quoi portera l'accent est aussi important, si par exemple c'est sur le croisement réciproque, sur les présuppositions bilatérales symétriques ou une dépendance unilatérale.

Il est pourtant raisonnable de tendre à la complétude. Car, premièrement, d'autres buts demeurent et donc d'autres classements et descriptions sont possibles. Deuxièmement, nous ne pouvons pas, comme nous l'avons souligné, avoir entièrement une idée générale du réseau d'arrière-plan des conditions de savoir et d'action spécifique, la distancer et la suspendre dans la validité. La réalité dépasse l'idée qu'au fond nous ne savons pas ce que la complétude doit signifier ici.

6. Théorie du savoir et théorie de l'action

Nous devons distinguer le rapport entre le savoir et l'action du rapport de la théorie du savoir et de la théorie de l'action. Ce dernier rapport peut aussi se formuler sur le terrain de la critique des rapports d'interprétation. Ils apparaissent tous deux comme des branches de la philosophie de l'interprétation. Mais en quel sens faut-il l'entendre ? Et, que signifient théorie du savoir et théorie de l'action face à la perspective modifiée de cette manière ?

Il faut souligner que malgré leur apparence au premier abord passive-réceptive, contemplative et reproductive, les *théories* peuvent être considérées comme des formations de constructions *interprétatives*. Ceci vaut pour la théorie du savoir que pour la théorie de l'action. Comme aspects interprétatifs, on peut mentionner : 1) les théories sont des théories non à mesure divine, mais toujours humaine ; 2) elles ne sont pas simplement « données », mais elles sont formulées par l'entendement humain et dans un langage public (la nature n'est pas sa propre théoricienne) ; 3) elles servent à livrer une description scientifique du monde ; 4) les formations d'hypothèses et leurs corrélations déductives peuvent être conçues comme des constructions d'interprétation ; 5) les faits pertinents pour une théorie sont d'abord découpés et déterminés par la théorie elle-même (ils ne sont pas créés *ex theoria*) ; 6) la distinction heuristique et pratique importante entre les faits et les valeurs, entre la description et le jugement ne se laisse pas faire rigoureusement après un examen précis ; 7) une convergence entre tous les domaines partiels des sciences et des théories prises individuellement à « la théorie unique » qui livrerait « l'unique description » et le canon de la justification n'est pas à l'horizon et est de plus en plus invraisemblable ; beaucoup de choses indiquent en ce moment que cette idée ne doit pas être raffinée, mais plutôt doit être abandonnée ; 8) la formulation comme l'application présupposent toujours des processus perspectivistes et de construction ; 9) Chaque savoir individuel est subsumé sous des lois générales et organisé d'après des principes d'après les points de vue de l'ordre (et ceci de telle manière que des événements particuliers puissent être prédits et des lois déduites) Ces composantes d'interprétation sont *conditionnelles* pour les théories. Vouloir encore les extraire d'une formation de théorie toute faite ainsi que des fonctions de théories pour conserver une théorie pure revient à détruire la théorie.

Plus précisément, la théorie du savoir et la théorie de la connaissance sont un savoir sur un savoir et une connaissance sur une connaissance. Savoir et connaître deviennent eux-mêmes des objets du savoir et de la connaissance. Formulé de manière classique c'est la tâche d'une théorie du savoir et de la connaissance de déterminer les possibilités et les limites du savoir et de la connaissance. Si on y ajoute la question du rapport du savoir et de l'action, la tâche est alors d'élargir une composante importante. Il s'agit aussi en même temps de déterminer les possibilités et les limites du savoir et de la connaissance au regard d'une orientation raisonnable d'actions. Par où la question du savoir et de la connaissance aussi bien que celle de la théorie du savoir et la théorie de la connaissance, telle que présentée dans le sens des chapitres XIII.1 et XIII.4, est située dans le cadre de la pratique de la vie, dans la *Lebenswelt*. En même temps, elle est aussi vue dans son contexte interne avec la question de la normativité. Cela concerne le rapport si important entre savoir et éthique. Et il y a ici une raison pour que les questions éthiques puissent être raisonnablement et normativement posées en référence au savoir et à la connaissance.

Dans le cas des théories de l'action, les actions forment l'objet de la théorie. La tâche de la théorie de l'action est de déterminer le caractère, les possibilités et les limites des actions empiriques (qui se déroulent réellement), normatives (par exemple éthiques) et rationnelles (les actions qui reposent sur des décisions), bref une tâche qui consiste à élaborer les propriétés structurelles de la *praxis* humaine, d'une action humaine consciente, volontaire, intentionnelle et finalisée. Ici également il est question d'un savoir et d'une connaissance de second degré.

Bien évidemment, le savoir du savoir et la connaissance de la connaissance, y compris le savoir de l'orientation, est aussi un savoir à la mesure de l'homme et est donc d'un caractère interprétatif. On peut l'appeler savoir interprétatif de second ordre ou un savoir de l'interprétation de l'interprétation. Ce savoir et cette connaissance se distinguent, de leur côté, du savoir et de la connaissance interprétatifs des objets du premier ordre. Le savoir et la connaissance du second ordre sont, on le sait, désignés comme savoir de réflexion et comme connaissance de réflexion.

Même un savoir de réflexion *n*'est *toujours* possible *qu'au sein d*'horizons et *de* règles d'interprétation présupposés. La réflexion présuppose l'interprétation et non l'inverse. Nous ne pouvons pas ne pas réfléchir non interprétativement. Comment peut-on réussir à déterminer les possibilités et les limites du savoir et de la connaissance de manière non interprétative ? Déterminer signifie tracer des limites et ceci à son tour signifie activer des modèles et procéder à des coupes d'interprétation. C'est l'interprétation et non la réflexion qui est le procédé de base et l'opération de base.

Cela implique, entre autres, deux conséquences importantes. D'un côté, la réflexion ne peut pas se comprendre comme un début sans présupposition. De l'autre côté, la fin de la réflexion ne peut pas être conçue comme la fin la plus haute, garantie par la nature de la chose elle-même, définitive et généralement contrainte, et cela ne signifie qu'elle ne peut plus être conçue selon une acception fondamentaliste du savoir et de la connaissance ni dans le sens d'une fondation ultime de l'action. C'est beaucoup plus la *praxis* humaine de l'interprétation et la vie des hommes elle-même sous contrainte d'action conçue interprétativement, et non la réflexion, qui exige pour son orientation de telles fins pragmatiques.

CHAPITRE XIV

ÉTHIQUE DE L'INTERPRÉTATION ET DÉMOCRATIE

1. ÉTHIQUE, POLITIQUE, INTERPRÉTATION

Dans le chapitre précédent, nous avons repris la caractérisation du monde vécu comme un monde d'interprétation, telle que qous l'avons présentée dans le premier chapitre, et nous avons développé l'approche d'une théorie unifiée du savoir et de l'action. Le caractère d'interprétation des actions humaines et des contextes d'actions et, en général, de la *praxis* humaine, conduit à deux autres questions : celles de savoir si la philosophie de l'interprétation contient une éthique et si elle contient une philosophie politique. Nous avons répondu positivement à ces deux questions. Dans ce qui suit, nous nous proposons d'exposer les traits fondamentaux d'une éthique de l'interprétation, qui dispose de capacités d'orientation au-delà de la fondation ultime, de l'éthique de la discussion et du postmodernisme. Au niveau de l'ordre du politique, cela nous permet de mettre en relief et d'assumer la démocratie libérale, pluraliste, en tant qu'état de droit, comme la forme du système politique.

1) *La question de Pilate*. Dans la démocratie, c'est la majorité qui décide. Mais pourquoi, et c'est la question posée de tout temps, doit-on accorder l'avantage à cette forme de pouvoir politique au détriment des autres ? La majorité décide-t-elle parce que – pour prendre la comparaison biblique utilisée par Hans Kelsen entre la démocratie et le procès de Jésus – comme Pilate nous ne savons pas ce qu'est la vérité[1] ?

1. H. Kelsen, *Vom Wesen und Wert der Demokratie*, Aalen, Scientia Verlag, 1963.

La démocratie est-elle l'expression institutionnelle de ce déficit au plan de l'organisation du politique ? De plus, la pensée de la démocratie a-t-elle, sur le plan de la logique de son sens, pour condition le relativisme ? Dès que la politique ne peut plus être considérée comme « l'œuvre de la vérité » [1], la démocratie apparaît comme la conséquence du relativisme dans le domaine de l'ordre du pouvoir politique. À partir de cet arrière-plan, la question se pose de savoir s'il est possible de concevoir l'idée de la démocratie au-delà de la dichotomie de la prétention absolutiste métaphysique et du relativisme résigné, et de lui accorder par-là une plausibilité et une acceptabilité rationnelle, donc une rationalité face aux plus subtils de ses détracteurs ? La réponse est : oui, cette possibilité existe et une philosophie des rapports d'interprétation peut mettre à disposition l'outillage nécessaire.

C'est d'abord le cas, parce que dans la philosophie de l'interprétation l'ordre du politique et la forme du système politique ne sont plus considérés comme un ordre de la vérité et du savoir, mais comme un ordre des opinions et des convictions. Nous pouvons nous reporter à la doctrine des modes du tenir-pour-vrai et de l'interprétation (penser que, croire/être convaincu, savoir). La politique peut être caractérisée par les deux premiers modes, mais pas par le troisième mode, pas par le savoir, même pas par le savoir parfait. De plus, il est important que l'ordre des opinions et des convictions ne doive pas surpasser un ordre du savoir et d'un ordre de la vérité. Elle est beaucoup plus reconnue et acceptée (*bejaht*) comme un ordre du premier et du deuxième mode. D'autres thèses de ce chapitre sont : l'éthique de l'interprétation peut se déployer comme une éthique au-delà de la prétention à l'absolu (*Absolutheitsanspruch*) et du relativisme ; elle se distingue de façon caractéristique aussi bien de la philosophie de la postmodernité que du programme de la fondation ultime réflexive rationnelle et de l'éthique de la discussion ; la question de la démocratie aussi peut se thématiser *non* pas entre l'éthique de la discussion et la postmodernité, mais sur un terrain qui

1. Voir A. Schwan, « Politik als "Werk der Wahrheit". Einheit und Differenz von Ethik und Politik in der praktischen Philosophie des Aristoteles », dans A. Schwan, *Wahrheit-Pluralität-Freiheit, Studien zur philosophischen und theologischen Grundlegung freiheitlicher Politik*, Hamburg, Hoffmann et Campe, 1976, p. 51-85.

Dans ce qui suit, nous reprendrons les matériaux déjà publiés dans J. Simon (dir.), *Orientierung in Zeichen. Zeichen und Interpretation III*, Francfort, Suhrkamp, 1996. La toute première version du Texte a été présentée en 1991 au colloque organisé en l'honneur d'Alexander Schwan, auquel le texte a été dédié. Je remercie Astrid Wagner et Logi Gunnarson pour leurs précieux commentaires.

abandonne toute la dichotomie entre la fondation (ultime) et le relativisme; les deux problèmes centraux de la démocratie (liaison entre la liberté et l'égalité, compatibilité entre la liberté et la contrainte juridique du côté de l'État) peuvent être traités afin que ceci ait des conséquences non destructrices pour l'idée de la démocratie libérale, mais au contraire des conséquences qui garantissent la liberté.

Que l'interprétation ne soit pas simplement une option, mais une condition humaine de chaque compréhension de – et de chaque rapport au – monde, à autrui et à soi, nous l'avons souligné constamment et spécialement aussi au regard du langage et de l'action comme deux composantes importantes du domaine éthique et politique. Dans chaque parler et action ainsi que dans d'autres formes d'emplois de signes se référant à l'action, une paix publique d'interprétation est déjà présupposée et revendiquée. Formulé de façon plus pointue; sans interprétation pas de communication et pas de *praxis*. La compréhension et l'action humaines se déroulent à partir de la *praxis* interprétative du monde vécu et de monde vécu interprétatif et y sont axées.

Ceci signifie aussi que les composantes *normatives* qui sont données dans cette *praxis* interprétative et cette *praxis* de vie sont présentes dans chaque parler et action. Cela vaut plus particulièrement pour les expressions éthiques et politiques et les actions. À la différence de la compréhension et de la saisie d'une hypothèse scientifique, on ne peut pas comprendre les discours éthiques et politiques et actions sans que la forme pratique de la vie soit activée d'une façon spéciale et participe à la délimitation des caractéristiques sémantiques et pragmatiques de tels discours et actions. Ceci se clarifie au fait que à la question de savoir si des propositions éthiques et politiques ont été comprises on ne répond pas seulement par de simples mots, mais aussi par des actions qui en résultent comme conséquences. La réponse se montre à *telle ou telle* action ou à l'omission de certaines actions. Ce ne sont pas de simples mots, mais des actions qui fonctionnent ici comme les interprétants des propositions pratiques, plus précisément éthiques et politiques. Les propositions et les actions éthiques et politiques ont donc un *Sitz im Leben* comparativement plus profond que par exemple des hypothèses scientifiques. Ceci rend compréhensible pourquoi les discussions autour des questions éthiques et politiques sont conduites de façon peu distancée et pourquoi des déplacements dans ces domaines, par exemple dans la compréhension de « bien » de « juste » ou « moral » peuvent changer toute une orientation de la vie. En même temps, apparaît plus clairement ce que signifie qu'une dépotentialisation sémantique d'une forme de vie appelée nihilisme, peut conduire à ne plus comprendre des discours éthiques et pratiques traditionnelles.

2) *L'éthique de la discussion.* À partir d'ici, on peut nommer la différence entre l'interprétationnisme philosophique et l'éthique de la discussion défendue par Habermas et K.-O. Apel. Si l'on suit Habermas, les discours ne sont pas seulement de manière contingence, mais systématiquement enchâssés dans un contexte de vie dont la *facticité* fragile particulière *réside* dans la reconnaissance de prétentions à la validité discursive [1]. Et Apel part du fait que l'être-humain-au-le monde est toujours déjà linguistiquement interprété. Et du fait que la liaison linguistique constitutive de la *Lebenswelt* entre les personnes est, en dernier lieu, intersubjectivement et discursivement conçue [2]. Dans la philosophie de l'interprétation en revanche la *praxis* humaine de vie ne semble pas en premier lieu se caractériser par la discursivité, mais par l'interprétativité. La structure et l'exécution de l'être-dans-la-vie et du monde vécu sont *caractérisés* comme interprétatifs. Dans ce sens, l'interprétativité et le perspectivisme sont considérés comme « la condition de toute vie » [3].

Avec le caractère d'interprétation de l'être-au-monde de l'homme, de la parole, de la pensée et de l'action, c'est un fait que nous sommes coupés de la possibilité d'une fondation ultime discursive dans le sens que nous est inatteignable une telle conclusion « vers le bas » (c'est-à-dire dans la *praxis* de la vie) ou « vers le haut » (c'est-à-dire en référence à un « point suprême » anticipatoire d'un « apriori de la communauté de communication » ou d'une « situation idéale de parole » [4].

Si l'on considère l'interprétativité comme le caractère fondamental des manières de vivre, alors il y a, d' « en bas » de la *praxis* de la vie, la difficulté pour l'éthique de la discussion de devoir développer encore une argumentation particulière pour l'entrée dans la sphère du principe moral *discursif* et de justifier cette démarche. L'éthique de l'interprétation ne se voit pas confrontée à cette difficulté, à condition qu'elle puisse montrer comment la moralité et l'éthique résultent de la structure des rapports d'interprétation eux-mêmes. « Vers le haut » il faut

1. J. Habermas, *Legitimationsprobleme im Spätkapitalismus*, Francfort, Suhrkamp, 1973, p. 152 *sq.*

2. Voir K.-O. Appel, *Transformation der Philosophie*, vol. I : *Sprachanalytik, Semiotik, Hermeneutik*, Francfort, Suhrkamp, 1973.

3. F. Nietzsche, *Jenseits von Gut und Böse*, « Préface », dans KGW VI2, p. 4.

4. Voir J. Habermas, « Wahrheitstheorien », dans H. Fahrenbach (dir.), *Wirklichkeit und Reflexion. Festschrift für Walter Schulz*, Pfullingen, Neske, 1973, p. 211-265.

prendre en considération le fait que le rapport entre différentes perspectives et maximes en conflit et/ou incompatibles les unes avec les autres, n'est pas à comprendre comme si cela ouvrait et garantissait la possibilité de parvenir par la réflexion à un « point suprême » à partir duquel ensuite on pourrait trouver des perspectives individuelles et des maximes générales et contraignantes sur ce qui est justifié. Ce rapport peut être plutôt conçu de telle manière que les perspectives différentes et les personnes réfléchissent mutuellement ensemble, les uns avec les autres, entre-eux et contre-eux-mêmes. Vue de ce point de vue, la recherche demeure pour ainsi dire à l'horizontale des rapports d'interprétation. De cette manière, le point de vue vertical visant la fondation ultime est aussi évité comme le point de vue lié à cette obligation doive soit aboutir à une moralité substantielle donc à un point « très bas » soit parvenir un apriori de la communauté de communication, c'est-à-dire à un « point suprême ». Le premier point de vue serait essentialiste et le dernier serait une condition maximale transcendantaliste de la possibilité, de pouvoir mener en général. Du point de vue de la philosophie de l'interprétation les deux figures argumentatives passent à côté du caractère de véritables manières de vivre. Au regard des manières de vivre réelles l'idée semble inacceptable (*unangebracht*) et erronée de penser qu'il s'agit de remplir ou de ne pas remplir des conditions nécessaires et suffisantes.

La différence esquissée se laisse aussi clarifier dans une autre perspective. L'intérêt principal de l'éthique de la discussion et de l'approche de l'éthique de la discussion consiste à éviter les limites du décisionisme. Mais il faut prendre en compte le fait que ce n'est pas la philosophie de l'interprétation, mais la théorie de la discussion qui se trouve confrontée à ce problème. Et ceci non pas parce que la philosophie de l'interprétation serait elle-même décisioniste. Elle ne l'est pas d'explication (*erklärtermassen*). Car, en rapport aux régularités internes d'une *praxis* d'interprétation qui fonctionne et qui est harmonisée les limites de la décision ainsi que celles de l'éventualité des options sont vite atteintes. La théorie de la discussion a ici plutôt un problème parce que – sous la condition que l'interprétativité dans le sens exposé est un caractère de base – elle doit encore entreprendre un élargissement du domaine de l'argumentation discursive dans le sens étroit dans la thèse large de la constitution discursive argumentative de chaque contexte du monde vécu et de la *praxis* quotidienne de « l'action communicative »[1]. Précisément sur ce passage, un sceptique peut raisonnablement exiger une argumentation pour soi. Face à cela, la caractérisation de la *praxis* de la vie comme interprétative semble plus plausible aussi bien intuitivement et par expérience que plus convaincante dans une attitude reconstructive aussi. La pointe est que nous disposons manifestement toujours déjà de maximes d'interprétation perspectivistes, et donc nous nous trouvons *implicitement déjà* dans la sphère de la moralité et dans une éthique des rapports d'interprétation. On n'a pas besoin donc d'une argumentation spéciale pour l'entrée dans l'éthique de l'interprétation. Mais il importe de rendre explicite l'implicite et de le soumettre à un test de contradiction.

3) *La pensée postmoderne.* Sur la base de l'arrière-plan esquissé jusqu'à présent, nous pouvons entreprendre deux délimitations face à la philosophie du postmodernisme. 1) Avec toute la critique justifiée de l'idée de la fondation ultime définitive et universellement contraignante les sceptiques postmodernes méconnaissent qui, sous le renvoie par exemple à la figure de jouer un jeu, se comprennent comme des opposants à toute idée de fondation et de justification en général, qu'il faut, dans chaque cas, partir d'une *praxis* d'interprétation toujours déjà sous-jacente à chaque acte de parler, de penser et d'agir et qui revendiquée par les sceptiques postmodernes eux-mêmes précisément dans le fait de jouer un jeu. Car, si on conçoit le fait de jouer un jeu comme un procédé non contraignant et libre en mouvement et sans finalités externes caractérisé et dans ce sens non réglé d'avance, on *ne* peut *pas* dire qu'il se déroule de façon *non réglée*, c'est-à-dire qu'il n'instancie aucune régularité. La *praxis* d'interprétation précède déjà même le fait de jouer un jeu. Sinon le comportement dans le jeu ne se distinguerait d'un autre comportement, par exemple d'un comportement orienté vers un but ou d'un comportement stratégique. Certes, il faut concevoir le rapport de la *praxis* d'interprétation et la régularité de telle manière que ce soit la *praxis* elle-même qui détermine quelle règle elle suit. La philosophie postmoderne a tendance à tirer de l'échec d' « une fondation ultime » la conséquence erronée qu'il ne reste bien plus que l'arbitraire. Elle se retrouve à son tour ainsi dans les griffes (*Würgegriff*) de la vieille dichotomie de la fondation ultime et du relativisme. Face à cela, la

1. J. Habermas, *Théorie de l'agir communicationnel*, 2 vol., Paris, Fayard, 1981-1987.

philosophie de l'interprétation souligne que la tâche consiste à libérer la pensée de cette dichotomie et à abandonner entièrement l'ancienne architectonique. Face aux fondateurs ultimes émergeant, on pourrait mettre en évidence qu'avec peu de choses on atteint plus ; face aux sceptiques postmodernes on pourrait dire qu'ils abandonnent trop vite trop de choses, qu'ils jettent l'enfant avec l'eau du bain et que un « tout va » revient à « rien ne va ».

2) Une deuxième différence avec la philosophie des postmodernistes réside dans le fait que la philosophie de l'interprétation ne conduit pas à congédier la raison. Toutefois, déjà dans la ligne de la philosophie kantienne, la raison en elle n'est plus conçue comme une raison absolue et divine, mais comme une raison humaine. C'est pourquoi il faut souligner a) qu'il ne peut être toujours question que de la raison des esprits finis d'interprétation et non de la raison de Dieu, mais de la raison à la mesure humaine ; b) que les deux déterminations centrales et même le concept kantien de raison (notamment comme raison théorique, les principes suprêmes du jugement et comme raison pratique mettent à disposition un être justifié de l'action) ne sont nullement obsolètes et peuvent être reformulées de façon interprétationniste et que c) la conception de la raison comme « concept de structure », comme la « totalité de la fonction » [1] de la connaissance théorique et pratique qui forme le fondement de la compréhension humaine de soi et peut être comprise comme régularité des règles d'interprétation.

2. ÉTHIQUE DE L'INTERPRÉTATION ET RECONNAISSANCE

L'approche philosophique interprétative a une série de conséquences *éthiques* et ensuite *politiques*. L'approche englobe aussi une *éthique de l'interprétation* et une *théorie politique*.

Dans le discours d'une « éthique de l'interprétation », il s'agit, dans ce qui suit, des implications et des conséquences *normatives* qui résultent à l'interne du fait que notre rapport au monde, aux autres personnes et à nous-mêmes peut être caractérisé comme un rapport perspectiviste, de construction et interprétatif, comme un rapport d'interprétation. Il ne s'agit pas dans ce qui suit, en premier lieu, de la

1. H. M. Baumgartner, « Ereignis und Struktur als Kategorien in einer geschichtlichen Betrachtung der Vernunft », dans N. Luyten (dir.), *Aufbau der Wirklichkeit*, Fribourg-Munich, Karl Alber, 1982, p. 175-217, p. 183.

question tout aussi importante de savoir si (par exemple dans le discours d' « une éthique des sciences ») et comment les interprètes et leurs interprétations doivent être évaluées moralement. Et, pour le moment, il ne s'agit pas de savoir comment on peut limiter, dans le sens d'un *ethos* de l'interprétation, la marge de manœuvre des interprétations adéquates, déviantes ou erronées. Il s'agit beaucoup plus de savoir si la pensée de l'interprétation à l'interne, si les rapports d'interprétation conduisent d'eux-mêmes à une éthique et si on peut les esquisser.

Avec le caractère interprétatif du parler, de la pensée et de l'action humains, il est posé qu'aucun d'entre nous, esprits finis et donc interprétatoires, n'est en possession de quelque chose comme « la vérité métaphysique unique » et/ou de « la seule fondation définitive et universellement contraignante », ou même seulement en possession d'une stratégie privilégiée et de son obtention. Cette situation d'abord caractérisée par sa relation négative est en soi éthiquement extrêmement pertinente. Dans une attitude critique, elle n'est pas à plaindre, mais plutôt à saluer. Autrement, les fanatismes seraient philosophiquement susceptibles d'être sanctionnés. Que sous les auspices de la critique (et ceci dans une perspective théorique que pratique) nous ne nous trouvons pas dans la position de qualifier une instance comme la *seule* métaphysique sérieuse, définitive et universellement contraignante de telle manière d'autres horizons d'interprétations d'autres personnes avec une légitimation métaphysique pourraient être soumises à cette dernière, ceci est le point le plus profond de l'éthique de l'interprétation. Il marque le tournant dans la normativité qui résulte à l'*interne*, *analytiquement* de l'interprétation et sans présupposition externe de l'idée de l'interprétation elle-même. Une éthique de l'interprétation est caractérisée par le fait qu'elle laisse aux *autres* personnes leurs *autres* interprétations, et à moi *mes* interprétations ainsi que *mes* interprétations des interprétations des *autres*. Dans la mesure où les interprétants se concèdent ceci mutuellement et se *reconnaissent* dans leurs différences, particularités, leurs étrangetés ou même leurs oppositions et ignorent l'idée de subsomption sous les leurs propres des horizons d'interprétation étrangers des autres, ils sont libres les uns vis-à-vis des autres. Ils s'attribuent mutuellement les positions de liberté individuelle et individuantes. L'éthique de l'interprétation est une éthique qui laisse libre [1].

1. Voir en ce sens aussi J. Simon, « Philosophie des Zeichens und Ethik », *Allgemeine Zeitschrift für Philosophie*, 20, 1995, p. 3-18.

Dans ce contexte, on peut poser la question de savoir pourquoi une personne doit « reconnaître » d'autres personnes dans le sens esquissé et dans les perspectives présentées ici. Par où il ne peut être naturellement question ici de l'exigence logique sémantique de la reconnaissance des autres. Aucune garantie d'une moralité empirique de la reconnaissance d'autres personnes n'est donnée.

La réponse de la philosophie de l'interprétation à cette question est la suivante : nous sommes toujours déjà dans des rapports d'interprétation avec d'autres personnes et une personne seule, pour elle-même, ne peut être individuelle. Du point de vue de la logique sémantique, les autres sont déjà en jeu dès que l'on pose la question : « pourquoi dois-je reconnaître les autres ? ». Même la possibilité de ne pas vouloir reconnaître les autres personnes présuppose déjà du point de vue de la logique sémantique des rapports d'interprétations avec d'autres personnes. La reconnaissance des horizons d'interprétation d'autres personnes dans leur différence et altérité, ce que la philosophie de l'interprétation implique dans une perspective éthique, résulte donc de façon interne de l'idée des rapports d'interprétation elle-même. À l'interne et non à l'externe, nous sommes pris dans la question de la reconnaissance. La référence à d'autres personnes demeure, du point de vue logique sémantique, la condition de ne pas vouloir reconnaître les autres [1].

1. La question de savoir quelle sorte de « faute » commet quelqu'un qui n'est pas prêt à reconnaître les autres dans le sens esquissé est instructive.Cette question conduit à une autre différence importante par rapport à la théorie de la discussion.

Le théoricien de la discussion dit qu'une telle personne viole les règles de la discussion dans laquelle elle se meut. L'interprétationniste, en revanche, défend la position que nous avons mentionnée ci-dessus : une personne seule ne peut être individuelle parce que l'individualité propre est toujours aussi redevable au fait d'être toujours déjà avec d'autres personnes. Cette différence devient claire dès que l'on demande ce que signifie « supprimer la faute ». Dans le cas de la théorie de la discussion, il s'agit de faire rentrer les dissidents dans le réseau de règles de la communauté de discussion pour ainsi supprimer le dérangement. Dans la philosophie de l'interprétation, en revanche, il s'agit de créer un état dans lequel des personnes dans la perspective de la première personne peuvent permettre que d'autres personnes puissent interpréter autrement et vouloir autre chose que soi-même. L'individualité propre est, du point de vue de la logique du sens et de la représentation, croisée avec l'irréductible individualité des autres personnes. Si tous les auteurs faisaient la même chose de la même façon, leur propre façon ne pourrait pas être appelée individuelle. Bref, « la suppression de la faute » résiderait chez l'éthicien de la discussion dans la suppression de l'individualité, pour l'éthicien de l'interprétation, en revanche, la restitution est dans la reconnaissance. La reconnaissance de la théorie de la discussion est soumise à des conditions. Les personnes doivent notamment être prêtes à soumettre leurs intérêts individuels à d'autres personnes, à la communauté, pour en vérifier le caractère universalisable. En revanche, dans

Il faut prendre en considération le fait que a) les esprits finis, d'un point de vue philosophique, sont égaux, que, comme nous l'avons souligné, personne n'est en possession de « l'unique vérité » ou de l'accès privilégié à cette dernière et que b) le caractère d'interprétation de la manière d'agir de l'homme ne peut être ni contournable ni surpassé. Si on tient compte de ces deux aspects, alors il apparaît clairement que – et dans quel sens – dans une éthique de l'interprétation, la *liberté* individuelle et l'*égalité* des interprétants sont croisées. Réfléchir à ce que nous sommes dans ces rapports fragiles d'interprétants libres et égaux conduit, dans une perspective autocritique, à une autolimitation réflexive de ses propres *prétentions* à la vérité et à la justesse. D'*autres* interprétations d'*autres* interprètes sont et demeurent permises en *tout moment*. Les accords sont contingents. Et la possibilité que d'autres interprètes puissent autrement interpréter que soi-même peut être intégrée dans sa propre action.

Il faut constater que l'affirmation que chacun se retrouve dans cette situation de liberté et d'égalité d'interprètes n'est pas exposée au soupçon d'égalitarisme politique. Car l'égalité qui est ici en débat se trouve logiquement *avant* l'égalité, par exemple, le scrutin politique, ou avant la loi étatique. La liaison interprétationniste de la liberté et de l'égalité serait au niveau de la manière de réguler la formation de la volonté politique, donc au niveau de la forme du système politique, un ordre semblable qui cherche à réaliser, dans la liaison esquissée, les deux composantes, la liberté et l'égalité, dans l'interprétativité. Mais, ceci est le signe de la forme du système politique que nous appelons la démocratie libérale pluraliste.

L'ensemble des deux valeurs fondamentales, la liberté et l'égalité, représente, comme on le sait, un problème principal de la théorie démocratique. Maintenant, on voit dans quel sens l'éthique de l'interprétation met à disposition un point de départ en vue de la résolution du conflit entre les deux composantes et de répondre de la démocratie comme étant la forme du système politique qui correspond le plus possible au noyau de l'éthique de l'interprétation. Dans ce sens, l'éthique de l'interprétation peut être introduite dans les débats démocratiques et contribuer à la plausibilité et à l'acceptation rationnelle de la pensée démocratique. Certes, ceci ne signifie pas une « fondation » de la démocratie dans un sens terminologique restreint. Il est beaucoup plus

l'interprétationnisme, il s'agit d'une reconnaissance « sans condition » et c'est en cela qu'elle devient une reconnaissance « libre ».

important ici que la question de savoir si on peut fonder la démocratie ou non soit remplacée par une autre question de savoir si, face au caractère d'interprétation de la compréhension du monde, d'autrui et de soi-même, on peut *répondre* d'elle ou non comme étant la forme du pouvoir politique. L'idée de la fondation est remplacée par celle de la responsabilité.

L'augmentation de la plausibilité et de l'acceptabilité rationnelle de la démocratie comme forme de pouvoir politique, comme on l'a souligné au début, est liée au passage de la conception de la politique comme « ordre de la vérité et du savoir » à la compréhension de la politique comme ordre des (fondamentalement contingent et faillible) opinions et des croyances. Ce détachement de la question de la démocratie de la question de la vérité est d'une signification cardinale. Cependant, il faut tenir compte du fait que ceci se réfère seulement au détachement de la problématique de la vérité de la métaphysique traditionnelle dans le sens d'une unique vérité-dans-la-chose absolue et essentialiste. Dès que la vérité est conçue du point de vue de la critique sémantique comme prétention à la validité qu'on élève dans les jugements et les actions, les autres personnes sont toujours déjà en jeu. Car, une prétention élevée et le cas échéant le fait de l'honorer qui devient nécessaire intègre les autres personnes, d'un point de la critique du sens, sont articulées dans une langue publique, dans une langue partagée par les autres personnes et ne peuvent être honorées que dans cette langue. Dans ce sens critique restreint, une relation demeure donc entre la démocratie et la question de la vérité. Et la comparaison biblique évoquée au début entre la pensée démocratique et le procès de Jésus (dans laquelle Pilate laisse la majorité décider parce qu'il ne sait pas ce qu'est la vérité) perd quelque chose de son subtil pouvoir anti-démocratique. Car, la comparaison vit de la présupposition d'un concept de vérité absolue ou essentialiste. Dès qu'on abandonne cette dernière, le recours au procès de Jésus n'est plus disponible aux subtils détracteurs de la démocratie.

3. Ni fondation ultime ni relativisme

1) *Pas de fondation ultime.* Non seulement il n'y a pas de fondation ultime, mais heureusement, elle n'est pas nécessaire. Ce constat vaut aussi bien pour le domaine des stratégies de preuves déductibles du rationalisme classique que pour l'idée d'une fondation ultime transcendan-

tale pragmatique. Au-delà des composantes mentionnées au chapitre XIV.1, les aspects suivants sont pertinents.

Les fondations réfléchies s'épuisent vite et, à la recherche de raisons, on finit par se heurter inévitablement au « roc dur » de la *praxis* interprétative et de l'individualité contre lequel, pour utiliser une formulation de Wittgenstein, « ma bêche se recourbe »[1] et moi (à la première et *non* à la troisième personne), je ne peux faire comprendre mon interprétation en dernier lieu qu'avec l'indication que j'interprète ainsi que j'interprète. Par où, il apparaît, d'un autre côté, naturellement que nous ne soutenons ni une fondation (ultime), ni un dogmatisme, ni non plus un positivisme de fait. Il s'agit en cela beaucoup plus d'une manière d'interpréter indépassable, du fonctionnement harmonisé de notre *praxis* d'interprétation et de vie elle-même, à l'extérieur desquelles nous pouvons nous positionner. Constater et reprendre le caractère indépassable de cette *praxis* ne signifie nullement une fin dogmatique des conversations possibles. Et elle ne doit pas être identifiée à une « fondation » dans le sens terminologique étroit de cette expression[2].

Le fait qu'il ne s'agisse ici ni de fondation ultime ni de dogmatisme ni non plus d'un positivisme du factuel explique, du reste, en quel sens nous avons affaire ici en même temps à des questions du scepticisme philosophique. Car, que la fondation ultime, le dogmatisme et le

1. Wittgenstein, *Investigations philosophiques I*, *op. cit.*, § 217.

2. Au sein du modèle à trois niveaux de l'interprétation apparaissent des fondations au sens étroit du terme, c'est-à-dire en tant que procédés au troisième niveau d'interprétation, au niveau de l'examen et de l'interprétation critiques. Sont ici décisives les questions de la consistance formelle et de la cohérence logique sémantique (*sinnlogisch*), qui intègrent les conditions de la validité empirique d'une prétention émise à la validité. La question la plus fondamentale au point de vue philosophique, et qui jusqu'ici n'a pas été résolue, consiste à savoir comment on peut considérer que ce qui se situe à ce niveau d'interprétation$_3$ comme une argumentation fondée avec succès est lié à la constitution du niveau plus englobant se situant plus profondément de la *praxis* de l'interprétation et de la vie catégorialisante, c'est-à-dire avec le niveau d'interprétation$_{1.}$ C'est la question que l'on a reliée ci-dessus, dans le chapitre IV, à celle du rapport de l'*exécution* des signes et de l'*interprétation* des signes, du rapport de la « petite » logique (logique des prémisses et qui conclue des raisonnements) et de la « grande » logique (qui catégorialise et présuppose le sens). Lorsqu'on touche au domaine de la « grande » logique, il ne s'agit pas de fonder l'interprétation$_3$, mais d'indiquer les limites au-delà desquelles nous ne pouvons pas nous poser comme des esprits finis, indication que nous ne pouvons pas tirer de manière interne dans la pensée qui re-présente. Chaque indication de limites est bien évidemment une donnée que nous faisons au niveau d'interprétation$_3$ et *non* au niveau d'interprétation$_{1.}$).

positivisme ne soient pas tenables, cela peut être formulé comme le résultat d'un scepticisme interne [1].

L'idée critique qu'une fondation ultime n'est pas disponible est renforcée par la réflexion qu'on *ne* connaît *pas* les véritables et derniers motifs d'une action ni l'arrière-plan implicite toujours effectif dans nos actions, mais qu'on a toujours affaire seulement aux maximes et aux modèles subjectifs [2] qu'on trouve dans notre conscience, ainsi que Kant l'a spécialement souligné et pris comme point de départ de la question éthique.

Les réflexions esquissées jusqu'à présent en faveur de la pensée de la démocratie ne doivent pas se concevoir comme un argument de *fondation*, mais comme un argument indirect et persuasif, comme un argument de conviction. Une « défense » indirecte de la démocratie comme celle de la forme du pouvoir politique appropriée aux rapports *interprétatifs*

1. Au sujet du concept du scepticisme *interne* (à la différence d'un scepticisme externe et/ou d'un scepticisme absolu ou terminal), voir, de façon plus exhaustive, G. Abel, *Interpretationswelten*, *op. cit.* Le scepticisme philosophique a une signification centrale pour les domaines de l'éthique et de la politique. Dans chaque débat de philosophie morale et d'éthique, le scepticisme moral joue un rôle important. Nous avons de bonnes raisons de lier les questions d'éthique et d'organisation politique du pouvoir avec l'exigence de donner une réponse satisfaisante aux sceptiques internes.

2. Il faut considérer ici deux aspects: 1) dire que nous ne connaissons pas les vrais motifs et l'arrière-plan implicite de notre action, ne doit bien évidemment pas être mal entendu, comme s'il s'agissait, de nouveau, de la vieille dichotomie de l'ici et de l'au-delà ou de la dichotomie immanence-transcendance. Ce dont nous disons que nous ne le connaissons pas de manière transparente, que nous ne le saisissons pas du regard, que nous ne pouvons pas le mettre à distance, ne désigne pas quelque chose qui serait au-delà et transcendant. Il s'agit beaucoup plus de ne pas laisser pénétrer l'*expérience interne de la limite* dans la parole, la pensée et l'action, jusqu'à un « Dernier », non pas jusqu'à une « dernière » raison de la détermination de notre façon de parler, de penser et d'agir de telle ou telle manière. Il s'agit d'une expérience limite, et non d'un dépassement externe des limites. Il s'agit, pour reprendre un aspect du domaine de l'emploi et de la compréhension des expressions linguistiques, d'une *praxis* de la vie, qui n'est pas entièrement saisissable et dont on ne peut pas se distancier, qui contribue à ce que les signes aient la signification qu'ils ont une fois pour nous. Nous devons tenir compte du fait que le rôle de la *praxis* de la vie ne peut être directement palpé à la surface de la signification littérale d'un signe et de son utilisation, par exemple dans un jugement. Dans la parole il y a plus que ce que l'on exprime.

2) La limite de cet *arrière-plan,* qui est, dans l'ensemble, non transparent, insaisissable et qu'on ne peut non plus entrainer dans une pensée de la re-présentation, n'est pas une *limite empirique* ou *technique*, mais une *limite logique*. Il ne s'agit pas d'un savoir, d'une pratique ou d'une habilitation propositionnels et dirigés par des règles de l'entendement dans le sens étroit du terme, mais d'un savoir, dans les règles, non propositionnel, c'est-à-dire d'un savoir qui ne peut pas être exprimé dans une proposition « savoir que … ». Voir à ce sujet les exposés dans les chapitres XIII.2 et XIII.5.

de notre vivre ensemble social, politique et étatique ne conduit pas, pour l'interprétationnisme, à l'auto-contradiction de vouloir « fonder » la démocratie, alors qu'il affirme en même temps que la fondation ultime n'est pas possible.

2) *Pas de relativisme culturel.* Une question le plus souvent posée dans ce contexte est de savoir comment, face à ce scénario esquissé, la critique de sa propre personne ou de sa propre culture est en général possible. Dans la mesure où nous tenons pour possible une telle critique et que nous la pratiquons, ceci semble en fin de compte provoquer l'exigence de la fondation ultime. Ou alors, est-ce que la philosophie de l'interprétation conduit en fin de compte à un relativisme culturel, et donc non pas comme affirmé, à une position au-delà de l'essentialisme et du relativisme ? La philosophie de l'interprétation doit pouvoir répondre à ces questions d'elle même. Trois thèmes sont ici d'importance : a) la philosophie de l'interprétation n'est pas un *relativisme* culturel, b) la possibilité de la critique ne dépend pas, au point de vue logique, du concept de fondation ultime et c) l'idée de la fondation ultime ne peut pas livrer le paradigme d'une éthique et d'une politique *interpersonnelles* et *interculturelles*.

a) Que l'interprétationnisme ne soit pas un relativisme culturel a été déjà présenté au chapitre XII.2. Les arguments qui y sont développés sont valides au regard de l'éthique de l'interprétation.

b) La possibilité de la *critique* n'est logiquement pas dépendante de la supposition de « l'unique dernière instance juste », de « l'unique point suprême de la déduction » ou de « l'unique meilleure interprétation ». Il suffit de faire une différence *comparative* qui repose sur le point de vue de la finalité « de meilleures » et « de pires » interprétations. La comparaison entre les principaux points de vue est possible *sans* un point archimédien, sans s'engager à un point « suprême » de la réflexion. Les éléments comparatifs et relatifs aux buts remplissent les exigences logiques sémantiques. La distinction entre les meilleures et les pires interprétations dépend au fond de la question de savoir quelles finalités doivent être remplies dans chaque contexte ou quelles finalités constituent le fil directeur de la réflexion. Quelque chose peut être « meilleur » d'un certain point de vue, c'est-à-dire en référence à une certaine finalité X, mais être « pire » en référence à une autre finalité Y sans que cette différence n'ait besoin de l'acceptation d'une finalité absolument meilleure. Les hiérarchisations ou les préférences entreprises à l'intérieur du réseau des finalités sont en règle générale déterminées par les priorités et estimations sédimentées dans la *praxis* de la vie elle-même.

L'élément comparatif, la référence à la finalité enracinée dans la vie pratique et les préférences individuelles pour les biens et les buts s'occupent de tout ce qui est nécessaire d'un point de vue logique sémantique.

c) Puisque d'autres cultures et personnes étrangères présentent des aspects qui ne se laissent pas subsumer sous l'horizon de sa propre culture et sa propre personne, il appartient à la compréhension d'une autre culture dans son irréductible individualité aussi, individualité dont les éléments d'étrangeté peuvent être laissés de côté comme non susceptibles d'être intégrés à ses propres horizons. Mais s'il en est ainsi, l'idée de la fondation ultime qui conceptuellement part de la supposition d'un sens ultimement définitif et universellement contraignant ainsi que d'un point « suprême » de la compréhension adéquate est plus gênante que favorable à la compréhension des autres cultures et personnes. Prise rigoureusement, elle les bloque. C'est pourquoi elle ne peut pas non plus fonctionner comme un paradigme d'une éthique et politique interculturelle et interpersonnelle.

3) *Critère de la critique.* Puisque la possibilité esquissée de la critique est liée aux critères et aux standards de la critique, la philosophie de l'interprétationnisme est confrontée à une autre question de savoir d'où viennent donc ces critères, de quel genre sont-ils et si leur décidabilité rationnelle est possible. Par rapport à ces questions, il faut d'abord souligner que le recours au caractère *interprétatif* des rapports de compréhension du monde d'autrui et de soi-même n'exclut pas les exigences de consistance et de cohérence, mais les inclut. Ceci a été développé dans le chapitre IV.3. Normalement, nous supposons que notre parler, pensée et action ne sont pas un parler, pensée et action absurdes, du moins pas systématiquement et dans la durée. Autrement, pour prendre une tournure de Kant, ils « s'useraient » d'eux-mêmes [1], c'est-à-dire que leur accord-avec-eux-mêmes, donc leur rationalité se perdrait. Celui qui, dit le célèbre exemple de Kant, défend la thèse qu'il est raisonnable que tout le monde mente, défend par-là une thèse non raisonnable. Car si réellement tout le monde mentait, le mensonge qui, comme tous les jeux de langage, « doit être appris » [2], perdrait sa pointe. Si tous mentent, il n'y a plus de mensonge. Le jeu de langage « mentir » s'userait, se détruirait lui-même. La forme de cet exemple peut être

1. Kant, *Critique de la raison pratique*, § 4.
2. Wittgenstein, *Investigations philosophiques I*, § 249.

considérée comme le modèle de la façon conçue ici de trouver des inconsistances et incohérences internes et dans ce sens analytique.

En même temps, il apparaît clairement avec cet exemple que les critères et les standards de la critique de leur côté ne peuvent provenir que de la logique des rapports d'interprétation eux-mêmes. Les esprits humains ne disposent pas d'instance *externe*. Ils peuvent (les critères et standards) être développés comme des conséquences des exigences de cohérence interne dans le sens que nous avons présenté dans le chapitre IV.3. Donc seuls entre en question les critères et les standards qui résultent de ce que signifie disposer d'un langage, être un acteur dans des situations d'action, maîtriser la *praxis* interprétative qui y est déjà présupposée et revendiquée, bref se trouver dans des rapports du parler, de la pensée et de l'action. Dans le chapitre IV.3, nous avons énoncé quinze de ces standards et critères. Nous n'allons pas les répéter ici. Mais, à présent, il faut prendre en considération le fait que ce point aussi est précisément, d'un point de vue éthique, d'une signification fondamentale. Les critères raisonnables et les standards d'interprétation et de la critique acquiert leur caractère doué de sens par le fait qu'ils articulent *normativement* les présuppositions consistantes et cohérentes que nous supposons nous-mêmes satisfaits dans la mesure où nous nous comprenons comme des acteurs consistants (c'est-à-dire exempts de contradiction) et cohérents (c'est-à-dire qu'à côté de la cohérence formelle nous intégrons aussi les conditions de la validité empiriques) qui parlent, pensent et agissent raisonnablement. C'est pourquoi on peut absolument qualifier de transcendantaux les critères et les standards également nécessaires en matière d'éthique. Dans ce sens, la critique philosophique est toujours interne et non pas une critique externe. Elle consiste au fond à soumettre à l'examen les prétentions à la validité quant aux présupposés de leur consistance et cohérence. Ceci est possible et nécessaire puisque, en règle générale, en tant qu'esprits finis, avec le fait d'élever et d'exprimer une prétention à la validité, nous n'avons pas déjà terminé cet examen critique et que d'autres personnes, selon les circonstances, peuvent voir les choses totalement autrement que nous-mêmes.

En résumé, on peut retenir ceci : la philosophie de l'interprétation possède un grand potentiel *critique*. Elle peut en plus, d'elle-même, rendre compréhensible non seulement la possibilité de la *critique*, mais encore, en recourant à la *praxis* d'interprétation, elle peut, en outre, nommer un terrain à partir duquel les critères et les standards de la critique, et cela signifie les exigences de consistance et cohérence dans notre parler, pensée et action, trouvent une entrée. Analogue à la distinction développée dans le chapitre IV de la « grande » et de la « petite » logique, on peut distinguer entre la « grande » et la « petite » éthique. La dernière désigne les formes de la fondation de la morale ; la première la normativité à laquelle doivent les formes des fondations couronnées de succès. Une tâche de la philosophie réside dans l'explication du rapport entre la grande et la petite logique, de la grande et de la petite éthique ainsi que l'explication du rapport entre les deux.

4) *Ouverture des interprétations.* Le procédé d'interprétation est caractérisé, d'un côté, par sa dimension *perspectiviste* et *constructive*, d'un autre côté, par son caractère ouvert et *qu'on ne peut pas fermer* (parfois seulement pragmatique, c'est-à-dire susceptible d'être fermé seulement dans des conditions de situation, de contexte et de rapports au temps et aux buts). L'interprétation est en ce sens « ouverte » de sorte qu'à travers elle, on ne fixe pas définitivement et de manière universellement contraignante laquelle est l'interprétation qui s'enchaîne, laquelle est la suivante. Les chaînes d'interprétation et les réseaux d'interprétation tels qu'ils existent dans les rapports de compréhension et les rapports d'action ne peuvent pas être décrits comme des chaînes de détermination ou des réseaux de détermination. Les *procédés* d'interprétation peuvent être appelés libres parce que l'interprétation suivante qui s'enchaîne à une interprétation donnée n'est pas préétablie, elle n'est pas réglée *d'avance* dans un calcul ou dans un algorithme. *Cette* liberté apparaît à côté de la liberté mentionnée plus haut dans le sens de la reconnaissance de la différence dans les rapports mutuels entre les interprètes les uns avec les autres. Ainsi ne peut-on jamais être par exemple entièrement certain d'avance dans la perspective de la première personne de la manière dont une autre personne comprend les mots et les actions et de quoi les interprétants (dans ce cas-ci, les réactions, les mots et les actions) auront l'air. En outre, n'est pas réglé d'avance non plus quels seront mes propres mots, conceptions et actions.

À vrai dire, les interprétations *ouvertes* doivent en même temps aussi être liées à une *praxis* ouverte de la parole et de l'action de telle sorte que d'autres interprétations et les interprétations d'autres personnes puissent s'y enchaîner. Autrement, on ne parviendrait pas à des chaînes d'interprétation et à des réseaux d'interprétation, pas à la poursuite des contextes de compréhension et d'action. Dans le cas d'interprétations non ouvertes, il s'agit d'interprétations dogmatiques les unes contre les autres.

Une structure dans laquelle les interprétations sont ouvertes en principe et sont capables d'être connectées à d'autres interprétations et demeurent ainsi en principe aussi correspondrait à ceci au niveau de la forme de la formation de la volonté et de l'organisation politiques. Le fragile réseau des rapports de compréhension et des actions peut être de cette façon maintenu, et un ordre de vie pacifique dans le sens d'une reconnaissance mutuelle entre personnes et entre des intérêts conflictuels peut être atteint. Mais, précisément, c'est une caractéristique essentielle de la forme du système politique que nous appelons démocratie.

L'ouverture esquissée des rapports d'interprétation conduit à la question de savoir si la philosophie de l'interprétation possède un argument contre le dogmatisme ou si elle ouvre grande la porte à toutes les attitudes dogmatiques. Trois aspects doivent être soulignés :

a) il est manifeste que l'interprétationnisme lui-même n'est pas un dogmatisme. Il ne l'est pas d'abord en ce sens qu'il ne se tient pas pour incontestable malgré d'importants contre-arguments maintenus avec acharnement contre des affirmations d'origine surnaturelle. Mais, il ne l'est pas non plus dans le sens d'un point de vue englobant la totalité dont on pourrait ensuite dire que la démocratie est « l'unique forme de gouvernement ». La philosophie de l'interprétation n'est pas une philosophie de la totalité. L'idée d'après laquelle en tant qu'esprits finis, nous ne sommes pas seulement de façon contingente, mais systématiquement coupés d'une perspective absolue de la totalité en constitue le point de départ. La philosophie de l'interprétation peut-être considérée comme une forme de philosopher qui a émergé de la *critique* de la totalité. Plus précisément, elle est critique aussi de l'idée directrice de l' « être » dans la métaphysique occidentale comme une totalité à laquelle le particulier ou l'individuel doit se soumettre.

b) Si la caractérisation des rapports de la compréhension humaine du monde, d'autrui et de soi-même comme *interprétatifs* dans un sens large est juste, cela signifie inversement, en même temps, que le dogmatisme et /ou le fanatisme ne peuvent pas être philosophiquement justifiés. En liaison avec la réflexion d'après laquelle une personne seule, pour elle-même ne peut pas être dogmatique (dogmatisme, donc rapports d'interprétation déjà présupposés d'après la logique du sens et seulement formulable dans au sein de ceux-ci) ceci représente un argument contre le dogmatisme. Sous les auspices critiques on peut ne peut pas mentionner des raisons qui pourraient nous obliger à croire et/ou à suivre une personne, un groupe ou une institution qui dirait de lui ou d'elle-même qu'elle ou qu'il détient la vérité ou du moins qu'il ou qu'elle a un accès privilégié à elle et en déduire son dogmatisme et fanatisme.

c) Cette argumentation ne contient naturellement aucune garantie d'une morale sans dogmatisme et fanatisme. Face à cette découverte, le rôle du droit devient clair. Le droit peut contraindre, non pas sur la base d'une origine surnaturelle (ce serait un droit dogmatique), mais en conséquence de l'idée que nous sommes précisément coupés de telles sources surnaturelles et donc que personne ne peut avoir un « droit » métaphysique de contraindre sous sa propre optique dogmatique les autres personnes, groupes et institutions « au besoin » avec une violence sanglante.

4. ÉTHIQUE DE L'INTERPRÉTATION ET UNIVERSALISATION

1) *L'échec de l'éthique matérielle des valeurs et du politique.* En rapport avec la philosophie kantienne et selon la philosophie de l'interprétation, une éthique *matérielle* des valeurs et du politique, qui devrait indiquer un critère *de contenu* et *en même temps* un critère *universel,* est également condamnée à l'échec. Elle est semblable à ce que Kant a indiqué comme l'absurdité du critère universel matériel de la vérité [1]. On ne peut pas garantir *en même temps* la matérialité, l'universalité et la nécessité. Ce qui est opportun, par exemple, *materialiter*, dans une situation déterminée quant au contenu, peut ne pas l'être dans une autre situation, qui est différente. En conséquence, on ne parvient pas non plus à étiqueter les principes de contenus comme étant en même temps universels. Il n'est pas possible d'exposer des principes matériels au-delà des rapports interindividuels, de telle manière qu'ils constituent pour tous les interprètes universellement contraignants, une loi universelle. Ce n'est que dans les théocraties qu'on affirme la possibilité de faire des obligations matérielles une loi universelle. Cependant, dans une perspective critique, cette possibilité n'est plus disponible. Car, elle vit de la présupposition que des personnes individuelles, des groupes ou des institutions peuvent posséder « une vérité ultime, définitive et universellement contraignante ». Cette présupposition dogmatique ne peut être honorée de manière non dogmatique.

1. Kant, *Critique de la raison pure*, B 82

Le fait qu'il ne puisse y avoir une éthique du politique universellement matérielle, qui s'appuierait sur des instances de contenus du savoir, apparaît comme un résultat du scepticisme moral et politique. Son succès revient à la pensée démocratique. Le fait que la démocratie comme forme du pouvoir politique ne puisse pas être fondée sur une instance « ultime » quasi axiomatique et être déduite de cette dernière ne représente pas un manque, mais une force de la pensée démocratique. Cela va de pair avec l'architectonique discutée au début qui a changé la situation du problème où l'ordre politique n'est plus considéré comme l'ordre du savoir, mais un ordre des opinions et des convictions. La démocratie *ne* représente *pas* « la solution essentialiste juste » du problème de la forme du pouvoir politique et elle n'est pas non plus « fondée » dans ce sens, pas à partir d'un fondement ni déduite. La force de la pensée démocratique réside plutôt précisément en ce qu'elle ne doit plus incorporer d'essentialisme de la forme politique du pouvoir et pour autant elle ne doit pas conduire à un relativisme de l'arbitraire.

Ce n'est pas non plus le cas, parce que la démocratie se caractérise par le fait qu'en principe les processus d'interprétation non étanches doivent se terminer sous la pression du temps, de la nécessité d'une décision, peu importe ce qui est en jeu. Ceci se déroule à travers des personnes et institutions qui sur la base de l'ordre juridique en vigueur sont autorisées à procéder à de telles liquidations et à des arrêts, par exemple à travers un juge qui prononce la sentence. Dans la pratique, les interprétations doivent avoir une fin un jour. Cela ne signifie naturellement pas un travail de sape de la pensée démocratique. Il rend plutôt claire l'une des parties qui lui est inhérente et qui est souvent mise entre parenthèses. Cette ouverture fondamentale et cette inétanchéité des processus d'interprétation doivent être pensées avec la nécessité de devoir interrompre aussi et de décider des interprétations d'un point de vue pragmatique et pratique, c'est-à-dire d'un point de vue éthique. La démocratie ne doit être comprise comme une organisation « sans fin » de l'interprétation. Son inétanchéité fondamentale concerne la préservation des rapports d'*interprétativité* comme tels. Toutefois, par rapport aux interprétations qui apparaissent réellement qui, comme l'enseigne l'expérience, peuvent absolument paraître sans scrupules, assoiffés de pouvoir et totalitaires, la rupture et/ou la remise en place de l'interprétation$_2$ et de l'interprétation$_3$ est absolument importante. La pensée de la démocratie contient cette tension. Sous le régime démocratique, il y a un ordre du politique d'après des principes de liberté et d'égalité interprétatoire.

2) *Éthique de l'interprétation et impératif catégorique.* Puisqu'il ne peut pas y avoir un critère matériel et en même temps universel, il faut dire, avec Kant, que les lois universelles pratiques « renferment le principe déterminant de la volonté, non quant à la matière, mais seulement quant à la forme »[1]. Par suite, dans la moralité, même dans l'éthique de l'interprétation, il ne peut être question que de la *forme* dans laquelle on *ne* prescrit *pas* à une personne *ce qu*'elle doit vouloir, mais *comment* elle doit vouloir. La loi fondamentale de la raison pure pratique, l'impératif catégorique, s'énonce dans sa formulation la plus connue : « Agis de telle manière que la maxime de ta volonté puisse valoir toujours et en même temps comme un principe d'une législation universelle »[2]. Seulement, dans quel sens convient-il de comprendre cette formulation ?

Dans l'éthique de la discussion, l'impératif catégorique a été conçu comme une règle universelle qui génère des résultats, et ceci en référence au rapport des intérêts simplement subjectifs et des intérêts intersubjectivement capables d'universalisabilité. Habermas a proposé une reformulation de l'impératif catégorique d'après laquelle chaque individu devrait « présenter à tous les autres » sa maxime en vue d'un examen discursif. Ceci signifierait un déplacement du poids « de ce que chaque individu peut vouloir sans contradiction comme loi universelle vers ce que tous veulent reconnaître en un commun accord comme une loi universelle »[3]. Dans l'éthique de l'interprétation en revanche, et ceci en accord avec Kant et non avec la théorie de la discussion, cet impératif n'est pas compris comme une règle intersubjective d'universalisation, mais comme une pierre de touche de ses propres maximes d'interprétation toujours subjectives en vue de répondre à la question de savoir si ces dernières peuvent valoir en même temps comme principe d'une législation universelle.

Certes, parler d'une *pierre de touche* ne doit pas être compris comme si la réflexion consistait en des critères et en général en une réflexion sur les *critères*. Ce serait un malentendu. Car, il ne s'agit pas d'un test de critères, mais de l'examen critique de non-contradiction des présuppositions internes sous-jacentes du point de vue de la logique sémantique qu'il y a dans nos maximes et actions.

1. Kant, *Critique de la raison pratique*, § 4.

2. Kant, *Critique de la raison pratique*, § 7.

3. J. Habermas, *Moralbewußtsein und kommunikatives Handeln*, Francfort, 1983, p. 77 ; trad. fr. *Morale et Communication. Conscience morale et activité communicationnelle*, Paris, Cerf, 1999.

L'examen, à entreprendre dans ce sens, du caractère raisonnable peut consister, dans une attitude critique du sens dans la sphère de la subjectivité, dans l'examen de ses propres maximes d'interprétation pour savoir si ces dernières peuvent prendre la forme d'une loi ou si une telle loi, comme Kant l'exprime, ne se « détruirait pas elle-même »[1]. L'examen peut être compris dans le sens d'un barrage face à la tendance d'après laquelle une position matérielle et particulière, mais qui répand le du devoir (*Sollen*) moralisant et qui, en tant que « l'unique position » veut soumettre à son optique[2] d'autres et différentes positions et perspectives. Cette version ne vaut pas seulement relativement au rapport des intérêts particuliers entre eux. Elle vaut également pour le rapport d'un intérêt universel aux intérêts individuels et elle doit être clairement distinguée aussi bien de l'idée de Rousseau d'une « volonté générale » que de l'idée de l'accord intersubjectif dont il est dit qu'elle exprime « une volonté commune »[3].

Dans le cadre de la question de savoir comment l'impératif catégorique doit être compris, un autre point de vue est important. Il concerne l'idée morale selon laquelle la possibilité que d'autres personnes puissent vouloir et tenir pour vrai d'autres choses que soi-même doit être déjà pensée dans la prétention de son propre acte d'interprétation. Cependant, comme Kant le souligne, ce n'est pas quelque chose qui pourrait être exigé par la raison pratique. Car, la loi morale qui s'exprime dans l'impératif catégorique concerne le devoir et de son impératif ne résulte pas ce que l'on doit réellement faire. Ici, entre en jeu

1. Kant, *Critique de la raison pratique*, § 4.

2. Linguistiquement et terminologiquement, on doit distinguer un *point de vue particulier d'un devoir moralisateur* qui est critiquée ici et le *point de vue moral* tel qu'il s'exprime dans l'impératif catégorique qui est défendu ici.

3. J. Habermas, *Moralbewußtsein*, *op. cit.*, p. 77. Réfuter une « volonté générale » comme universelle, quasi transcendantale, à laquelle doit se soumettre le particulier et l'individuel ne signifie pas retomber dans le fameux problème de la position du *solipsisme*. Comme nous l'avons souligné, personne ne peut à soi seul être un individu. Cependant, il n'en résulte pas que nous sommes obligés d'accepter une volonté générale. La dichotomie entre « la communauté de la volonté générale » et le solipsisme est défectueuse en tant que telle et doit être abandonnée en faveur de l'idée d'un réseau de compréhension et d'actions inter-individuelles qui ne peuvent pas se ramener à « un dénominateur commun » et ne doivent pas l'être. En même temps, toutefois, il ne s'agit précisément pas, selon l'interprétationnisme philosophique, dans la communauté de langue, de signes et d'action d'une communauté de sujets solipsistes, libéraux isolés, mais de rapports interindividuels d'interprétation. Il s'agit donc en cela de rapports horizontaux de reconnaissance mutuelle, et non de rapports verticaux de subsomption du particulier et de l'individuel sous le général.

de façon décisive dans l'éthique de l'interprétation « la libre acceptation de la volonté d'un autre dans ses maximes »[1], c'est-à-dire dans ses propres maximes d'interprétation. Kant appelle cela « l'amour ». Il est un « élément de complément indispensable » à l'inconditionnalité de l'impératif catégorique. Sans lui, et cela signifie *sans* l'autolimitation de sa propre prétention résultant de façon interne de l'idée d'interprétation *ainsi* sans la libération d'autres personnes et groupes d'être autre que soi-même et *sans* l'intégration préalable des autres perspectives et des perspectives des autres dans l'étendue de la prétention *propre* d'agir, le réseau fragile de la compréhension, l'ordre de la vie reposant sur la reconnaissance mutuelle pacifique ne serait pas atteignable.

5. Morale et droit

1) *Le rôle du droit.* En même temps, le rôle important du droit, déjà souligné dans sa différence avec la morale, devient plus clair. Dans la mesure où l'on a montré jusqu'à présent que l'éthique de l'interprétation trouve sa correspondance dans la démocratie libérale égalitaire et pluraliste au niveau du système politique, examinons maintenant le caractère d'état de droit, la démocratie *de l'état de droit* (*rechtsstaatliche*). Dans le droit des règles sont formulées qui ordonnent la coexistence publique des hommes (et c'est seulement de cet aspect qu'il s'agit ici). Le droit a son rôle de fondation de paix et de justice non moins dans le fait d'empêcher qu'une obligation (*Sollen*) particulière de personnes individuelles, de groupes ou d'institutions fassent passer leurs croyances fondamentales de leur compréhension du monde, d'autrui et d'eux-mêmes, leurs raisons individuelles, pour une instance universelle contraignante et puissent les de force et les légitimer. Cependant, ces raisons « ultimes » individuelles ne doivent pas être confondues avec l'idée de la « fondation ultime ». Ce serait une pétrification, cela signifierait la fin des rapports d'interprétation libres, égaux et pluriels dans le sens présenté. L'éthique de l'interprétation se comporte donc de façon critique à l'égard du pouvoir *moral* politique. Croire en la politique ou la croyance politique n'est pas ici une solution, mais une composante du problème. La croyance politique signifie ici l'attitude consistant à

1. Kant, *Das Ende aller Dinge*, dans *Werke*, éd. W. Weischedel, Darmstadt, 1975, vol. 9, p. 188. Voir à ce sujet, J. Simon, « Kants pragmatische Ethikbegründung », *Archivio di Filosofia*, LV, 1987, p. 195 *sq*.

considérer subjectivement comme contraignant et comme permis de devoir apporter des solutions, voir des délivrances définitives, rédemptrices ou séculairement rédemptrices aux personnes, aux groupes et institutions, à la limite à « tous les hommes ». Aussi longtemps que, dans le sens esquissé, on est obligé de « devoir » de façon particulièrement moralisante et/ou de façon fondamentaliste d'après la *Weltanschauung* et l'idéologie, il n'y aura pas de paix, de liberté et de justice dans les rapports de la vie humaine. Au plan de l'organisation sociale et politique, est apparenté à l'éthique de l'interprétation, l'ordre juridique qui garantit la liberté des rapports d'interprétation face à un devoir qui particulièrement répand la moralité. Du point de vue esquissé plus haut, de la liberté et de l'égalité des interprétants, un tel ordre juridique est légitimé d'exercer la contrainte du droit et le commandement qui fait autorité pour le maintien des rapports d'interprétation de liberté, d'égalité et pluriels. Être dans le « droit » ne signifie pas « être dans la vérité définitive ». Dire ceci serait mal comprendre l'ordre juridique comme un ordre sacré et un ordre de vérité. Le droit ne « connaît » pas « ce qu'être en vérité » et c'est aussi bien ainsi. La légitimation de pouvoir contraindre découle du droit, essentiellement de l'idée que personne ne dispose de fondation ultime liée à la vérité, donc personne n'est sanctionné philosophiquement et juridiquement légitimé d'imposer ses propres dernières vérités politiques individuelles qui pourraient bien le « tenir » dans son action individuelle, publique ou politique, à d'autres, au besoin avec une violence sanglante. Mais, en même temps, il faut tenir compte du fait qu'avec cette figure du droit aussi les limites de l'imposition de la contrainte de la part de l'État face aux citoyens libres et égaux sont aussi posées.

À partir de ce point aussi, il devient clair que – et dans quel sens – la démocratie, dans son noyau central, liée au pouvoir, c'est-à-dire en matière de procuration de majorité n'est pas une chose harmonieuse se déroulant sans conflit. Les conflits d'intérêts partiellement fondamentaux de différents groupuscules au sein d'une société doivent être réglés au regard des décisions majoritaires. Celles-ci se déroulent dans le cadre du droit et dans plusieurs cas sous la pression du temps ainsi que dans la dépendance de ce qui est en jeu. Les efforts des personnes concernées pour gagner des majorités ou se défendre contre elles montrent la dureté de la procédure démocratique.

2) *Liberté et contrainte juridique.* Voir comment la philosophie de l'interprétation aborde le rapport entre la *liberté et* l'*égalité,* importantes dans la démocratie, permettra d'expliciter la façon dont elle se situe par

rapport au deuxième des deux problèmes fondamentaux de la théorie démocratique, par rapport à la liberté et à la contrainte juridique ainsi que par rapport au commandement qui fait autorité.

Quelques théoriciens de l'État voient dans ce couple de concept une contradiction. Cette dernière reposerait sur le fait qu'on ne peut avoir la liberté et la contrainte du droit en même temps. Ceci représenterait une contradiction fondamentale de la démocratie. L'État libéral vivrait de conditions que lui-même ne saurait garantir. Car, il ne peut, d'un côté, « exister que si la liberté qu'il accorde à ses citoyens est régulée de l'intérieur ». Mais d'un autre côté, il pourrait « tenter de garantir ces forces de régulation internes de lui-même, c'est-à-dire, avec les moyens de la contrainte juridique et du commandement qui fait autorité sans abandonner son caractère de liberté »[1]. Cette apparente contradiction se laisse-t-elle lever ou contourner ?

Dès que l'on pose la réflexion entière sur le terrain des rapports d'interprétation et de l'éthique de l'interprétation, donc dès qu'on change la situation du problème lui-même, on peut enlever à la contradiction sa condition de possibilité et dans ce sens la dissoudre. En même temps, il ne plus être question de surmonter la contradiction de la démocratie libérale en trouvant des valeurs fondamentales matérielles (par exemple des fondamentalismes moraux, religieux ou idéologiques) au-delà de cette tension entre l'État libéral et la contrainte du droit et en y recourant pour la légitimation de la contrainte juridique. L'idée d'un pouvoir moral et politique perd aussi dans ce contexte son point de départ. Et aussi la figure de pensée connue (par exemple avec renvoi à loi sur les pleins pouvoirs d'Hitler) d'après laquelle la démocratie est en ce sens contradictoire qu'elle pourrait se supprimer par une procédure légale, peut-être théoriquement réfutée.

Certes, avec les libertés sans cesse croissantes dans la démocratie, il y a la menace que constitue la situation paradoxale qu'il peut finalement paraître légal que la démocratie libérale, égalitaire, pluraliste et de l'état de droit se détruise elle-même et se transforme par exemple en oligarchie, en dictature ou en théocratie. Cette possibilité autodestructrice, semble-t-il, est ouverte essentiellement à la suite d'une croissance de la liberté. En référence à cette difficulté, cependant, on peut formuler une réponse théorique, une réponse pratique et une réponse juridique-institutionnelle.

1. E. Böckenförde, *Staat, Gesellschaft, Freiheit*, Francfort, Suhrkamp, 1976, p. 60.

S'agissant des conditions théoriques de la fin destructrice de la démocratie contre elle-même, on peut dire que cette fin est seulement possible parce qu'elle présuppose la liberté et l'égalité des rapports d'interprétation et les revendique. Elle dépend d'après une logique sémantique de ce qu'elle conteste et supprime. C'est donc cette fin et non les prémisses qui la permettent, à savoir la démocratie libérale, qui est auto-contradictoire. Car la fin a besoin de ce qu'elle supprime, qu'elle le fasse valoir véritablement ou de façon parasitaire.

Au plan *pratique*-philosophique, on peut argumenter de la manière suivante, en droite ligne avec les réflexions de Kant, dans la *Critique de la raison pratique*, sur la liberté comme autonomie : la loi de l'ordre de liberté de ne pas se supprimer elle-même est la seule loi que peut suivre l'ordre libéral sans porter préjudice à sa propre liberté. Car, il s'agit d'une loi qu'elle se donne à elle-même et en vue d'elle-même. Donc elle gagne en liberté par cette loi. Dans le cas contraire, en revanche, elle se ruinerait elle-même. La décision de ne pas se supprimer elle-même est donc une expression de son concept positif de liberté, de sa propre autonomie en laquelle elle se donne une garantie. La seule perte, la seule chose que la raison abandonne ici c'est l'espoir du fondamentalisme et de la théocratie. Sous les auspices de la critique, il est cependant facile de renoncer aux deux.

Il est important de voir que cela ne constitue pas un cas de limitation, mais un cas de gain de liberté *positive*. En revanche, l'autosuppression de la démocratie signifie la limitation la plus massive de la liberté de la démocratie elle-même. L'idée d'une autodestruction autonome est elle-même auto-destructive. Car, elle détruit ce qu'elle fait valoir et ce en quoi elle consiste : l'autonomie. Si l'idée est juste, alors elle est fausse.

Souvent les *théories* de la démocratie ont en vue, dans ce contexte (et c'est une faiblesse de ces théories et non de la démocratie) un concept simplement empirique de liberté, seulement imprégné par son caractère *négatif.* Ceci est trop peu en matière de liberté, d'un côté, et de l'autre, ne se situe pas au niveau approprié. Il faut tenir compte du fait que la liberté et la limitation ne sont pas seulement dans une relation simplement externe. Cela aurait été cependant le cas si l'autodestruction de la liberté était entendue comme un acte de liberté. Car, la liberté et la limitation se rapporteraient seulement extérieurement l'une à l'autre. Les deux peuvent être considérées dans le sens présenté comme deux aspects de la seule et même raison. Il s'agit donc de l'interaction entre la liberté et l'obligation, et on voit qu'en cela la liberté suit *une des obligations créées par elle-même* ni plus ni moins. Ce concept de liberté est fondamental pour la question de l'autonomie pratique et politique des citoyens libres. C'est pourquoi une intervention en vue de maintenir et d'élargir des rapports d'interprétation libres, égaux, irréductibles et pluralistes ne peut pas être considérée comme une restriction de la liberté, mais comme la garantie de sa réalité et dans ce sens comme légitimée. Si cela existe ou non dans des cas donnés, nécessite une vérification et une discussion.

Sur le plan des institutions *juridiques politiques,* c'est simplement l'expression d'une prudence politique de déclarer non permise la suppression des droits fondamentaux dans le cadre d'une constitution démocratique donnée, par exemple la loi fondamentale de la République fédérale allemande, article 79, § 3.

6. Philosophie et démocratie

1) *Rapports d'interprétation.* Lorsqu'on thématise les questions théoriques démocratiques sur le terrain des rapports d'interprétation et à la lumière de l'éthique de l'interprétation, on doit traiter la question consistant à savoir si on peut, ou non, répondre de la démocratie comme forme de pouvoir politique, au-delà de la vieille dichotomie de l'absolutisme politique et du relativisme des valeurs. Cela entraîne deux conséquences considérables : a) le renoncement, orienté par la philosophie interprétative, à la fondation ultime a des conséquences sur le rapport de la philosophie à la démocratie. Car, il ne s'agit maintenant ni d'une préséance (essentialiste ou relative à la fondation ultime) de la philosophie sur la démocratie ni d'une « préséance de la démocratie sur la philosophie » (Rorty)[1] face à l'échec souligné dans le pragmatisme postmoderne des grands projets métaphysiques. La hiérarchie proclamée par Richard Rorty est encore soumise à l'envoûtement de la vieille dichotomie de l'absolutisme et du relativisme. Cependant, c'est précisément, comme nous l'avons souligné, ce qu'il faut entièrement abandonner. Il apparaîtra donc clairement que la priorité de la démocratie sur la philosophie est remplacée par une autre priorité : la priorité des rapports fondamentalement ouverts et non susceptibles d'être refermés d'interprétation sur les interprétations déterminées et toujours limitées.

1. R. Rorty, « Der Vorrang der Demokratie vor der Philosophie », dans R. Rorty, *Solidarität oder Objektivität ? Drei philosophische Essays*, Stuttgart, 1988, p. 82-125.

Cette hiérarchie est féconde au regard du rapport de la philosophie à la démocratie dans deux perspectives : d'abord, il ne fait pas de sens à son niveau de vouloir protéger la démocratie contre la philosophie. L'éthique de l'interprétation et la démocratie vont plutôt de paire dans le sens présenté. Ensuite, il faut tenir compte du fait que le renoncement à la fondation *ultime* ne conduit pas à l'incapacité en général de livrer de fondation; il ne signifie pas non plus qu'on doit devoir se limiter à la simple exigence politique d'interpréter la tradition libérale démocratique au lieu d'en assumer la responsabilité.

Il est clair en revanche, qu'on peut assumer la responsablité de la démocratie d'un point de vue de la philosophie de l'interprétation. En référence à la *praxis* d'interprétation présupposée dans chaque interprétation, puisque dans cette facticité et interprétation ainsi que la genèse et la validité se sont déjà fondues, chaque interprétation peut être considérée en même temps comme une partie de fondation.

b) Une deuxième conséquence consiste dans le fait que l'échec de la fondation ultime et le renoncement à cette dernière ne signifient pas qu'il ne reste que le relativisme de l'arbitraire. Le relativisme est encore d'un point de vue de la logique du sens l'obligé de son opposé l'absolutisme, même après l'échec de ce dernier. Celui qui dit qu'après l'effondrement de l'idéal philosophique de la fondation ultime tout devient n'importe quoi, celui-là commet deux paralogismes. D'un côté, il avance avec cette affirmation une position et une interprétation qui revendiquent un point de vue absolu qui n'est plus disponible sur le terrain des rapports d'interprétation et particulièrement de l'éthique de l'interprétation. D'un autre côté, il ne voit pas que le schème de notre parler, de notre pensée et de notre action et que la *praxis* d'interprétation à partir de laquelle et vers laquelle ils s'accomplissent ne sont aucunement d'un caractère relativiste arbitraire et ne peuvent être changés volontairement. Rapportée à ce contexte, la tâche d'une philosophie au goût du jour consiste à abandonner entièrement la dichotomie entre le relativisme et l'absolutisme. La philosophie de l'interprétation se comprend comme un pas dans cette direction. Dans ce contexte, entre autres, la distinction est importante entre un *relativisme* (sans critère et non explicable) et la *relativité* au fondement de l'interprétation. Le premier conduirait à n'importe quoi, ce qui n'est pas donné dans le parler, la pensée et l'action réels. Ce dernier en revanche est inévitable dans la mesure où sous les auspices de la critique il ne peut y avoir aucun parler, penser et agir entièrement indépendant des horizons d'interprétation et de la régularité de l'interprétation.

2) *Responsabilité.* Le plus haut degré de *responsabilité,* qui est lié à l'éthique de l'interprétation, apparaît également lorsqu'on réfute le relativisme. Ainsi, il n'est pas possible, sur le terrain de cette approche, d'échapper à la responsabilité en indiquant un événement d'interprétation qui s'exécute lui-même et qui ne peut pas être influencé. C'est plutôt le contraire qui est le cas. Avec cela apparaît une autre distinction relative aux parties de la philosophie postmoderne. L'*imputabilité* est liée au concept d'interprétation. L'*imputabilité* résulte, pour parler à la façon d'un sténogramme, essentiellement de la situation qu'une interprétation qui est concrète de *telle et telle* manière pourrait aussi être *autrement*, du fait qu'il y a d'autres personnes avec d'autres préférences et d'autres interprétations, que l'interprétation individuelle ne dépend pas seulement du « tout » contextuel, mais que ce dernier dépend de la première et que, dans la perspective de l'éthique de l'interprétation, c'est la dignité de l'individualité irréductible de la personne qui forme (certes non pas comme un solipsisme, mais comme dans la socialité (*Sozialität*) de la même origine) le principe fondamental de l'organisation de la vie humaine dans la société et l'État.

3) *La pensée démocratique au-delà du relativisme.* Relativement au niveau politique, cela correspond à la nécessité d'abandonner la dichotomie entre l'absolutisme politique et le relativisme politique. Ainsi le sol se dérobera sous les pieds de ceux qui émettent des réserves eu égard à la démocratie, comme nous l'avons souligné au début, qui comprennent la démocratie seulement comme une réaction au relativisme. Cela étant dit, on ne doit pas concevoir la pensée démocratique, comme nous l'avons vu, comme une conséquence du relativisme. Elle ne provient pas seulement d'une « *Weltanschauung* empirique-relativiste »[1]. Mais elle peut être développée, cependant, dans le sens présenté, comme une conséquence de la relativité interprétative fondamentale, donc comme une conséquence de la *praxis* de notre vie et de la *praxis* d'interprétation. Dès lors, l'*ethos* de la démocratie acquiert une acceptabilité rationnelle, donc de la rationnalité.

Et il est clair que la démocratie n'est pas simplement l'expression d'un déficit de « vérité ultime » et de fondation ultime. De telles objections perdent leurs dimensions de menace dès que l'on abandonne la veille dichotomie entre l'absolutisme et le relativisme, contre lesquels eux seuls semblent raisonnables. Il est important que la philosophie

1. H. Kelsen, *Vom Wesen und Wert der Demokratie*, *op. cit.*, VII, p. 101 *sq.*

politique et, particulièrement, la théorie démocratique se libèrent de l'étau de cette vieille dichotomie ainsi que de son engagement supposé d'un ordre du savoir et de la vérité.

Il ne saurait donc absolument plus être question maintenant de la thèse forte, formulée au début, selon laquelle la majorité décide parce que personne ne détient la vérité et la « fondation ultime ». La démocratie peut mettre au placard ce petit goût de déficit. Il est fondamental de saisir que les rapports dans la société et l'État sont des rapports d'interprétation, qui sont irréductibles et qui ne peuvent pas être réduits à « l'unique interprétation juste » ou à une série d'interprétations matérielles universellement contraignantes. Une fois que l'on a compris ceci, la démocratie apparaît, dans le sens présenté, comme la forme du système politique qui correspond à la marque d'interprétation caractérisant les manières publiques de vivre. Les débats entre les différentes interprétations, qui portent sur l'obtention ou l'empêchement des majorités, se déroulent par voie de procédures démocratiques. Ceci doit se dérouler tout en préservant la possibilité que d'autres interprétations d'autres personnes et d'autres groupes puissent être connectées et que les interprétations, qui ne sont capables d'obtenir la majorité, puissent en principe le devenir. Car la décision majoritaire ne peut plus être mal comprise comme la justesse-en-la-matière dernière, exclusive et définitive. Elle articule une obligation politique et juridique *dans la durée*, ni plus ni moins.

INDEX ANALYTIQUE

Action, 7-9, 15, 16, 25, 28-31, 36, 38, 44, 75, 78, 82, 117, 133, 149, 156, 157, 160, 165, 174, 184, 187, 210, 220, 227, 254, 258, 261-293, 295, 297-299, 301, 302, 304, 306, 307, 309-311, 316, 318, 322
Adoption, 174
Algorithme, 30, 90, 91
Altérité, 21, 24, 41, 57, 94, 101, 105, 213, 215, 217, 219, 222, 272, 303
Analogique, 124-126, 142, 144, 146, 147, 176, 198
Arbitraire, 38, 49, 57, 61, 92, 155, 159, 194, 215, 216, 220, 248, 253, 300, 314, 322
Art, 8, 15, 54, 73, 79, 100, 143, 147, 148, 155, 161, 162, 164, 168, 172, 175, 179, 182, 184-186, 188, 190, 191, 196-199, 201-210
Articulation, 95, 119, 150, 167, 197, 267, 279
Aspect-voir, 174, 175
Autocompréhension, 41, 120

Calcul, 30, 72, 91, 105, 156, 219, 311
Caractère de l'interprétation, caractère interprétatif, 15, 90, 111, 171, 215, 265, 272, 274, 279
Catégorialisant, 233, 242, 266
Catégorie(s), 40, 164, 185, 263
Catégorisation, 27
Causal(e), 61, 63, 234
Causalité, 8, 41, 45, 48, 49, 63, 165
Certitude, 32, 33, 98, 262
Charge théorique, 114, 115, 118-120
Clarté, 10, 186, 252
Classification, 24
Cognitif(ve), 31, 124, 125, 132, 145, 152, 172, 185, 191, 205, 208, 238, 240, 256, 264, 277
Cognition, 129, 132, 142, 144, 206, 240
Cohérence, 8, 14, 16, 26, 74, 82, 85, 86, 88, 133, 224, 226, 246, 254, 269, 306, 309, 310
Communication, 38, 82, 83, 85-87, 89, 96, 97, 100, 101, 105, 139, 153-157, 160, 165, 167, 258, 297-299
Compréhension, 7, 8, 10, 13-15, 22, 24, 25, 31, 36, 38, 39, 42, 44, 45, 57, 61, 63, 64, 69-75, 77-86, 88-93, 96, 101, 102, 109, 110, 114, 115, 125, 129-132, 138, 141, 149, 154-156, 158-163, 170, 174, 185, 188, 190, 192, 194, 203, 209, 215-217, 219, 221, 229-232, 235, 246, 249, 251, 254, 264, 265, 273, 277, 297, 301, 304, 305, 307-309, 311, 312, 316, 317; (de signe), 71; (directe), 13, 77, 79, 84, 89 ; (du monde), 114, 189, 209

Concept(s), 11, 15, 22, 23, 26, 27, 33, 42, 43, 46-49, 75, 78-80, 84, 113, 118, 123, 130, 131, 134, 142, 144, 154, 185, 186, 188, 190, 192, 194, 204, 207, 214, 225, 229, 232, 235-237, 239, 241, 243, 246, 249, 252, 263, 266, 268, 270, 277, 279, 290, 301, 305, 306, 308, 318, 320, 322
Condition de satisfation et de vérité, 42, 124, 243, 244
Conditionnel(le), 14, 217, 237
Connaissance, 14, 16, 21, 22, 27-29, 32, 33, 40, 46, 47, 51, 55, 56, 66, 110, 112, 113, 130, 137, 145, 180, 184, 186, 192, 195, 204-206, 209, 230, 233, 235, 239, 241, 243, 248, 261, 262, 264, 270, 274, 275, 280, 292, 293, 301
Conscience, 29, 55, 123, 133, 186, 193, 270, 287, 307
Consistance, 51, 82, 184, 306, 309, 310
Construction, 12, 14, 21, 47, 48, 51, 74, 82, 92, 97, 101, 110-112, 121, 123-125, 131, 143, 144, 153, 156, 183, 206, 241, 271, 278, 283, 289, 292, 301
Constructionnel, 135
Contexte, 7, 10, 14, 22, 31, 36, 37, 42, 45, 48, 55, 76, 79, 83, 91, 92, 95, 112, 116, 119, 121, 131, 132, 136, 156, 158, 161, 166, 167, 168, 174, 176, 177, 179, 192, 193, 197, 227, 230, 233, 242, 247, 264, 271, 273, 274, 278, 279, 281, 282, 290, 292, 298, 299, 302, 307, 308, 311, 319, 320, 322
Convention, 251, 289
Conviction, 262
Corps, 31, 32, 100, 141, 191, 288
Critère(s), 83, 177, 206, 209, 214, 218, 221, 241, 264, 269, 313, 314, 322
Croire, 32, 217, 266, 277, 280, 296, 312
Croyance, 33, 234, 266-270, 277, 278, 317
Culture, 76, 86, 91, 93, 172, 202, 236, 237, 307, 308
Culturel(le), 236, 237, 286, 307, 308

Découverte, 64, 120, 121, 123, 143, 185, 235, 312
Définition, 91, 169, 170, 215, 234, 236, 241, 249
Démocratie, 16, 54, 295, 296, 304, 307, 311-314, 317-321, 323
Description, 41, 62, 63, 65, 83, 84, 93, 114, 121, 136, 144, 153, 169, 170, 173, 178, 179, 206, 240, 246, 278, 280, 284, 286, 291
Digital(le), 125, 142, 144-146
Digitalisant, 142, 176, 192, 195, 197-199, 206,
Discontinuité, 87
Dogmatisme, 54, 306, 312
Doute(s), 33, 92, 290
Droit, 4, 16, 277, 295, 312, 317-319
Dualisme, 51

Élimination, 15, 239, 281
Empathie, 82, 100, 219
Empirique, 14, 16, 41, 55, 56, 82, 87, 98, 110, 112, 114, 115, 126, 130, 133, 166, 184, 191, 201, 223, 224, 233, 239, 251, 269, 302, 306, 307, 320, 323
Énonciation, 167, 209
Épistémique, 50, 51, 53, 77, 81, 109, 126, 156, 184, 189, 194, 203, 214, 233, 234, 266, 270, 277
Épistémologie, 67, 218, 236
Équilibre de la compréhension, 14, 74, 82-84
Espace, 40, 51, 52, 54-56, 67, 68, 99, 100, 110, 130, 160, 198, 208, 222, 225, 233, 270, 276, 279, 281, 286, 287

Esprit(s), 52, 78, 142, 148, 172, 191, 193, 196, 203, 222, 231, 232, 238, 287 ; (fini(s)), 12, 50, 52, 53, 109, 126, 184, 214, 217, 222, 231, 232, 268, 271, 301-303, 306, 310, 312
Essence, 39, 115, 172, 199, 257, 263
Essentialisme, 38, 39, 53, 252, 308, 314
Esthétique, 7, 12, 14, 15, 25, 26, 79, 107, 131, 147, 181, 183, 185-193, 195, 197, 198, 202-205, 209, 284, 289
Estimation, 207, 243
État, 28, 32, 45, 50, 62, 84, 103, 117, 121-123, 166, 174, 214, 219, 222, 229, 231, 232, 234, 266, 271, 277, 278, 280, 286, 295, 303, 317, 319
Éthique, 7, 8, 16, 25, 26, 54, 81, 185, 187, 189, 273, 284, 288, 289, 292, 295-299, 301-304, 306-310, 313-317, 319, 321, 322 ; (petite), 310
Éthique de la discussion, 295, 296, 298, 299, 303, 315
Étranger, 84, 89, 94, 98, 104, 194, 220
Événement(s), 23, 30, 37, 48, 49, 51, 52, 56, 65, 125, 130, 134, 141, 149, 155, 193, 214, 238, 271, 322
Évidence, 12, 32, 33, 35, 52, 56, 87, 89, 92, 98, 119, 133, 134, 147, 156, 158, 185, 214, 218, 242, 269, 281, 290, 300
Évolutionnaire, 235
Exécution de signes, 13, 69-74, 77, 80, 81, 85, 86, 149-154, 156, 160, 161, 163, 192, 201, 203, 255, 283, 305
Exemplification, 79, 178-180, 198, 199
Exemplificatoire, 181
Exigence de cohérence, 14, 85, 86, 308, 309
Expérience, 12, 15, 21, 23, 28-30, 40, 41, 43, 45-48, 51, 55, 56, 70, 73, 89, 101, 104, 112, 115, 120, 121, 130, 131, 133, 143, 165, 166, 175, 176, 179, 181, 183-185, 188, 189, 193, 194, 198, 201, 202, 208, 209, 220, 221, 225, 233, 243, 245, 251,263, 268, 300, 307, 314
Exposition, 154
Expression, 30, 31, 35, 44, 53, 55, 62-66, 70, 71, 73, 76, 79, 81, 86, 87, 89, 96, 105, 115, 129, 135, 142, 150, 155, 163, 165, 166, 168, 169, 172, 174, 176, 180, 194, 196, 197, 199, 201-203, 215, 220, 229, 234, 238, 240, 243, 248, 263, 296, 306, 320, 323
Expressivité, 70, 73, 79, 80, 169, 173, 199
Extension, 9, 36, 37, 99
Extensionnel, 35

Facticité, 249, 253, 298, 321
Factuel, 206, 237, 306
Finalité, 22, 30, 48, 114, 132, 206, 240, 262, 272, 275, 279, 280, 282, 285, 308
Fini, 169, 215, 221, 271
Finitude, 54, 57, 231
Fonction(s), 10, 15, 35, 47, 56, 57, 63, 65-68, 130, 133, 140, 143, 146, 151, 156, 157, 160, 163, 174, 175, 181, 190, 191, 193, 202, 215, 225, 238, 278, 301
Fondation ultime, 16, 32, 293, 295, 296, 298-300, 305-308, 317, 321-323
Fondement(s), 43, 48, 49, 51, 159, 181, 190, 193, 204, 216, 232, 261, 274, 290, 301, 313, 322
Forme de vie, 28, 94, 199, 273, 297

Généalogie, 14, 46, 52, 54, 123, 133, 134, 192, 202, 266

Habitude(s), 257, 284
Herméneutique, 11, 22, 75, 84, 102
Histoire, 11, 66, 86, 87, 126, 191, 202, 236
Holisme, 185, 204
Horizon(s), 7, 10, 12, 22, 23, 27, 38, 39, 45, 47, 49, 55, 79, 84, 110, 111, 114, 118, 132, 137, 174, 180, 184, 185, 189, 192, 194, 202, 220, 241, 243, 246, 247, 249, 251, 257, 265, 266, 268, 269, 273, 276, 277, 283, 291, 308
Humain(s), 7, 12, 16, 31, 53, 77, 90, 92, 109, 184, 191, 207, 263, 268, 278, 291, 298
Hypothèse(s), 26, 98, 110, 126, 233, 249, 273, 297

Idéalisme, 12, 41, 42, 44, 116
Identification, 50, 56, 67, 130, 147, 150, 203, 206, 269
Identité, 8, 50, 134, 146, 202, 239, 250
Image(s), 36, 102, 111, 131, 133, 141, 144, 145, 151, 168, 169, 173, 177, 178, 182, 192, 196, 205, 209, 221, 232
Imagination, 40, 56, 129-144, 146-148, 174, 186, 205
Imitation, 209
Impératif, 203, 314-316 ; (catégorique) 203, 314-316
Indétermination, 95-101, 103, 104, 119, 138, 168, 218, 223, 225, 226
Indexical(e), 140, 168
Indexicalité, 168
Indiquer, 81, 105, 149, 202, 231, 237
Individu, 51, 79, 166, 167, 198, 282, 315, 316
Individualisant, 23
Individualité, 74, 76, 78, 79, 104, 166, 207, 209, 303, 305, 308, 322
Individuation, 23, 50, 51, 53, 56, 64, 67, 117, 130, 147, 166, 167, 202, 203, 220, 221, 225, 243, 251, 271, 287
Individuel(le), 25, 38, 53, 76, 77, 78, 84, 131, 145, 148, 166, 245, 282, 292, 312, 316
Ineffable, 33, 105, 166-168, 176
Information, 63, 80, 82, 116, 125, 133, 139, 144, 153, 154
Intellectuel, 193
Intension, 36, 37, 139
Intensionnel, 37
Intention, 77, 99, 103, 225, 262, 281, 290
Intentionnalité, 14, 76, 114, 116, 123, 146
Interprétatif(ve), 14-16, 21, 22, 24-26, 28, 29, 31, 32, 37-39, 41, 42, 44-46, 48, 50, 51, 53, 57, 65-67, 69, 75, 77, 80, 81, 85, 86, 90, 92, 96, 97, 101, 110-113, 115, 116, 118, 119, 121, 123, 129, 131-133, 136, 137, 140, 144, 146, 148, 149, 154-161, 164, 169-171, 174, 175, 178, 180, 181, 184, 185, 189, 191, 201-203, 210, 213-215, 217, 224, 230, 240, 241, 243, 249, 251, 253, 263, 264, 267, 268, 272-274, 276, 277, 279, 280, 292, 293, 297, 300-302, 305, 309, 321, 323
Interprétation, 7-17, 21-27, 29-33, 35-58, 64-86, 88-90, 92, 94-103, 109-116, 118-126, 129-133, 136-140, 145, 147, 149, 152-161, 163, 169-171, 173, 174, 177, 178, 180, 181, 184-186, 188-191, 193-199, 201-204, 207, 209, 210, 214-222, 224-226, 230-232, 234-236, 240-254, 257, 263-277, 279-286, 288-293, 295-323 ; (par appropriation), 12, 23, 24, 26, 55
Interprétativité, 11, 21, 48, 49, 56, 66, 81, 115, 116, 124, 129, 132,

160, 196, 217, 252, 253, 276, 298, 299, 304, 314
Intersubjectif(ve), 125, 316
Intersubjectivité, 114, 124, 254
Intuition(s), 210, 232
Irréductibilité, 105

Jugement(s), 25, 47, 131, 132, 146, 147, 155, 168, 185, 193, 197, 233, 237, 241-244, 247-249, 251, 253, 254, 257, 258, 270, 279, 285, 291, 301, 307
Justice, 61, 105, 317
Justification, 226, 233, 234, 238, 250, 262, 268, 271, 274, 278, 279, 290, 291, 300

Langage, 1, 3, 7, 9-11, 23, 24, 27, 29, 30, 35-38, 49, 63, 64, 72, 76, 82, 85, 90-92, 94, 101, 105, 111, 113, 116, 118-120, 122, 136, 137, 141, 150, 151, 153, 161, 164, 166-171, 175-177, 187, 191, 194, 206, 207, 216, 218, 219, 222, 225, 226, 237, 239, 246, 248, 270, 275, 277, 284, 291, 297, 309 ; (naturel), 91
Liberté, 21, 148, 295, 297, 302, 304, 311, 314, 317-320
Limite(s), 26, 27, 48, 70, 90, 95, 153, 154, 160, 166, 167, 179, 180, 183, 184, 186, 188-191, 202, 218, 227, 267, 268, 271, 286, 290, 307, 317, 344
Linguistique(s), 11, 70, 73, 75, 76, 89, 92-94, 99, 102, 112, 119, 141, 150, 152, 163, 165-167, 169, 173-176, 178-180, 218, 224, 230, 235, 236, 240, 242, 243, 247, 249, 250, 254, 279, 298
Localisation, 23, 24, 50, 51, 53, 56, 67, 130, 286-288
Logique, 8, 10, 13-15, 23, 25, 26, 37, 43, 45, 52, 55, 56, 70, 72-75, 77, 79-81, 83, 85, 87, 91, 92, 107, 115, 118, 124, 131, 147, 149-155, 158-162, 164, 165, 170-172, 176, 181, 183-187, 189-191, 193, 196, 202, 203, 206, 209, 210, 219, 224-226, 233, 234, 241, 253, 266, 270, 277-279, 283, 284, 288-290, 296, 302, 303, 306-310, 312, 315, 319, 322 ; (catégorialisante), 183 ; (formelle), 183 ; (grande), 72, 73, 159, 183, 310 ; (petite) 72, 73, 159, 183, 310
Logos, 13, 15, 72-74, 77, 80, 81, 85, 149, 151, 153, 154, 164, 169, 184, 185, 191, 194
Loi(s), 41, 48, 110, 165, 201, 204, 207, 242, 292, 314

Mathématique, 10, 17, 43, 81, 124, 170, 171, 206
Maxime(s), 278, 314, 315
Médiateur, 81, 156
Médiateur(s) épistémique(s), 12, 14, 84
Mémoire, 139, 193
Mentalisme, 65, 67, 277
Métalangage, 225, 237
Métaphore(s), 74, 80, 138, 191, 194, 195, 206
Métaphysique, 33, 36, 37, 41, 42, 50, 51, 53, 56, 57, 80, 101, 134, 140, 154, 162, 194, 197, 213, 229, 232, 233, 235, 247, 249, 276, 296, 302, 305, 312
Méthode, 201, 223, 224, 245
Mode, 31, 33, 66, 72, 93, 116, 123, 176, 197, 234, 244, 254, 263, 265, 268-270, 296
Modèle(s), 13, 15, 22-25, 27, 33, 37, 38, 44, 55, 64, 66, 67, 73, 75, 77, 109, 110, 113, 118, 126, 130, 142, 148, 154, 155, 163, 185, 186, 194, 206, 216, 218, 230, 233, 247, 251-253, 266, 269, 275-277, 283-285, 288, 306, 309

Monde(s), 7, 8, 11-16, 21-28, 31, 36-38, 40, 42-48, 51, 55, 57, 62-65, 67, 77, 80, 81, 86, 89-91, 99, 100, 104, 105, 109-111, 114, 115, 120, 122, 123, 126, 129, 130, 132, 133, 140, 143, 149, 151, 153-155, 160, 164, 167, 168, 172, 176, 179, 181, 183-186, 188-191, 193-196, 198, 199, 202-207, 209, 213, 216-222, 224, 225, 230-233, 237, 239, 242, 243, 246, 251, 253, 254, 261-263, 265-269, 274, 276-280, 291, 295, 297-299, 301, 304, 309, 312, 317, 343, 344 ; (extérieur), 31, 36, 47 ; (vécu), 8, 15, 31, 81, 181, 190, 203, 261-263, 266, 274, 277-279, 297, 298
Monstration, 15, 81, 149, 150, 155, 156, 160, 177, 180, 181, 185, 230
Montrer, 15, 32, 51, 62, 72-74, 80, 81, 86, 122, 135, 140, 144, 145, 147, 149-155, 158-163, 167-169, 171-176, 178-181, 188, 191, 195, 231, 276, 298 ; (se montrer), 81
Morale, 16, 188, 246, 306, 310, 312, 315-317

Naturalisation, 15, 229, 239, 240
Nature, 11, 51, 53, 66, 99, 121, 124, 146, 148, 159, 165, 189, 190, 194, 201, 204, 205, 207-209, 223, 230-234, 240, 244, 245, 247, 272, 278, 279, 286, 290, 291, 293
Nihilisme, 190, 199, 217, 253, 298
Niveau(x), 15, 24, 25, 27, 29, 32, 37, 38, 51, 54, 55, 64, 67, 68, 70, 73-77, 85, 110-113, 115, 120, 130, 137, 143-145, 149, 164, 167, 185, 187, 189-191, 198, 201, 203, 204, 237, 240, 251, 253, 257, 266, 269, 270, 276, 283-286, 295, 304, 306, 311, 317, 320, 321, 323
Nom(s), 4, 120, 162-164, 225
Non-contradiction, 82, 242, 315
Normatif(ve), 230, 239
Normativité, 292, 302, 310
Norme(s), 229, 239, 240, 244, 249, 289
Nouveauté, 123

Objectif(ve), 47, 49, 98, 123, 152, 153, 207, 216, 241
Objectivité, 8, 41, 124, 130, 233, 234, 243, 253
Objet(s), 8, 12, 23, 31, 40, 43, 46, 47, 49-52, 54-57, 72, 86, 111, 114, 120, 121, 124, 127, 133-135, 141, 153, 154, 162, 168, 170, 176, 181, 184, 190, 195, 197, 201, 202, 225, 230, 237, 241-244, 247, 275, 292
Observation, 14, 39, 97, 109, 110, 112-126, 173, 201, 207, 214, 223, 224, 245
Ontologie, 35, 37-40, 89, 99, 101, 162, 224, 263, 343
Ontologique, 35, 37, 39, 40, 50, 51, 52, 162, 164, 268
Opinion(s), 30, 41, 266
Ordre, 43, 45, 46, 48-50, 56, 57, 65, 123, 130, 133, 156, 171, 188, 194, 207, 245, 251, 252, 254, 266, 267, 292, 295, 296, 304, 311, 313, 314, 317, 319, 323
Organisant, 253, 265
Organisation, 23, 50, 83, 131-133, 143, 165, 183- 187, 190, 192, 194, 198, 202, 204, 206, 207, 225, 243, 245, 246, 251, 267, 284, 286, 296, 306, 311, 314, 317, 323
Orientation, 103, 194, 202, 261, 266, 267, 278, 292, 293, 295, 297

Paralogisme, 119, 233, 274, 275 ; (cognitiviste), 275 ; (praticiste), 275
Parler, 7, 10, 11, 24, 26, 28-31, 33, 36, 55, 64, 72, 74, 91, 95, 105, 115, 117, 123, 130, 138, 143, 152, 153, 176, 181, 188, 195, 220, 221, 231, 233, 236, 238, 241, 248, 266, 271, 273, 274, 284, 297, 300, 302, 307, 309, 310, 315, 322
Perception(s), 15, 28, 44, 45, 49, 83, 87, 97, 119, 124, 129-137, 144-146, 149, 167, 168, 184, 186-188, 290
Personne(s), 16, 31, 69, 76, 78, 82, 84, 87, 93, 97, 98, 100, 105, 130, 135, 136, 140, 141, 173, 174, 197, 201, 219, 220, 234, 236, 244, 245, 248, 262, 264, 266, 267, 271, 272, 275, 280, 282, 286, 302, 303, 305, 307, 308, 311, 312, 314, 316, 318, 322, 323
Perspective(s), 14, 15, 22, 23, 31, 39, 47, 48, 50, 51, 53, 57, 63, 92, 100, 109, 110, 113, 120, 121, 132, 135, 142, 148, 151, 174, 175, 178, 181, 188, 190, 197, 198, 201, 204, 206, 208, 217, 221, 222, 223, 229, 236-238, 240, 242-244, 248, 249, 253, 267, 269, 272, 275, 283, 291, 299, 302-304, 311-313, 322
Perspectiviste, 51, 92, 110, 115, 131, 156, 174, 201, 208, 263, 272, 273, 301, 310
Perspectivité, 21, 231
Phénoménal(e), 116, 143, 155, 175, 176, 179, 181, 217, 287
Phénomène(s), 15, 81, 167, 168, 172
Philosophie de l'esprit, 287
Philosophie de la science, 110
Philosophie du langage, 175, 223
Philosophie générale de l'interprétation, 7, 12, 21, 263
Physique, 17, 117, 121, 122, 124, 127, 179, 219, 236, 238
Platonisme, 115, 190, 266, 276
Pluralisme, 26, 213-218, 220, 221, 223, 224, 226, 295
Pluralité, 15, 26, 57, 70, 213, 214, 216-227, 231
Poïétique, 290
Point(s) de vue, 12, 46, 47, 49, 52, 54, 57, 69, 74, 79, 81, 99, 114-116, 119, 120, 144, 152, 161, 163, 164, 166, 172, 174, 185, 190, 195, 201, 206, 208, 217, 221-223, 226, 230, 234, 237, 252, 253, 266-269, 272, 275, 280, 284, 287, 299, 303, 305, 308, 310, 312, 314-317, 321, 322
Politique, 8, 16, 61, 93, 246, 259, 273, 295-297, 301, 304, 306-309, 311, 313, 314, 317, 319-321, 323
Positivisme, 249, 306
Possibilité, 10, 23, 29, 31, 36, 41, 53, 54, 57, 65, 71-74, 78, 80, 84, 102, 112, 120, 127, 136, 188, 190, 198, 203, 213, 214, 217, 219-221, 223, 245, 247, 262, 264, 266, 268, 269, 275, 281, 296, 298, 299, 303, 304, 308-310, 313, 316, 319, 324
Postmoderne, 300, 321, 322
Pragmatique, 30, 36, 43, 69, 72, 166, 175-177, 189, 220, 221, 223, 245, 266, 269, 278-280, 305, 311, 314
Pragmatisme, 236, 274, 278, 321
Pratique, 30, 32, 36, 159, 173, 181, 190, 194, 223, 227, 242, 245, 247, 248, 263, 264, 271, 273, 278, 290-292, 297, 301, 302, 307-309, 314-316, 319, 320
Praxis, 7, 9, 12, 13, 16, 22, 23, 25-33, 36-39, 42, 43, 47-49, 51, 53, 55, 57, 64-67, 69-71, 73-75, 77, 79-81, 85, 86, 100, 110, 113, 116,

118, 119, 124, 129, 132, 136, 137, 140, 148, 149, 152-161, 163, 169-171, 174, 175, 177, 178, 180, 181, 184, 185, 189, 190, 194-197, 199, 202, 203, 210, 214, 215, 217, 222, 226, 230, 231, 233-235, 241, 243, 247, 249-251, 253, 261-271, 273, 274, 276-280, 287, 292, 293, 295, 297-300, 305-311, 321-323
Prédicat(s), 24, 46, 50, 155, 180, 193, 223, 230, 232, 238, 242, 249, 251
Prédication, 72, 262, 287
Préférence(s), 87, 88, 240, 262, 279, 281
Présentation, 7, 44, 153, 176, 178, 203, 208, 209, 288, 307
Présupposition(s), 44, 49, 50, 74, 268, 287, 293, 302, 305, 313
Principe(s) d'individuation, 23, 221
Principe(s) d'observation, 126
Processus, 7, 8, 10, 11, 13, 21, 22, 24, 27, 31, 35-38, 43, 48, 56, 67, 68, 80, 81, 114, 120, 122-125, 130, 138, 146, 148, 156, 157, 159, 169, 178, 183, 186, 188, 191, 193, 198, 201, 203, 206, 207, 224, 225, 240, 243, 245, 251, 253, 254, 257, 264, 280, 292, 314 ; (d'interprétation), 252
Proposition(s) grammaticale(s), 193
Proposition(s) logique(s), 81, 151, 158
Propriété(s), 65, 135, 143, 151, 164, 179, 197, 250, 275 ; (interne), 164
Psychologie, 146, 190, 209, 236, 239, 245
Public(que), 31, 36, 43, 116, 136, 174, 214, 218, 226, 248, 267, 270, 279, 282, 291, 297, 305, 317

Raison, 8, 27, 39, 51, 55, 63, 71, 94, 100, 118, 123, 130, 133, 142, 166, 168, 190, 207, 218, 232, 233, 235, 236, 240-242, 247, 248, 265, 266, 289, 292, 301, 307, 309, 313-316, 319, 320
Rapport(s), 12, 14-16, 22, 24-26, 30-33, 41, 44, 45, 48, 49, 56, 58, 72, 74, 79, 80, 82, 87, 89, 94, 101, 103, 105, 109, 110, 112, 113, 117, 122-125, 132, 136, 138-140, 144, 147, 149, 150, 154-156, 158-161, 173, 174, 177-179, 181, 183, 185, 188-190, 192, 193, 196, 197, 202-207, 209, 213, 216, 217, 219, 222, 223, 225, 229, 231, 232, 236, 238, 240-242, 244, 246-248, 251, 252, 257, 258, 263, 264, 266, 267, 271, 274-276, 284, 286, 288, 290-292, 297, 299-301, 303, 306, 309, 310, 313-316, 318, 321
Rationalité, 9, 13, 14, 74, 82-85, 88, 226, 244, 245, 254, 283, 296, 309
Réalisme, 12, 35, 37, 40, 41, 42, 44, 56 ; (interprétatif), 40 ; (métaphysique), 41
Réalité, 12, 14, 15, 22, 31, 40-42, 44, 49, 51, 52, 109-113, 116, 123, 124, 126, 150, 151, 154, 158, 160-162, 164, 183-186, 189, 193, 202, 203, 206, 208, 209, 213, 217, 220-222, 231, 237, 243, 246, 251, 254, 263, 291, 320
Reconnaissance, 16, 226, 248, 298, 301-303, 311, 316, 317
Réductionnisme, 224, 238, 252, 274-276
Réductionniste, 43, 233
Référence(s), 7, 13, 35, 37, 39, 42, 43, 48, 51, 57, 62, 63, 65-68, 76, 85-87, 91, 97-100, 111, 113, 116, 119, 130, 133, 136, 137, 139, 140, 145, 167, 169, 171, 178, 180, 190, 197-199, 206, 208-210, 213, 215, 231, 233-235,

240, 242, 244, 252, 253, 267, 270, 279, 280, 282, 286, 287, 292, 298, 303, 308, 315, 319, 321 ; (directe), 66
Règle(s), 10, 23, 27, 31, 49, 91, 93, 101, 111, 136, 190, 216, 261, 289, 290, 300, 308, 310, 315
Régularité, 49, 72, 86, 124, 186, 216, 290, 300, 301, 322
Régulateur(trice), 116, 250, 252, 268
Relation(s), 37, 40, 48, 63, 67, 90, 97, 113, 123-126, 134, 135, 140, 141, 151, 155, 164, 180, 186, 190, 202, 204, 222-234, 245, 254, 264, 269, 277, 302, 305, 320 ; (causale), 48, 234
Relativisme, 38, 39, 62, 63, 155, 220, 236, 237, 252, 296, 300, 305, 307, 308, 314, 321-323
Relativiste, 38, 61, 155, 252, 322, 323
Relativité, 8, 38, 39, 50, 111, 187, 231, 322, 323
Représentation(s), 4, 7, 24, 40, 41, 44, 81, 125, 130, 140-143, 145, 147, 151, 153, 154, 159, 162, 167, 169, 172, 173, 175, 176, 178, 184, 188, 190, 192-194, 197, 201, 204, 205, 209, 242, 267, 279, 303, 306, 307
Représentationnel, 117
Responsabilité, 16, 304, 321, 322

Savoir (d'arrière-plan), 14, 285 ; (éthique), 289 ; (explicite), 267, 279 ; (implicite), 30, 285 ; (logique), 289 ; (propositionnel), 268, 279
Scepticisme, 32, 33, 57, 306, 313
Schématisation, 21, 132
Schème(s), 45, 48, 52, 123, 146, 188, 198, 216, 232, 282, 322
Science, 8, 14, 15, 39, 41, 79, 93, 109-111, 117, 126, 184, 185, 188, 201-210, 244-246, 274, 284
Scientifique, 27, 41, 110, 111, 115, 118-120, 122, 143, 202, 204, 205, 207, 208, 217, 223, 224, 226, 233, 235, 244, 245, 263, 273, 275, 291, 297
Sémantique, 11, 23, 43, 64, 66, 68, 69, 72, 73, 76, 77, 96, 124, 145, 153, 154, 162, 163, 166, 175-177, 189, 195, 218, 225, 234, 238, 254, 297, 302, 303, 305, 306, 308, 315, 319
Sémiotique, 11, 178, 218
Sens, 7, 10-13, 15, 21-33, 35-37, 39, 41-43, 45-57, 62-64, 66, 67, 70, 72, 73, 76, 78, 80, 82, 83, 85, 86, 88, 89, 90, 92, 95, 96, 102, 103, 105, 110, 111, 114, 115, 118, 119, 121, 122, 124, 129-133, 135, 138-140, 142, 145-148, 151-155, 157-160, 162, 164, 165, 168-170, 172, 174-177, 179-181, 183-191, 193-196, 199, 202-205, 209, 213-215, 217, 219, 221, 224-226, 229-232, 236, 237, 239, 242, 246-254, 257, 261-263, 265-272, 274-282, 284-287, 289-293, 296, 298-307, 309, 311-313, 315, 317-323
Sensation(s), 28, 43, 44, 124, 132, 145, 149, 167, 168, 181, 184, 210, 253, 287
Sensibilité, 56, 142, 167, 168, 185, 275, 290
Sentiment(s), 168, 180, 209
Signe(s), 9, 10, 13, 14, 25, 31, 35, 36, 38, 39, 44, 61-74, 76-78, 81, 83-85, 87, 91, 92, 113, 124, 136-141, 145, 151-154, 157, 158, 160, 162, 163, 165, 170, 174, 177-181, 188, 193, 194, 196-199, 207, 214-216, 221, 225, 283, 304, 307
Signification, 7-9, 13, 14, 25, 35-38, 42, 43, 56, 57, 61-65, 73, 74, 76, 77, 83, 85, 91, 92, 95-97, 99-101,

110, 111, 116, 121, 131, 137-139, 156-158, 161-163, 165, 167, 169-171, 178, 179, 182, 192, 193, 196, 202, 214, 215, 218, 219, 233, 238, 240, 244, 247, 257, 264, 267, 283, 305-307, 310
Situation, 7, 22, 25, 36, 39, 43, 44, 48, 52, 61, 62, 73, 75, 76, 79, 83, 84, 96, 97, 119, 120, 123, 125, 130, 132, 136, 140, 151, 154, 162, 166, 169, 170, 214, 216, 226, 232, 234, 235, 237, 249, 254, 262, 267, 268, 275, 279, 281, 285, 289, 298, 302, 304, 311, 313,319, 322
Socialité, 209, 323
Solipsisme, 38, 316, 323
Solipsiste, 237
Sous-détermination, 99, 104, 223, 226
Souvenir, 139
Substitution, 78, 80
Survenance, 153
Symbole(s), 26, 83, 86, 156, 162, 178-180, 194, 197, 251
Syntaxe, 72, 97, 104, 238
Syntaxique, 69, 76, 96, 98, 137-140, 145, 166, 176, 177, 197, 238
Système(s), 9, 10, 16, 22, 25, 39, 53, 64, 74-76, 83, 86, 97, 98, 112, 118, 121, 122, 124, 132, 137, 143, 147, 149, 158, 160, 166, 167, 170, 176-178, 180, 181, 183, 194, 197, 208, 217, 220-224, 230, 231, 235, 238, 240, 242, 244, 249-251, 267, 295, 296, 304, 311, 317, 323 ; (de signes), 9, 10, 11, 53, 74, 76, 132, 178, 197, 223, 231, 242

Tenir pour vrai, 32, 234, 265, 266, 268, 316
Théorie (causale), 63, 66, 233, 234 ; (de l'action), 16, 261, 262, 264, 275, 276, 280, 283, 284, 287, 291, 292 ; (de la connaissance), 239, 262, 292 ; (de la correspondance), 235 ; (de la discussion), 16, 299, 303, 315 ; (de la science), 110 ; (du modèle), 254 ; (évolutionniste), 235 ; (interprétationniste), 67
Tradition(s), 66, 75, 80, 105, 204, 321
Traduction, 29, 75, 83, 89, 90, 92-105, 118, 119, 138, 168, 209, 218, 225, 226

Univers, 27
Universalisation, 16, 313, 315
Universalité, 313
Universel(le), 22, 79, 84, 90, 101, 102, 104, 190, 218, 241, 313-317
Usage, 4, 7, 10, 13, 24, 25, 27, 36-38, 43, 48, 63, 65-67, 70-73, 76, 77, 81, 83-85, 87, 90-92, 96, 101, 105, 131, 137, 141, 148, 149, 155, 159, 161, 163, 170, 191, 195, 196, 206, 213, 238, 240, 289

Variabilité, 216, 222
Vérification, 114, 130, 320
Vérité, 7, 15, 23, 32, 39, 41, 42, 49, 52, 53, 63, 66, 72, 83, 87, 91, 96, 98, 99, 111, 116-119, 123, 124, 131, 150, 153, 164, 178, 185, 198, 207, 217, 219, 222, 224-226, 229-244, 246-254, 257, 258, 262, 267, 269, 277, 278, 295, 296, 302, 303, 305, 312, 313, 318, 323
Vision du monde, 202
Volonté, 39, 61, 141, 231, 232, 242, 248, 275, 280, 304, 311, 316

TABLE DES MATIÈRES

INTRODUCTION 7

PREMIÈRE PARTIE
CARACTÉRISTIQUES GÉNÉRALES

CHAPITRE I : PHILOSOPHIE GÉNÉRALE DE L'INTERPRÉTATION 21
1. Caractérisation générale 22
2. *Praxis* de l'interprétation du monde vécu 28
CHAPITRE II : RÉALITÉ ET INTERPRÉTATION 35
1. Interprétation et ontologie 35
2. Réalisme interprétatif 40
3. L'ordre temporel du monde de l'expérience 45
4. Le principe de l'interprétation 50
5. L'altérité interne 57

DEUXIÈME PARTIE
LANGAGE ET SIGNES

CHAPITRE III : SIGNIFICATION ET RÉFÉRENCE 61
1. Le paradigme descriptif et le paradigme causal 61
2. La signification comme interprétation adéquate 64
3. La référence dans le modèle de l'interprétation 65
CHAPITRE IV : LOGIQUE DES SIGNES ET RATIONALITÉ 69
1. *Exécution* et *interprétation* des signes 69
2. Le *Logos* des signes 74
3. Rationalité de l'interprétation 82

CHAPITRE V : LA TRADUCTION COMME INTERPRÉTATION 89
1. La pertinence de la question de la traduction 89
2. L'échec des machines de traduction 90
3. La traduction littéraire 93
4. Indétermination de la traduction 95
5. Les tâches du traducteur 101
6. Les limites de la traductibilité. Ce qui est propre et ce qui est étranger 104

TROISIÈME PARTIE

SCIENCE, LOGIQUE ET ESTHÉTIQUE

CHAPITRE VI : PHILOSOPHIE DE LA SCIENCE INTERPRÉTATIONNISTE 109
1. Science et interprétation 109
2. Cercle de l'interprétation et indépendance de l'observation 112
3. Charge théorique, intentionnalité et savoir d'arrière-fond 114
4. Principes d'observation 118
5. Faire des découvertes et observer quelque chose de nouveau 120
6. Probabilité des résultats de l'observation 121
7. Observation et temps 123
8. Observation et signes 124
CHAPITRE VII : IMAGINATION ET COGNITION 129
1. Imagination et interprétation 129
2. Perception et imagination 132
3. Langage, signes et imagination 137
4. Représentation et imagination 140
5. Faculté d'imagination analogique et digitale 144
CHAPITRE VIII : DIRE ET MONTRER 149
1. Différence entre dire et montrer 150
2. Le caractère interprétatif du montrer 155
3. Domaines et points de vue du montrer 161
4. Le dire conceptuel et le montrer esthétique 182
CHAPITRE IX : LOGIQUE ET ESTHÉTIQUE 183
1. Caractère-limite et caractère d'organisation 183
2. Esthétique logique de l'interprétation 189
3. L'expérience comme écriture de signes 191
4. Le sens du monde vécu de l'art 196
CHAPITRE X : SCIENCE ET ART 201
1. La science comme art 201
2. L'art comme activité cognitive pertinente 208

QUATRIÈME PARTIE
PLURALITÉ ET VÉRITÉ

CHAPITRE XI : PLURALISME INTERNE 213
1. Raisons de la pluralité 214
2. Types de pluralité 225
CHAPITRE XII : LA VÉRITÉ COMME INTERPRÉTATION 229
1. La crise de la compréhension métaphysique 230
2. L'échec des stratégies naturalistes et réductionnistes 233
3. Normes et charge axiologique de la vérité 239
4. La vérité comme hypothèse régulatrice 249
5. La vérité dans le modèle d'interprétation 252

CINQUIÈME PARTIE
ACTION, ÉTHIQUE ET POLITIQUE

CHAPITRE XIII : THÉORIE UNIFIÉE DU SAVOIR ET DE L'ACTION 261
1. Exigence d'une théorie unifiée 261
2. Le savoir comme mode d'interprétation 265
3. Les actions comme formations d'interprétation 271
4. Enracinement dans la *praxis* de l'interprétation 274
5. Savoir et agir dans le modèle d'interprétation 284
6. Théorie du savoir et théorie de l'action 291
CHAPITRE XIV : ÉTHIQUE DE L'INTERPRÉTATION ET DÉMOCRATIE 295
1. Éthique, politique, interprétation 295
2. Éthique de l'interprétation et reconnaissance 301
3. Ni fondation ultime ni relativisme 305
4. Éthique de l'interprétation et universalisation 313
5. Morale et droit 317
6. Philosophie et démocratie 321

INDEX ANALYTIQUE 325

TABLE DES MATIÈRES 339

Achevé d'imprimer en France par Dupli-Print à Domont (95) en novembre 2011
N° d'impression : 187339